Rudolf Seitz/Horst Beisl
Materialkiste

Rudolf Seitz
Horst Beisl

Materialkiste

Anregungen zur Ästhetischen Erziehung
im Kindergarten

Herausgegeben vom Staatsinstitut für
Frühpädagogik und Familienforschung,
München
Ergebnisse eines Forschungsprojekts

Kösel-Verlag München

CIP-Kurztitelaufnahme der Deutschen Bibliothek

Materialkiste: Anregungen zur Ästhetischen Erziehung im Kindergarten;
Ergebnisse e. Forschungsprojekts / hrsg. vom Staatsinst. für Frühpädagogik u. Familienforschung,
München. Rudolf Seitz;
Horst Beisl. – München: Kösel, 1986
ISBN 3-466-30233-1
NE: Seitz, Rudolf [Hrsg.]; Staatsinstitut für Frühpädagogik und Familienforschung ‹München›

© 1986 by Kösel-Verlag GmbH & Co., München
Printed in Germany. Alle Rechte vorbehalten
Satz: Utesch, Hamburg
Druck und Bindung: Kösel, Kempten
Umschlag: Günther Oberhauser, München
Umschlagzeichnung: Rudolf Seitz, München
ISBN 3-466-30233-1

Inhalt

Einführung 9

I. Mit Auge und Hand sich die Welt aneignen *13*

Beispiele aus dem Kindergartenalltag 13

Ästhetische Erziehung – eine Erziehung vom Spiel zum Verhalten 14

Ästhetische Erziehung als Theorie der Erziehung – eine Skizze 16

    Selbstverständnis und Aufgabe der Ästhetischen Erziehung 17
    Kreativität und Ästhetische Erziehung 19
    Forderungen der Kreativität 20
    Motivfindung – Kernstück pädagogischen Handelns 22
    Motivationale Bedingungen im engeren Sinn: Motiv, bildnerisches Mittel, Material 24
    Motivationale Bedingungen im weiteren Sinn: Kindergarten und Kindergartengelände 28
    Der Kindergarten 28
    Der Gruppenraum 30

Ästhetische Erziehung auf dem Prüfstand der Praxis 34

    Didaktisch-methodischer Raster 35

II. Werkstattberichte *37*

Aufgeschlossenheit und Toleranz gegenüber anderen Menschen 37

    Betrachtung japanischer Tuschezeichnungen 37
    Wir bauen japanische Papierfische 38
    Japanische Dichtung (Haiku) und deren Bildumsetzung 39
    Wir malen uns mit einem „ganz anderen" Kind 40
    Wir kommen uns durch „Puppenhände" näher 40
    Ein Brief an jugoslawische Kinder 41
    Verständnis für alte Menschen 44
    – Gespräch über die Zeit von „früher" 45
    – Schiefertafeln und Griffel 46
    – Bilderbuch von Larssen 46

- Wir „schreiben" mit Federhalter und Tinte   46
- Betrachten von Gegenständen aus alter Zeit   47
- Wir zeichnen die Gegenstände, die wir gesehen haben   48
- Wir betrachten ein Bilderbuch: Jan und die Großmutter   48
- Gespräch und Bildbetrachtung: Woran sieht man es, wenn jemand alt ist   48
- Gespräch, welche Lebensalter der Mensch durchlebt, bis er alt ist   49
- Alte Menschen besuchen uns   50
- Wir vergleichen unser Lebensalter anhand von Perlenketten   52
- Wir zeichnen unsere Besucher   52
- Märchen vom Großvater und vom Enkel   52
- Wir malen ein Familienporträt   52
- Wir sitzen im Dunkeln und haben nur Petroleumlicht   53
- Wir besuchen die alten Menschen, die bei uns waren, und bringen ihnen Bilder mit   53
„Ich bin anders als ihr" oder: Die Integration eines körperlich behinderten Kindes   54
Integration eines afghanischen Kindes in eine deutsche Kindergartengruppe   57

Das Kind und seine Umwelt   67

Wohnen, Wohnmöglichkeiten: Das Haus, in dem ich wohne   67
Das Fenster in meinem Zimmer   68
Kinder zeichnen unser Stadtviertel   69
Bau eines Stadtviertels   70
Fertigstellung des plastischen Stadtplans   71
Buchbetrachtung zum Thema „Stadt-Land-Architektur" und Gespräch   73
Buchbetrachtung „Himmelszelt und Schneckenhaus"   73
Wir bauen unser Traumhaus   74
Wir malen unser Kinderzimmer   74
Wir bauen ein Hochhaus mit besonderen Wohnungen   75
Das Überraschungsbuch 1   76
Das Überraschungsbuch 2   77
Das Gespensterhaus   77
Betrachtung eines „ungewöhnlichen Buches"   78
Buch mit Bildern von Hundertwasser   79
Wir lernen unseren Ort kennen   80
Wir lernen unsere Straße besser kennen   82
Besuch in der Sparkasse und im Gemeindeamt   83
Wir zeichnen einen Plan von unserem Ort   83
Wir bauen unser Dorf und zeichnen danach einen Plan   85
Wir zeichnen unseren Weg zum Kindergarten   86
Besuch in der Kirche   86
Besichtigung des Maibaums   88
Kontaktaufnahme mit einem anderen Kindergarten   88

Wir erfahren unseren Gruppenraum und die unmittelbare Umgebung des Kindergartens 97
Ausmessen unseres Gruppenraumes 98
Nachmalen – nachzeichnen – nachbauen 99
Wiedererkennen der Umgebung auf Dias 100
Verändern des Raumes 101
Wir besuchen einen Musikladen 102
Wir besuchen die Klee-Ausstellung 104
Farbflächen verändern den Raum 106
Hommage à Herbst 109
Herbst 112
Spielplätze nach unseren Wünschen 115
Besuch einer ägyptischen Schülerin 116
Erinnerung an unseren ägyptischen Besuch 118
Unser Schiff 119
Wir beflaggen unser Schiff 120
Wohnen als experimentelles Spiel 120

Materialexperimente 129

Farbe spritzen 129
Elementare Farberfahrungen: Fußspuren 131
Farbspiele im Wasserglas – Aquarell auf Japanpapier 133
Kartoffeldruck 137
Wir drucken eine Sommerwiese in Gemeinschaftsarbeit – Materialdruck 139
Schablonendruck 140
Ton-Spiele 141
Gefäße und Fliesen aus Ton 142
Malen mit Ton 146
Meine Hand in Gips 150
Wir spielen Tiere 151
Sollen wir einen Drachen bauen? 153
Wir malen einen Drachen 154
Wir bauen einen Drachen 154
Wir bauen einen großen Drachen 155
Wir bauen am großen Drachen weiter – oder wir spielen Tarzan, Schlange, Briefträger ... 156
Der große Drachen wird fertig 157
„Unser Drachen" im Deutschen Museum 157
Musik und Materialspiele I 158
Musik und Materialspiele II 164
Gemeinschaftsinstrument 165
Musik und Materialspiele III 166
Wir erzeugen Klänge 176

Wir hören und spielen „Weltraummusik"   170
Wir bauen große Klangkörper   170
Galeriebesuch, Robert Rauschenberg „Materialcollage"   172
Wir bauen ein Tier   181
– Elefantenbau – Körperbau   183
– Bau der Elefantenbeine   184
– Rüssel-Spieltag   186
– Befestigung der Beine an der Bodenplatte   188
– Dolores kommt auf die Beine   190
– Dolores wird weiß   193
– Rüsselbefestigung   195
– Dolores bekommt einen Rüssel   197
– Dolores wird angemalt   198
– Dolores bekommt Augen   200
– Dolores als Zirkuselefant   202
– Eine Elefantengeschichte   205
– Gründung des Dolores-Fanclub   205
– Dolores bekommt vier Wärter   207

Rückblick   209
Ausblick   210

Weiterführende Literatur   211

Mitarbeiter und Mitarbeiterinnen beim Projekt „Ästhetische Erziehung im Elementarbereich"   213

Einführung

Mit dem Slogan »Wir halten unsere Kinder künstlich dumm« wurde über viele Jahre der gesamte Vorschulbereich in Deutschland in Atem gehalten. Die Eltern sahen die Zukunftschancen ihrer Kinder schwinden, die Erzieherinnen fühlten plötzlich Ausbildungsdefizite und zweifelten an Inhalten und Methoden ihrer Erziehung.

Der schon legendäre Vorschulkongreß in Hannover 1971 zeigte mit voller Wucht die Verspannung in diesem Bereich. In oft chaotischer Weise prallten traditionelle Meinungen, Ideologien, wissenschaftliche Darstellungen und Postulate von einzelnen aufeinander.

Man war sich einig, es mußte alles anders werden. Mit der deutschen Gründlichkeit ging man ans Werk. Für die einzelnen Lerngebiete, sprich Schulfächer, fand man Elementarformen: Frühlesen, Elementarphysik, Elementarbiologie usw. Die Schule rutschte einfach nach unten und fand sich als Vorschule wieder. Jedes Fach entwickelte seine Publikationen. Die Erzieherinnen standen unter dem Druck ehrgeiziger Eltern, die wiederum unter dem gesellschaftlichen Druck nachzuweisender Leistungen ihrer hoffnungsvollen Sprößlinge.

Die Pädagogik war ein wenig humor- und freudlos geworden. Dabei soll aber nicht übersehen werden, daß es in diesen Jahren mit Sicherheit keinen pädagogischen Stand gab, der auch nur annähernd so viele Fortbildungen besuchte, wie der der Erzieherinnen. Auch waren nie zuvor die Medien allen Fragen der Kindererziehung gegenüber so aufgeschlossen. Es wurde gemeinsam gedacht, diskutiert, geplant.

Das erwies sich auch sehr schnell als nötig, weil dieser Vorschulboom bei allen Beteiligten zunehmend Unwohlgefühle auslöste.

Die Wertvorstellungen, die Erfolgsbetonung und die Isolierung der einzelnen Fächer zeigten, daß die Kinder Schwierigkeiten im sozialen Bereich hatten. Die anfänglichen Schulerfolge der geförderten Kinder verschwanden auffallend schnell. Die nichtgeförderten Kinder holten auf. Nach kurzer Zeit gab es in der Schulleistung keine Unterschiede mehr, es blieben aber Defizite im Menschlichen. Die Sensibilität und auch die Phantasie der Vorschulkinder waren anscheinend eingeengt und zu stark kanalisiert. »Laßt unsere Kinder endlich wieder Kinder sein.« Ein neuer Slogan. Am Horizont zeichnete sich das Schreckensbild eines Erwachsenen ab, der dieses Erziehungssystem durchläuft und schließlich in unserer verrückten Welt noch perfekter leben kann als wir.

Und wir können es, weiß Gott, gut genug.

Es gab gegenläufige Bewegungen. Wissenschaftliche Untersuchungen waren so eindeutig, daß die überzogene Vorschule aufgegeben wurde.

Es gab neue Lernansätze sowie sehr gründlich durchgeführte Programme des Deutschen Jugendinstituts. Die Situation des Kindes, seine Bedingungen und Möglichkeiten ergaben neue Ausgangspunkte. Das Staatsinstitut für Frühpädagogik in München zeigte Möglichkeiten auf.

Das waren Zeitpunkt und Ort des Forschungsprojektes, dessen Ergebnisse für die Praxis in dieser »Materialkiste« vorgelegt werden.

Über Jahre hinweg hatte ich Erfahrungen in der konkreten Arbeit in Kindergärten, mit Erzieherinnen und Eltern, mit Lehrern, mit Eltern-Kinder-

Gruppen und mit sogenannten Randgruppen sammeln können.

Dabei wurde immer deutlicher, daß die Ästhetische Erziehung ein Feld anbieten kann, in das die anderen »Fächer« organisch eingebunden werden können. Sie hilft dem Kind, in diese Welt hineinzuwachsen, sie sich mit allen Sinnen anzueignen und sie zu gestalten. Daß in diesem Vorgang die Reflexion einen hohen Stellenwert hat, ist selbstverständlich.

Eine so verstandene Ästhetische Erziehung stellt hohe Anforderungen an Einfühlungsvermögen, Phantasie, Kreativität und die fachliche Kompetenz der Erzieherinnen und Lehrer.

Das Hauptproblem – das erwies sich auf allen Fortbildungen – sind nicht die Kinder, es sind die Pädagogen.

Es war ein Glück für mich und meine Arbeit, daß ich ein Forschungsprojekt übertragen bekam, das diesen Fragen nachgehen wollte. Es sollte in Zusammenarbeit mit der Akademie der Bildenden Künste in München (wo ich auf dem Lehrstuhl für Kunsterziehung arbeite) und dem Staatsinstitut für Frühpädagogik im Institut durchgeführt werden und über drei Jahre laufen.

Aufgrund der großzügigen finanziellen Unterstützung durch den Freistaat Bayern und Bonn konnten Mitarbeiter gewonnen werden, die zum Teil hauptamtlich das Projekt begleiteten. Dr. Horst Beisl war für die pädagogische, Arno Schulz-Merkel und Christiane Hoppe (auf Zeit) waren für die kunstpädagogische Unterstützung zuständig.

Wir suchten einen Kreis von Erzieherinnen, die sich schon über Jahre hinweg mit dem Gebiet der Ästhetischen Erziehung im Elementarbereich intensiv beschäftigt hatten. Dazu war zu beachten, daß wir über die Lage der Kindergärten eine entsprechende Streuung der Einzugsgebiete erhielten. Ein Kindergarten lag auf dem Dorf, einer in einem größeren Ort, einer in einer sogenannten Trabantenstadt, die anderen innerhalb von München. Die Kindergärten hatten kommunale und kirchliche Träger.

Wir entschlossen uns, Einheiten zu drei großen Themenbereichen zu erarbeiten, die sich organisch auseinander ergaben:
1. Aufgeschlossenheit und Toleranz gegenüber anderen Menschen
2. Das Kind und seine Umwelt
3. Materialexperimente

Es waren sehr schöne Sitzungen. Das Betreuerteam und die Gruppen von Erzieherinnen sammelten in Brainstormings sehr viele Detailvorschläge zum Hauptthema. Diese wurden dann kritisch gesichtet. Die einzelne Erzieherin wählte eine Reihe von Themen aus, die sie im Laufe des Jahres verwirklichen wollte.

In der genaueren Planungsphase arbeiteten die Erzieherinnen mit Mitgliedern des Betreuerteams zusammen, die dann oft bei der Durchführung, mindestens aber bei der Dokumentation und abschließenden Überlegung behilflich waren.

Auch die fotografische Dokumentation war bei einem Versuch dieser Breite sehr wesentlich. Zeitweise waren dafür der Kunsterzieher Bernd Duerr und die Psychologin Wiltrud Greifenstein tätig.

Im Institut wurde schließlich alles nach einem Raster, den Dr. Horst Beisl erarbeitet hatte, in eine einheitliche Form gebracht.

So wird es in dieser Materialkiste auch vorgestellt. Außerdem formuliert Dr. Horst Beisl den Ort Ästhetischer Erziehung und seiner Bedingungen und gibt genauere Angaben zu diesem Versuch.

Wir hoffen, daß die »Materialkiste« nicht als bloßes Rezeptbuch verstanden wird. Sie ist gedacht als Sammlung von Praxisberichten, in denen Ästhetische Erziehung unter bestimmten Voraussetzungen realisiert wurde.

Wir wenden uns an Erzieherinnen, Sozialpädagogen, Lehrer und Eltern und natürlich an die Studierenden der entsprechenden Fächer.

Sie möchten wir ermutigen, ebenso offen und einfallsreich an dieses Gebiet heranzugehen, wie es die Erzieherinnen unseres Teams taten. Dabei wird leicht festzustellen sein, mit wieviel Spaß, Freude, ernsthaften Überlegungen und kreativen Entdeckungen es verbunden ist.

An dieser Stelle sei allen gedankt, die dieses Projekt und die Publikationen ermöglichten, Frau Ministerialrat Hagenbusch und später den Ministerialräten Raimund Külb und Dr. Wittmann, Herrn Dr. Dr. Wassilios Fthenakis, dem Direktor des Staatsinstituts für Frühpädagogik und Familienforschung in München und allen, die im Projekt mitarbeiteten, dem Team, den Erzieherinnen und den vielen beteiligten Kindern. Besonderer Dank gebührt Dr. Horst Beisl für die Redaktion dieses Buches und seine Ausführungen. Ohne ihn wäre die »Materialkiste« so nicht zustande gekommen.

Prof. Rudolf Seitz
Projektleiter

I. Mit Auge und Hand sich die Welt aneignen

Beispiele aus dem Kindergartenalltag

»In unserem Kindergarten darf kein Fasching gefeiert werden, weil es ein heidnisches Fest ist.« (Erzieherin auf einer Fortbildung in Bayern)

»Ich werde im neuen Kindergartenjahr ein blindes Kind in meine Gruppe aufnehmen.« (Erzieherin in einem kommùnalen Kindergarten in Bayern)

»Meine Gruppe hat zur Zeit 13 ausländische Kinder und zwei deutsche.« (Die Gruppenstärke in diesem Kindergarten beträgt 15 Kinder pro Gruppe, da die Gruppenräume 30 qm groß sind. Erzieherin aus Bayern)

»Mich ruft bisweilen eine Mutter an und fragt, ob die Spielzeit (Freispiel der Kinder) schon zu Ende ist und wann gefördert wird.« (Aussage einer Erzieherin auf einer Fortbildung)

»In unserem Kindergarten wird zur Zeit darüber diskutiert, die Kinderzahl pro Gruppe von 25 Kinder auf 30 zu erhöhen.« (Erzieherin auf einer Fortbildung in Rheinland-Pfalz)

»Ich habe bisher nicht begriffen, was Ästhetische Erziehung eigentlich will, weil uns dies in der Ausbildung nicht vermittelt worden ist. Wir haben ausschließlich Bastelanleitungen für etwaige Geschenke an die Eltern usw. oder für den Basar zum Sommerfest anzufertigen gelernt.« (Erzieherin auf einer Fortbildung in Schleswig-Holstein)

»Ich verstehe nicht, daß Guido in die Schule soll, obwohl er in seinem Sozialverhalten große Defizite aufweist.« (Erzieherin über ein Kind in ihrer Gruppe in Bayern)

»In unserem Kindergarten ist es fast unmöglich, eine Gemeinschaftsaktion durchzuführen. Allmählich gebe ich es ganz auf; weil wir überall Teppichboden haben, ist es notwendig, z. B. vor jeder großen Malaktion alles mit Folie abzudecken. Bis wir dann zum Malen kommen, haben die Kinder beinahe die Lust verloren. Hinzu kommt noch, daß sie beim Malen vorsichtig mit den Farben umgehen müssen, damit nichts auf den Teppichboden gespritzt wird. Obwohl ich (Erzieherin) den Träger bitte, die Zwischenwand im Werkraum herauszunehmen, aber es passiert nichts.« (Erzieherin aus Hessen)

Aussagen ähnlicher Art könnten in beliebiger Anzahl angeführt werden. Jede ermöglicht uns aus der Sicht der Erzieherin, wie mit einem Blitzlicht, einen Einblick in den Kindergartenalltag. Vielleicht spiegelt sogar die eine oder andere Aussage eine Situation, wie sie sich auch in ihrer Einrichtung stellt. Ein weiteres Merkmal dieser Aussagen ist, daß sie uns Auskunft geben über das kollegiale und pädagogische Klima im Kindergarten und in der Gruppe. Ebenso läßt sich ersehen, daß die pädagogische Atmosphäre bisweilen auch starken Einflüssen von außen ausgeliefert ist, wie z. B. Eltern, Witterung, Fernsehen, Elternbeirat, Träger, Geburtstagsfeiern usw. Dies hat konsequenterweise zur Folge, daß eine stringente Planung häufig nicht möglich ist, bzw. wenn sie trotzdem durchgeführt wird, pädagogischen Kriterien, wie z. B., der Forderung der Motivation, der Kreativität, der Kindgemäßheit usw., oft nicht entsprechen kann. Schließlich ist davon auszugehen, falls es im Kindergarten nicht »stimmt« oder nicht »richtig läuft«, daß der Erzieherin von den Lobbyisten die »Schuldscheine« zugeschoben werden.

Zugegeben, mit diesen Hinweisen ist nur schlagwortartig der Kindergartenalltag ausgeleuchtet. Jedoch jedes Schlagwort zieht Konsequenzen pädagogischer Art nach sich, die sehr komplex sind. Denkt man z. B. an Begriffe wie Elternarbeit, Sommerfest, Martinsfest, Weihnachten, Krankenhaus, Unfall, Streit mit der Kollegin, Ausflug in den Tierpark usw. Insofern verweisen sie auf die Bedingungen und Einflüsse, unter denen der Kindergarten häufig arbeitet.

Unter Einschluß dieser Bedingungen kann erst jetzt erörtert werden, gemessen am Selbstverständnis der Ästhetischen Erziehung, was sie im Kindergarten leisten kann bzw. soll. Denn nur so ist gewährleistet, eine der Praxis entsprechende und somit der Praxis förderliche Arbeit anzubieten.

Es scheint also für den Kindergartenalltag notwendig zu sein, die Fülle von möglichen Einflußfaktoren pädagogisch aufzufangen und zu verarbeiten. Dies stellt an die Erzieherin eine vielfältige, differenzierte und schwierige Anforderung.

Ästhetische Erziehung – eine Erziehung vom Spiel zum Verhalten

Im Bereich der Diskussion um die Ziele der Frühpädagogik in den 70er Jahren nimmt die Ästhetische Erziehung einen wichtigen Platz ein. Das Spannungsfeld für das Lernen im Kindergarten bewegt sich vom funktionsorientierten bis hin zum situationsorientierten Ansatz. Wird Ästhetische Erziehung auf den funktionsorientierten Ansatz hin bezogen, dann darf von einer systematischen Entsensibilisierung gesprochen werden. In diesem Fall wird Ästhetische Erziehung mit Bastelanleitung gleichgesetzt. Das jeweilige Kind bzw. die Kindergartengruppe entwickelt kaum Eigeninitiative bei der Lösung ästhetischer Aufgabenstellungen. Die instrumentelle Unterweisung bestimmt den Verlauf und zugleich das Ergebnis der jeweiligen Aktion.

Gemeint ist damit, daß sinnliche Wahrnehmung in systematischen Lehrgängen geschult wird. Kinder sollen dabei durch Eigentätigkeit Zeichen, Formenbestand sowie Farbempfinden lernen. Es wird so getan, als ob es ein geeignetes elementares Instrumentarium gäbe, das gewährleistet und garantiert, bestimmte inhaltliche Aussagen bildnerisch darzustellen. Wie dies dann aussieht und wie bedenklich sich diese Art und Weise der bildnerischen Aussage präsentiert, zeigen z. B. 25 nach Form, Farbe und Größe gleichaussehende Martinsgänse, die von 25 Kindern einer Kindergartengruppe angefertigt wurden. Verwunderlich ist ein derartiges Arbeitsergebnis nicht, wenn man bedenkt, daß das Buch »Punkt, Punkt, Komma, Strich...« von Hans Witzig eine Auflagenhöhe von 610 000 Büchern erreicht hat (München 1979[28]). Diese Art von bildnerischer Erziehung reicht jedoch nicht aus, um dem Kind im Bereich der bildnerischen Aussage Autonomie und Sachkompetenz als persönlichkeitsstiftende Verhaltensweisen zu vermitteln.

Ästhetische Erziehung strebt über die Sensibilisierung der Wahrnehmung, bezogen auf die fünf Sinne, die Förderung der Ich-, Sozial-, Emotional- und Fachkompetenz an.

Was ist Ästhetische Erziehung?

Ästhetische Erziehung ist dann gewährleistet - wie übrigens Friedrich von Schiller dies in seinen Briefen zur Ästhetischen Erziehung des Menschen erörtert –, wenn der Mensch spielt.

Der Mensch ist das einzige Wesen, das spielen kann. In der Tierwelt ist dies, wie die Verhaltensforschung feststellt, bereits ansatzweise angelegt. Der Mensch bewegt sich ansonsten immer in Bezügen, die ihm Nutzen bringen, bzw. der Mensch erforscht die dingliche und soziale Umwelt, oder er beurteilt diese nach moralischen Gesichtspunkten. Beim Spiel fallen diese Ansichten weg. Das Spiel hat als Bedingung nur sich selbst, d. h. das Spiel erlaubt dem Menschen, einschließlich des Kindes, die Umwelt als Ganzes auf seine Gemütskräfte wirken zu lassen. Dann verhält sich der Mensch ästhetisch.

Das Spiel benötigt für sich Spielraum. Der Spielraum ist vom Element der Freiheit und der Freude am Spiel bestimmt. Spiel und Spielraum ermöglichen die Entwicklung der Phantasie, das spielerische Erfassen der Wirklichkeit, den spielerischen Umgang mit Material und die damit verbundenen Möglichkeiten des Gestaltens. Jedes Werk, das aus dem Spiel heraus entstanden ist, eröffnet Spielraum nicht nur demjenigen, der es gestaltet, sondern auch demjenigen, der es betrachtet.

Insofern ist auch die Möglichkeit der Interpretation gegeben, d. h. das Werk fordert geradezu zur Interpretation heraus. Die Interpretation ist zugleich das Moment und die Möglichkeit zur Identifikation. Nehmen wir als Beispiel nochmals die erwähnten Martinsgänse. Es entstehen bei allen nach genauen Bastelanleitungen hergestellte Produkte. Es muß bedenklich stimmen, wenn Kinder »ihre« Martinsgans nicht mehr erkennen können. Was steckt dahinter? Offenbar ist es in diesem Fall so, daß es aufgrund gleichen Aussehens dem Kind nicht möglich ist, z. B. der Mutter oder Oma oder einem anderen Kind die eigene Martinsgans zu zeigen. Wer Erfahrungen mit von Kindern hergestellten Werken hat, wird bestätigen, daß die Kinder, selbst wenn Tage vergangen sind, im Detail über ihr Werk erzählen. Bei den erwähnten Martinsgänsen fehlt dem Kind jedweder Bezug, d. h. es kann sich damit nicht identifizieren. Die Martinsgans ist in einem derartigen Arbeitsvorgang ausschließlich ein Produkt der Erzieherin, und die Kinder sind zu Ausführenden wie im Manufakturbetrieb herabgewürdigt worden. Selbst die Erzieherin kann die Produkte nur noch durch das Anschreiben des Namens des jeweiligen Kindes an der Martinsgans unterscheiden. Eine Situation, die den Zielen der Frühpädagogik nicht entspricht.

Lernen durch Eigentätigkeit im Sinne von Ausdruck und Ausdrucksvermögen des einzelnen Kindes wird dabei nicht aktiviert, weil das Kind ausschließlich von außen gesteuert ist und Motivation im Sinne von Eigenmotivation für eine bestimmte Aktivität nur minimal ausgelöst wird.

Entstehen jedoch Werke aus dem Verständnis der Ästhetischen Erziehung, dann darf mit einem hohen Maße an Eigeninitiative des Kindes gerechnet werden. Der Begriff Werk ist bei diesen Voraussetzungen nicht mehr zutreffend. Unter Werk versteht man gemeinhin, daß es zu einem bestimmten Zweck angefertigt wurde, während das Gestaltete nichts von dem hat. Es trägt sein Ziel in sich wie das Spiel. Aus diesem Grund ergibt sich die schon erwähnte Interpretations- und Identifikationsmöglichkeit. Das Gestaltete ist vorhanden, es begegnet einem, es ist antreffbar, es repräsentiert sich selbst. Daher ist die Erzieherin, der Erzieher, gehalten, die Befähigung und Fähigkeit zur Gestaltung auch bei Kindern ernst zu nehmen, da sonst keine Ästhetische Erziehung stattfindet.

Der Grund für die Wirkungsweise des Ästhetischen liegt daran, daß Gestaltetes immer eine subjektive und objektive Seite aufweist. Das ästhetisch Gestaltete ist damit nichts anderes als die Hand des Kindes, das mit einem Stift eine Zeichnung auf das Papier bringt. Es ist sozusagen ein »Mit-den-Händen-Denken«. Die Anfertigung von Martinslampen muß daher auf spielerische Weise in die Einbildungskraft der Kinder eingebunden werden, erst dann werden sich individuell angefertigte erkennen lassen. Erst dann wird jedes einzelne Kind seine Lampe auf Anhieb erkennen können.

Auf einen Nenner gebracht, können wir das Ästhetische als Möglichkeit der ganzheitlichen Existenzbestimmung begreifen. Ermöglichen wir dem Kindergartenkind ästhetisches Tun, dann kann es gestaltend Weltaneignung betreiben. Wie könnte sonst ein Kind aus einem Holzscheit eine Puppe, einen Bären oder Elefanten werden lassen? Oder es setzt sich auf ein Brett, das auf der Erde liegt, benützt zwei Holzstöcke als Ruder und rudert auf den See hinaus. Was geschieht in diesem Fall: das Kind läßt das Brett zum Schiff, die Stöcke zu Ruder und die Erde zum See *werden*, und es *wird* zugleich zum Kapitän, Ruder und Steuermann. Das Kind hat die Dinge, deren Sinn und sich selbst als Handelndes *gestaltet*.

Über das auf diese Weise Gestaltete werden Wege und Möglichkeiten der Interpretation und Identifikation dem Kind aufgezeigt. Veränderbarkeit wird ermöglicht, Bedürfnisse, Bedingungen und Sehweisen ausgelöst und vorgestellt. Ästhetisches Tun als Spielerisches Verhalten sucht nicht, sondern stellt Hilfen zum Finden zur Verfügung.

Ästhetisches zeigt sich uns also folgendermaßen: Das Spiel garantiert dem Menschen ein freies, unabhängiges, subjektives Erleben. Ohne die Anknüpfung an das Verständnis des ästhetischen Zugangs und Umgangs mit Umwelt, wie es Schiller formuliert, verbleibt es im Dunkeln bzw. wird es allzuschnell Zielen, wie z. B. Bastelanleitungen, unterworfen. Deswegen sind Auffassungen, die sich ausschließlich auf die Sensibilisierung der Wahrnehmung berufen, zu kurz, weil alles und jedes, soweit es der dinglichen Welt zuzurechnen ist, der Wahrnehmung zugänglich ist. Insofern würde es ja nichts anderes bedeuten, als daß Ästhetische Erziehung Wahrgenommenes wiederum in Wahrnehmbares umsetzen soll. Daß dies im Bereich der Schule und des Kindergartens häufig betrieben wird, sei hier mit Nachdruck und zugleich mit Bedauern angemerkt.

Schließlich sei noch hervorgehoben, daß ästhetisches Tun nicht auf der Ebene des Gesprächs verbleiben kann, sondern sich allein durch die gestalterische Tätigkeit der Hand auszeichnet. Malen und Zeichnen, Bauen und Experimentieren, Verkleiden und Theaterspielen benötigen Raum und Zeit: nur dann ist die Entwicklung, Planung, Durchführung und Beendigung einer ästhetischen Aktion möglich. Die Erzieherin und der Erzieher müssen diese unabdingbaren Voraussetzungen einlösen. Eine zwar nicht immer leichte und angenehme, aber letztendlich doch lohnende Aufgabe. Denn nur so ist ästhetisches Erleben als individuelles Erleben dem Kind möglich – und dies ist eines der Hauptanliegen der Frühpädagogik.

Ästhetische Erziehung als Theorie der Erziehung – eine Skizze

Angesichts dieser Überlegungen können wir uns nun die gestellten Fragen beantworten. Es ging dabei um folgendes: Was ästhetische Erziehung ist, und ob es einen Bereich innerhalb der Erziehung gibt, der sich durch hohe Integrationsfähigkeit bzw. Multidimensionalität innerhalb der Kindergartenarbeit auszeichnet.

Selbstverständnis und Aufgabe der Ästhetischen Erziehung

Das System der Erziehung zählt zu den gesellschaftlichen Funktionen. Dieses System hat die nachwachsende Generation auf alle die Gesellschaft konstituierenden Teilsysteme vorzubereiten. Diese Vorbereitung bezieht sich auch auf die im Erziehungssystem dem Kindergarten nachfolgende erzieherische Institution; wie dies in unserem Fall ist, auf die Schule. Es wäre jedoch ein Mißverständnis zu glauben, hier würde durch ein Hintertürchen für die Vorschule plädiert. Dies trifft nicht zu. Wenn von Vorbereitung die Rede ist, dann ist damit nicht strikte Anpassung gemeint. Dies kann schon deswegen nicht sein, weil ästhetisches Erleben individuelle Betroffenheit ist. Aus diesem Grund könnte gesagt werden, daß, weil dies so ist, nichts bestimmt wird oder sich bestimmen läßt. Und trotzdem ist eine Art von Bestimmung damit angesprochen. Verhält es sich nicht so, daß ästhetisches Erleben und ästhetisches Produkt dem Menschen die Welt erschließt, d. h. der Mensch sich selbst als Ermöglichender und Eröffnender erlebt? »Der Mensch lebt, indem er eine Gesellschaft (Gemeinwesen) aufbaut. Er richtet sich ein auf der Erde, indem er sich eine eigene Welt schafft, eine Zwischenwelt zwischen Himmel und Erde. Diese Zwischenwelt ist immer zugleich eine geistige und eine dingliche Welt, sie hat eine ökonomische und technische und eine spirituelle und mythologische bzw. metaphysische Komponente. Als eine Welt eigener Art aber ist sie in einer Auslegung des Menschen auf die Natur und dieser auf jene hin – in einem Gesamtentwurf also begründet. Und dieser Entwurf ist Kunst (dieser Begriff ist dem von uns entwickelten Begriff Ästhetik gleichzusetzen, H. B.) und nicht Wissenschaft. Die Kunst geht der Wissenschaft voraus. Freilich wirkt die Wissenschaft auf die Kunst zurück. Zutiefst aber ermöglicht die Kunst und nicht die Wissenschaft menschliches Dasein. Sie ist der Entwurf, ohne den der Mensch die Faktizität nicht transzendieren kann und keine Zukunft hat« *(Grothoff* 1969, S. 211). Eine andere Dimension neben dieser kulturanthropologischen Aussage ist in der zu praktizierenden Demokratie als politisches System zu sehen. Dieses kann und darf sich nicht auf Positionen zurückziehen, die dem menschlichen Dasein widersprechen. Im Gegenteil, die in der Demokratie verbrieften Rechte und Pflichten sind Garanten für die Freiheit des einzelnen und der Gesellschaft. Diese versucht, die Ästhetische Erziehung im dem allgemeinen Erziehungsziel der Mündigkeit an die nachwachsende Generation als Angebot zu vermitteln. Wobei wir uns an die Definition von Kant halten: »*Aufklärung ist der Ausgang des Menschen aus seiner selbstverschuldeten Unmündigkeit. Unmündigkeit* ist das Unvermögen, sich seines Verstandes ohne Leitung eines anderen zu bedienen. *Selbstverschuldet* ist diese Unmündigkeit, wenn die Ursache derselben nicht am Mangel des Verstandes, sondern der Entschließung des Mutes liegt, sich seiner ohne Leitung eines anderen zu bedienen. Sapere aude! Habe den Mut, dich deines *eigenen* Verstandes zu bedienen! ist also Wahlspruch der Aufklärung« (Kant 1975, S. 9).

Allgemeines Erziehungsziel und verbriefte Rechte und Pflichten im politisch-demokratischen System sind einander bedingende Faktoren, die nur aufgrund ihrer Wechselwirkung bestehen können, letztlich ihren Grund in der menschlichen Konstitution haben.

Mit diesen kurzen Ausgrenzungen oberster und zugleich richtungsweisender Positionen haben wir Festlegungen getroffen, die inhaltlich ausgefüllt werden müssen. Ebenso ist es offenkundig, daß diese grundlegenden Aussagen als Bestimmungsstücke einer Theorie zur Ästhetischen Erziehung notwendig waren, und trotzdem ist zu vermuten, daß Unmut aufgekommen ist, da bis jetzt, obwohl sie bisweilen schon direkt oder indirekt angesprochen worden sind, Hilfen, Hinweise oder Empfehlungen noch ausstehen, die es uns ermöglichen, als Betrachter oder als Produzent Ästhetisches vielleicht zu erleben. Es kann nur beim »vielleicht« bleiben, denn trotz der Ergebnisse aus den Bezugswissenschaften verbleibt jeweils ein Rest von Unbekanntem, der das einzelne Individuum zum Individuum werden läßt (vgl. *Nietzsche* 1964 und *Adorno* 1972). Andererseits schließt dies nicht aus, gerade deshalb bezugswissenschaftliche Erkenntnisse in die Diskussion mitaufzunehmen, um wenigstens von außen optimale Bedingungen für ästhetisches Erleben zu schaffen. Als bezugswissenschaftliche Erkenntnisse sind Ergebnisse aus dem Bereich der Entwicklungspsychologie zu nennen. Dieselbe Bedeutung haben in unserem Zusammenhang Ergebnisse, die sich mit dem Ursprung und der Entwicklung des zwei- und dreidimensionalen Gestaltens beschäftigen, wahrnehmungspsychologische und wahrnehmungsphysiologische Erkenntnisse vermitteln und Hilfen zur Therapie beinhalten. Sich mit bezugswissenschaftlicher Fachliteratur intensiv zu beschäftigen, ist im Ästhetischen schon selbst angelegt, denn ästhetisches Erleben und ästhetisches Tun erfordern, wie die bisherige Erörterung zeigte, die Auseinandersetzung des ganzen Menschen mit sich und dem Gegenstand als Gegen-Stehenden.

Nehmen wir nun den Bedeutungsinhalt der Erziehung hinzu, so kann deren Aufgabe generell folgendermaßen umschrieben werden: Das Anliegen der Ästhetischen *Erziehung* besteht darin, Bedingungen herzustellen, die es dem Menschen, dem Kind, ermöglichen, sich mit dem Gegenstand, mit seiner Umwelt so in Verbindung zu bringen, daß sie sich auf das Ganze unserer Gemütskräfte bezieht. Ästhetische Erziehung setzt von sich aus voraus, mit Gegenständen sowohl in ihrer Zweckbestimmung als auch ohne Zweckbestimmung umzugehen, wobei der soziale Aspekt eine Rolle spielen kann, aber nicht muß. Nehmen wir folgendes Beispiel in seiner Grobstruktur: Kinder arbeiten gemeinsam an einem phantastischen Haus. Notwendig wird hierfür sein: Material und eine Gruppe von Kindern. Es müssen Vorstellungen von Häusern entwickelt werden, und zwar so lange, bis die Gruppe einer Meinung hinsichtlich des Hauses ist. Wichtig dabei ist, daß das geplante Haus sich aus den einzelnen Vorstellungen, die die Kinder entwickeln, zusammensetzt. Weiter ist man bei der Realisierung des Hauses auf die Eigenschaften des zur Verfügung stehenden Materials und Werkzeugs angewiesen. Diese Eigenschaften haben ebenfalls Einfluß auf das Produkt.

Die Kinder können bei einem solchen Vorhaben während der *Planung*, des *Herstellungsprozesses* und am *fertigen Produkt* viele Phänomene erleben, erfahren und besprechen. Sie können in der jeweiligen Situation Material- und Werkzeugerprobungen vornehmen, die sich im Augenblick stellen. Damit können die Kinder, einschließlich der Erzieherin, viele Querverbindungen zu ihrer gegenwärtigen Erfahrung herstellen, und zugleich im Bereich des Ästhetischen. Umgekehrt ist es möglich, daß an den vielen Querverbindungen der Entschluß gefaßt wird, ein Phantasiehaus zu bauen. Mit dieser Dimensionierung Ästhetischer Erziehung erweist es sich als günstig, Erkenntnisse aus der Kreativitätsforschung in die Diskussion mit aufzunehmen.

Kreativität und Ästhetische Erziehung

»Kreativität« als Wortschöpfung lehnt sich an das englische Wort creativity an, das zugleich Titel eines Vortrags von Guilford 1950 war und als Auslöser für die Kreativitätsforschung bezeichnet werden kann. Damit ist angezeigt, sich bewußt von deutschen Formulierungen wie »schöpferischer Fähigkeit«, »schöpferisches Denken« usw. zu distanzieren, weil diese einerseits zu wenig im Sinne der damit befaßten Wissenschaft aussagen und ebenso zu wenig Trennschärfe zu religiös-philosophischen Problemen ermöglichen. Die Kreativitätsforschung, ein Teilbereich der Psychologie, unterscheidet, wenn man auf Details verzichtet, zwischen:
a) kreativer Persönlichkeit,
b) kreativem Prozeß,
c) kreativem Produkt.

Versuchen wir im folgenden, die drei Bereiche getrennt zu erläutern, obwohl sie in der Praxis nur schwer voneinander unterschieden werden können, da die Übergänge fließend sind. Denn es ist denkbar, daß ein kreatives Produkt eine kreative Persönlichkeit, oder ein kreativer Prozeß eine kreative Persönlichkeit, oder eine kreative Persönlichkeit einen kreativen Prozeß als Produkt hervorbringt, ohne ein kreatives Produkt für einen Außenstehenden darzustellen. Oder was für den einen kreativ ist, muß für den anderen noch lange nicht kreativ sein. Damit sind wir der Problematik dessen ausgesetzt, was und wer darüber bestimmt, was kreativ ist. Diese provokativen Äußerungen zeigen, daß die ausgewiesene Aufteilung einerseits zur Problematisierung des Bereiches Berechtigung hat, um das Phänomen Kreativität zu erfassen, aber zugleich deutlich macht, wie problematisch Einteilungen sind.

Die drei Teilbereiche sind:

a) Kreative Persönlichkeit

Eine kreative Persönlichkeit nach *Landau* (1969, S. 13–17) zeichnet sich durch besondere Merkmale und Fähigkeiten aus. Merkmale sind verhältnismäßig beständige Verhaltensweisen, die jemand von anderen unterscheidet. Eine Fähigkeit ist die Bereitschaft, gewisse Dinge zu lernen. Diese Bereitschaft kann angeboren sein, durch Einflüsse der Umgebung (Sozialisation) entstehen oder durch Wechselwirkung dieser beiden Faktoren ermöglicht werden. Ebenso kann diese Bereitschaft im emotionalen Bereich liegen.

Sie haben sicher festgestellt, wie offen und zugleich verhalten die Aussagen zu den Persönlichkeitsmerkmalen einer kreativen Person sind. Aber vielleicht ist dies schon ein Zeichen von Kreativität!

Merkmale und Fähigkeiten einer kreativen Persönlichkeit sind:

Geläufigkeit, d. h. die Fähigkeit, sich auf Problemlösungen durch Assoziationen, Ideen, Sentenzen usw. einzulassen und diese Detaillösungen gegebenenfalls als Impulse für die Gesamtlösung des Problems einzusetzen.

Flexibilität, d. h. die Fähigkeit, zu einem Problem aus verschiedenen Gesichtspunkten heraus Lösungen zu finden. Dies erfordert vorhandene Informationen neu zusammenzusetzen, zu kombinieren, wieder aufzulösen und u. U. neu zu verbinden.

Originalität, d. h. die Fähigkeit einer Person, Dinge, Situationen oder Menschen anders zu sehen, als andere Personen dies tun.

Elaboration, d. h. die Fähigkeit, Ideen zu einer Problemlösung zu konkretisieren.

b) Kreativer Prozeß

Folgende strukturelle Merkmale zeichnen den kreativen Prozeß aus:

Mit *Präparation* ist die Phase des Herausarbeitens des Problems aus einem größeren Gesamtzusammenhang gemeint.

Mit *Inkubation* ist die Phase gemeint, in der mit Lösungen gespielt wird, d. h., das Gedächtnis wird nach Informationen verschiedenster Art zur jeweiligen Problemstellung abgesucht.

Mit *Illumination* ist die ins Auge gefaßte Lösung gemeint, im Sinne »jetzt hab' ich es«.

Mit *Verifikation* ist die Realisierung der ins Auge gefaßten Lösung gemeint.

Um kreative Prozesse auszulösen, gibt es eine Anzahl von Möglichkeiten, die teilweise von der jeweiligen Aufgabenstellung abhängen. Z. B. die Aufgabe: »Zeichne deinen Roller« kann durchaus motivierend für ein Kind sein. Als eine kreative Aufgabenstellung kann sie dann eingestuft werden, wenn die Aufgabe heißt: »Zeichne deinen Roller, daß er schneller fährt.« Sie merken, das kreative Moment hängt von der Eigenschaftsnennung ab, die z. B. ein bestimmter Gegenstand bekommen soll.

Auf diese Weise wird das Kind veranlaßt, sich in einen kreativen Prozeß einzulassen, um die gestellte Aufgabe einer Lösung auszuführen. Ausdrücklich wird auf die Problematik kreativer Aufgabenstellungen von *Caesar* (1981) und *de Bono* (1975) hingewiesen.

c) *Kreatives Produkt*

Als kreatives Produkt wird im allgemeinen ein Ergebnis bezeichnet, das als neu, also vorher als unbekannt bezeichnet werden kann.

Ich kann mir gut vorstellen, daß manche(r) Leser/in aufgrund der bisher gemachten Äußerungen sogar verärgert ist, weil diese formalen Informationen über Kreativität angeblich überhaupt keinen Hinweis für die Praxis enthalten. Aber wie sollte etwas für die Praxis diskutiert werden, wenn vorher nicht geklärt ist, um was es eigentlich geht? Diese von der Psychologie ausgewiesenen Merkmale für Kreativität stellen an die pädagogische Praxis und insbesondere für die Ästhetische Erziehung im Kindergarten und Hort bestimmte Bedingungen. Warum? Kreativität bringt etwas anderes hervor als eine einzige »richtige« oder »falsche« Lösung, sie ist mehr, weil beim Produzenten und Konsumenten kreativer Produkte »affektive Prozesse, wie Überraschung, Befriedigung, Stimulation und Genuß ausgelöst werden« (Ceasar 1981, S. 84).

Forderungen der Kreativität

Nehmen wir diese Überlegungen ernst und wollen wir Kreativität den Kindern ermöglichen, dann resultieren verschiedene Anforderungen daraus an die Erzieherin, an den Gruppenraum und das Kindergarten- oder Hortgelände. Für den Bereich der ästhetischen Erziehung bedeutet dies,

● daß die Erzieherin den Kindern Materialerfahrungen aus den verschiedensten Bereichen ermöglicht (Kunststoff, Papier, Ton, Metall, Holz usw.) einschließlich der hierfür notwendigen Bearbeitungswerkzeuge (Pinsel verschiedener Sorten, Hämmer, Scheren, Zangen usw.) und Verbindungsmaterialien (Draht, Schnur, Klebstoff, Löten usw.),

● daß die Erzieherin innerhalb der Gruppe sich selbst diesen Erfahrungen aussetzt (bequeme Arbeitskleidung ist unabdingbar), sich beratend und nicht als Auftraggeber in die Gruppe einbringt,

● daß die Erzieherin nicht ausschließlich zielorientiert im Sinne eines Themas arbeitet, sondern das Suchen nach bildnerischen, gestalterischen Lösungen den Kindern anbietet, da jede bildnerische Aufgabe unzählige Lösungen zuläßt (es gibt nicht *die* bildnerische Lö-

sung, es gibt nicht *das* schöne Bild),
- daß die Erzieherin ein möglichst breites Angebot an Motivationen für ein Thema mit den Kindern erarbeitet, damit jedes Kind sich persönlich mit dem Thema identifizieren kann,
- daß nicht Techniken die bildnerische Arbeit bestimmen, sondern die Kinder ihre Betroffenheit durch Umwelt mittels Materialien und Techniken zum Ausdruck bringen,
- daß die Erzieherin ästhetisches Tun nicht vom Faktor Zeit abhängig macht, sondern die Förderung im Sinne der Erfahrungen, die jedes einzelne Kind bei der Auseinandersetzung mit Materialien, mit den eigenen Vorstellungen usw. macht, zur Maxime ihres Tuns werden läßt,
- daß die Erzieherin in Elternabenden darauf hinweist, z. B. durch in der Gruppe hergestellte Dias, inwiefern Kinder unter dem Gesichtspunkt Ich-, Sach- und Sozialkompetenz gefördert werden können und welche Förderungsmöglichkeiten sich dadurch im Sprach- und Sprechbereich ergeben und deswegen die Elternschaft aktiviert, Materialien für die Gruppe mit zu beschaffen (*Daucher/Seitz* 1973; *Seitz* 1976; *Beisl/Winkelmann* 1977; *Beisl* 1982, *Beisl* 1985, 1986).

Dieser Katalog an pädagogischen Empfehlungen muß seine Entsprechung im Gruppenraum finden. Kreatives Arbeiten erfordert viel Platz, damit jedes einzelne Kind sich bei seinem Suchen nach Lösungen auf die Aufgabe einlassen kann. Es wäre in diesem Zusammenhang zu überlegen, ob tatsächlich so viele Raumteiler und so viele Tische im Gruppenraum sein müssen. Ebenfalls ist es notwendig, sehr viel verschiedenartiges Material zu sammeln, um kreativen Prozessen entsprechen zu können. Die Materialien und Werkzeuge sollen grundsätzlich für die Kinder zugänglich sein. Der Gruppenraum muß ein pädagogischer Ort sein, d. h., man muß sehen und hören, daß hier Kinder sind, die Erfahrungen mit ihrer Umwelt machen und diese zum Ausdruck bringen können. Damit wird nicht, wie vielleicht der Eindruck entsteht, dem Chaos das Wort geredet, sondern es geht ausschließlich darum, dem Kind auf seinem derzeitigen Lebensweg zu helfen, mit sich und seiner Umwelt zurechtzukommen. Daher kann es nicht haltbar sein, daß im Kindergarten z. B. mit dem Vorwand, die Feinmotorik zu üben, ausschließlich nach Bastelanleitungen gearbeitet wird. Denn wenn 25 gleichgearbeitete Bastelarbeiten vorliegen, so fragt man, wo denn hier die Kreativität bleibt. Die Förderung der Feinmotorik ist nämlich durchaus gewährleistet, wenn z. B. ein Kind mit einer Zange umgehen kann, um einen Draht zurechtzubiegen.

So banal die angeführten Beispiele anscheinend auch sein mögen, geben sie doch meines Erachtens Anlaß zum Nachdenken über ein Wort Pablo Picassos:

Ich suche nicht – Ich finde

Suchen, das ist Ausgehen von alten Beständen in ein Finden –

Wollen von bereits Bekanntem im Neuen.

Finden, das ist das völlig Neue auch in der Bewegung.

Alle Wege sind offen, und was gefunden wird ist unbekannt.

Es ist ein Wagnis. Ein heiliges Abenteuer.

Die Ungewißheit solcher Wagnisse können eigentlich nur jene auf sich nehmen, die im Ungeborgenen sich geborgen wissen, die in der Ungewißheit, in die Führerlosigkeit geführt werden,

die sich im Dunkeln einem unsichtbaren Stern überlassen,

die sich von Zielen ziehen lassen und nicht –

menschlich beschränkt und eingeengt das Ziel bestimmen.

Dieses Offensein für jede neue Erkenntnis,

Für jedes neue Erlebnis im Außen und Innen:

Das ist das Wesenhafte des modernen Menschen, der in aller Angst des Loslassens doch die Gnade des Gehaltenseins im Offenwerden neuer Möglichkeiten erfährt.

Ein Großteil der angesprochenen Bedingungen, um kreatives Arbeiten zu ermöglichen, liegt bestimmt im Selbstverständnis der Erzieherin und ihrem Verhalten zu den Kindern sowie in der Einschätzung des ästhetischen Bereichs im allgemeinen. Untrennbar davon sind, wie auch ersichtlich ist, pädagogisch-politische Gesichtspunkte, d. h., die Gruppenstärke darf nicht über 25 Kinder anwachsen; in jeder Gruppe muß eine Erzieherin und eine Helferin sein. Dies sind wichtige Eckdaten; denn was nützt das Wissen um Kreativität und deren positive Möglichkeiten bei der Entwicklung des Kindes, wenn die Voraussetzungen politisch hierfür fehlen?

Übrigens, kreativ sein macht Spaß, versuchen Sie es einmal, zweimal, immer... Viel Vergnügen!

Motivfindung – Kernstück pädagogischen Handelns

Wir haben auf unserem gemeinsamen Weg inzwischen einen Punkt erreicht, von dem wir rückblickend sagen können, daß es uns gelungen ist, das Ästhetische als eine Fähigkeit im Menschen herauszuarbeiten. Diese kommt optimal beim Spielen zur Geltung. Ebenso konnten wir deutlich machen, daß ästhetisches Betrachten und ästhetisches Handeln sowohl mit dem politischen System der Demokratie als auch mit der in diesem System praktizierten Erziehung untrennbar verbunden sind, ja sich gegenseitig bedingen.

Wir würden unser Ziel nur halb erreicht haben, wenn, was sich auch logischerweise anschließt, wir uns jetzt nicht der Praxis annähern würden. Jedoch, es wäre ein Trugschluß zu glauben, daß es ohne Theorie Praxis gäbe, jedweder Versuch scheitert! Versuchen Sie es einmal? Wenn die Theorie die Praxis leiten und beeinflussen soll, dann muß im Bereich der Ästhetischen Erziehung das pädagogische Feld von einer offenen und freien Kommunikation bestimmt sein. Die Notwendigkeit für diese Forderung hängt ursächlich mit der Fähigkeit des Menschen einschließlich der des Kindes zusammen, sich ästhetisch sowohl als Betrachter (passiv) als auch als Produzent (aktiv) mit dem jeweiligen Gegenstand in Verbindung zu bringen. Für Gegenstand kann auch Motiv stehen. Auf die inhaltliche Ebene gebracht bedeutet dies z. B. Bildbetrachtung im weitesten Sinn, oder etwas zeichnen, malen, experimentieren, bauen, formen oder Theater spielen usw. Diesem Sachverhalt muß pädagogisch entsprochen werden. Nehmen wir jetzt zur inhaltlichen Ebene die soziale hinzu, dann darf es kein Gefälle zwischen der Erzieherin und den beteiligten Kindern geben. Jedes am Gruppengespräch beteiligte Kind ist ein gleichberechtigter Gesprächspartner einschließlich der Erzieherin. Dies schließt nicht aus, während des Gesprächs mit der Gruppe, wenn nötig, seitens der Erzieherin, auf Situationen zu verweisen, die diesem Ziel widersprechen. Ich denke da an Durcheinanderreden, lautes Schreien oder Stören des jeweiligen Sprechers. Auch hier gilt es von der Erzieherin darauf zu achten, daß das Schweigen von Kindern z. B. nicht ausschließlich als Desinteresse zu werten ist. Es kann auch bedeuten, daß das Kind momentan nichts zur Sache beizutragen hat oder das Problem nicht versteht bzw. gehemmt ist, seinen Beitrag überhaupt vorzutragen. Ebenso ist es möglich, daß das Kind sein Schweigen nicht artikulieren kann, obwohl es stark von dem Motiv, das besprochen wird, betroffen ist und diese Betroffenheit umgehend vielleicht gestalterisch, bildnerisch ausdrücken könnte/möchte. Vielleicht wird gerade das letzte Beispiel durch die Antwort eines englischen Künstlers Henry Moore (geb. 1898) auf die frage eines Reporters verdeutlicht: »Herr Moore, warum beschreiben Sie nicht Ihre Kunstwerke?« »Wenn ich sie beschreiben könnte, dann bräuchte ich sie nicht herzustellen.«

Um diese möglichen Hemmschwellen bei Kindern möglichst niedrig zu halten und das ästhetische Erleben nach Möglichkeit zu gewährleisten, müssen mindestens fünf didaktische Bedingungen erfüllt (vgl. auch *Metzger* 1975, S. 309-311) werden:
1. Das Motiv muß kindgemäß sein.
2. Das Motiv muß aktuell sein.
3. Das Motiv muß von den Kindern bildnerisch zu bewältigen sein.
4. Das Motiv muß die Erzieherin interessieren (persönliches Engagement).
5. Das Motiv muß den Kindern Spaß machen.

Warum dies so sein muß bedarf der Erläuterung. Nur unter Berücksichtigung dieser fünf Punkte ist mit einer Motivation seitens der Kinder zu rechnen. *Daucher* (1979, S. 117) grenzt motiviertes Verhalten folgendermaßen ein: »Motiviertes Verhalten unterscheidet sich von Reflexreaktionen dadurch, daß es im Gegensatz zu diesen nicht automatisch abläuft, sondern durch eine operante Konditionierbarkeit adaptiv an Lernfähigkeit gebunden ist. Im Gegensatz zu einem konditionierten Reflex (Pawlow: Wenn vorher der Hund darauf dressiert wird den Stimulus Futter und den Stimulus Glocke zu verbinden, erfolgt Speichelfluß auch bei der Glocke allein = konditionierter Reflex), folgen auf eine Motivierung nicht ein bestimmtes Handlungsschema, sondern variable Aktionen, sofern sie nur der Bedürfnisbefriedigung dienen. Dadurch kommen Lernprozesse in Gang, die das Ziel haben, diese Aktionen zu optimieren.« Ausgangspunkt für jede Art von Motivation ist das Bewußtsein des Kindes. Dieses erfährt sich in bestimmten Rollen und Handlungen in einer Welt von Beziehungen. Es lernt sich kennen, steuern und abgrenzen. Das Kind erlebt sich dabei als Person mit spezifischen Eigenschaften, Fähigkeiten und Fertigkeiten. Aufgrund seiner Lerngeschichte hat das Kind Erfahrungen gemacht, Bestätigungen und Ablehnungen erlebt und daraus entsprechende Motive entwickelt. Man kann auch von Vorstellungen und Einstellungen gegenüber bestimmten Sachverhalten sprechen. Es liegt also an der erziehenden Umgebung, bewußte Motive zu ermöglichen bzw. diese zu verstärken. Diese Motive stellen ihrerseits eine permanente psychische Grundgestimmtheit dar. Sie bestimmen die Beziehung des Kindes zu bestimmten Inhalten oder Handlungsweisen. *Schiefele* (1974, S. 139f) grenzt diesen Beziehungszusammenhang prägnant mit dem Begriff »Bedeutungsrelief« aus. Jede Begegnung, die ein Kind mit seiner Umwelt hat, führt zu einem Bedeutungsrelief im Sinne einer subjektiven Wertung. »Das von einem Menschen je erworbene Bedeutungsrelief beeinflußt die materiellen und sozialen Person-Welt-Bezüge, die im weitesten Sinne sensorisch vermittelt werden. Was wahrgenommene Sachverhalte und Situationen für die Person bedeuten, hängt von der dispositionellen Bedeutungsstruktur ab, die sie bereits entwickelt hat.«

In den Mittelpunkt unserer Betrachtungen ist inzwischen die Motivation von Kindern für Motive gerückt, um das damit verbundene Bedeutungsrelief unter dem Gesichtspunkt ästhetisches Erleben und Erfahren zu ermöglichen. Daraus kann gefolgert werden, daß über das Moment der Motivation Motive gelernt werden. Dies geschieht durch einen Impuls von außen, z. B. der Erzieherin, und durch ein persönliches Erlebnis des Kindes. In beiden Fällen macht das Kind die Erfahrung, daß gewisse Umweltzusammenhänge (personaler, sozialer oder dinglicher Art) nicht mehr mit dem eigenen Bedeutungsrelief übereinstimmen. Diese Differenz führt zur Motivation, etwas zu ändern oder sich zu ändern. Auf diese Weise wird Lernen eingeleitet, was zu neuen Erfahrungen führt, die wiederum die einzelnen Motive in ihrem Bedeutungsrelief beeinflussen. Das höchste Maß an gerichteter Aufmerksamkeit beim Kind ist dann erreicht, wenn es gelingt, das Bewußtsein des Kindes so weit zu aktivieren, daß es einen eigenen Antrieb entwickelt und handelt. Es ist der Augenblick des größten Gefühls an Ich-Identität. In diesem Zusammenhang kann nochmals auf Piagets Theorie (1969) vom Zusammenwirken von »Assimilation« und »Akkommodation« verwiesen werden.

Insofern besteht für die Erzieher die Notwendigkeit, dem Kind die Chance zu geben, seine eigene Kompetenz in Form von positiven Bedeutungsreliefen einzelner Motive: in eigenen Leistungen, in eigenen Leistungen zusammen mit anderen und bei Interessebekundungen erfahren zu lassen.

Motivationale Bedingungen im engeren Sinn: Motiv, bildnerisches Mittel, Material

Inwiefern Ästhetische Erziehung aufgrund der Ausgangsbedingungen einen Beitrag zur Ausbildung positiver Bedeutungsreliefe von Motiven leisten kann, soll im folgenden geklärt werden. Nehmen wir an, daß in einer Kindergartengruppe das Motiv Familie im Mittelpunkt des Interesses steht. Es bietet sich neben vielen Möglichkeiten an, dieses auch bildnerisch darzustellen.

Bleiben wir beim Motiv: Jedes Kind erlebt Familie als Lebensgemeinschaft anders, z. B. Eltern und Kind mit Geschwistern, Eltern und Einzelkind, Eltern und Einzelkind mit Großeltern, Eltern und Kind mit Geschwistern und Großeltern und Tanten und Onkel, Mutter oder Vater als Alleinerziehende und Kind im Kinderheim. Hierzu sind noch viele Variationen denkbar, insofern sollten die Beispiele nur zeigen, wie groß allein im Bereich der Anzahl der Personen die Verschiedenheit der Familie sein kann.

Dabei haben wir den sozialen Aspekt, nämlich den der Beziehung der Personen untereinander bzw. derer, nach denen sich das Kind besonders sehnt, aber konkret z. B. wegen Scheidung nicht mehr in der Familie leben, noch nicht angesprochen. Wie verschieden sich diese Aspekte in einer Kinderzeichnung repräsentieren können, können Sie selbst, falls diese Motive in ihrer Gruppe momentan ein Rolle spielen, sehr leicht feststellen. Sie werden jedoch nur dann eine induviduelle bildnerische Aussage seitens der Kinder bekommen, wenn dem Kind als Motivation für dieses Motiv die individuelle Betroffenheit im Sinne der *freien individuellen bildnerischen Aussage* eingeräumt ist, ja diese zum *Prinzip der bildnerischen Arbeit* werden läßt. Dieses Prinzip aufrechtzuerhalten, besteht ebenso gegenüber Kindern, die, aus welchen Gründen auch immer, aus nicht vollständigen Familien stammen. Bisweilen tauchen in diesen Bildern sogar Personen auf, die wegen irgendwelchen familiären Zerwürfnissen z. B. gar nicht mehr in der Familie leben. Ähnliche und andere Beispiele sind hierzu denkbar (vgl. *Koppitz* 1972; *Schuster/Beisl* 1978, S. 214-229). Das Motiv Familie kann auf viele Motive im sozialen Bereich transferiert werden, jedoch könnte es leicht dem Vorwurf ausgesetzt werden, daß es gezielt ausgewählt worden ist, um dem gewählten Anspruch gerecht zu werden. Dieser Vorwurf kann, wenn schon vielleicht nicht vollends, entkräftet werden, durch Motive aus dem Bereich der dinglichen Umgebung des Kindes. Nehmen wir als Beispiel Motive wie: »mein Kinderzimmer«, »mein Fahrrad«, »meine Lieblingspflanze«, das schönste Kleid meiner Mutter usw.«, »mein Lieblingstier«, »mein Weg in den Kindergarten«, »der Baum vor meinem Fenster« usw. All diese Beispiele weisen ihrerseits aufgrund der unterschiedlichen Bereiche ebenfalls ein breites Spektrum an Realisationsmöglichkeiten aus. Worin zeigen sich diese Möglichkeiten? Wie die Motivbetitelung deutlich macht, handelt es sich bei jeder um die Anbindung an den jeweils eigenen Erfahrungs- und Erlebniszusammenhang, angezeigt durch das Possesivpronomen. Dies trifft, wie wir unschwer feststellen können, in derselben Weise bei den Motiven aus dem sozialen Bereich zu. Bei standardisierten Motiven wie z. B. Geburtstagskarte, Martinsgans, Nikolaus, Christkind, Osterhase usw. fällt leider dieser persönliche Erfahrungs- und Erlebniszusammenhang

teilweise weg oder wird nicht zugelassen. Warum dies der Fall ist, kann nicht eindeutig beantwortet werden. Sicher ist jedoch, daß mindestens ein, meistens aber mehrere Gründe die Ursache für die erwähnten sich einander bis ins Detail ähnlich aussehenden Arbeiten sind. Als Gründe sind seitens der Erzieherin z. B. denkbar: »So haben wir das jedes Jahr gemacht« oder »die Anleitung aus diesem Buch...ist so schön, daß wir sie machen« oder »die Kinder freuen sich jedes Jahr, wenn wir das machen« oder »das hat den Eltern jedes Jahr so gut gefallen« oder »damit machen wir jedes Jahr unserem Herrn Pfarrer eine so große Freude.« Andererseits werden auch von außen an die Erzieherin Wünsche herangetragen nach dem Motto: »Sie machen das immer so schön!« oder »das macht den Kindern immer so großen Spaß (wobei offenkundig ist, daß es sich dabei nicht um den Spaß der Kinder, sondern um den der Erwachsenen handelt) oder »im Kindergarten XY machen die Erzieherinnen immer so schöne Bastelarbeiten, könnten Sie so was nicht auch mit unseren Kindern machen?«.

Es kann doch schlechterdings nicht der Fall sein, daß 25 Kinder denselben Eindruck z. B. vom bevorstehenden Weihnachtsfest haben. Hinzu

kommt noch, daß dieselben 25 Kinder nicht dieselbe Fingerfertigkeit im Umgang mit der Schere haben und nicht dieselbe Farbenwahl treffen. Es wäre jedoch ein Irrtum zu glauben, daß das Weihnachtsfest oder ein anderer im Turnus auftretender Festtag im Kindergarten abgeschafft werden soll – nein, im Gegenteil – , die Hinführung zum Fest und die damit verbundene Arbeit seitens der Kinder und der Erzieherin müssen sich an den Möglichkeiten des ästhetischen Erlebens orientieren. Ist dies der Fall, dann unterscheiden sich mit Sicherheit die zum jeweiligen Fest angefertigten Arbeiten. Nicht das Fest als Fest führt zum gleichaussehenden Produkt beim Kind, sondern der Erziehungsstil, das Selbstverständnis der Erzieherin und die daraus resultierende pädagogische Atmosphäre.

Nehmen wir ein dritte Art von möglichen Motiven, die von Kindern realisiert werden kann. Kinder stellen in ihren Gebilden, ohne daß es ihnen sonderlich Schwierigkeiten bereitet, »Dinge« dar, die der sinnlichen Wahrnehmung nicht immer zugänglich sind, aber dennoch visualisiert werden können. Kindern ist es z. B. möglich, Bauchweh und Kopfschmerzen gestalterisch wiederzugeben, ebenso das Phänomen der Bewegung (vgl.

hierzu *Kiepenheuer* Abb. 4, S. 288, und *Meyers,* S. 92-95). Sicher befinden wir uns bei dieser Ausgrenzung des Bezugs zunächst im Bereich der Medizin oder Psychologie bzw. der Naturwissenschaft. Bevor jedoch diese Möglichkeiten der unterschiedlichen Betrachtung, Ausgrenzung und Beurteilung gegeben sind, geht diesen logischerweise das gestalterische Tun voraus. Es stellt sich also hier die Frage, woran es liegen mag, daß derartige Phänomene wie z. B. Kopfschmerzen, Bauchweh oder Bewegung dargestellt werden können. Auch in diesem Fall und wahrscheinlich am deutlichsten geben derartige Gestaltungen Anlaß, Überlegungen zur Fähigkeit und Befähigung des ästhetischen Erlebens zu bestätigen, daß der spielerische Umgang mit sich selbst in seiner Konzentration auf das Jetzt, die prägnantesten Aussagen über die momentane Befindlichkeit der Einbildungskräfte nach Schiller geben.

Unter motivationalem Gesichtspunkt spielen neben dem Motiv, das wir grob in den sozialen, dinglichen und geistigen Bereich eingeteilt haben, die Materialien und bildnerischen Mittel ein bedeutende Rolle. Diese können und haben aufgrund ihrer Eigenschaften eine Eigendynamik, die im Gestaltetem zum Ausdruck kommt. Man kann nämlich das jeweilige Mittel, ob Bildträger oder bildnerisches Mittel, zum Gestalteten werden lassen.

Zur Klärung der Begriffe sei darauf hingewiesen, daß unter Materialien alle die Hilfsmittel zu verstehen sind, die als Bildträger dienen, wie z. B. Leinwand, Papier, Stein, Holzplatte, Eisenteile, Kartons, Gänsefedern, Drahtgeflecht, Schubladen, Linoldruckplatte, Sperrholz, Holz, Spanplatte, Kunststoff, Sand, selbstgeschöpftes Papier, verleimte Erde, Hauswand usw. Als bildnerische Mittel sind zunächst die im Bereich der Kunsterziehung gängigen Techniken zu bezeichnen (vgl. *Meyers* 1976[14]), und darüber hinaus die jeweils vom einzelnen Gestalter angewandten Bildmittel, die zwar jeweils auch als Technik angesprochen werden können, aber aufgrund des individuellen Einsatzes den herkömmlichen Technikbegriff sprengen. Diese Weiterfassung des herkömmlichen Verständnisses ist geboten, wenn man bedenkt, was auf welche Weise und in welcher Form vom Einzelnen, ob Kind oder Erwachsener, gewisse Hilfsmittel zum/beim Gestalten verwendet werden und damit den Rang eines bildnerischen Mittels erlangen. Z. B. kann vom Gestalter neben Pinsel, Farbe, Lötkolben, Tuschfeder, Linolschnitt, Messer, Bleistift, Lack, Schere, auch Sand, Leim, Teer, Messer, Filz, Klebstoff und Fett, eine intensivere Verdünnung von Farben, wie sie im Technikbuch unter Umständen angegeben ist, vorgenommen werden, die denen im Technikbuch sogar widersprechen. Das Gestaltete als Prozeß und Ergebnis kann sogar bildnerische Mittel als Bildträger beinhalten. Diese Art von Gestaltetem innerhalb des Prozesses als auch als Ergebnis ist möglich und hat seinen Stellenwert, entweder als ästhetischer Reflex auf die Umwelt, oder als Möglichkeit, eine eigene neue Wirklichkeit herzustellen. Gestalter wie z. B. Max Ernst, Salvador Dali, Pablo Picasso, K.O. Götz, Luise Nevelson, Jean Tinguely, Daniel Spoerri, Günther Uecker, Lucio Fontana, John Chamberlain, Joseph Beuys, Yves Klein, Timm Ulrichs, Niki de Saint-Phalle, Jackson Pollock und Robert Rauschenberg belegen in ihren Werken hinreichend diese Aussage.

Schließlich sind folgende Möglichkeiten bezüglich des Stellenwerts des jeweiligen Elements am Gestalteten möglich: Der Bildträger als solches kann das Gestaltete sein, der Bildträger einschließlich dem verwendeten Material ohne bildnerisches Mittel kann das Gestaltete sein, der Bildträger einschließlich dem Material und dem bildnerischen Mittel kann das Gestaltete sein. Diese Ausweitung der Verwendungsmöglichkeit der für das Gestaltete notwendigen Voraussetzungen ist ein notwendiges Element innerhalb der Theorie zur Ästhetischen Erziehung und verhindert zugleich zwangsläufig, nach Bastelanleitungen gestalterisches Tun mit Kindern zu veranstalten. Sie resultiert zwangsläufig aus der Auffassung dessen, was weiter oben zum Spiel erörtert wurde.

Die als Beispiel aufgeführten bildnerischen Mittel haben wir teilweise im Kindergarten als bildnerische Mittel, aber auch als Bildträger verwendet. Wir erwähnen dies deshalb, da sonst der Eindruck entsteht, als ob hier eine Ästhetische Erziehung für Erwachsene erörtert werden würde (vgl. *Beisl/ Winkelmann* 1977, vgl. auch *Eid* und *Rupprecht* 1981[2]). Weiter könnte der Eindruck entstehen, daß damit eine endgültige Absage an die technischen Anleitungen vertreten wird. Dies ist nicht der Fall, nur darf die technische Anleitung nicht zur kunstpädagogischen Vorgehensweise erhoben werden. Technische Anleitungen haben ihren festen Platz beim ästhetischen Gestalten, denn es wäre geradezu absurd, sich nicht in der entsprechenden Fachliteratur über technische Probleme – von der Handhabung der Werkzeuge angefangen bis hin zur Verwendbarkeit von Materialien – zu informieren. Dies kann sogar so weit gehen, daß die verwendeten Bildträger und/oder Werkzeuge und Verarbeitungsmaterialien das gestalterische Tun so stark bestimmen, daß ausschließlich von ihnen im Sinne des Zufalls das Gestaltete auch auf der Ebene des Bedeutungsgehalts bestimmt wird. Als Bedeutungsgehalt ist in diesem Fall die aufgrund des zufällig entstandenen Gebildes ausgelöste Assoziation bzw. Assoziationskette gemeint (vgl. *Beisl/Greifenstein/Hofstetter* 1982). Denken wir in diesem Zusammenhang z. B. an die Technik der Frottage, Klecksografie, Monotypie und Trepping (vgl. *Philipps* 1977; *Otto* und *Wienecke* 1974; *Ebert* 1974). Als Hypothese wäre ähnliches auch im Zusammenhang mit Kinderzeichnungen vor allem aus der Kritzelphase zu überlegen und zu überprüfen. Nicht selten geschieht es, daß allein die Verwendung eines bestimmten Materials in Verbindung mit der Freude und dem Spaß an diesem Material zu bestimmten Bedeutungsinhalten führen kann, die jedoch kurze Zeit später wieder von anderen abgelöst werden. Einem Kind mit ca. $1^{1}/_{2}$« bis 4 oder gar 6 Jahren wird diese Umbenennung aus vielen Gründen gestattet oder zumindest nachgesehen. Trotzdem sollten wir versuchen, tiefer und differenzierter in das Problem einzudringen. Was hier negativ anmutet, weil der Bedeutungsgehalt keinen Bestand hat, ist mit dem Problem der Form als bleibende zu sehen und kann zugleich in die Zusammenschau mit dem ausschließlich verwendeten Bastel- oder Zeichenanleitungen gebracht werden. Ihnen ist nämlich ein eindeutiger, weil durch Öffentlichkeit z. B. in Form einer Veröffentlichung in einem Buch zugesprochender Bedeutungsgehalt eigen, der sozusagen von außen längst sanktioniert ist und daher der Zustimmung sicher sein kann. Unter dem Personenkreis derer, die zustimmen können, fallen Eltern, Kolleginnen, Träger usw. Dies bedeutet, daß der Erzieher seinerseits sicher sein kann, daß seine Arbeit mit den Kindern als hervorragend beurteilt wird, weil die Werke sogar in der Fachliteratur vorgestellt und zur Nachahmung empfohlen werden. Andererseits der Erzieher sich aus demselben Grund verteidigen kann, falls Negatives über seine und die Gebilde der Kinder geäußert wird, weil diese in der Form beschrieben werden. Mit Form ist, um dies mit Nachdruck hervorzuheben, hier die möglichst eindeutige Verbindung zur Bedeutung des jeweils Gestalteten gemeint. Wobei unter soziologischem Gesichtspunkt diejenige Bedeutungsebene vorgezogen wird, die Eindeutigkeit im Sinne der naturalistischen oder kunstgewerblichen Wiedergabe für sich beansprucht. Diese jedoch in Verbindung mit der ästhetischen Befindlichkeit zu bringen ist zwar möglich, aber nicht die einzige Möglichkeit, wie wir zu zeigen versucht haben. Eine weitere Konsequenz eines derartigen Verhaltens ist, daß die Individualität, die der ästhetischen Befindlichkeit sowohl beim Gestalter als auch beim Betrachter zu eigen ist, dem kollektiven Geschmack geopfert wird bzw. dieser nicht zum Ausdruck kommt.

Motivationale Bedingungen im weiteren Sinn: Kindergarten und Kindergartengelände

Wir haben uns inzwischen dem Ort genähert, an dem ästhetische Erziehung stattfinden soll. Wir können schon vorab folgende Forderungen stellen: Er muß Leben, Raum und Gestalten ermöglichen. Fassen wir die drei Begriffe in ihrem Bedeutungsgehalt, so kann man feststellen, daß sie voneinander abhängig sind, sich gegenseitig bedingen, ja sich gegenseitig in ihrer Bedeutung überlappen. Leben zeigt sich immer darin, daß es sich für Ausdehnung, Bewegung in die Zeit und in den Raum hinein beansprucht. Hinzu kommt, daß sich dabei auch jeweils Veränderungen, anders formuliert, jeweils etwas anderes Gestaltetes zeigt.

Es liegt nun an uns, dieser Gegebenheit Rechnung zu tragen. Als Maßstab kann wohl genannt werden, um dieses Leben in seinem Sein bestehen zu lassen, daß die Verantwortlichen sich diesem gegenüber tolerant verhalten. Vielleicht eignet sich die Ästhetische Erziehung in einem besonderen Maße, den Gedanken der Toleranz als Teilziel der allgemeinen Erziehung hierbei mitaufzunehmen. Wobei vor allem an die weiter oben entwickelten Gedanken zu erinnern ist.

Der Kindergarten

Nähern wir uns dem Kindergarten. Handelt es sich um Gebäude aus den frühen 60er bis hinein in die späten 70er Jahre, so finden wir meist eine Architektur, die fünf- oder sechsklassiger Bauhausstil ist. Ihr Aussehen ist immer dasselbe, sieht man von den Fenstergrößen ab. Die Gebäude sind meist wie ein Kubus ohne Giebel, haben als Türgriff eloxiertes Aluminium, die Türen sind weiß lackiert, die Rollos meist defekt. Im Sommer ist es sehr warm, im Winter sind die Räume überheizt, noch dazu lassen sie sich schlecht lüften. Um was es hier geht, kann auch nach *Hundertwasser* (1983) als die Dritte Haut des Menschen bezeichnet werden. Seinen Anfang hat der eben erwähnte Bauhausstil Anfang dieses Jahrhunderts. Bezeichnenderweise hat der Architekt Adolf Loos 1908 als Vertreter dieser Stilrichtung eines seiner Referate betitelt: »Ornament ist Verbrechen«. Bestimmt war er sich der Konsequenzen dieser Stilrichtung nicht bewußt, die Beton und Glas zur Aufhebung des Innen und Außen benutzte. Loos hat das Gleiche und Glatte und die gerade Linie gepriesen. Dieser Dreiheit ist der Kindergarten, einschließlich seinem Gebäude, häufig ausgesetzt. Diese Dreiheit ist unschöpferisch. Sie vertreibt das Leben, sie gibt keine Möglichkeit zum Ausdehnen, zum sich Verändern. Freilich gibt es inzwischen Ansätze hier und dort. Aber der Funktionalismus ist vom Äußeren der Gebäude bis hinein in den Stauraum, in die Puppen- und Bauecke, ja bis in die Küche gedrungen. Ein Haus, das von Menschen und für Menschen gebaut worden ist, soll wie eine Haut sein, die sich verändert, wenn möglich organisch wächst, genauso wie die Körperhaut. Wir befinden uns damit sicher im Bereich der Realutopie, wie dies Bloch bezeichnen würde, aber, wenn es diese nicht mehr gibt, nicht mehr geben soll, was dann?!

Mittlerweile ist es wieder möglich, die Außenwände zu begrünen. Der Einwand, daß Insekten dadurch in den Kindergarten kommen, gilt nur bedingt. Es dürfte sich hier mehr um ein Vorurteil handeln als eine Beurteilung, der die Erfahrung zugrunde liegt. Zum anderen ist zu bedenken, daß ein mit Pflanzenwuchs bedecktes Haus unter dem Gesichtspunkt der gleichmäßigen und somit verträglichen Temperierung Vorteile bietet. Empfehlenswert ist diese Maßnahme für die im Pavillonstil gebauten Kindergärten. Daß dieser Vorschlag nicht so abwegig ist, zeigen die Dachgärten in den Städten.

Gehen wir die Problematik des Gebäudes unter einem anderen Gesichtspunkt an. Wir tun im allgemeinen so, als ob es selbstverständlich sei, daß die Erzieherinnen, die Kinder, die Eltern, die Trägervertreter diese sterilen Räume so hinzunehmen haben, wie sie ein Architekt vor Jahren einmal gebaut und übergeben hat. Es muß doch möglich sein, wenn es stimmt, daß der Kindergarten ein pädagogischer Ort ist und wir das Leben bejahen, daß wir diesen Raum verlebendigen. Entweder nehmen wir das Leben der Kinder nicht ernst und überlassen das Gestalten anderen, aber nicht aus Zustimmung, sondern Resignation; oder es wird die Form, sich nicht lebendig einzubringen, vorgezogen, indem Autorität, Vorschriften und Abhängigkeit ertragen werden. Der Eindruck ist manchmal, auf diese Weise besser zurechtzukommen, andererseits sind wir todunglücklich über den trostlosen Zustand unserer baulichen Umgebung, die nichts für die ästhetische Empfindsamkeit abgibt. Auch darf man nicht vergessen, daß wir schon selbst verlernt haben, etwas zu gestalten. Warum? Denken Sie an die Vielfalt der Berufsspezialisten: Da gibt es Gartenbauarchitekten, Innenarchitekten, Architekten, vielleicht auch noch Kellerarchitekten. Es gibt auch Turnhallen- und Schwimmbadarchitekten und Kindergartenarchitekten. Alle diese Spezialisten haben den Nachteil, wenn der Bau fertig ist, wird er sich selber überlassen. Da wurden folgende Gesichtspunkte berücksichtigt: Mähbarkeit und Wachstumsschnelligkeit des Rasens, Sträucher und Büsche mußten daher an den Rand des Geländes. Die Einfassung der Sandgruben – zwar nicht überall – wurde mit dem für das Auge so gefälligen Waschbeton vorgenommen. Da gibt es »Grenzüberschreitungen«, mit imprägnierten Rundhölzern sowohl die Sandgrube einzufassen, als auch daraus Spielgeräte aufzustellen. Zugegeben, akzeptable Lösungen, nur präsentiert sich *trotzdem* das Gelände noch immer ziemlich steril und chemisch rein. Wo bleiben die verschiedenen Gräser, Wiesenblumen, Sträucher, die auf ihre Weise, aufgrund ihrer Natur an die Natürlichkeit – an unsere Natürlichkeit – des Menschen anknüpfen wollen. Im übertragenen Sinn sich uns entgegenstrecken... Gerade aus dieser Situation heraus resultiert die Chance, gestaltend auf die dritte Haut einzuwirken. Vielleicht ist es gelungen, die Bedeutung des Lebensraums Kindergarten allein durch die bauliche Präsenz herauszuarbeiten.

Wir könnten viele Sprachbilder erstellen, um diesen Sachverhalt aufzuhellen. Andererseits sollen auf diesem Hintergrund die sich mehr auf den Innenraum beziehenden Überlegungen gesehen werden.

Zugegeben, zu diesem Problembereich können nur Aussagen auf einer mittleren Abstraktionsebene gemacht werden, d. h., der Einzelfall läßt sich nicht diskutieren, sondern müßte einer gesonderten Überlegung unterzogen werden.

Der Gruppenraum

Machen wir einen Rundgang durch den Kindergarten und versuchen wir herauszufinden, was mit unserem Problem zusammenhängt. Es ist sicher notwendig und richtig, daß jedes Kind seinen eigenen Garderobenplatz hat. Er sollte eigentlich von jedem »neuen Kind« selbst ausgestaltet werden. Hierzu ein paar Möglichkeiten: mit dem Kind zusammen aus einer Menge von Klebebildern dasjenige aussuchen, das ihm am besten gefällt, und dabei gleichzeitig mit dem Kind prüfen, ob ein solches schon von einem anderen Kind benutzt worden ist. Es wäre auch möglich, eine Fotografie von dem Kind oder ein Bild, das es besonders liebt, an diesem Platz anzubringen. Ebenso denkbar ist, daß das Kind ein eigenes kleines Bild anfertigt. Es wäre dabei schon ausreichend, wenn das Kind nur ein kleines Stück Papier mit seiner »besten« Farbe, d. h. mit seiner Lieblingsfarbe, anmalt. Im Laufe der Zeit könnten die Bilder von den Kindern erneuert werden, je nach Lust und Laune. Für die Erwachsenen, vor allem für die Eltern, sozusagen als Orientierungshilfe, könnte ein kleines Namensschild angebracht werden. Wenn es die Nutzung der Flure, in dem sich häufig auch die Garderobe befindet, zuläßt, so könnte ich mir vorstellen, eine Wand davon als Tastwand zu bauen. Als Möglichkeiten bieten sich folgende Materialien an: verschieden strukturiertes Holz, verschiedene Schleifpapiere, Stoff-, Fell- oder Wollreste usw. Dabei kann man bei ein und demselben Material bleiben oder auch deren Kombination vornehmen. Der Bau dieser Tastwand könnte von der Gruppe, an einem Elternabend oder von den Eltern zusammen mit den Kindern vorgenommen werden.

Ebenso sollte jedes Kind im Gruppenraum eine eigene Schublade und eine eigene Mappe besitzen. Die Schublade soll z. B. der privaten Sammlertätigkeit, der individuellen Wertschätzung von Gegenständen eines jeden Kindes dienen. Machen Sie einmal die Probe aufs Exempel und lassen Sie die Kinder den Inhalt ihrer Taschen und Hosentaschen auf den Tisch legen. Es ist erstaunlich, was da alles zutage tritt! Daß die Gegenstände nicht grundlos mitgetragen werden, zeigt ein Blick in die Hand- und Hosentaschen von Erwachsenen. Keiner würde auf diesen oder jenen Gegenstand, selbst wenn er aus der Sicht eines anderen wertlos ist, gern verzichten. Diese Sammlertätigkeit könnte, wie bei Daniel Spoerri, ästhetische Aktionen auslösen. Er hat z. B. Tischplatten, an denen eben noch gespeist wurde, durch Fixieren von Essensresten und Geschirr zum Kunstwerk erhoben. Gedanken, »da waren wir«, »das bin ich« u. ä., können sich einstellen. Existenz- oder spurensichernde Verfahren bringen auf diese Weise das einzelne Kind oder die Gruppe in den Blickpunkt. Andererseits wird mit der Schublade, wie in der Wohnung daheim, dem Kind ein eigener Platz, ein Ort, eingeräumt, über den es frei verfügen kann. Und wenn dies schon daheim nicht möglich ist – wir sollten uns keinen Illusionen über die Wohnverhältnisse von Kindern hingeben –, dann muß der Kindergarten dies leisten. Die Mappe – sie könnte im Kindergarten mit den Kindern hergestellt werden – dient weitgehend zum Aufbewahren von eigenen Arbeiten aus dem Bereich des Zeichnens und Malens. In den meisten Kindergärten sind sie inzwischen vorhanden und haben sich gut bewährt. Über die Verwendung gibt es unterschiedliche Auffassungen: Manche Erzieherin sammelt mit dem Kind zusammen die Bilder und gibt die Mappe dem Kind erst mit, wenn das Kind in die Schule kommt. Andere Kolleginnen geben hie und da Bilder mit nach Hause mit der Bitte, diese wieder mitzubringen, was häufig nicht eingehalten wird. Der Grund hierfür: Die Kinder vergessen, diese wieder mitzubringen, oder die Eltern schätzen die Bilder nicht und werfen sie in den Müll. Für manches Kind ist dies gelinde gesagt eine große Enttäuschung. Ich würde mich schwer täuschen, wenn sich daran nicht ein Elternabend mit dem Thema »Bildnerisches Gestalten des Kindes« oder »Was sagt mein Kind in seinen Bildern?« oder »Die Welt meines Kindes in Bildern« anschließen würde.

Setzen wir unseren Rundgang im Gruppenraum fort. Faßt man den Fußboden ins Auge, dann sollte er möglichst schmutzunempfindlich sein und eine warme Farbe haben. Außerdem ist es wünschenswert, daß er nicht zu kalt ist (Eigentemperatur: PVC-Boden ist im Unterschied zu Teppich- oder Holzboden viel kälter), weil Kinder sich häufig über lange Zeit auf dem Boden aufhalten. Die freie Bewegung auf dem Boden ermöglicht eine Vielzahl spielerischer Aktivitäten, die auf dem Stuhl und am Tisch sitzend nicht möglich sind. Ebenfalls ist eine Musterung einem unifarbenen Bodenbelag vorzuziehen. Die Musterung regt die Beobachtung und das Assoziieren an. Als bester Boden eignet sich hierfür mit Sicherheit Holzboden. Ein versiegelter Holz- oder Korkboden ermöglicht viele Spiele. Als Alternative würde bestenfalls noch ein auf der Bodenseite mit Filz bezogener Kunststoffbodenbelag mit Holzmusterung empohlen werden.

Fassen wir nun anschließend das Mobiliar genauer ins Auge. Sicher ist es notwendig, auch Schranktüren zu haben, die sich abschließen lassen. Vor allem für Gegenstände und Unterlagen, die nicht dem freien Zugang der Kinder offen sind. Insgesamt sollte jedoch das Prinzip gelten: Das Mobiliar und das darin aufbewahrte Spiel- und Lesematerial, ebenso das Werkzeug, ist den Kindern frei zugänglich. Dies schließt mit ein, daß es auf einer Höhe untergebracht ist, die für Kinder erreichbar ist. Auch hier ein Beispiel, warum dies so sein muß, um den Gruppenraum als pädagogischen Ort bezeichnen zu können. Besuchen Sie einmal einen Handwerksbetrieb und schauen Sie genau, welchen Platz die Werkzeuge haben und wie die Werkzeuge aufbewahrt werden. Sie werden sehr schnell merken, daß alles »handgemäß« angelegt ist.

Vor nicht allzu langer Zeit konnte das Mobiliar nicht bunt genug sein. Sie kennen die schreienden Rottöne auf den Tischen und den Schranktüren. Sie führen eher zu einem verwirrenden Eindruck vom Raum als zu einem in sich geschlossenen. Auch das Malen auf diesen Tischplatten führt zu ungewollten Farbwahlen, da z. B. der Rotton der Tischplatte eine Eigendynamik auf das entstehende Bild entwickelt. Aber auch in reinem Weiß gehaltene Tischplatten und Schränke vertreiben das Leben aus dem Raum. Sie geben – neben dem kalten Aussehen – häufig Anlaß zu übertriebenen Putzaktionen. Diesen wiederum gehen Ermahnungen an die Kinder häufig voraus.

Meines Erachtens sollte das Mobiliar im warmen Brauntonbereich gehalten sein.

Neben einer Bau- und Puppenecke, die häufig mit einer Verkleidungskiste und einem Spiegel ausgestattet ist, trifft man bisweilen auf eine Kochmöglichkeit, die für Kinder geeignet sein soll. Sie erlaubt der Erzieherin, zusammen mit den Kindern in den Bereich des Schmeckens einzudringen. Unterschiedliche Geschmacksnuancen können durch verschiedenste Gewürze und Essenzen erzielt werden. Der Verkleidungsecke einschließlich dem Spiegel ist ein hoher pädagogischer Wert beizumessen. Neben den Rollenspielen, die wichtig sind, aber nicht allzu stark von außen gesteuert werden sollten, ermöglichen diese Verkleidungsaktionen den Kindern, sich in phantastische »Rollen« einzubringen. Diese können in den verschiedenartigsten Verhaltensweisen zum Ausdruck gebracht werden. Ein kurzer Hinweis: Schminkstifte und Clownweiß können diese Aktivitäten noch intensiver werden lassen. Von »Rollen« kann in dem zuletzt genannten Sinn nicht mehr gesprochen werden, da die Kinder ja nicht Verhaltensweisen spielen, die aus dem unmittelbaren sozialen Umfeld stammen. Vielmehr zeigen solche Spielsequenzen mehr die Umsetzung von Möglichkeiten menschlicher Erscheinungsweise, die ihren Ursprung beim Kind oder bei den Kindern haben, deren Realisationsmöglichkeit jedoch zum Teil an den Erziehungsstil der Erzieherin und an die zur Verfügung stehenden Requisiten gebunden ist.

Von derselben Bedeutung ist, daß für Spiele und/oder Gemeinschaftsaktionen mühelos genügend Innenraum geschaffen werden kann. Gemeint ist, in kurzer Zeit Stühle und Tische aus dem mittleren Bereich des Gruppenraumes nach außen zu schieben, um eine große Gesamtfläche zu haben. Voraussetzung hierfür ist, daß weder Schränke noch Raumteiler im Weg stehen. Damit soll nicht gesagt sein, daß Nischenbildungen durch Raumteiler nicht erwünscht sind. Die Kinder wollen sich bisweilen aus der Gruppe lösen, um alleine oder in einer Kleingruppe sein zu können. Wenn möglich, dann ist es zu begrüßen, den Turnturm durch Abhängen mit Decken zu einer Höhle umzufunktionieren. Eine andere Möglichkeit wäre, in Zusammenarbeit mit den Kindergarteneltern, vielleicht sogar bei einem Elternabend, in Kleingruppenarbeit eine solche Höhle zu planen und zu bauen. Diese könnte über eine Leiter zugänglich sein oder als »Kiste« konzipiert werden. Die Aufgabe der Erzieherin wäre verhältnismäßig einfach, sie müßte lediglich in den Problembereich einführen.

Das Mal- und Zeichengerät, einschließlich des Papiers, soll jederzeit zugänglich sein. Es ist empfehlenswert, verschiedene Sorten von Pinseln vorrätig zu haben. Ebenso sollte man sich nicht ausschließlich auf das Computerpapier einlassen. Aufgrund seiner Durchsichtigkeit und gleichen Qualität ist es nicht immer das beste Material, um als Bildträger verwendet zu werden. Es gibt viele Papiersorten! Auch wäre es angebracht, wenn eine Papierrolle, z. B. wie beim Blumenhändler oder beim Metzger, vom Ständer abgerollt werden könnte. Diese sind beim Papiergroßhandel erhältlich. Im Nebenraum des Gruppenraumes sollte eine stabile Werkbank mit entsprechendem Werkzeug stehen. Diese darf nicht aus zusammenschraubbaren Einzelteilen bestehen, weil sie bei Benützung allmählich aus den Fugen gerät. Ebenso muß sie zumindestens zwei Möglichkeiten zum Einspannen von Material haben und zusätzlich mit einem Schraubstock bestückt sein. Die Arbeitsfläche der Werkbank muß aus hartem Holz sein, um wirklich arbeiten zu können. Schließlich hat die Werkbank den Zweck, mit ihr Arbeiten bewerkstelligen zu können, die sonst nicht möglich sind. Insofern ist die Werkbank kein Vorzeigemobiliar, sondern dient der pädagogisch-ästhetischen Arbeit im Kindergarten. Als gängige Werkzeuge meine ich z. B. Beißzange, Rundzange, Eisen- und Holzhammer, Säge, Schraubenzieher, Lötkolben, Styroporschneider, Winkel, Holzbohrer, Locheisen, Holzraspel, Feile, Rohrzange, Schraubenzwingen.

Als Wandanstrich für den Gruppenraum – obwohl wegen der Höhe und Breite des jeweiligen Raumes dann doch unter Umständen wieder anders entschieden werden muß – eignen sich ebenfalls warme Farbtöne in Abstufung zum Mobiliar. Eine Mischung also vom warmen Gelb bis hin zu leichten Brauntönen. Leicht abgetöntes Weiß, auch auf Rauhfasertapeten, hat den Vorzug, Bilder ohne Farbtonbeeinflussung des Wandtons optimal zu präsentieren.

Ich hoffe, daß sich allmählich anhand der Beschreibung die Vorstellung eines Gruppenraums entwickelt hat, die sich dadurch auszeichnet, daß er zur Aktion, zum Lebendigsein anregt und nicht den Schein der Aktion oder des Lebendigseins entstehen läßt. Z. B. erinnere ich mich in diesem Zusammenhang an eine sogenannte Kassettenrekorderecke. Aus der Sicht interessierter Besucher mag es ungeheuer modern erscheinen, wenn Kinder im Kindergarten ihre Rekorderecke haben. Wird diese jedoch dazu benutzt, Kinder apathisch werden zu lassen, dürfte dies nicht mehr einer Förderung der Sinne dienen.

Es ist wünschenswert, wenn man die Fenster verdunkeln kann. Interessante Farbzusammenstellungen können erzeugt werden, indem farbige durchsichtige Rollos übereinander an den Fenstern angebracht werden, um auf diese Weise den Raum in einem jeweils anderen Licht erscheinen zu lassen. Andererseits läßt auch ein Blick durch das Fenster die Umgebung in einem anderen Farbton erscheinen. Diese Möglichkeit der unterschiedlichen Umweltwahrnehmung soll nicht unterschätzt werden. Sie kennen alle den Satz: »Etwas mit der rosaroten Brille anschauen«.

Ein schwieriges Problem ist häufig die Beleuchtung. Die meisten Kindergärten sind mit Leuchtstoffröhren ausgestattet. Leuchtstofflicht, da es hohe Weißanteile hat, wird meist als hartes Licht empfunden. Als Alternative wäre zu überlegen, ob man die bisherige Beleuchtung nicht streut, indem man das Licht gebündelt und gezielt an verschiedenen Raumstellen einsetzt, z. B. mit einer individuellen Beleuchtung in der Leseecke; an anderen Schwerpunkten, wenn es der Raum zuläßt, z. B. zwei oder drei Japanlampen zusammengefaßt in unterschiedlicher Größe aufhängt. Dies schließt eine Gesamtbeleuchtung, die nicht sehr hell zu sein braucht, nicht aus. Will man nur geringfügige Veränderungen vornehmen, dann wäre dies sehr leicht durch den Einbau eines Dimmers erreichbar. Es gibt viele pädagogische Projekte, die durch gedämpftes Licht positiv beeinflußt werden können.

Die Wände des Gruppenraumes sollten nicht überhängt sein. Gemeint ist, daß nicht zu viele Gegenstände oder Bilder die Wand als Wand zuhängen. Ein paar Bilderleisten, eine Pinnwand und ein Kunstdruck im Wechselrahmen reichen vollauf aus. Dies schließt nicht aus, daß es günstig ist, z. B. anläßlich der Faschingsfeier oder des Sommerfestes, den gesamten Raum zu verändern. Übrigens erweist es sich als vorteilhaft, eine Anzahl von Decken- und Wandhaken festinstalliert zur Verfügung zu haben. Denken Sie nur an die Schattenfigurenbühne. Übrigens sollte der vorhin erwähnte Kunstdruck auch tatsächlich gewechselt werden, um die Kinder, aber auch sich selbst, für Bilder dieser Sorte empfindsam zu machen. Dabei müssen diese – nur als Anmerkung – nicht ausschließlich naturalistisch sein. Auch die ausgestellten Zeichnungen und Bilder der Kinder sollten nicht über die Jahre hin – ich sage dies zugegeben ein wenig überspitzt – die Wände zieren. Denn so wenige Zeichnungen gibt es in einem Kindergarten nicht, daß man keine Möglichkeit hat, nach einem gewissen Zeitraum und je nachdem, wie die Zeichnungen in die momentane Arbeit eingebunden sind, andere aufzuhängen.

Der vorgeschlagene Kindergartenraum benötigt einen möglichst großen Stauraum. Darin sind Gegenstände aufgehoben, welche auch immer am jeweiligen Ort auffindbar und erreichbar sein sollen, denn Kinder lernen ihre Umwelt nur durch die Welt, die sie umgibt, kennen. Wir müssen ihnen diese verfügbar machen, um zu zeigen, wie vielfältig diese Umwelt ist und wie und in welcher Vielfalt sie von uns wiederum verändert werden kann. Dies ist meines Erachtens die Aufgabe eines nach kunstpädagogischen Gesichtspunkten ausgestalteten Kindergartens, der als pädagogischer Ort die Erwartungen der Kinder, der Eltern, des Trägers und schließlich der Erzieherin erfüllt. Ist dies gegeben, können Kinder in diesem Kindergarten leben. Dazu gehört, sich kreativ mit der Umwelt auseinandersetzen können. Kreativität ist ein notwendiges Element bei der Arbeit mit Kindern, sie läßt den Kindergarten weder für die Erzieherin noch für die Kinder langweilig werden. Sie erweist sich als Spaß, Umwelt mündig kennenzulernen.

Horst Beisl

Ästhetische Erziehung auf dem Prüfstand der Praxis

Die vorliegenden Einheiten können als Werkstattberichte bezeichnet werden. Sie verdeutlichen die vom Team, Erzieherinnen und Kunstpädagogen, vertretene Auffassung von Ästhetischer Erziehung. Diese orientiert sich am Erziehungsziel Emanzipationshilfe. Die Chance der Realisierung, die sich in der zunehmenden Sach-, Ich- und Sozialkompetenz des Kindes zeigt, wird in der faktischen Berücksichtigung der positiven Motivation und der Erziehung zum kreativen Verhalten gesehen.

Konkret spiegelt sich dies in den jeweiligen Einheiten. Das Bildmaterial dient vor allem der Sachinformation.

Zu den meisten Einheiten wurden Dia-Reihen angefertigt. (Als Fotografen waren tätig: Horst Beisl, Elke Bolster, Bernd Duerr, Wiltrud Greifenstein, Brigitte Hofstetter, Karin Schmucker, Rudolf Seitz, Arno Schulz-Merkel.) Die damit verbundene Absicht ist, noch intensiver auf die ganzheitliche Inanspruchnahme der gesamten Person bei ästhetischen Prozessen hinzuweisen. So haben Dia-Reihen pädagogischen, nicht illustrativen Wert.

Jede Einheit ist als Teil der sich organisch fortentwickelnden Arbeit im Kindergarten zu werten, d. h., daß sie nicht von außen »aufgesetzt« wird. Die ästhetischen Aktionen wurden meist in Zusammenarbeit der Erzieherinnen mit den Kunstpädagogen Beisl, Seitz und Schulz-Merkel durchgeführt. Es erwies sich als positiv, daß die Kunstpädagogen, um eine kontinuierliche Arbeit zu gewährleisten, in Absprache immer mit ein und derselben Erzieherin zusammenarbeiten.

Die Beschreibung der ästhetischen Prozesse wurde teilweise in Zusammenarbeit der Kunstpädagogen mit den Erzieherinnen geleistet oder in Autorenschaft der jeweiligen Erzieherin oder des jeweiligen Kunstpädagogen.

Die vorliegenden Einheiten sind ein Angebot für Erzieherinnen. Sie sollen Anregungen bieten und nicht im Sinne eines Rezeptes im Kindergarten eingesetzt werden. Ebenso wird nicht der Anspruch erhoben, alle zu den Bereichen denkbaren Themen auch nur annähernd erschöpft zu haben.

Die Zuordnung der Einheiten zu verschiedenen Schwerpunkten ist mehr unter einem pragmatischen Gesichtspunkt zu sehen, denn manche Einheiten lassen sich nicht nur dem ausgewiesenen Aspekt zuordnen.

Didaktisch-methodischer Raster

Der erarbeitete Raster dient der übersichtlichen Darstellung der ästhetischen Aktionen. Er erfaßt in Stichpunkten wesentliche Momente der Entwicklung, des Verlaufs und der Ergebnisbeurteilung, ermöglicht durch seine begriffliche Ordnung den Vergleich und erleichtert die Übertragbarkeit der in den einzelnen Einheiten beschriebenen Versuche und Erfahrungen auf die spezifische Situation im eigenen Kindergarten.

Der nachfolgend im einzelnen vorgestellte Raster verweist einerseits auf die Notwendigkeit einer sorgfältigen Planung und Vorbereitung der beabsichtigten Vorhaben, soll aber andererseits auch deutlich machen, daß die Planbarkeit, und damit die Vorhersehbarkeit, ästhetischer Prozesse und kreativer Abläufe dort ihre Grenzen hat, wo in der Durchführung die überlegten Absichten des Erziehers den spontanen besonderen Bedürfnissen und individuellen Möglichkeiten der Kinder begegnen. Beide müssen in eine fruchtbare Wechselwirkung zueinander treten, in der ein Austausch von Impulsen abläuft, auf den der Erzieher ebenso angewiesen ist wie das Kind und wie die Kinder untereinander, in einem gegenseitigen Geben und Nehmen.

Folgende Basisüberlegungen spielen dabei eine wichtige Rolle: Für die an ästhetischen Prozessen Beteiligten, Erzieherinnen und Kinder, soll kreatives Verhalten ermöglicht werden. Dies ist an bestimmte Aufgabenstellungen gebunden, da nur so die Denkfähigkeit und Phantasie entwickelt und gefördert werden kann, und schließt daher ein breitgefächertes Feld an Motivationsmöglichkeiten ein. Diese sind sowohl vom Angebot der Materialien und Ausdrucksmittel, als auch von der Aufgabenstellung abhängig und an den jeweiligen Erfahrungs- und Bewußtseinshorizont der Kinder und Erzieherinnen gebunden. Ebenso ist zu bedenken, daß Ästhetische Erziehung im Elementarbereich aufgrund der komplexen Inhalte sowohl ein multifunktionales Lehrplateau für die Erzieherin als auch ein multifunktionales Lernangebot für das Kind darstellt, in dem kognitive, soziale, individuelle und emotionale Fähigkeiten des Kindes aktiviert werden. Die Komplexität der Inhalte hängt ihrerseits vom sensiblen Eindrucks- und Ausdrucksvermögen der Beteiligten ab. Diese notwendige Sensitivität kann wiederum nur gefördert und erreicht werden, wenn ästhetische Prozesse mit einer größtmöglichen pädagogischen Offenheit in Gang gesetzt und betreut werden. Insofern ist es nicht möglich, neben Grobzielen noch Fein- und Feinstziele anzugeben.

Auch institutionsbezogene Überlegungen spielen eine wichtige Rolle. Der Kindergarten als Institution wird von einem Bündel unterschiedlichster Faktoren bestimmt. Diese beziehen sich auf die soziale Herkunft der Kinder (Stadt-, Landkinder, altersgemischte Gruppen, Ober-, Mittel- und Unterschichtkinder, Ausländerkinder verschiedenster Nationalitäten) und auf die unterschiedliche Ausstattung der Kindergärten (verschiedene Träger, unterschiedliche Interessenlage der Leiterinnen und Erzieherinnen, unterschiedlich hohe Etats für die jeweiligen Aufgabentitel).

Diese Überlegungen prägen die Struktur und die Handhabung des Rasters, der folgende Kategorien aufweist:

Bereich: gibt Auskunft über das jeweilige Schwerpunktthema.

Motiv: macht deutlich, welcher inhaltliche Teilbereich aus dem Schwerpunktthema behandelt wird.

Teilnehmer: gibt an, wie viele Kinder an der jeweiligen Einheit teilgenommen haben.

Eigenmotivation: zeigt auf, welche Überlegungen die jeweilige Erzieherin hatte, um diese Einheit durchzuführen.

Dauer: gibt die zeitliche Dauer der Aktion an.

Situation: macht die Atmosphäre in der jeweiligen Gruppe deutlich.

Ziel: soll aufzeigen, was an Inhalten den Kindern erlebbar, erfahrbar und erkennbar gemacht werden soll.

Verlaufsplanung: gibt einen Abriß der Überlegungen wieder, die die Erzieherin sich nach der Phase der Eigenmotivation gemacht hat, um den Teilbereich in ihrer Kindergartengruppe durchzuführen.

Die einzelnen Gesichtspunkte innerhalb der Verlaufsplanung sind:

Motivation: Wie führe ich die Kinder zum Schwerpunkt der pädagogischen Einheit?

Organisation: Welche Arbeits- und Sozialform wird für die Behandlung des Teilbereichs gewählt?

Präsentationsmedien: Was benötigt die Erzieherin, um den Teilbereich zu veranschaulichen?

Realisationsmedien: Welche Materialien und Ausdrucksmittel sollen die Kinder benützen?

Tatsächlicher Verlauf: beschreibt die einzelnen Stationen des durchgeführten ästhetischen Prozesses und ist nach denselben Kategorien wie die Verlaufsplanung gegliedert, wobei die Verlaufsplanung und tatsächlicher Verlauf nicht identisch sein müssen aufgrund irgendwelcher Schwerpunktverlagerungen, die ihren Ursprung in der Gruppe, beim einzelnen Kind, bei der Erzieherin oder einer unvorhersehbaren Situation haben können.

Ergebnisbeschreibung: beschreibt das ästhetische Produkt, z. B. die entstandenen Bilder oder den Verlauf des Rollenspiels.

Kritische Stellungnahme: bezieht sich auf die durchgeführte Einheit unter pädagogischen Gesichtspunkten und überdenkt die Vor- und Nachteile der einzelnen Phasen des ästhetischen Prozesses, fragt nach den möglichen Ursachen bestimmter positiver und negativer Entwicklungen und macht Verbesserungsvorschläge.

Handhabung des Rasters:

Nicht jeder Teilbereich und nicht jede Situation macht es notwendig, Aussagen zu jedem Punkt dieses allgemeinen Rasters innerhalb einer pädagogischen Einheit zu machen. Häufig kommt es zu pädagogischen Sequenzen, die eine Verlaufsplanung zwar nicht erübrigen würden, diese aber aufgrund der Situation nicht ermöglichen.

Für die Erzieherin bleibt daher kein anderer Weg als situativ, pädagogische Überlegungen jedoch nicht ausschließend, zu arbeiten. Derartige Situationen bilden keine Seltenheit. Deshalb sind in das pädagogische Angebot aus dem Bereich der Ästhetischen Erziehung im Elementarbereich auch eine Reihe von Sequenzen aufgenommen worden, die ein unmittelbar situationsbezogenes Vorgehen widerspiegeln, bei denen also eine Verlaufsplanung fehlt. Andererseits sind pädagogische Einheiten aufgeführt, die alle Gesichtspunkte des Rasters berücksichtigen.

Insgesamt stellt der Raster mit seinen Kategorien ein Netzwerk dar, das es ermöglicht, die jeweilige pädagogische Einheit in der Gruppe durchzuführen. Es impliziert jedoch zugleich, was aus sachlogischen Überlegungen ästhetischen Prozessen und Ergebnissen voll entspricht, die Unmöglichkeit einer Rezeptur, weil sonst weitgehend alle Basisüberlegungen ungültig würden.

Horst Beisl

II. Werkstattberichte

Aufgeschlossenheit und Toleranz gegenüber anderen Menschen

Betrachtung japanischer Tuschezeichnungen

Teilnehmer: 9 Kinder
Dauer: ca. 60 Minuten
Eigenmotivation: Besuch eines Japaners im Kindergarten
Situation: Eine gemeinsame Aktion zum Thema Übergang vom Kindergarten zur Grundschule.
Ziel: Die Kinder sollen anhand von Dias erfahren und erkennen, daß in Japan mit Tusche in einer eigenen Technik Bilder gezeichnet werden. Ihre Eindrücke sollen die Kinder anschließend malen.
Motivation und tatsächlicher Verlauf:
Der japanische Gast wird den Kindern vorgestellt. Er spricht gut deutsch, und die Kinder finden rasch Kontakt zu ihm. Er zeigt den japanischen Tuschkasten, rührt die Farbe an und führt den Umgang mit dem speziellen Pinsel vor. Die Kinder bekommen alle ein kleines Stück Japanpapier in die Hand. Unser Gast schreibt erst seinen eigenen Namen und dann den Namen eines jeden Kindes auf ein Blatt. Die Schriftzeichen sind ganz anders als unsere, auch die Schreibweise. Die Kinder sind sehr interessiert.
Repräsentationsmedien:
Wir betrachten ein Buch mit japanischen Zeichnungen. Das Buch läßt sich wie ein Leporello auseinanderfalten und wird auf dem Boden ausgebreitet. So können es alle gut sehen und die zahlreichen Bilder und Schriftzeichen betrachten. Die Kinder entdecken auf den Abbildungen Bäume, Sträucher, Schilfhalme und Vögel. Auf zwei Dias sind für die Kinder, nochmals vergrößert, Schilfhalme zu sehen.
Organisation: Anschließend bekommen die Kinder Papier, feinere Pinsel und schwarze Wasserfarbe.
Realisationsmedien: Die Aufgabe ist, selbst Schilf und Halme oder Gräser zu zeichnen, wobei die japanischen Bilder insofern als Anregung dienen sollen, als der Anstrich kräftig in Farbe und Strich sein soll, dann immer mehr verfließen und schwächer werden. Die Kinder experimentieren und entdecken die Technik zunehmend selbst. Hübsche und stellenweise sehr ausdrucksvolle Zeichnungen entstehen. Wir kleben die Bilder zu einem Buch zusammen – ähnlich dem japanischen Vorbild in Leporelloart. Abschließend nehmen wir uns vor, den Gast noch einmal einzuladen und zusammen Papierfische zu bauen. Dieser Brauch, Papierfische zu bauen, rührt von einem japanischen Kinderfest her, das alljährlich am 5. Mai gefeiert wird. Ein paar Fotos vermitteln eine ungefähre Vorstellung davon.
Eigene Stellungnahme: Die Kinder waren begeistert dabei. Das fremdartige Material: Papier, Pinsel, Tuschkasten wirkte stark motivierend. Die Tatsache, daß unser Gast als Japaner japanische Schrift und Sprache beherrscht, fand große Bewunderung. Die Lust, selbst zu experimentieren, war sofort gegeben, die vorgezeigten Zeichnungen wirkten anregend.
Das Ergebnis der gelungenen Aktion wird deutlich, wenn man das japanische Original mit dem Leporello der Kinder vergleicht.

Rudolf Seitz
Elke Bolster

Wir bauen japanische Papierfische

Teilnehmer: 9 Kinder
Dauer: ca. 90 Minuten
Situation: Unser Gast hat sich bereiterklärt, uns noch einmal zu besuchen, um den Kontakt mit unseren Kindern zu vertiefen.
Ziel: Wir betrachten zwei original japanische Papierfische. Nach diesem Muster soll sich jedes Kind einen eigenen Fisch bauen.
Motivation, Organisation und tatsächlicher Verlauf:
Wir sitzen alle um einen Tisch und schauen uns die Fische genau an. Sie sind verschiedenfarbig bemalt und aus 2 Papieren geschnitten.
Repräsentationsmedien:
Sie sind so zusammengeklebt, daß der Fischbauch einen Hohlraum bildet. Das Maul vorne ist von einer Drahtschlinge umsäumt. Nach japanischem Brauch hängt man diese Fische an einer Fahnenstange so auf, daß der Wind den Fisch aufbläht und in der Luft schaukelt.
Realisationsmedien: Als Material liegt farbiges »Drachenpapier« (Transparentpapier), Filzstifte, Scheren, Uhu, Draht und Faden bereit.
Motivation: Herr Kondo erzählt von diesem japanischen Kinderfest, das alljährlich am 5. Mai gefeiert wird, und die Kinder hören interessiert zu und stellen Fragen. Der Vorschlag, einen solchen Fisch selbst zu machen, bedarf keiner großen Motivation. Bevor jedes Kind sich Papier aussucht und beginnt, einen Fisch, und zwar einen großen Fisch, aufzuzeichnen, besprechen wir noch einige technische Probleme. Wie kann man die beiden Hälften des Fisches so zusammenkleben, daß der Wind zwar durch's Maul hineinkann, aber nirgendwo heraus?
Organisation: Die Kinder entdecken bald, daß eine Fischhälfte etwas größer geschnitten werden muß. Der Rand wird dann mit Uhu bestrichen und die kleinere Hälfte darübergeklebt. An manchen Stellen (Ecken, Rundungen) muß zu diesem Zweck das Papier noch etwas eingeschnitten werden. Die Kinder holen sich ihr Material und beginnen. Sie malen erst einmal einen großen Fisch. Da sie unterschiedlich schnell damit fertig sind, haben wir Gelegenheit, mit jedem einzelnen nochmal zu besprechen, wie das Problem mit der zweiten Fischhälfte zu lösen ist. Es gibt keine Schwierigkeiten, nur muß erinnert werden, daß das Maul offenbleibt. Wer damit fertig ist, kann seinen Fisch beliebig mit Buntpapier verzieren: Schuppen, Flossen, Augen ausschneiden und aufkleben.

Bei der Drahtschlinge helfen wir den Kindern. Jeder versucht, »seinen Fisch« aufzublasen, und mit Hilfe von Fäden und Reißnägeln werden sie an der Decke befestigt.

Über uns baumeln die Fische und darunter am Tisch setzen wir uns noch einmal zusammen. Herr Kondo singt ein japanisches Kinderlied zu diesem Fest. Danach übersetzt er den Kindern den Text. Die fremde Sprache fasziniert die Kinder ebenso, wie beim letzten Mal die japanischen Schriftzeichen.

Eigene Stellungnahme: Am Stolz der Kinder ist deutlich abzulesen, wieviel Freude sie beim Bauen »ihres Fisches« gehabt haben. Die anschauliche Beschreibung des Festes durch Herrn Kondo und das Singen des Kinderliedes hat die Aktion nicht nur abgerundet, sondern auch eine Vorstellung des japanischen Festes vermittelt.

Rudolf Seitz
Elke Bolster

Japanische Dichtung (Haiku) und deren Bildumsetzung

Teilnehmer: 10 Kinder
Dauer: ca. 60 Minuten
Eigenmotivation: In Anknüpfung an die Begegnung der Kinder mit japanischen Bildern, Sprache und Schriftzeichen, möchte ich Versuch machen, japanische Dichtung mit den Kindern zu erleben.
Ein Buch mit »Brecht«-Gedichten, illustriert von Kindern, brachte mich auf die Idee, ähnliches auszuprobieren. Für die kleineren Kinder erscheinen mir die japanischen Haikus (dreizeilig, kurze Gedichte) sehr geeignet. Haiku ist Jahreszeitenlyrik, leicht verständlich und ansprechend für Kinder. Der Haiku-Dichter zieht die Landschaft, den Mond, die Vögel und die Blumen anderen Inhalten vor.
Situation: Die Kinder wirken an diesem Tag gesammelt, die Thematik setzt Ruhe voraus. Sie scheinen offen für ein Gespräch.
Ziel: Die Kinder sollen sich von den Haikus ansprechen lassen. Der Dichter hat hier eine Begebenheit mit Worten »gemalt« – wir stellen sie uns vor und malen sie mit Stiften.
Motivation und Verlaufsplanung:
Ich frage die Kinder nach Gedichten, die sie kennen.
Organisation: Wir sichern uns einen Raum, in dem wir ungestört sind, genügend Platz zum Malen haben und doch so nah beieinandersitzen, daß wir uns unterhalten können.
Repräsentationsmedien: Ich wähle sieben Haiku-Gedichte aus, die das Frühjahr betreffen.
Realisationsmedien: DIN A4 Blätter und Filzstifte reichen meines Erachtens aus, um die »Bilder« aus den Gedichten wiederzugeben.
Motivation und tatsächlicher Verlauf:
Wir sprechen über Gedichte. Erfahrungen der Kinder: Gedichte können sich reimen (einige Beispiele), Gedichte reimen sich nicht. Was ist ein Gedicht? Es erzählt etwas. Was? Gespräch.
Organisation und Repräsentationsmedien: Wir sitzen alle um einen Tisch. Ich lese meine mitgebrachten Gedichte vor. Wir sprechen kurz über den Inhalt und malen uns aus, wie z. B. ein alter Weiher aussieht. Was »gurgeln« heißt? Antwort der Kinder: Das ist blubbern. Was ist gemeint mit »schutzlos«? Die Katze sitzt ohne Dach im Regen, das Wasser tropft auf ihr Fell, keiner beschützt sie, sie ist allein. – Jedes Kind sucht sich ein Gedicht aus, von dem es sich angesprochen fühlt und malt es.
Realisationsmedien: Papier und Filzstifte liegen bereit. Nach der Wahl lese ich jedem Kind sein »Haiku« noch einmal leise vor. Die Kinder haben sich die kurzen Texte fast wörtlich gemerkt. Manche möchten 2 Gedichte malen. Eine ruhige, gute Atmosphäre ist im Raum.
Ergebnisbesprechung: Wir betrachten zum Schluß gemeinsam, wie die einzelnen das Gedicht gemalt haben, und ich lese noch einmal den Text. Die Kinder sprechen teilweise mit. Manche Kinder haben das gleiche Gedicht gewählt und die verschiedenen Bilder drücken die persönlichen Vorstellungen aus.
Eigene Stellungnahme: Ein gelungenes Experiment, wie man an den Kinderzeichnungen sehen kann. Fast alle Kinder wollten sogar 2 Gedichte malen. Ich meine, daß dadurch für die Kinder der mögliche Zusammenhang zwischen Sprache und Bild intensiv verdeutlicht werden konnte.

Rudolf Seitz
Elke Bolster

Folgende Gedichte sind für diese Einheit ausgewählt worden:

Der Frühlingsregen.
Zwischen den Bäumen sieht man einen Weg zum Meer.

Otsuji

Im wolkenlosen
blauen Himmel verbirgt sich
hoch, hoch die Lerche.
Rakuto

Auf dem Dache
schutzlos schläft eine Katze
im Frühlingsregen.
Taigi

Eine Blüte fiel,
und flog sie zum Zweig zurück?
Nein, ein Schmetterling.
Moritake

Ein alter Weiher
in den ein Frosch hinein-
springt –
Gurgeln des Wassers.
Basho

Wir malen uns mit einem »ganz anderen« Kind

Teilnehmer: 10 Kinder
Dauer: ca. 90 Minuten
Situation: Wir zeigen den Kindern einige Dias von einer Weltreise. Darauf sind Kinder mit verschiedener Hautfarbe beim Spielen zu sehen.
Ziel: Wir sprechen darüber, danach soll jedes Kind sich mit einem »ganz anderen« Kind malen.
Motivation und tatsächlicher Verlauf:
Habt ihr schon einmal eine Reise gemacht? Kinder erzählen Erlebnisse. Wi ihr wißt, komme ich gerade von einer ganz weiten Reise mit dem Flugzeug zurück und habe euch ein paar Bilder mitgebracht von Kindern aus Ländern, in denen ich war.
Präsentationsmedien: Die Dias werden gezeigt und es wird gefragt und erzählt, Neues entdeckt und Bekanntes festgestellt. Soweit z. B. der Verlauf von Spielen auf dem jeweiligen Bild nicht ersichtlich ist, wird er erklärt. Dabei kommt der Gedanke auf, ob wir solche Spiele (Kreisel usw.) nicht nachbauen könnten. Interessant sind hier Schiffchen, die mit einem Stock durch den Sand getrieben werden. Ein Geschicklichkeitsspiel, das sich gut für den Schnee eignen würde.
Realisationsmedien: Angeregt durch die Bilder und Gespräche malt sich dann jedes Kind mit einem ganz anderen Kind. Wir benützen hierzu Wasserfarben, Pinsel und DIN A3-Blätter.
Worin unterscheidet sich das andere Kind? (Hautfarbe, Kleidung usw.)
Ergebnisbesprechung: Jeder zeigt und erklärt, mit welchem anderen Kind er sich gemalt hat und warum.
Eigene Stellungnahme: Eindrucksvoll ist für mich, wie schnell sich viele Kinder aufgrund der Bilder, ohne die diese pädagogische Sequenz nicht möglich gewesen wäre, in eine andere für sie unbekannte Welt hineinversetzen und über die Bildrepräsentation sich mit einem anderen Kind sozusagen »anfreunden« können.
Rudolf Seitz
Elke Bolster

Wir kommen uns durch »Puppenhände« näher

Teilnehmer: 9 Kinder
Dauer: ca. 30 Minuten
Motivation und tatsächlicher Verlauf:
Während des Freispiels setze ich mich mit vier jugoslawischen Kindern an einen Tisch, um sie in der Muttersprache zu fördern.
Repräsentationsmedien: Ich unterhalte mich mit den Kindern über die Hände. Wir sprechen zusammen über die Handflächen – Innenflächen, Außenflächen – von links und rechts, und über alles, was man mit den Händen und den Fingern tun kann, z. B. können wir auch die Handflächen bemalen und daraus eine Puppe entstehen lassen.
Organisation und Realisationsmedien:
Die Kinder sind begeistert, und Martina, ein deutsches Kind, das von Anfang an dabei ist, aber kein Wort versteht, beobachtet uns aufmerksam.
Ich demonstriere an meiner Hand, wie schnell und einfach die Puppe entsteht. Alle lachen und beginnen mit meiner be-

malten Hand zu sprechen. Schnell entscheiden sie sich, auf ihren eigenen Händen Gesichter zu malen. Plakafarben und Pinsel stehen bereit.

Es macht sicher Spaß, die Farbe auf der Haut zu spüren, denn die Kinder verzieren ihren Unterarm, bemalen die Finger als Haare, sogar die Fingernägel sind am Ende farbig.

Ergebnisbesprechung: Nach kurzer Zeit hat jedes Kind seine Puppe fertig, aber noch während des Malens wurden sie vorgestellt: das ist die Lisa, das ist ein Geist usw.

Mehrere Kinder unterbrechen ihr Freispiel und beobachten das Geschehen. Andere stellen die Bühne auf und richten Stühle für die Zuschauer her. Inzwischen haben alle Kinder ihr Spiel freiwillig verlassen und warten ruhig und gespannt auf das »große Spiel«. Hände tauchen auf, bewegen sich, sprechen jugoslawisch und »hua, hua, ich bin ein Geist«. Daniela erzählt etwas von einem Hasen, einmal in Deutsch, dann in Jugoslawisch. Anschließend nimmt sie in die unbemalte Hand den Kasperl und spielt mit beiden Händen.

Markus ist so fasziniert, daß er spontan aufsteht, um seine Hand zu bemalen. Andere folgen ihm, sind nicht mehr aufzuhalten.

Ungeduldig warten sie, bis die Farbe trocken ist und helfen mit Blasen und Pusten nach.

Viel zu viele Kinder drängen sich hinter die Bühne. Die Vorderseite wird auch benützt und sie spielen sich gegenseitig zu. Es gibt fast keine Zuschauer mehr, nur noch begeisterte Spieler.

Eigene Stellungnahme: Dieses Spiel mit den auf die Hände gemalten »Puppen« macht mir deutlich, auf welch einfache Weise (geringer Kosten- und Zeitaufwand) Kommunikation zwischen deutschen und ausländischen Kindern inszeniert werden kann.

Bernadette Tinus

Ein Brief an jugoslawische Kinder

Teilnehmer: 25 Kinder
Dauer: Die Einheit dauert 10 Tage, pro Tag ca. 30 Min.
Eigenmotivation: Aufgrund persönlicher Erfahrungen und der Situation in der Kindergruppe (hoher Anteil ausländischer Kinder) wünsche ich mir, daß unsere Kinder lernen, Verständnis und Interesse für ausländische Kinder zu entwickeln. Verständnis für die ausländischen Kinder, die in einer ihnen fremden Umgebung (bei uns) leben, aber auch Verständnis und Interesse für Menschen und Vorgänge, die nicht unmittelbar erfahrbar sind (im Sinne einer Sensibilisierung für Völkerverständigung und für weltweite allgemeine Probleme). Es interessiert mich sehr, ob es möglich ist, daß sich Kinder für unbekannte Kinder interessieren können, die sie wahrscheinlich nie sehen werden; und wenn ja, wie lange das Interesse dauert. Ist in einer Zeit der Hast und Eile ein Brief überhaupt noch ein zeitgemäßes Medium der Kontaktaufnahme und Kommunikation?

Situation: In unserer Gruppe gibt es viele ausländische Kinder. Es fehlt teilweise das Verständnis für ihre Sprachschwierigkeiten und ihr Verhalten. Den deutschen Kindern ist es nicht bewußt, daß die ausländischen Kinder fern von ihrer Heimat leben.

Ziel:
– Die Kinder sollen Verständnis bekommen für ausländische Kinder, die bei uns in einer für sie fremden Kultur leben.
– Die Kinder sollen Interesse bekommen für ausländische Kinder, deren Heimat (Land, Klima) und Kultur (Lebensweise, Familienstruktur, Sprache, Feste, Kleidung, Gebräuche).
– Die Kinder sollen lernen, zu fremden Kindern Kontakt aufzunehmen. Der briefliche Kontakt beinhaltet, daß sie auf Antwort warten müssen, sich aber schon freuen.

- Den Kindern soll die eigene Umgebung bewußt werden, sie sollen ein eigenes Heimatgefühl erfahren.
- Die Kinder sollen erfahren, daß alle Kinder der Welt gleiche oder ähnliche Bedürfnisse haben.

Motivation und Verlaufsplanung:

Ich erzähle den Kindern, daß Frau Tinus, eine jugoslawische Erzieherin, zu Weihnachten in ihre Heimat nach Jugoslawien fährt und ihre frühere Kindergruppe besuchen wird. Wir haben schon zwei Kindergärten besucht, die in unserer Nähe liegen, um zu erfahren, wie es dort aussieht und was dort anders ist als bei uns. Noch mehr würde uns interessieren, wie es in einem jugoslawischen Kindergarten aussieht und was die Kinder machen. Es wäre doch schön, wenn wir alle mit Frau Tinus mitfahren könnten. Nachdem dies nicht möglich sein wird, müssen wir uns etwas anderes ausdenken, wie wir von den Kindern und ihrem Kindergarten etwas erfahren können. Es entsteht ein Gespräch, die Kinder bringen Vorschläge ein.

Organisation: Wir schreiben einen Brief nach Jugoslawien. Wir wollen einen besonders großen Brief malen und ein paar Worte dazu schreiben, die Frau Tinus übersetzen wird. Sie will unseren Brief in ihren Koffer packen und in Jugoslawien den Kindern in den Kindergarten bringen. Diese werden staunen und uns sicher antworten.

Zu diesem »Bilderbrief« wird noch ein »Wortbrief« mit den Kindern geschrieben. Die Kinder sollen ein paar Sätze von sich schreiben und gezielte Fragen an die jugoslawischen Kinder stellen. Frau Tinus wird den Brief übersetzen und ihn mit Filzstiften in Großformat schreiben. Der Brief – in deutsch und jugoslawisch geschrieben –, der »Bilderbrief« und Fotos von den Kindern werden verpackt und von Frau Tinus nach Jugoslawien zu den Kindern gebracht.

Motivation, Organisation und tatsächlicher Verlauf:

Das Gespräch verläuft wie geplant. Alle Kinder der Kindergruppe (3- bis 6jährige, verschiedene Nationalitäten) machen mit. Vorschläge der Kinder sind zum Beispiel:
- Wenn wir im Urlaub sind, könnten wir hinfahren. Wir waren schon mal in Jugoslawien.
- Ganz schnell mit der Rakete hinfahren.
- Sich ganz klein verzaubern und im Koffer von der Frau Tinus mitfahren.
- Wir können für sie Geschenke mitgeben.
- Wir könnten ihnen etwas malen.
- Wir malen ihnen einen Brief wie dem Gabriel ins Krankenhaus. (Im Herbst hatten wir an Gabriel ins Krankenhaus eine Briefrolle geschickt, auf der (ca. 30 cm × 3,5 m) mehrere Kinder zusammen gemalt haben).

Diesen Tip nehme ich auf und schlage vor, daß der Bildbrief noch größer werden soll und jedes Kind sich einen Platz zum Malen suchen darf, aber nur eine bestimmte Fläche zur Verfügung hat.

Realisationsmedien: Die Kinder bekommen neue, dicke Filzstifte. Gemalt wird auf besonders schönem, großem Papier. Einige Bogen Papier von 80 × 60 cm Größe werden zusammengeklebt zu einer Fläche von 60 × 240 cm. An den Bildgrenzen wird das Papier geknickt. Für die anderen Kinder, insbesondere für solche, die sich am langen Stück beengt fühlen, werden einzelne Bogen zur Verfügung gestellt (80 × 60 cm), an denen jeweils zwei Kinder malen können.

Die Kinder suchen sich Plätze bei ihren Freunden aus und alle malen mit Begeisterung. Die ersten Kinder sind nach 20 Minuten fertig, die letzten nach 45 Minuten. Bis auf zwei Kinder wissen alle sofort, was sie den jugoslawischen Kindern als persönliche Botschaft malen wollen. Die Kinder sind

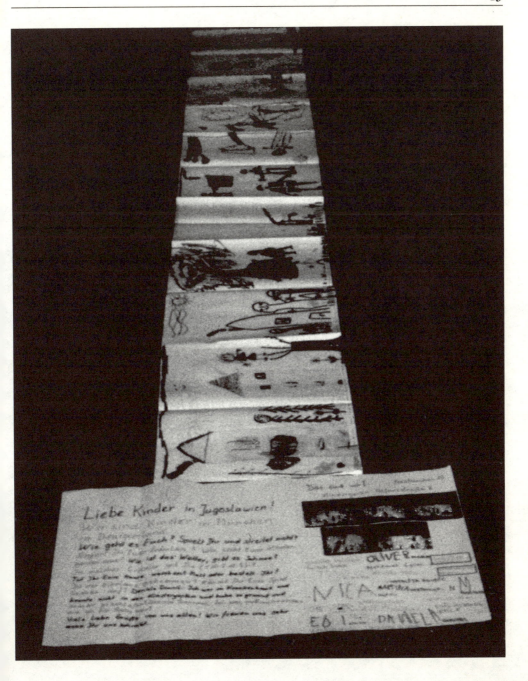

sehr konzentriert, aber auch sehr aufgeregt, was sie sonst beim Malen nicht sind. Der Bilderbrief wird nach Beendigung fotografiert. Kinder, die an diesem Tag nicht da sind, können an den folgenden Tagen nach einem kurzen Gespräch auch ihr Bild malen.

Nach einigen Tagen wird gemeinsam der fertige Bilderbrief nochmals betrachtet und kommentiert. Auf meine Initiative hin diktieren mir dann die Kinder einen Wortbrief.

Frau Tinus übersetzt uns den deutschen Brief ins Jugoslawische.

Die Kinder stellen sich in eine Reihe und halten gemeinsam den großen Brief, jeder an seinem Bild. Frau Tinus photographiert sie gruppenweise. Die Kinder in Jugoslawien sollen sich vorstellen können, welches Kind welches Bild gemalt hat. Auf jedes Bild werden Namen und Alter der Kinder geschrieben.

Bilderbrief, Wortbrief (deutsch und jugoslawisch) und die Photos werden von Frau Tinus nach Jugoslawien gebracht.

Eigene Stellungnahme: Die Kinder sind begeistert und ausdauernd gewesen. Ob das Interesse angehalten hat, läßt sich nicht gut beurteilen, weil die Weihnachtsferien vor der Tür standen. Trotzdem ist durch die starke emotionale Beteiligung der Kinder an dieser Aktion, im Sinne von Aufgeschlossenheit für andere Kinder, in unserem Fall für jugoslawische Kinder, ein bemerkenswerter Teil an Information zur Reduzierung von Vorurteilen aus dem Bereich der ästhetischen Erziehung möglich.

Maria Caiati
Bernadette Tinus

Verständnis für alte Menschen

Teilnehmer: 12 Kinder jeweils aus einer Einrichtung, 23 Kinder jeweils aus einer Einrichtung.

Dauer: ca. 17 Tage mit unterschiedlichen Zeitanteilen pro Tag.

Situation: Bei meinen Kindergruppen auf dem Lande handelt es sich um Gruppen in kleinen Ortschaften, in denen es eine feste soziale Ordnung gibt, keine extremen Außenseiter, keine Ausländer. Die meisten Leute kennen sich untereinander.

Eigenmotivation: Auf meiner Suche nach Menschen, die hier abseits stehen, bemerkte ich die Schwierigkeiten der alten Menschen.

Das Alter wird hier vielfach als die Zeit des Verfalls empfunden, nicht als ein eigener, wertvoller Lebensabschnitt.

Die alten Menschen sind deshalb bemüht, so lange sie können in Familie und Hof mitzuhelfen. Sie haben wenig räumlichen und zeitlichen Spielraum für eigene Bedürfnisse.

Die alten bäuerlichen Vorstellungen, unnütz zu sein, weil man nicht mehr arbeiten kann, schwingen noch stark bei der Beurteilung des Alters mit.

Hier sehe ich Ansatzpunkte für den Versuch, den Kindergartenkindern eine andere Einstellung zu vermitteln.

Ziel: Meine Zielvorstellungen sind, daß die Kinder erfahren sollen:
1. wie verschieden von unserer heutigen Zeit die Zeit ist, in der die »Alten«, z. B. die Großeltern, aufwuchsen,
2. wie lange ein Leben von der Kindheit bis zum Alter dauern kann, und was es an Erlebnissen (Not, Krankheit, Arbeit, eigene Familie gründen …) alles bringen kann,
3. daß die alten Menschen ein Recht darauf haben, in Ruhe ihren Lebensabend zu verbringen,
4. daß es schön ist, sich mit alten Menschen zu unterhalten; sie können z. B. über vieles erzählen und Erfahrungen mitteilen,
5. daß die alten Menschen unsere Hilfe brauchen, weil sie vielleicht krank oder ge-

brechlich sind oder mit vielen technischen Dingen nicht zurecht kommen,
6. daß die alten Menschen unsere Liebe brauchen, weil diejenigen, mit denen sie früher zusammen waren und die sie geliebt haben, meist schon lange tot sind.

Verlaufsplanung: Grundsätzliche Motivation für Kinder und Eltern

Die Anfangsmotivation für Eltern und Kinder, sich aktiv an diesem Thema zu beteiligen, ist ein Eltern-Informations-Brief.

Hier werden Anliegen und Ziel erklärt und alle zur Mithilfe gebeten:
a) Wer kann uns Gegenstände aus alter Zeit leihen?
b) Wer hat alte Fotos, die er uns leihen kann?
c) Darf das Kind Fotos seiner Großeltern, wie sie jetzt aussehen, in den Kindergarten mitbringen?
d) Die Kinder sollen aus Zeitungen und Illustrierten Bilder von Menschen in allen Lebensaltern ausschneiden und mitbringen.

Tatsächlicher Verlauf: Im Gegensatz zu anderen Aufrufen ist diesesmal die Reaktion der Eltern sehr zögernd. Wir bekommen gesagt:
zu a) wir haben alle alten Sachen weggeworfen;
zu b) Fotos aus alter Zeit gibt es wenige, weil damals wenig fotografiert wurde und viel durch den Krieg verlorenging;
zu c) scheinbar gibt es nur in wenigen Familien Fotos von den Großeltern, wir bekommen nur etwa von einem Drittel der Kinder solche mitgebracht;
zu d) hier sind alle fleißig, wir erhalten viel Material.

Daß am Anfang nur wenige Fotos verfügbar sind, ist eigentlich von Vorteil. Jeder Kindergartentag beginnt mit dem intensiven Betrachten von 2 bis 3 Bildern, die mitgebracht worden sind. Dies geschieht gründlich und mit Interesse. Die Fotos werden an der Steckwand sichtbar befestigt und von den Kindern immer wieder angesehen.

Viele Kinder werden dadurch angeregt, zu Hause selbst nachzufragen, ob sie ein Foto mitbringen dürfen.

Einige Kinder entdecken, daß es Großeltern väterlicherseits und mütterlicherseits gibt (nicht nur benannt nach Wohnorten); für je ein Kind aus jeder Gruppe wird klar, daß es selbst keine Großeltern mehr hat.

Ergebnis: Dieses Sammeln von Fotos, deren Vergleich und die Erklärungen hierzu bestimmen wesentlich den äußeren Rahmen unseres Themas. Es ist eine gute Vorbereitung für die folgenden Angebote. Das tägliche Gespräch darüber gibt den Kindern Gelegenheit, die neugewonnenen Einsichten in ihr eigenes Weltbild einzufügen.

Gespräch über die Zeit von »früher«

Dauer: ca. 45 Minuten
Teilnehmer: 23 Kinder
Motivation und tatsächlicher Verlauf:

Zum Verständnis alter Menschen müssen wir mehr über sie wissen, vor allem, woher sie ihre Normen und ihr Umweltverständnis bezogen haben, – nämlich aus der Zeit, in der sie aufgewachsen sind.

Hier hat ein Maler, der jetzt alt ist und selbst Großvater, für seine Enkel gemalt. Er zeigt auf seinen Bildern, wie es in seiner Kindheit ausgesehen hat und was man damals alles machen konnte.

Repräsentationsmedium: »Die seltsame Zeit des Knaben Friedrich«, Bilder von Paul Schultz, Liebisch Kinderbuchverlag, Berlin.

Wir betrachten einige Bilder gemeinsam. Ich erzähle sehr viel dazu.

Motivation und Organisation: Für die Kinder ist es sehr schwer, sich eine andere Zeit vorzustellen. Ich muß mehrmals klarstellen, daß das kein Märchen und keine Geschichte ist, sondern daß es wirklich Erlebnisse sind, die ein Großvater seinen Enkeln erzählen möchte. Erst dieser familiäre Zusammenhang macht es möglich, sich damit einen zeitlichen Ablauf vergegenwärtigen zu können.

Ergebnisbesprechung: Hier ist der Ansatzpunkt, zu fragen, welches von den Kindern noch Großeltern hat oder Nachbarn usw. kennt, die uns Interessantes aus ihrer Kinderzeit erzählen könnten.

Schiefertafeln und Griffel

Motivation und Verlaufsplanung:

Wir wollen den Kindern Gelegenheit geben, einen Gegenstand im Gebrauch zu erleben, der für »Alte« Schulanfänger obligatorisch war.

Realisationsmedien: Wir haben für die Kinder 2 Schiefertafeln mit Griffeln mitgebracht.

Motivation und tatsächlicher Verlauf:

Wir erklären den Kindern die Herkunft des fremden Materials, und wie zerbrechlich es ist. Wir erzählen von Lappen und Schwämmchen, die zum Abwischen nötig sind, und wie schwierig es war, Geschriebenes so vorsichtig wegzupacken, daß es nicht verwischte.

Organisation: Die Kinder probieren begeistert das neue Material aus. Sie finden heraus, wie fest sie aufdrücken dürfen/müssen, daß man die Striche gut sieht und entdecken, daß man mit dem Griffel »quietschen« kann.

Ergebnisbesprechung: Sie entwickeln bald ein Schule-Spiel, in dem einer als Lehrer an der Wandtafel vormacht, was die Schüler auf den Schiefertafeln abschreiben müssen.

Bilderbuch von Larssen

Dauer: ca. 45 Minuten
Teilnehmer: Kleingruppen, 10–12 Kinder
Motivation und Verlaufsplanung: Ein weiteres Vertiefen der Vorstellung, wie anders das Leben früher war. Heute wollen wir besonders auf Haus und Einrichtung achten, auf Kleidung und das Fehlen der Technik.

Repräsentationsmedium: »Unser Hof«, Carl Larssen, Oetinger-Verlag, Hamburg.

Jeweils eine halbe Kindergartengruppe, also 10–12 Kinder, betrachten zusammen mit der Erzieherin die einzelnen Bilder.

Organisation und tatsächlicher Verlauf:

Den Kindern gefallen die Bilder sehr. Sie finden darauf eine Menge Dinge, die sie nicht kennen. Wir müssen viel erklären und eine deutliche Trennung machen zwischen Gegenständen, die es auch heute noch gibt (die die Kinder nur nicht kennen) und solchen, die heute nicht mehr gebräuchlich sind.

Wir »schreiben« mit Federhalter und Tinte

Dauer: ca. 45 Minuten
Teilnehmer: 23 Kinder
Motivation und Verlaufsplanung: vgl. Einheit: Schiefertafeln
Organisation: Kleingruppen von jeweils 5 Kindern dürfen, im Malerkittel gekleidet (z. B. altes Hemd, Bluse usw.), Federhalter und Tinte ausprobieren.

Motivation und tatsächlicher Verlauf:

Wir erzählen aus dem Schulbetrieb von früher. Die Lehrer waren damals strenger und »Tatzen« und »Ohrfeigen« gehörten zum Schulalltag. Tintenkleckse sollten vermieden werden.

Realisationsmedien: Die Kinder arbeiten mit Federhalter und Tinte. Sie spüren, wie »widerspenstig« so eine Feder beim Schreiben und wie schwierig das Eintauchen in ein Tintenfaß ist, in das man durch die kleine Öffnung fast nicht hineinsieht. Es macht den Kindern viel Spaß. Durch die Erzählung über den Schulbetrieb gehen nach den ersten ausprobierenden Strichen fast alle Kinder dazu über, zu

»schreiben«. Sie sind stolz auf ihre Leistung, weil fast keines einen Tintenklecks gemacht hat (das liegt wahrscheinlich an den guten Federn).

Für die Kleinen im Kritzelstadium ist es besonders schwierig, aber versuchen wollen es alle. Alle Kinder spüren selbst, daß sie viel schneller ermüden als z. B. mit den gleitfähigen Filzstiften.

Betrachten von Gegenständen aus alter Zeit

Dauer: ca. 45 Minuten
Teilnehmer: 23 Kinder
Situation: Von den Eltern haben wir verschiedene Gegenstände geliehen bekommen: ein altes Kohlebügeleisen, ein Hufeisen, ein altes Geldstück. Im Ort konnten wir einen Dreschflegel und ein Pferdekummet auftreiben. Alle anderen Gegenstände haben wir Erzieher geborgt und gesammelt.

Ziel: Das durch das Betrachten der Bilderbücher vorbereitete Verständnis für die alte Zeit anhand der realen Gegenstände zu konkretisieren.

Motivation und tatsächlicher Verlauf:
Das Auspacken der verschiedenen Gegenstände erweckt bei den Kindern spontane Fragen.

Organisation: Jeder einzelne Gegenstand wird nun besprochen. Dazu sitzen wir im Kreis und geben die einzelnen Gegenstände durch (außer den sehr empfindlichen).

Zunächst überlegen wir, mit welchen Materialien wir es hier zu tun haben. Aufgrund der Form oder Funktion versuchen die Kinder zu raten, wozu der jeweilige Gegenstand vielleicht benutzt worden war.

Daraufhin erkläre ich den wirklichen Verwendungszweck und versuche, den damit verbundenen Arbeitsablauf zu verdeutlichen.

Abschließend wollen wir gemeinsam herausfinden, welcher Gegenstand vergleichsweise heute zum gleichen Zweck verwendet wird und von welcher technischen Voraussetzung er abhängig ist (z. B. elektrischer Strom, Benzinmotor o. ä.).

Repräsentationsmedien:
Pferdekummet – nötiger Teil, um ein Pferd vor den Wagen zu spannen;

Hufeisen – »Schuhwerk« für Pferde – Beruf des Schmieds;

Dreschflegel – damit wurden die Getreidekörner aus dem Halm geklopft;

Petroleumlampen in verschiedenen Größen – Lichtquelle;

Bügeleisen, 3 verschiedene Modelle, das eine wurde mit glühenden Kohlen gefüllt, das andere wurde mit einem glühenden Eisen bestückt, das dritte hatte zwei verschiedene Unterteile aus Eisen, die man direkt auf der Herdplatte erwärmte und einen Griff zum Auswechseln;

alter Holzlöffel, geschnitzt, mit langem Stiel – aus der Zeit, als alle Leute einer Familie aus einer gemeinsamen Schüssel aßen;

alte Kuchenform aus Eisen;
Nachthemd und 2 alte Damenunterhosen mit getrennten Beinen, alles mit selbstgehäkelten Spitzen – Hinweis auf die Bekleidung früher;

3 alte Puppen mit altertümlichen Kleidern;

1 Puppenwaschmaschine, das gleiche Modell gab es in groß;

Sonnenschirm mit vielen Spitzenrüschen;

Grammophon mit alten Schallplatten.

Ergebnisbesprechung: Die Kinder sind von vielen Dingen stark fasziniert. Zerbrechliches haben wir nach der Besprechung zum Ansehen auf einen Tisch gestellt, die handfesten Gegenstände wie Bügeleisen, Kuchenform, Unterhosen und Nachthemd werden von den Kindern ausprobiert und in ihre Spiele einbezogen.

Eigene Stellungnahme: Mir ist stark aufgefallen, daß für die Kinder meine Erklärungen nur wenig Verständnis bewirkt hätten, wenn ich nicht die entsprechenden Bewegungen dazu gezeigt, also richtig damit hantiert hätte.

Dieses Arbeiten wird von den Kindern dann in ihr Spiel übernommen.

Wir zeichnen die Gegenstände, die wir gesehen haben

Dauer: Gespräch zur Wiederholung ca. 15 Minuten, zeichnen ca. 15 Minuten

Teilnehmer: 23 Kinder

Motivation und tatsächlicher Verlauf: Wir erinnern uns an die Gegenstände, die wir gestern betrachtet haben. Fast alle fallen uns wieder ein, bei vielen wissen die Kinder noch sehr genau, was ich über den Gebrauch erzählt habe, obwohl sie den Namen nicht behalten haben.

Ergebnisbesprechung: Beim Zeichnen zeigt sich deutlich, wie genau die Kinder sich Einzelheiten einprägen konnten. Sie haben sich zwar die exakte Bezeichnung der Dinge nicht immer gleich merken können, wohl aber den Arbeitsvorgang, zu dem sie gebraucht wurden.

Wir betrachten ein Bilderbuch: Jan und die Großmutter

Dauer: ca. 45 Minuten

Teilnehmer: Kleingruppen von jeweils 6–7 Kindern

Motivation und tatsächlicher Verlauf:

Ich möchte auch die Probleme, die sich aus dem Umgang mit alten Menschen ergeben können, nicht ausklammern. Es gibt ein Bilderbuch, das genau solche Schwierigkeiten aufzeigt.

Repräsentationsmedium: »Jan und die Großmutter«, Gisela Degler-Rummel, Ravensburger-Verlag, Ravensburg.

Es handelt sich um ein Bilderbuch mit sehr farbigen, ausdrucksstarken Bildern. Der Text ist klar und einfach. Es wird die Geschichte eines Jungen erzählt, der oft und gern seine Großmutter besucht, weil sie Zeit für ihn hat und viel aus ihrer Kindheit erzählt. In manchem aber ist die Großmutter umständlich und so vergeßlich, daß Jan immer ihre Sachen suchen muß. Das macht ihn wütend, er wünscht sich eine Großmutter, mit der er spielen kann und die nicht alles vergißt.

Die Mutter erzählt Jan zu Hause aus Großmutters Leben, und zeigt ihm Fotos. Sie versucht, Jan zu erklären, daß Großmutter nun alt ist und für alles viel Zeit braucht. Dies hilft Jan, einzusehen, daß er Geduld mit der Großmutter haben muß, wenn er sie wieder besucht.

Ergebnisbesprechung: Das Bilderbuch beeindruckt die Kinder sehr. Sie können den Ärger des Jungen gut nachvollziehen.

Dabei kommen auch eigene Erfahrungen der Kinder im Umgang mit ihren Großeltern zur Sprache, z. B. die starke Lärmempfindlichkeit, die oft nicht große Bereitschaft ihrer Großeltern, mit ihnen zu spielen usw.

Gespräch und Bildbetrachtung: Woran sieht man es, wenn jemand alt ist

Dauer: ca. 30 Minuten

Teilnehmer: alle Kinder einer Gruppe (23)

Motivation und tatsächlicher Verlauf:

Wir haben jetzt schon so viel von »alten« Menschen gesprochen, nun wollen wir überlegen, welche äußeren Merkmale auf das Alter hindeuten.

Von den Kindern kommen verschiedene Hinweise: auf die grauen Haare, auf die »Striche« (Falten) im Gesicht, Falten an den Händen, Gebrauch von Brille und Stock, nicht so schnell laufen können, nicht mehr so gut hören...

Wir betrachten nun unsere Hände und Gesichter; die Kinder finden, daß man bei uns Erzieherinnen deutlich sieht, daß wir älter sind als sie, weil wir an Händen und Gesicht mehr Falten haben (aber noch nicht so viele wie die Omas).

Wir vergleichen unsere Haare, bei Frau Klewin finden die Kinder eines, das schon grau ist. Vielen Kindern fällt ein, daß ihre Großeltern auch graue Haare haben und manche der Opas eine Glatze.

Weil auch die Hexe im Gespräch aufgetaucht ist, überlegen wir, ob Falten im Gesicht irgendeinen Schluß zulassen, ob jemand gut oder böse ist.

Zum Abschluß zeigen wir einige Kunstpostkarten und Fotos aus einem Bildband.

Repräsentationsmedium: »Das Alter – die hohe Zeit des Lebens«, Kurt Rommel, Quell Verlag, Stuttgart.

Ergebnisbesprechung: Ohne Aufforderung gehen die Kinder nach dem Gespräch an unsere Pinnwand und betrachten die mitgebrachten Bilder von den eigenen Großeltern. Sie forschen nach Falten im Gesicht und stufen sie ein: nach »jünger als die« und »der sieht am ältesten aus«.

Eigene Stellungnahme: Bei meiner Suche nach geeignetem Bildmaterial merke ich, daß dies gar nicht so leicht zu finden ist. Bildbände haben meistens das allgemeine Thema »Menschen« und widmen dem Alter nur wenige Bilder. Oder es gibt Abbildungen, die nur die letzte Stufe der Hinfälligkeit zeigen, die mochte ich den Kindern nicht zumuten.

So bin ich froh, den genannten kleinen Bildband gefunden zu haben, der sowohl vom Text als auch von den Bildern her Ruhe und Zuversicht vermittelt.

Gespräch, welche Lebensalter der Mensch durchlebt, bis er alt ist

Dauer: ca. 15 Minuten
Teilnehmer: alle Kinder der Gruppe
Motivation und tatsächlicher Verlauf:
Nun wollen wir eine Lebensstraße legen, angefangen von den jüngsten Menschen bis zu den ältesten.

Organisation: Wir Erzieherinnen halten uns völlig zurück und lassen jedes Kind selbst entscheiden, welchem Lebensalter es seine Bilder zuordnet.

Realisationsmedien: Wir sitzen auf dem Boden in Kreisform und teilen von den aus Zeitungen und Illustrierten gesammelten Bildern wahllos 3 bis 4 Bilder an jedes Kind aus. Die Kinder beginnen mit den Babys und setzen die Reihe mit den »Kindern« fort. Einige merken schon, daß es oft schwierig ist, nach dem Bild zu entscheiden, ob es noch ein Baby oder bereits ein Kind ist. Wenn die Entscheidung schwierig ist, helfen die anderen Kinder mit.

Die Erwachsenen, »die scho groß san« (schon groß sind), sind relativ leicht zu bestimmen, während der Übergang zu den alten Menschen wieder schwieriger ist. Wer schon eindeutig »ganz alt« aussieht, wird einfach als letztes angelegt.

Fragliche Bilder werden von den Kindern diskutiert. Wir bringen als Entscheidungshilfe:

Erwachsene – wie eure Eltern, alte Menschen – wie eure Großeltern.

Alle Bilder sind nun auf der Lebensstraße eingeordnet. Wir fragen nach dem vorher und nachher – die Kinder wissen, daß man zu Beginn des Lebens geboren wird und zum Schluß stirbt.

Einige Kinder kleben die Bilder noch auf Kartons auf, um sie an die Wand zu hängen.

Ergebnisbesprechung: Den Kindern hat dieses Zuordnen gut gefallen. Jedes ist zu Wort gekommen und hat selbst bestimmt, wo nach seiner Meinung sein eigenes Bild hingehört.

Auch die Kleinen waren bei

dieser Aufgabe »voll« dabei und konnten sie leicht erfüllen.

Eigene Stellungnahme: Wir Erzieher sind davon ausgegangen, daß zwischen dem Kindes- und Erwachsenenalter noch die Jugendlichen einzuschieben sind. Wir merken aber, daß aus der Sicht unserer Kinder jeder, der aus der Schule heraus ist, bereits ein Erwachsener ist. Dafür nehmen sie die Grenze vom Babyalter zum Kind sehr genau, da es die erste Schwelle ist, die sie selbst bereits überschritten haben.

Alte Menschen besuchen uns

Dauer des Besuchs: ca. 120 Minuten

Teilnehmer: alle Kinder der Gruppe, 3 alte Menschen, davon ein Mann, 2 sind Omas von Kindergartenkindern, 1 ist zunächst fremd für die Kinder.

Ziel: Begegnung mit alten Menschen.

Verlaufsplanung: Wir möchten, daß es eine gemütliche Gesprächsrunde gibt. Die alten Menschen sollen uns von ihrer Kindheit erzählen und die Kinder sollen uns viele Fragen stellen können.

Nach dem Gespräch setzen wir uns an die vorbereiteten Tische zu Kaffee und Kuchen.

Die Kinder können die Gesprächsrunde verlassen und nebenher spielen. Zum Abschied treffen wir uns alle wieder im Kreis. Zur besseren Einstimmung für alle bauen wir nochmals die Gegenstände aus Großmutters Tagen auf, die wir schon kennen.

Motivation und tatsächlicher Verlauf:

Die Kinder wissen, daß heute ein besonderer Tag ist, weil wir Besuch bekommen.

Organisation: Wir setzen uns zusammen und jedes Kind überlegt, was es nachher gerne fragen möchte. Dann helfen alle zusammen beim Tischdecken und Stühle herrichten; wir versuchen, es ein bißchen schön zu machen.

Ein Teil des Raumes ist freigeblieben, damit die Kinder dort spielen können, wenn sie nicht mehr aufmerksam zuhören wollen.

Pünktlich treffen unsere Besucher ein. Alle sind momentan ein bißchen befangen, aber nicht lange.

Ich begrüße die Besucher und stelle sie den Kindern mit Namen vor. Wir sitzen alle in einem Kreis. Das erste Kind getraut sich zu fragen: wie war denn das damals bei euch, ...

mit dem Essen, ...

Habt Ihr wirklich nur aus einer Schüssel gegessen, wie uns Frau Bley erzählt hat?

Hat es bei Euch Geld gegeben?

Habt Ihr damals wirklich mit so einem alten Bügeleisen gebügelt?

Wie war das mit dem Pferdekummet und dem Hufeisen?

Wie hat man mit dem Dreschflegel gearbeitet?

Habt Ihr früher auch solche komischen Hosen angehabt?

Nachdem die erste Frage beantwortet ist, ist das Eis gebrochen. Die alten Menschen merken, als die Fragen über sie »hereinbrechen«, daß die Kinder wirklich interessiert sind. Sie versuchen, alles zu beantworten, müssen dabei weit ausholen und erklären. Sie werden immer lebhafter.

Manches, was sie erklären wollen, können die Kinder nicht verstehen, es geht an ihnen vorbei. Die Welt von früher und die von heute ist zu verschieden. Aber die Kinder fragen weiter und bekommen Antwort; Alte und Kinder reden miteinander und freuen sich, daß sie miteinander reden können.

Eigene Stellungnahme: Ich selbst habe an diesem Tag sehr viel gelernt. Ich hatte mir vorher nie so genau klargemacht, wie die strenge soziale Ordnung auf dem Land am eigenen Leibe spürbar war. Unsere Besucher haben alle ihre Kindheit und Jugend als Häuslerskinder in ärmsten Verhältnissen und mit viel Arbeit oder als Dienstmägde und Knechte auf fremden Höfen verbracht.

Das wirkte sich damals so aus, daß Essen, Kleidung, Benehmen und Arbeit bis ins kleinste festgelegt waren und den Leuten so gut wie keine eigene Meinung und Recht auf Arbeit zustanden.

Der Verdienst war festgelegt und wurde einmal im Jahr ausbezahlt. Das war auch der einzige Tag im Jahr, an dem man kündigen oder die Stelle wechseln konnte. Auch war es besser, bei einem reichen Bauern in Stellung zu sein, denn der Bauer mußte bei der Geburt von Ferkeln, Kälbchen oder Fohlen jedem Dienstboten einen bestimmten Betrag auszahlen, ebenso, wenn die Sau zum Eber geführt wurde usw.

Bei einem reichen Bauern bekam man auf diese Weise mehr Geld zusammen als bei einem armen. Diese Dinge waren neu für mich, haben mir aber sehr geholfen, die Landbevölkerung zu verstehen.

Denn wenn vor zwei Generationen diese Lebensform noch die Norm war, darf ich mich heute nicht wundern, daß die Eltern auf dem Land viele Mißstände eher hinnehmen als sie kritisch zu sehen und zu verändern. Ebenso begegnen sie mir als Erzieherin, im Verein mit Lehrer und Pfarrer, mit sehr viel Respekt. An mir liegt es dann, überflüssigen Respekt abzubauen zugunsten von Vertrauen.

Wir vergleichen unser Lebensalter anhand von Perlenketten

Ziel: Die Kinder sollen einen sichtbaren Vergleich haben, wie jung sie sind und wie viele Lebensjahre unsere »Alten« bereits gelebt haben.

Organisation: Unsere »alten« Besucher und alle Kinder bekommen eine vorbereitete Schnur und jeder so viele Perlen wie abgeschlossene Lebensjahre.

Realisationsmedien: Während das bei den Kindern nur 3 bis 7 Perlen ausmacht, haben unsere Omas zwischen 60 bis 75 Perlen aufzufädeln. Die Kinder sind bald fertig und hängen ihre Ketten um. Einige der Alten lassen es sich nicht nehmen, selbst alle Perlen aufzufädeln, während andere mit schwachen Augen froh sind, wenn ihnen ein Kind diese Arbeit abnimmt.

Noch einmal treffen wir uns im Kreis und vergleichen alle unsere Ketten, bzw. die Länge der Ketten. Es macht Spaß, jeder geht zu jedem und hält seine Kette an die andere. Ich glaube, daß die Kinder auf diese Weise eine Ahnung bekommen haben, wie lange ein Leben sein kann.

Wir singen ein Lied, ich danke für den lieben Besuch, und wir verabschieden uns sehr herzlich voneinander.

Wir zeichnen unsere Besucher

Dauer: ca. 15 Minuten
Teilnehmer: alle Kinder der Gruppe
Tatsächlicher Verlauf:
Nach einem kurzen Erinnern an alles, was wir gestern zusammen erlebt und Neues gehört haben, versuchen wir, mit Bleistift auf weißes Papier die 3 Omas und den Opa zu zeichnen.

Ergebnisbesprechung: Es wird deutlich, daß durch den herzlichen Kontakt, den wir mit den alten Menschen hatten, vor allem die Jüngeren unsere Besucher von gestern nur als Menschen zeichnen, d. h. ohne Stock oder Brille oder Falten. Nur die Älteren bringen diese Anzeichen des Alters mit aufs Papier.

Märchen vom Großvater und vom Enkel

Dauer: ca. 15 Minuten
Teilnehmer: alle Kinder der Gruppe
Repräsentationsmedium: Grimms Märchen: »Der Großvater und sein Enkel«.
Motivation: Ich erzähle das kurze Märchen. Dabei versuche ich, die stark moralisierende Sprache der Grimms mehr in einen wertfreien Tatsachenbericht zu wandeln.
Ergebnisbesprechung:
Auch so kommen die Kinder zu dem Schluß, daß man den »triefenden« Großvater nicht vom Tisch verbannen darf. Zuvor aber tauschen die Kinder lebhaft ihre Meinungen aus. Es gibt Kinder, und zwar diejenigen, die zuhause sehr stark zu guten Tischmanieren angehalten werden, die eher entrüstet sind über so einen Großvater, während die Mehrzahl den alten Menschen lockere Tischsitten zugesteht.

Wir malen ein Familienporträt

Dauer: ca. 15 Minuten
Teilnehmer: Kleingruppen von jeweils 5 Kindern
Organisation und tatsächlicher Verlauf:
Schon Tage vorher hat jedes Kind mit Hilfe einer Schablone auf einen großen Bogen Tonpapier von ca. 40–50 cm einen ovalen Bilderrahmen aufgezeichnet und ausgeschnitten.

Realisationsmedium: Heute malen die Kinder mit Wasserfarben einen Opa oder eine Oma oder mehrere ihrer Großeltern, sie können aber auch sonst jemand aus der Familie malen. Das weiße Papier ist ca. 50 × 60 cm. Wir erinnern vorher nur kurz an die Porträts, die wir in den letzten Tagen gesehen haben. Unser heutiges Bild soll ja auch einen solchen Rahmen bekommen.

Die Fertigstellung ist in der nächsten Woche, wenn die Bilder trocken sind. Frau Klewin arbeitet mit jedem Kind einzeln an der Fertigstellung der Bilder. Der Rahmen wird aufs Papier gelegt und der beste Bildausschnitt gesucht, es ist Hoch- und Breitformat möglich, das Kind sagt, wie es sein soll. Frau Klewin hilft ein bißchen beim Aufkleben, das überstehende Papier schneiden die Kinder selbst weg.

Wir sitzen im Dunkeln und haben nur Petroleumlicht

Dauer: ca. 20 Minuten
Teilnehmer: alle Kinder der Gruppe
Ziel: Vertiefung
Organisation und tatsächlicher Verlauf:
Wir sitzen im Kreis bei zugezogenen Vorhängen. Noch brennt unser Deckenlicht. Mit dem Trichter füllen wir Petroleum in die Lampe und zünden es an.
Realisationsmedien: Gleich beim Ausknipsen des Lichtschalters sehen die Kinder, daß diese Lichtquelle viel weniger Helligkeit spendet als unser elektrisches Licht. Außerdem riecht es. Uns fällt wieder ein, was uns die alten Leute erzählt haben. Damals gab es nur in der Stube und in der Küche eine Petroleumlampe. Kerzen waren zu teuer, um sie ständig zu verwenden, so wurden sie nur im Stall und zu wichtigen Tätigkeiten angezündet. Mußte man bei Nacht in sein Bett gehen oder auf den Hof hinaus aufs »Örtchen«, war alles finster. Die Kinder haben sich damals oft gefürchtet.

Jetzt in der schummerigen Atmosphäre fällt den Kindern wieder vieles ein, was wir im Gespräch mit den alten Menschen erfahren haben und was sie stark beeindruckt hat. Wir haben jetzt Zeit, nochmals über alles zu reden.

Wir besuchen die alten Menschen, die bei uns waren und bringen ihnen Bilder mit

Dauer: ca. 60 Minuten
Teilnehmer: alle Kinder
Situation: Wir wollen einen Spaziergang machen. Ich schlage vor, ob wir nicht mal sehen möchten, in welchem Haus die Leute, die neulich bei uns waren, wohnen.
Begeistert stimmen die Kinder zu. Sie möchten gerne etwas mitbringen, weil sie schon ein paarmal die Erfahrung gemacht haben, daß man sich über ihre Bilder freut.
Organisation und tatsächlicher Verlauf:
So setzen sich alle Kinder hin und jeder malt ein Bild, wobei jeder sich schon ausdenkt, wem er sein Bild schenken will.

Wir sind fertig angezogen, jeder trägt sein Bild vorsichtig zusammengerollt. Nur kurz ist der Weg zur ersten Oma. Alle sind sehr gespannt, wie sie reagieren wird. Wer die Klingel findet, darf läuten. Etwas erstaunt wird uns geöffnet – wir sind ja nicht angemeldet. Die Kinder drängeln alle in den Hausflur und umringen die Oma und jeder will sein Bild zuerst losbringen. Es ist schön zu beobachten, wie das Gesicht der Oma strahlend wird vor Freude, und wie gerührt sie die freundlichen Gesten der Kinder entgegennimmt. Wir singen noch ein Lied und sagen Auf-Wiedersehen, ca. 15 Minuten hat der erste Besuch gedauert.
Ergebnisbesprechung: Irgendwie haben die Kinder gespürt, daß sie Freude bereitet haben, denn beim nächsten Besuch sind sie noch eifriger.

Wieder im Kindergarten, sagen die Kinder spontan: Die wollen wir wieder mal besuchen, die sind so nett.
Und das wollen wir tun.
Eigene Stellungnahme: Ich habe dieses Thema noch nie behandelt, und ich war ein wenig unsicher. Darum habe ich mich zusammen mit meiner Kollegin besonders darum bemüht, mich gründlich vorzubereiten und passendes Material zu suchen. Bei der Durch-

führung tauchen genau die Schwierigkeiten auf, die wir erwartet haben. Wir finden es schwierig, den Kindern die Vorstellung von früher, der völlig anderen Zeit, zu vermitteln.

Durch die verschiedenen gezielten Einheiten, die wir mit den Kindern dann durchführen, glaube ich, daß wir unseren Zielvorstellungen ziemlich nahegekommen sind.

Das ganze Thema hat uns und den Kindern viel Freude gemacht. Durch seine vielfältigen sozialen Aspekte bringt es den Kindern und uns täglich neue Denkanstöße für unser eigenes Verhalten gegenüber den älteren Menschen, mit denen wir täglich umgehen.

Von den Eltern wird uns bestätigt, daß viele Kinder auch zuhause noch mit Fragen oder neuem Wissen zeigen, wie stark sie bei diesem Thema angesprochen sind.

Die alten Menschen, die bei uns zu Gast waren, sagen uns, daß es für sie ein besonderes Erlebnis war. Sie hatten sich bereit erklärt, zu kommen und den Kindern von »früher« zu erzählen. Als sie aber dann das starke Interesse an allem spüren, das die Kinder und wir haben, fühlen sie sich irgendwie wichtig und ernstgenommen. Sie stellen sich gut auf die Kinder ein und nehmen deren Fragen und Interesse auch ernst.

Daraus erwächst eine so herzliche Stimmung, daß die Alten sich beim Abschied bedanken, daß sie zu uns zu Besuch kommen durften. Sicher ist das der beste Beweis dafür, daß es für uns alle ein Gewinn ist, und daß wir uns alle im Verstehen und Miteinander-Reden nähergekommen sind.

Renate Bley

»Ich bin anders als ihr« oder: Die Integration eines körperlich behinderten Kindes

Teilnehmer: 25 Kinder (20 Buben, 5 Mädchen)
Dauer: ca. 3 Wochen
Eigenmotivation: Martin ist fünf Jahre und Rollstuhlfahrer (Muskelatrophie – nach Werding Hoffmann) und wohnt in unmittelbarer Nähe des Kindergartens. Wir begegnen Martin des öfteren auf Spaziergängen, bzw. er kommt gelegentlich mit seiner Mutter als »Zaungast« und unterhält sich mit den Kindern.

Eines Tages kommt die Mutter zu mir in die Sprechstunde und fragt mich, ob wir für Martin einen Kindergarten-Platz hätten, und ob ich bereit sei, ihn aufzunehmen. Ich bitte um Bedenkzeit und stelle mir die Frage:

Will ich persönlich Martin in die Gruppe mit hineinnehmen? Welche Vor- und Nachteile bringt dieser Schritt mit sich. Räumliche und örtliche Gegebenheiten (Schwellen, Treppen) sind zu berücksichtigen. Wie erkläre ich dies den Kindern – und werden sie bereit sein, Martin als Gruppenmitglied zu akzeptieren? Wird Martin nicht in solch einer großen Gruppe überfordert? Können wir seinen Wünschen und Bedürfnissen gerecht werden? Habe ich die Kraft und Ausdauer, dies durchzuhalten (Eintagsfliege) – und dennoch genügend Zeit für die übrigen 24 Kinder?

Ausschlaggebend für die positive Entscheidung dieser Fragen ist ein persönliches Gespräch mit der Psychologin, die Martin über längere Zeit betreut hat. Sie erläutert den Grad der Behinderung und erklärt mir, daß es sich nicht um eine kognitive Förderung handeln soll, sondern daß Martin eine Gruppe von Gleichaltrigen erleben soll, die es ihm ermöglicht, unbefangen auf Kinder zuzugehen, ohne eine Sonderstellung einzunehmen.

Nachdem auch vom Träger die grundsätzliche Bereitschaft vorhanden ist, unter diesen Voraussetzungen Martin aufzunehmen und die Kolleginnen einverstanden sind, wird den Eltern eine Zusage gemacht. Wir besprechen gemeinsam, wie ein Weg gefunden werden kann, Martin in unsere Gruppe zu integrieren.

Situation: Ein körperlich behindertes Kind wird von einer Kindergartengruppe von 24 gesunden Kindern aufgenommen.

Ich stelle mir folgende Fragen:
a) Warum nehme ich Martin in die Gruppe auf? (Eigenmotiv)
b) Wie kam es dazu?
c) Welche Schritte sind notwendig, um dieses Ziel zu verwirklichen?

Ziel: Die gesunden Kinder sollen lernen, mit einem behinderten Kind umzugehen; offen, tolerant, rücksichtsvoll zu sein, verzichten zu können, Vorurteile abbauen zu können, die sich vielleicht auch auf Erwachsene übertragen lassen.

Die soziale Erziehung innerhalb der Gruppe soll gefördert werden, Neugierde, Angst, eigene Unsicherheit dem behinderten Kind gegenüber abgebaut; Mut haben, auf ein behindertes Kind zuzugehen.

Das behinderte Kind soll kein Außenseiter sein.

Motivation und Verlaufsplanung:

Um meine Kinder positiv einzustimmen, möchte ich mit ihnen ein Gespräch mit entsprechendem Bildmaterial (gesammelte Bilder von körperlich behinderten Menschen, Rollstuhlfahrer, die die Kinder selbst mitbringen sollten, Bilderbuch: »Ich bin doch anders als ihr« von Becker/Niggemeyer und ein Foto von Martin im Rollstuhl) führen. Dies soll geschehen, bevor Martin zu uns kommt.

Organisation: Der schöpferisch-kreative Bereich (Malen) soll den Kindern ermöglichen sich vorzustellen, wie Martin mit ihnen zusammen spielt, auf die Kinder zugeht, und umgekehrt: wie die Kinder Martin in die verschiedensten Spielbereiche miteinbeziehen.

Weiter ist ein Kreisgespräch innerhalb der Gruppe vorgesehen, wenn Martin bei uns ist.

Motivation und tatsächlicher Verlauf:

Da ich eine altersgemischte Gruppe habe (4 bis 6 Jahre) führe ich dieses Gespräch nicht, wie vorgesehen, mit allen 24 Kindern, sondern in zwei verschiedenen Gruppen, wobei wir mit den jüngeren Kindern mit mehr Anschauungsmaterial arbeiten.

Ich erzähle den Kindern, daß mich vor kurzem eine Mutter mit einem Jungen, der Martin heißt und fünf Jahre alt ist, besuchte. »Martin möchte gerne zu uns in den Kindergarten – aber er ist anders als ihr. Martin kann nicht gehen, laufen oder springen. Er hat zu schwache Muskeln – keine Kraft in den Beinen, so daß er immer im Rollstuhl sitzen muß, um sich fortzubewegen. Kennt von euch jemand Kinder oder Erwachsene, die behindert sind?« Ich habe den Eindruck, daß für viele Kinder die Begegnung mit einem körperlich-behinderten Menschen nicht selbstverständlich ist. Andere Kinder wiederum kennen Martin, da sie in unmittelbarer Nähe wohnen.

Als ich den Kindern am Schluß des Gesprächs erkläre, daß ich Martin morgen für ein paar Stunden eingeladen habe, ist es für mich interessant zu beobachten, daß die Kinder sich freuen und vielleicht auch etwas neugierig sind, Martin in unserer Gruppe willkommen zu heißen.

Organisation: Ich muß sagen, daß der erste Tag im Kindergarten fast genauso verläuft, wie die vorhergehenden. Durch diese Unbekümmertheit und Fröhlichkeit der Kinder habe ich meine innerliche Unruhe und Ängstlichkeit relativ schnell überwunden. Die Kinder sind stolz, Martin Wege aufzuzeigen, wie er mit seinem Rollstuhl an das Angebot von Spiel- und Beschäftigungsmaterial kommen kann und zeigen ihm mit Begeisterung die Puppen-, Bau- und Brotzeitecke. Für mich ist es erstaunlich, zu beobachten, daß kein Kind ihn anstarrt, oder in ihm etwas außergewöhnliches sieht, sondern daß sie ihn vielmehr gleich in das Geschehen miteinbeziehen.

Repräsentationsmedien: Martin erzählt uns, wo er wohnt, was er besonders gern ißt, mit was er am liebsten spielt. Als ich ihn auffordere, uns etwas über seinen Rollstuhl zu erzählen und uns zu zeigen, was man damit alles so machen kann (elektrisch selbst steuern, sich drehen, vorwärts und rückwärts fahren, Batterie jeden Tag neu aufladen und einen Sicherheitsgurt festmachen), bin ich erstaunt, wie frei und offen Martin darüber erzählen kann. Die Kinder fragen ihn: »Wo schläfst du denn nachts, im Rollstuhl oder im eigenen Bett?« Martin antwortet spontan: »Ich hab' ein Kinderzimmer, ein großes Bett und die Mammi zieht mir abends den Schlafanzug an und legt mich ins Bett!«

Ich bitte die Kinder um Verständnis, wenn ich Martin in manchen Situationen helfe, die er allein nicht bewältigen kann.

Darauf antwortet Mathias: »Und wenn du nicht da bist, dann können wir es tun!«

Organisation: Bevor Martin zu uns kam, hatte er relativ viel Erwachsene als Bezugspersonen und Kontaktpersonen, so daß er anfangs seine Wünsche und Bedürfnisse immer uns Erzieherinnen gegenüber äußert. Wir ermutigen ihn, auf die Kinder zuzugehen, sie anzusprechen, mit ihnen zu spielen (Rollenspiele, Puppentheater und Gesellschaftsspiele).

Ergebnisbesprechung: Ein paar Tage später malen die Kinder Martin so, wie sie ihn sehen, bei der Beschäftigung und beim Spiel. Auffallend bei den Bildern ist der elektrische Rollstuhl, der anscheinend großen Eindruck auf die Kinder macht.

Als wir eines Tages als Gemeinschaftsarbeit die »Raupe Nimmersatt« mit Pinsel und Farbe auf ein großes Plakat malen, beobachtet Martin zuerst die Kinder und fragt später, ob er denn auch malen könne. Mich freut es, daß er Eigeninitiative ergreift und auf mich zukommt. Ich ziehe Martin den Malkittel an, setze ihn auf den Boden zu den übrigen Kindern und stütze ihn leicht. Später kommt Johannes dazu und erklärt mir: »Fräulein Feistl, ich bin mit meinem Raupenkopf fertig, jetzt kann ich doch Martin helfen«. Für Martin ist dieser Tag ein voller Erfolg, er fühlt sich in seiner Arbeit bestätigt und teilt dieses Erfolgserlebnis voller Begeisterung seiner Mutter mit.

Eigene Stellungnahme: Natürlich gibt es kritische Situationen, wie z. B. beim Turnen, in der Rhythmik. Hier versuchen wir, Martin miteinzubeziehen, indem wir ihm kleine Aufgaben zuteilen, damit er nicht das Gefühl hat, ein Außenseiter zu sein.

Was Fräulein Sybille und ich anfangs als größere Schwierigkeit sahen: Situationen, bei denen Martin nicht mit dem Rollstuhl auf die Kinder zukommen kann (Bauecke, Puppenwohnstube, Sandkasten), sondern angewiesen ist, daß die Kinder zu ihm kommen und Martin aber trotzdem eine gewisse Selbständigkeit gewähren. Da Martin ein sehr lebhaftes und kontaktfreudiges Kind ist, entstanden keine größeren Probleme; für die Kinder war es selbstverständlich, Martin als Spielkamerad zu akzeptieren und anzuerkennen. Ich bin überrascht, in welch kurzer Zeit das Selbstbewußtsein von Martin sich entwickelt hat, Dinge in Angriff zu nehmen, zu entscheiden und durchzuführen.

Ich glaube, durch diese gegenseitige Unbefangenheit in herzlichem Kontakt zueinander, ist gegenseitiges Verständnis gewachsen.

»Das Wissen um das Schicksal behinderter Kinder legt den Nichtbehinderten Verantwortung auf, die erst lebendig wird, wenn Behinderte und Nichtbehinderte erfahren, daß sie beide Nehmende und Gebende sind« (Antoinette Bekker).

Annelies Feistl

Integration eines afghanischen Kindes in eine deutsche Kindergartengruppe

Teilnehmer: 24 Kinder, davon 10 Buben und 14 Mädchen, 3–6 Jahre
Dauer: 4 Wochen
Eigenmotivation: Ich habe in meiner Gruppe fünf Ausländerkinder zu betreuen. Eines davon weist in verstärktem Maße typische Ausländermerkmale auf:
– Vermehrte Sprachschwierigkeiten des Ausländerkindes im Umgang mit seinen deutschen gleichaltrigen Spielkameraden und Erzieherinnen,
– voneinander abweichende, oft entgegengesetzte Erziehungsvorstellungen zwischen Elternhaus und seiner »erlebten« Umwelt.

Das dadurch erzeugte gegenseitige Mißtrauen zwischen Elternhaus und Kindergarten zeigt sich sehr oft in gegenseitigen Vorurteilen, die vom Kind nicht verarbeitet werden. Das hat zur Folge, daß das Kind Vorurteile produziert und auf diese Weise künftige Lebenssituationen nicht bewältigen wird. Das ist für mich das Signal, in einem ersten Schritt mit der Gruppe das Ausländerproblem im allgemeinen anzugehen, um, von dieser Basis ausgehend, das Problem an dem afghanischen Kind zu konkretisieren.

Ziel: Die Kinder sollen mit einer Reihe von Aktionen das afghanische Kind kennenlernen, um ihm auf diese Weise die Integration zu erleichtern.
Situation: Von den 5 ausländischen Kindern meiner Gruppe stammen 4 aus dem europäischen Kulturkreis. Ihre Anwesenheit wirft insofern keine besonderen Probleme auf, als man unterstellen kann, daß die Erziehungsvorstellungen ihrer Elternhäuser der unsrigen bisweilen nahekommen, was man für unser »afghanisches Problemkind«, bedingt durch den sozio-kulturellen Hintergrund, nicht annehmen kann. Hinzu kommt, daß die 4 aus dem europäischen Kulturkreis stammenden Kinder keine besonderen Verständigungsschwierigkeiten im Umgang mit ihren deutschen Spielkameraden aufweisen, was aber für das afghanische Kind zutrifft.

Die erwähnten Sprachschwierigkeiten führen zu Verständigungsschwierigkeiten. Diese implizieren: erhöhte Teilnahmslosigkeit beim gezielten Angebot, was mich zur wiederholten Einzelbeschäftigung veranlaßt und das Unvermögen, sich mit anderen Kindern auseinanderzusetzen, was das Kind dazu drängt, Hilfe und Zuwendung bei mir zu suchen. Dies führt faktisch zu einer nicht erwünschten Absonderung des afghanischen Kindes, was folgende Reaktionen in der Gruppe hervorruft: Wegen meiner besonderen Zuwendung dem afghanischen Kind gegenüber, versuchen einige Kinder meine Aufmerksamkeit verstärkt auf sich zu lenken, weil sie sich vernachlässigt fühlen.

Ebenso offenbart sich ein Verhalten der Kinder gegenüber dem afghanischen, das von Aggressivität bis zur Gleichgültigkeit reicht. Insgesamt also eine sehr unbefriedigende Atmosphäre in der Gruppe. Um dieses Problem anzugehen, nehme ich zunächst mit den Eltern des afghanischen Kindes Kontakt auf.

Bei diesem Gespräch wird mir klar, daß nicht alle Schwierigkeiten in der Gruppe auf die Verständigungsprobleme des afghanischen Kindes zurückzuführen sind, sondern ein großer Teil in dem unterschiedlichen sozio-kulturellen Hintergrund begründet liegt. Um dieser Situation zu begegnen, beschloß ich mit meinen Kolleginnen, diese pädagogische Einheit zu erstellen.
Ziel: Den Kindern sollen innerhalb des sozialkundlichen Umweltlernens Aspekte des Gesellschaftsverständnisses in ersten, vielleicht nur ahnungsweisen, Vorerfahrungen vermittelt werden, d. h. wie »es« sich dort lebt, wie z. B die Häu-

ser und Wohnungen aussehen, wie viele Menschen ungefähr zu einer Familie gehören und welche Arbeitsmöglichkeiten und -verhältnisse sich einerseits der Familie als auch (wenn auch nur ansatzweise) der Gesellschaft, dem Volk bieten.

Vergleichen und Unterschiede herausstellen, das soll hier bedeuten: im Rahmen unserer Möglichkeiten einerseits die Aufnahmefähigkeit der Kinder nicht allzusehr zu strapazieren, andererseits diese festgestellten Unterschiede den Kindern verständlich zu machen, um so den erwünschten pädagogischen Effekt der Toleranz bei den Kindern zu erreichen. Es soll ihnen ermöglicht werden, Alternativen menschlichen Zusammenlebens auf beiden Ebenen (Länderebene – zwischenmenschliche Ebene) kennenzulernen. Das Hauptgewicht wird dabei auf die zwischenmenschliche Ebene verlagert; dies liegt nahe, weil die konkrete Situation keine andere Gewichtung zuläßt.

Der dadurch erzeugte unmittelbare Eindruck soll dazu beitragen, daß die deutschen Kinder sich selbst und andere Völker kritischer einschätzen.

1. Teilabschnitt: Die Erde und ihre Kontinente
Motivation und Verlaufsplanung:

Da wir Erzieherinnen im Unterschied zur Schule von der unmittelbar vorhandenen Situation ausgehen können, greifen wir das bei den Kindern vorhandene Bedürfnis auf, über ihre Reiseerlebnisse in den verschiedenen Ländern zu erzählen. Wir lassen die Kinder zur Veranschaulichung Bildmaterial, Souvenirs, Fotos und Ansichtskarten mitbringen.

Zur Bestimmung der Lage der einzelnen Urlaubsländer beschafft eine Erzieherin einen Globus.

Organisation: Im Kreisgespräch werden z. B. folgende Fragen behandelt:

Was habt ihr im Urlaub erlebt? Wo seid ihr gewesen? Was ist euch dort aufgefallen? Hast du einheimische Spielkameraden gefunden? Wie habt ihr euch verständigt? Was hat dir nicht gefallen? Wo lebst du? Wo kommen deine Eltern her? Wo bist du geboren? Hast du Verwandte in fremden Ländern? Wie leben die dort? Welche Sprache sprechen sie? Wie kleiden sie sich? Welche Besonderheiten haben sie?

Über die einzelnen Urlaubsländer wollen wir zu den Kontinenten kommen.

Unser Kontinent heißt Europa, unser Land heißt Deutschland. Welche Länder gehören dazu? (Erzählungen der Kinder). Auf dem Globus sollte die Lage Europas veranschaulicht werden.

Auf dem Globus sehen wir aber noch mehr Land. Was ist das? Wie heißen diese großen Länder? Durch Anschauungsmaterial und durch Erzählungen der Erzieherinnen sollen alle weiteren Kontinente in dieser Art und Weise erarbeitet werden.

Repräsentationsmedien:
Globus, Atlanten, Bilder aus Illustrierten, Reiseprospekte, Postkarten

Bilderbücher: »Kasimirs Weltreise«, Marlene Reidl, Annette Betz Verlag. »Mirjam aus Israel«, Riwkin-Brick Edvardsson. »Norikosan aus Japan«, Anna Riwkin-Brick, Astrid Lindgren.

Lieder: Sur le pont d'Avignon; Wir sind Kinder einer Erde; Are you sleeping; Aram, sam, sam.

Kassetten mit verschiedenen Kinderliedern aus aller Welt.

Geschichten: »Kinder sehen dich an«, Geschichten aus 24 Ländern von Elfriede Becker, illustriert von Annegret Fuchshuber, Verlag Ernst Kaufmann, Lahr.

Filme: »Giovanni der Sizilianerjunge« (Landesfilmdienst); Diaserie über verschiedene Urlaubsländer (privat).

Spielzeug aus aller Welt: verschiedene Puppen, Kaleidoskope;

Kleider und Trachten: echte Trachten oder abgebildete Trachten auf Postkarten;

Schmuck aus verschiedenen Ländern: Indianerschmuck, Silberschmuck aus Griechenland, typisch afrikanischer Schmuck (Elfenbein), Nomadenschmuck aus Afghanistan.

Realisationsmedien: Über Wochen hinweg soll von den Kindern ausreichend Bild- und Informationsmaterial gesammelt und ausgeschnitten werden. Anhand dieses Materials wollen wir eine Bildcollage der 5 Kontinente erstellen: jeden Kontinent aufmalen und charakteristische Merkmale hervorheben. Bilder, auf denen folgendes zur Geltung kommen soll: Aussehen der Menschen, Wohnungen, Landschaften, spezielle Berufe, Situation der Kinder.

Tatsächlicher Verlauf:

Der tatsächliche Verlauf entspricht im wesentlichen der Verlaufsplanung. Voller Begeisterung bringen die Kinder Bildmaterial, Souvenirs und Reiseerzählungen mit. Dies ist deswegen möglich, weil sie mit ihrer Begeisterung Eltern und Geschwister auf das Thema aufmerksam gemacht hatten. Auf diese Weise erhalten wir und die Kinder wertvolle Anregungen.

Auch die Organisation verläuft fast wie geplant. Jeden Tag wird, während wir im Kreis sitzen, ein Teilgebiet erarbeitet, z. B. Afrika: Wo liegt Afrika? Wie sehen die Menschen dort aus? Wovon und wie leben dort die Menschen? Warum ist es in Afrika so heiß? Wie ist die wirtschaftliche Situation dort? Wie ist die soziale Situation des Kindes? Die Erarbeitung des Teilproblems beschränkt sich nicht nur auf Gespräche und Erzählungen, sondern wird gleichzeitig durch Anschauungsmaterialien und Medien vertieft. Die Aufnahmebereitschaft der Kinder ist selbst am Nachmittag noch groß genug, um in Kleingruppen einzelne Teilabschnitte vom Vormittag nochmals zu vertiefen.

Repräsentationsmedien: Globus, Atlanten, Bilder aus Illustrierten, Reiseprospekte, Postkarten, Bilderbücher.

Um die Kontinente noch einmal zu vertiefen und kindgemäßer zu veranschaulichen, führen wir das Bilderbuch »Kasimirs Weltreise« (vgl. S. 000) ein. Beispiel: Kasimir kommt in die Türkei. Frage: Was fällt euch zur Türkei ein? Antwort der Kinder: Moscheen, Turban, Hitze, Armut, Olivenbäume, Allah, Gebetsteppiche. Wir Erzieher greifen die Antwort auf und fassen zusammen. In dieser Weise besprechen wir das ganze Bilderbuch.

Lieder: Um die Aufmerksamkeit der Kinder zu erhalten, wo möglich zu steigern, lehren wir sie fremdsprachige Lieder, die unsere Kinder für ausländische Kinder sensibel machen. Von den »französischen Kindern« lernen wir das Lied »Sur le pont«, vom »amerikanischen Kind« lernen wir »Are you sleeping brother John«. Ein anderes Lied war das von Franz Kett: »Aram sam sam«. Es gefällt uns deshalb so gut, weil es so »ausländisch klingt« (es ist nur aus Silben zusammengesetzt). Melodie und Text werden von rhythmischen Handbewegungen begleitet. Als Lieblingslied kristallisiert sich für die gesamte Einheit ein von uns vertontes Gedicht heraus (s. S. 60).

Geschichten: Aus dem Geschichtenkalender: »Kinder sehen dich an« von Elfriede Bekker lesen wir jeden Tag eine Geschichte von einem anderen Land vor. Kritisch äußern sich die Kinder zu den dargestellten Problemen und versuchen, Lösungsmöglichkeiten aufzuzeigen. Nach jeder Geschichte suchen wir das jeweilige Land auf dem Globus.

Zur weiteren Veranschaulichung sammeln wir Postkarten und Bilder mit den verschiedensten Trachten und Lebensweisen. Diese Postkarten kleben wir an unsere Gruppentür. Im Laufe der Woche kommen immer neue Bilder hinzu.

1. Wir sind Kinder einer Erde die genug für alle hat
doch zu viele haben Hunger und zu wenige sind satt.

2. Einer praßt, die andern zahlen,
das war bisher immer gleich.
Nur weil viele Länder arm sind,
sind die reichen Länder reich.

3. Viele Kinder fremder Länder
sind in unserer Stadt zu Haus.
Wir sind Kinder einer Erde,
doch was machen wir daraus?

4. Ihre Welt ist auch die unsre,
sie ist hier und nebenan.
Und wir wollen sie verändern.
Kommt, wir fangen bei uns an!

Text: Volker Ludwig, aus: Das Grips-Liederbuch 1978, Verlag Heinrich Ellermann, München

Schmuck und Spielzeug, das die Kinder ebenfalls mitbringen, werden auf einem Tisch aufgestellt, z. B. Indianerschmuck, Holzpuppe aus China, Schmuck aus Indien, Panflöte aus Peru.

Realisationsmedien: Von jedem Kontinent wird eine Collage hergestellt. Nachdem wir genügend Bild- und Informationsmaterial gesammelt haben, können wir mit der Zusammenstellung der Collage beginnen. In Kleingruppen wird zunächst jeder Kontinent im Pauspapier abgepaust. Jeder Kontinent wird von den Kindern mit einer für uns typischen Farbe ausgemalt, z. B. Afrika – schwarz, Assoziation: Neger, Hitze, Armut, Sonne.

Amerika – rot, Assoziation: Urbevölkerung Indianer. Asien – gelb, Assoziation: gelbe Hautfarbe.

Europa – grün, Assoziation: Wälder, Wiesen.

Australien – blau, Assoziation: Insel von viel Wasser umgeben.

Der jeweilige Kontinent wird ausgeschnitten und auf schwarzes Tonpapier aufgeklebt.

Unser Bildmaterial wird sortiert und mit den Kindern besprochen. Danach darf jedes Kind Bilder zu dem dazugehörigen Kontinent kleben. Die fertigen Collagen werden im Zimmer aufgehängt.

Einmal in der Woche kocht unsere Köchin ausländisch.

Wir dürfen zusehen und etwas mithelfen, z. B. gibt es den italienischen Tag mit Spaghetti, ein anderes Mal den französischen Tag mit Crepes, wieder ein anderes Mal den indonesischen Tag mit Nasi Goreng. Dazu hören wir beim Mittagessen vom jeweiligen Land Musik. Wir lernen auch einfache Begrüßungsformeln, Wörter wie »danke« und »bitte«, »ja«, »nein« usw.

Aufgrund unserer pädagogischen Einheiten wollen wir auch dazu beitragen, anderen Kindern durch Übernahme einer Patenschaft zu helfen. Die Vorbereitungen sind bereits im Gange. Jedes Kind müßte einen monatlichen Beitrag von 0,50 DM entrichten. Dafür kann einem Kind in einem armen Land teilweise die schulische Erziehung und Ausbildung ermöglicht werden.

Ergebnisbesprechung: Das Thema »Die Erde und ihre Kontinente«, die Hinführung zum Thema »Afghanistan« ist nach zwei Wochen abgeschlossen.

Eine Ergebnisbesprechung im Kreisgespräch ergibt folgendes: Wir haben erfahren, daß die Erde rund ist, daß Tag und Nacht wechseln, daß die Erde aus mehr Wasser als Land besteht, daß sich die Kontinente in Form, Größe und der sozial-politischen Struktur der Länder, aus denen sie bestehen, voneinander unterscheiden.

Im Vordergrund steht jedoch nicht die bloße Wissensvermittlung, sondern unser Ziel ist es, mögliche Formen menschlichen Zusammenlebens zu finden. Dazu sind Toleranz, Weitblick, Kompromißbereitschaft und Selbstkritik notwendig, damit es möglich wird, zu einem neuen Integrationstyp zu gelangen, bei dem sich die Frage, wer sich zu integrieren hat, nicht unter machtpolitischen Aspekten entscheidet, sondern bei dem beide Teile nach gegenseitigem Verständnis in einer qualitativ neuen Einheit zusammenwachsen.

Unsere positive Einstellung für ein harmonisches Zusammenleben der Völker wirkt sich positiv auf die Kinder aus, weil wir feststellen können, daß nach Durchführung dieser pädagogischen Einheit, das »Problemkind« nicht nur als vollwertiges und gleichberechtigtes Glied unserer Gruppe akzeptiert ist, sondern auch, daß durch unsere gemeinsame Arbeit mit den Kindern an diesem Projekt eine tiefgehende Solidarität entwickelt wurde. Die Bereitschaft der Kinder ist geweckt. Vielleicht haben wir mit unserer Arbeit einen Grundstein zum besseren Verständnis für andere Menschen und Völker gelegt.

Eigene Stellungnahme: Der Reiz fremder Länder zieht die Kinder in seinen Bann, so daß nach dem ersten Anstoß die Motivationen meist von ihnen kommen. Der große Wissensdurst läßt die Kinder auch zu Hause nicht los. So wird erstens das Interesse der Eltern und Geschwister mitgeweckt, und zweitens die Bereitschaft zur intensiven Mitarbeit angeregt. Die Eltern können wertvolle Informationen an uns weitergeben. Während unserer Arbeit beobachten wir, wie die Gruppe durch das gemeinschaftliche Tun immer fester zusammenwächst. Die ausländischen Kinder entwickeln ein gesundes Selbstbewußtsein. Das rege Interesse der Kinder an der Thematik spiegelt sich besonders in der Fertigung der Collage wider.

Schon während der Fertigung entwickeln sich immer wieder Gespräche über Besonderheiten, über Eigenarten, die die Kinder stark beeindruckten. Oft tauchen Fragen auf, was zur Folge hat, daß neue Aspekte besprochen werden müssen. Selbst als die Collagen bereits aufgehängt waren, entwickelt sich ein Spiel, das hieß: »zu welchem Kontinent, zu welchem Land gehört...?«

Z. B. »Das Känguruh gehört zu Australien.« »Der Torero gehört zu Spanien.«

Die gewählten Medien (Repräsentations-Realisationsmedien) (Lieder, Geschichten, Bücher, Bilder, Gerichte, Schmuck, Kleidung, Diaserien) sind sehr wichtig, sie dienen dazu, die Thematik zu vertiefen und anschaulicher zu machen.

Abschließend können wir sagen: wir Erzieher fühlen uns in unserer Arbeit bestätigt, unser Selbstbewußtsein stieg ebenso, wie das der ausländischen Kinder. Nur durch enorme Mithilfe der Kinder und Eltern können wir zu diesem guten Ergebnis kommen.

2. Teilabschnitt: Afghanistan
Motivation und Verlaufsplanung:

Der Kontinent Asien, den

wir besprochen haben, soll als Überleitung zu Afghanistan dienen. Mit dem Globus wollen wir konkretisieren: die Lage und Größe Afghanistans in Asien, Entfernung zu Deutschland, Vergleich Afghanistan–Deutschland.

Gesprächsvorschläge:
Afghanistan liegt im Orient. Was bedeutet das für die Menschen hinsichtlich Kultur, Religion, Lebensauffassung, Weltanschauung? Wie und wo leben die Menschen dort, wie die Kinder, wie ist die Wirtschaftslage dieses Landes, wovon leben die Menschen, wie sieht dieses Land aus, warum haben wir afghanische bzw. ausländische Arbeitnehmer bei uns?

Repräsentationsmedien:
– Buch über Afghanistan (Buch und Zeit, Verlagsgesellschaft mbH., Köln)
– Bilder aus einem afghanischen Kalender (Fam. Mahmud)
– Postkarten aus Afghanistan (privat von einer Mutter)
– Diaserien über Afghanistan (Fam. Mahmud und privat)
– Nomadenschmuck, afghanische Kleider und Nomadenmantel (Fam. Mahmud)
– Handgeknüpfte Teppiche aus Afghanistan (Fam. Mahmud)
– Afghanische Musik und Musikinstrumente
– Film über Afghanistan
– Afghanisches Spielzeug, Blusen, Jacken, Taschen.

Realisationsmedien:
– Vergleichscollage: Afghanistan – Deutschland
– Herstellen der afghanischen Flagge
– Malen mit Wasserfarben: Moscheen, Menschen in Tracht, Teppichmuster, typische Landschaftsformen, Schmuck, Kamele usw.
– Afghanische Tanzformen nach Musik, Gebete und Lieder
– Einzelne Redewendungen: »Wie geht es dir?« »ja«, »nein«, »bitte«, »danke«
– Typisch afghanisches Essen und Trinken: Teetrinken (Zeremonie mit Samowar und knieende Haltung), afghanische Suppe mit Fladenbrot.

Motivation und tatsächlicher Verlauf:
Schon während wir den Kontinent Asien besprachen, erzählte Pari immer wieder von ihrer Heimat. Sie spricht von ihren afghanischen Großeltern, ihren Freunden, ihrer Wohnung. Von ihrem Hund, der in Afghanistan auf sie wartet, bringt sie ein Bild mit. Das Interesse der anderen Kinder an Afghanistan wächst durch die anschaulichen Erzählungen Paris.

Organisation: Pari bringt von zu Hause täglich ein afghanisches Erinnerungsstück mit, z. B. Fotos, Schmuck, Kleider. Während wir im Kreis sitzen, zeigt Pari ihre Anschauungsmaterialien und erklärt. Daraus ergeben sich immer wieder Gespräche, die sowohl Unterschiede als auch Gemeinsamkeiten mit unserer Kultur aufdecken.

Repräsentationsmedien:
Diabild: Spielende Kinder in Kabul. Wir kommen darauf, daß die Kinder in aller Welt spielen, daß es aber Unterschiede im Spielmaterial gibt (diese Kinder haben wenig von der Industrie produziertes Spielzeug, sie spielen hauptsächlich mit »wertlosem« Material).

Diabilder, die die Familien- und Wohnverhältnisse in Afghanistan zeigen: Daraus erfahren wir, daß man dort in Großfamilien lebt, und die Wohnungen ärmlich eingerichtet sind. Ihnen fehlt weitgehend jeder Luxus. Wir wollen es aber nicht dabei belassen, sondern stellen vergleichsweise zu Deutschland die Vor- und Nachteile dieser beiden Lebensweisen heraus, z. B. Vorteil einer Großfamilie: Das Problem der Isolation älterer Menschen fällt weg, das Kind lernt in familiärer Umgebung Rücksichtnahme, Verzicht, Konfliktbewältigung (Generationskonflikte). In Deutschland lebt man in der Kleinfamilie: Die Isolation älterer Menschen ist besonders groß. Das Kind lernt in Einrichtungen wie Kinderkrippe,

Kindergarten und Jugendgruppen Rücksichtnahme, Verzicht usw.

Anhand von Dias erarbeiten wir noch folgende Themenkreise: die Arbeitswelt in Afghanistan; die Hauptberufe der Bevölkerung sind: Bauern, Landarbeiter, Schäfer, Teppichknüpfer, Händler, Schmuckhersteller. Diese Berufe ergeben sich aus der sozio-kulturellen Struktur des Landes.
– Diabild: betende Menschen vor der Moschee, Moschee, Außen- und Innenansicht,
– Diabild: Afghaner auf dem Gebetsteppich mit erhobenen Händen,
– Diabild: ein Muezzin ruft die Gläubigen zum Gebet (5 mal täglich),
– Diabild: religiöse Ritualien vor dem Gebet: Schuhe ausziehen, Körperwäsche.

Dabei stellen wir fest: Die Religion durchdringt den Alltag. Dem gläubigen Moslem bleibt kaum eine Entscheidungsfreiheit. Die Lebensgestaltung ist vorbestimmt. Die patriarchalische Macht ist unantastbar. Die moslemische Frau hat ihrem Mann absolut zu gehorchen. Nur der Haushalt obliegt ihrer Macht. In diesem Zusammenhang wird unter anderem der Frage des Aufenthalts ausländischer Arbeitnehmer in der Bundesrepublik Deutschland nachgegangen.

Repräsentationsmedien: Glücklicherweise verfügen wir über eine große Anzahl verschiedenartiger Medien. Diese sind notwendig, um 1. uns selbst zu informieren, und 2. um den Kindern die Informationen zu veranschaulichen und ihnen bleibende Eindrücke zu ermöglichen. Wir richten eine afghanische Ecke im Zimmer ein, die mit den Repräsentationsmedien (s. Verlaufsplanung) geschmückt wurde.

Realisationsmedien: Ähnlich wie bei der Erarbeitung der Kontinent-Collage, lassen wir von den Kindern ausreichend Bildmaterial sammeln. Nach der Besprechung des Bildmaterials darf jedes Kind seine Bilder aufkleben. Anhand der Collage Deutschland–Afghanistan wird in einem Gespräch noch einmal Gemeinsames und Verschiedenes erörtert. Die Collage wird in der afghanischen Ecke aufgehängt.

Organisation: Der Anstoß, mit den Kindern eine afghanische Flagge zu gestalten, kommt von Pari. Eines Tages bringt sie eine zu Hause selbstgebastelte Flagge mit. Während die Kinder im Kreis sitzen, zeigen wir ihnen die Flagge und besprechen deren Bedeutung. Es bricht eine richtige »Flaggenepidemie« aus. Jedes Kind bastelt von sich aus mehrere Tage hintereinander verschiedene Flaggen.

Ergebnisbesprechung: Jeder Eindruck braucht zur Verarbeitung einen Ausdruck! Deshalb darf jedes Kind seine eigenen Impressionen über Afghanistan durch bildnerisches Gestalten ausdrücken. An den Zeichnungen kann man ersehen, was jedes einzelne Kind am stärksten beeindruckt hat.

Durch die vielseitigen Medien ist es möglich, die Gemeinsamkeiten, aber auch Verschiedenheiten beider Länder den Kindern anschaulich zu vermitteln. Den Kindern wird klar, daß die Basis der Unterschiede teilweise auf sozio-kulturelle Hintergründe zurückzuführen ist. Durch dieses Verständnis können wir hoffen, die Kinder auf dem Weg zu Toleranz, Kompromißbereitschaft und Unvoreingenommenheit gegenüber fremden Völkern und deren Charaktereigenschaften unterstützt zu haben. Nicht nur die Kinder, sondern auch die Eltern sind für dieses Thema empfänglich. Sie zeigen reges Interesse durch aktive Mitarbeit. Da das Thema unter dem Aspekt »Aufgeschlossenheit und Toleranz gegenüber anderen Menschen und Völkern« steht, werden die Eltern angeregt, ihre eigene Einstellung zu fremden Völkern zu überdenken (vgl. Ergebnisbesprechung).

Eigene Stellungnahme: Verlaufsplanung und tatsächlicher Verlauf stimmen im großen und ganzen überein.

Positiv anzumerken ist, daß die Motivation ausschließlich aus den Reihen der Kinder kommt. Erstaunt und erfreut sind wir über die rege Mitarbeit der Eltern. Sie beschränkt sich nicht nur auf das Sammeln von Bildmaterial, sondern die Eltern erzählen uns, daß sie oft die Informationen aus dem Kindergarten intensivieren mußten (z. B. Atlanten wälzen, erzählen). Sie berichten, sie hätten durch diese aktive Mitarbeit Gelegenheit gehabt, das »Ausländerproblem« einmal unter einem anderen Aspekt zu sehen. Der große Erfolg ermutigt, in derselben Art und Weise im nächsten Jahr dieses Thema wieder aufzugreifen und mit den Kindern ein anderes Land zu erarbeiten.

Abschließend können wir sagen, daß die Arbeit sehr viel Spaß gemacht hat. Vor allem danken wir den Kindern, daß sie mit soviel Begeisterung mitgewirkt haben. Nicht zuletzt danken wir der Familie Mahmud für die große Mithilfe. Sie hat uns geholfen, durch Informationen und Anschauungsmaterial das Thema von vielen Seiten zu beleuchten und kindgemäß zu gestalten. Der Höhepunkt unserer »Afghanistanreise« soll ein afghanisches Fest werden.

Programm: Das afghanische Fest
Beginn: 8.00 Uhr
8.00–9.00 Uhr: gemeinsames Schmücken des Raumes
9.00–10.30 Uhr: Diavorführung von Herrn Mahmud
10.30–10.45 Uhr: Besuch in der Küche bei Frau Mahmud, die die afghanische Suppe kocht
10.45–11.15 Uhr: Bewegungsangebot im Garten
11.15–12.00 Uhr: afghanisches Gebet und gemeinsames Mittagessen
12.15–13.00 Uhr: Mittagsruhe für die Kinder
13.00–14.00 Uhr: Vorbereitungen für die Teezeremonie
14.00–14.30 Uhr: Teetrinken auf afghanisch mit Keksen und afghanischer Musik
14.30–15.00 Uhr: Erzählen des Märchens »Aladin und die Wunderlampe«
15.00–15.45 Uhr: Afghanischer Tüchertanz, Regie Frau Mahmud
15.45–16.00 Uhr: Gemeinsame Reflexion des Tages
16.00 Uhr: Ausklang im Garten

Verlauf: Am 15. November feiern wir das afghanische Fest. Um 8 Uhr beginnen die Vorbereitungen, alle sind aufgeregt. Die Kinder haben sich für diesen Tag besonders schön angezogen und kommen voller Erwartung und Freude in den Kindergarten. Die Familie Mahmud, die in typischer afghanischer Kleidung erscheint, hilft uns beim Schmücken des Raumes. Teppiche werden ausgelegt, die Tische mit bestickten Decken verziert. Die afghanische Ecke in unserem Zimmer wird noch mit diversen Kleidungs- und Schmuckstücken bereichert.

Um 9 Uhr beginnt das eigentliche Fest. Nach der Begrüßung stellt uns Herr Mahmud seine Heimat anhand von Dias vor. Er projiziert ein Dia an die Wand und läßt zunächst die Kinder erzählen. Durch die vorangegangene Einheit wissen sie bereits sehr viel über Afghanistan und können somit die Dias kommentieren. Herr Mahmud knüpft an das Wissen der Kinder an und ergänzt es mit eigenen Erfahrungen.

Herrn Mahmuds kindgerechter und interessanter Erzählstil regt immer zu neuen Fragen an. Er lobt das große Wissen der Kinder und bewirkt damit starke Erfolgserlebnisse, die die Aufmerksamkeit und Erzählfreudigkeit der Kinder nicht abbrechen lassen. Nach dem Diavortrag besuchen wir Frau Mahmud in der Küche. Sie erklärt uns Zutaten sowie Zubereitung der afghanischen Suppe, die sie für uns kocht. Kleinere Handgriffe wie Bohnen und Linsen waschen, umrühren und würzen, dürfen die Kinder selbst ausführen.

Hier das Rezept für 4 Personen:
2–3 mittelgroße Zwiebeln
2 Eßlöffel Öl
2 Zehen Knoblauch
1 Tasse Reis
1 Handvoll rotbrauner Bohnen
1 Handvoll Kichererbsen
1 Handvoll Linsen
6–7 Bund Petersilie
6–7 Bund Dill
1 Pfund Hackfleisch
1–2 Suppenwürfel
1 Eßlöffel Salz
Pfeffer nach Bedarf
(1 Tasse Weißwein)

Vorbereitende Tätigkeit: Bohnen und Kichererbsen 3 bis 4 Stunden im Wasser einweichen, Linsen und Reis eine Stunde. Petersilie und Dill kleinhacken, Zwiebeln in feine Ringe schneiden.

Zubereitung: Zwiebeln in Öl glasig werden lassen, Knoblauch zugeben, Hackfleisch zufügen, kräftig umrühren und warten bis das Hackfleisch braun wird. Zwei Tassen Wasser dazugeben und eventuell 1 Tasse Weißwein. Noch einmal kräftig umrühren, alle übrigen Zutaten reingeben. Wieder Wasser zugeben, bis es ca. 5 cm darübersteht. Einmal aufkochen und bei geringer Hitze zwei bis drei Stunden garen lassen. Mit Salz und Pfeffer abschmecken. Wasser kann bei Bedarf nachgegossen werden. Zur Suppe reicht man selbstgebackenes Fladenbrot.

Während die Kinder draußen im Freien spielen, bereiten wir den Mittagstisch vor. Um eine festliche Atmosphäre zu schaffen, verdunkeln wir den Raum, stellen Kerzen auf und dekorieren die Tische mit Servietten. Jedes Kind bekommt eine Einladungskarte, die es vor seinem Teller findet.

Um 11.15 Uhr holen wir die Kinder herein. Sie staunen über die schöne Dekoration, vor allem aber über die Einladungskarten, die auf der Vorderseite Bilder von Kindern aus aller Welt zeigen.

Nachdem die Kinder ihre Karten bestaunt und herumgezeigt haben, lehrt Herr Mahmud sie ein kurzes afghanisches Gebet in mohammedanischer Gebetshaltung. Während Frau Mahmud die Suppe austeilt, schaut erst einmal jedes Kind skeptisch in den Teller. Leider entspricht die Suppe nicht ganz ihrem Geschmack. Dafür aber essen sie um so mehr von dem afghanischen Brot, das Frau Mahmud extra für uns gebacken hat. Als Nachspeise gibt es Melonensalat, der den Kindern ausgezeichnet schmeckt.

Von 12.15–14.00 Uhr ist Mittagsruhe für die Kinder. In dieser Zeit haben wir Gelegenheit, uns mit der Familie Mahmud zu unterhalten und das Programm für den Nachmittag in etwa festzulegen.

Um 13.00 Uhr bereiten wir das Zimmer für die Teezeremonie vor. Auf dem in der Mitte des Zimmers liegenden Teppich werden Teller mit Keksen und Tassen bereitgestellt. Der Platz eines jeden Kindes wird durch die Einladungskarte bestimmt. Als die Kinder um 14.00 Uhr vom Schlafen kommen, bereitet Frau Mahmud mit ihnen den Tee, den wir anschließend von ihr in einem Samowar serviert bekommen. Auf dem Teppich sitzend (wie Afghanen) trinken wir Tee und essen Kekse. Während des Teetrinkens hören wir leise afghanische Musik. Frau Mahmud erklärt den Kindern die Teesitten und beantwortet noch anstehende Fragen zum Thema Afghanistan. Nachdem wir den Tee genüßlich getrunken haben, erzählt Frau Mahmud in gekürzter Fassung das orientalische Märchen »Aladin und die Wunderlampe«. Dieses Märchen spricht die Kinder besonders gut an, weil es sie in die orientalische, geheimnisvolle, unbekannte Welt führt. Zudem versteht es Frau Mahmud ausgezeichnet, den Kindern das Märchen spannend und anschaulich zu erzählen. Da die Kinder doch schon einige Zeit ruhig und konzentriert sitzen, macht sich allmählich Unruhe im Kreis bemerkbar. Wir greifen das Bedürfnis nach Bewegung auf, und Frau Mahmud führt mit ihrer Tochter

Pari einen afghanischen Tüchertanz vor. Sie motiviert unsere Kinder mitzutanzen, doch anfangs zeigen sie sich sehr gehemmt. Erst als Frau Mahmud jedem Kind ein Tuch gibt, verlieren sie ihre Ängstlichkeit und Hemmungen und tanzen letzten Endes begeistert mit. Das Tuch hilft ihnen, ihre Unsicherheit zu überwinden. Hinter dem Tuch können sie sich verstecken. Frau Mahmud bemüht sich um jedes Kind. Sie erklärt ihnen die einzelnen Schritte, macht sie vor, und die Kinder tanzen nach. Zum Schluß lassen wir die gelernten Schritte weg und bewegen uns nach unseren Vorstellungen. Es ist schön zu beobachten, wie selbst die gehemmten Kinder aus sich herausgehen. Nachdem wir genügend getanzt haben, setzen wir uns noch einmal im Kreis zusammen und besprechen die Ereignisse des Tages. Jedes Kind darf uns seine positiven und negativen Eindrücke mitteilen. Eigentlich kommen nur positive Rückmeldungen. Zwar spüren wir schon während des Festes die Begeisterung der Kinder, doch erst die Rückmeldungen vermitteln uns Erziehern das starke Erfolgserlebnis. Erschöpft, aber glücklich gehen wir am Abend nach Hause. Am nächsten Tag erzählen uns die Eltern, daß zu Hause die »afghanische Epidemie« ausgebrochen sei. Eine Mutter sagte: »Wissen Sie schon, wir heißen jetzt nicht mehr Recht, sondern ‚Rechmud'« oder »Wir essen keine normalen Eier mehr, sondern ‚afghanische Eier', afghanisches Brot« usw. oder »Heuer fahren wir nach Afghanistan in den Urlaub«. Alles sei also zu Hause »verafghanisiert« worden.

Eigene Stellungnahme: Statt der afghanischen Suppe hätten wir ein Gericht wählen sollen, das den Kindern mehr entsprochen hätte (vielleicht Süßspeise).

Sollten wir noch einmal ein ausländisches Fest veranstalten, würden wir unbedingt auch die Eltern dazu einladen, denn viele Eltern hatten darum im nachhinein gebeten.

Hanna Wechselberger

Das Kind und seine Umwelt

Wohnen, Wohnmöglichkeiten: Das Haus, in dem ich wohne

Teilnehmer: 6 Kinder
Dauer: ca. 60 Minuten
Situation: Unser Kindergarten liegt im Südwesten Münchens, in Neu-Forstenried. Vor ca. 10–15 Jahren sind hier mehrere 3- bis 5-stöckige Wohnblöcke entstanden, die den Kindergarten unmittelbar umgeben. Am Rande dieser Wohnblocksiedlung grenzen in kleinen Seitenstraßen gelegene Reihen- und Einfamilienhäuser an. Hinter dem gesamten Wohngebiet dehnt sich nach Süden hin der große Forstenrieder Park aus, mit seinen vielen Möglichkeiten zur Freizeitgestaltung. Es läßt sich für Kinder und Erwachsene in dieser Gegend gut leben.

Ziel: Mit dem Aufgreifen des Problembereichs Wohnen soll für die Kinder erfahrbar werden, was zum Wohnen gehört, welche Wohnformen es gibt, daß Häuser durch Straßen verbunden werden, daß es Häuser gibt, in denen keine Menschen wohnen, sondern nur arbeiten und warum es solche Häuser geben muß.

Verlaufsplanung: Wir haben aus dem Jahresthema »Das Kind in seiner Umwelt« den Bereich »Bauen und Wohnen« gewählt und wollen sehen, was uns und den Kindern dazu einfällt. Unser Ziel ist zunächst, die Aufmerksamkeit der Kinder auf ihren eigenen näheren Wohnraum wie Haus, Wohnung, Kinderzimmer usw. zu lenken und darüber hinaus auch ein wenig die gemeinsame Umgebung, das Wohnviertel mit Geschäften, öffentlichen Gebäuden, Spielplätzen usw. kennenzulernen.

Der Bereich enthält sicherlich eine Vielzahl von Möglichkeiten. Wir wollen uns aber nicht gleich am Anfang auf eine bestimmte Auswahl festlegen, sondern das Interesse der Kinder am Bereich »Bauen und Wohnen« soll die Entwicklung dieses Projekts bestimmen.

Tatsächlicher Verlauf:
Unser Einstieg heißt: »Das Haus, in dem ich wohne«. Heute sind einige Kinder krank und die übrigen sechs im Alter von $5\frac{1}{2}$ bis 6 Jahren haben sich um den Tisch versammelt. Wir beginnen mit einem Gespräch über »Unser Haus« und erfahren dabei, daß einige Kinder in einem Einfamilien- oder Reihenhaus wohnen, andere wieder in mehrstöckigen Wohnblöcken. Beim Gespräch mit den Kindern kommt jeder, Erwachsener und Kind, zu Wort: Ulrich ist erst kürzlich mit seinen Eltern von einem Wohnblock in ein eigenes Haus umgezogen. Das Haus hat ein spitzes Dach und ist ganz mit Holz verkleidet. Ein Gartentor gibt es noch nicht, und der Zaun ist auch noch nicht fertig. Stefans Haus ist älter, er wohnt schon immer darin und hat einen großen Garten, in dem sogar Platz für den Hundezwinger ist, für eine Schaukel und eine Sandkiste. Silke lebt in einem Wohnblock im 3. Stock und hat einen Lift im Haus. Die Knöpfe im Lift kann sie schon allein erreichen und somit ohne Hilfe mit dem Aufzug fahren. Andreas wohnt im Nachbarhaus, gleich im nächsten Eingang und hat auch einen Lift. Er lebt in Parterre und braucht nur ein paar Treppen steigen bis zu seiner Wohnung. Daniel hat ein kleines Haus in dem alles sehr eng ist, darum bauen die Eltern gerade ein neues. Dafür hat er einen riesengroßen Garten mit viel Büschen, Bäumen und Blumen, aber gerade dies wird beim neuen Haus fehlen. Yaowi wohnt mit seinen vier Geschwistern auch in einem Einfamilienhaus, »aber nur gemietet«, und bald ziehen sie in ein größeres Haus mit mehreren Kinderzimmern um. Ob sie dort einen Garten haben werden, weiß er nicht genau.

Nachdem jedes Kind erzählt und sein Haus beschrieben hat, versucht jeder, »sein Haus« bildnerisch den anderen zu zeigen.

Realisationsmedien: Die Kinder bekommen große Blätter (50 × 70 cm) und verteilen sich im Raum an Tischen und auf dem Boden. Jeder hat einen Platz gefunden und malt nun ungestört mit dicken Filzstiften »sein Haus«. Bei der anschließenden Betrachtung der Bilder zeigt sich die Verschiedenheit der Häuser in Größe, Dachform, Fensterzahl u. ä.

Das Fenster in meinem Zimmer

Teilnehmer: 9 größere Kinder

Motivation und tatsächlicher Verlauf:
Heute führen wir das Thema fort und wollen uns mit: »Dem Fenster in meinem Zimmer« beschäftigen.

Organisation: Als die Anregung kommt, sich selbst in seinem Fenster zu Hause zu malen, greifen die Kinder die Idee gern auf. Lustige Bilder entstehen, aus den verschiedensten Fensterformen heraus schauen und lachen Kindergesichter einen an. Wir hängen die Zeichnungen im Raum auf und beschließen am nächsten Tag auch die Kleineren ins Thema einzubeziehen. Es wird eine originelle »Fenstergalerie« in unserem Gruppenraum.

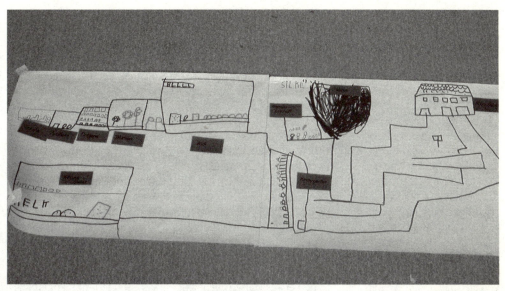

Kinder zeichnen unser Stadtviertel

Situation, Motivation und tatsächlicher Verlauf:

Urlaub und Osterferien haben unsere Arbeit ein wenig unterbrochen, und wir knüpfen erst heute wieder an unser Thema an:

Es soll nicht zu eintönig werden, und so weichen wir zunächst einmal von dieser näheren Umgebung der Kinder auf das Wohnviertel und die weitere Umgebung aus. Das Zeichnen der »Kinderzimmer« verschieben wir auf später. Heute könnten wir versuchen, einen »Kinderstadtplan« zu entwerfen. D. h. jedes Kind soll einen eigenen Plan von unserem Wohnviertel zeichnen mit Geschäften, Gebäuden, Spielplatz usw. Das eigene Haus, die Straßen und der Weg zum Kindergarten dürfen natürlich nicht fehlen.

Zunächst überlegen wir, was es alles um uns herum gibt: Viele Geschäfte zählen wir auf, die Bäckerei, den Metzger, den Schuster, das Schreibwarengeschäft, die Drogerie, die Apotheke, das Blumen- und das Gemüsegeschäft, die Reinigung, das Radiogeschäft und die beiden großen Einkaufszentren. Das Woll- und Textiliengeschäft hätten wir beinahe vergessen.

Repräsentationsmedien: Jetzt ist die Frage, wie lassen sich die Geschäfte auf unserem Plan so darstellen, daß man erkennen kann, was es da zu kaufen gibt. Zwei Möglichkeiten werden genannt, entweder können wir durch das Schaufenster in das Ladeninnere schauen, oder wir malen Türaushängeschilder, die das jeweilige Warenangebot anzeigen. Aber es gibt noch andere wichtige Gebäude: die Post, die Kirche, die Bank, die Tankstelle und ein Altersheim. Wir besprechen, wie oder womit jeder am besten anfängt. Einige meinen mit dem Kindergarten, andere mit dem Einkaufszentrum, und manche wollen die Planung von ihrem Haus aus starten.

Realisationsmedien: Jeder bekommt nun einen großen Bogen Papier (50 × 70 cm) und Filzstifte oder Wachsmalkreiden nach Wahl. Der günstigste Platz ist auf dem Boden. Da läßt sich alles besser überschauen.

Die Kinder »arbeiten« sehr unterschiedlich. Mit der räumlichen Einteilung haben viele noch Schwierigkeiten. Andreas (5 Jahre) beginnt rechts unten auf dem Blatt und nachdem »seine Straße« nach rechts weiterführt, muß ich seinen Plan gleich mit einem neuen Blatt verlängern. (Ulf (6¼ Jahre) tut sich da schon leichter. Er kann sich offensichtlich schon in Gedanken vorstellen, wie er seinen Weg zeichnen will und nutzt seinen Bogen voll aus, bevor er »erweitert« werden muß.

Organisation: Zunächst zeichnen die meisten Kinder – ausgehend von einem Gebäude – viele Straßen, lange Straßen, die Bogen sind zu klein und müssen laufend verlängert werden. Es ist auch schwer, ein so großes Wohnviertel auf so einem kleinen Stück Papier unterzubringen! Das räumliche Vorstellungsvermögen scheint mit dem Alter der Kinder zusammenzuhängen. Schwierigkeiten sind fast bei allen Kindern zu bemerken. Die Größeren, die über 6 Jahre alt sind, haben einen sichtlichen Vorsprung gegenüber den 5jährigen. Da kommt es häufig vor, daß der Bäcker und das Schreibwarengeschäft, die unmittelbar nebeneinanderliegen und von den Kindern auch im Gespräch als nebeneinanderliegend erklärt wurden, auf ihren Plänen »meilenweit« entfernt sind. Für die Kinder ist dies aber kein Problem. Jeder kennt sich auf seinem Plan bestens aus. Wenn ich um Hilfe gefragt werde, überlege ich mit dem Kind gemeinsam, was noch fehlt oder in welcher Nachbarschaft das Geschäft oder Gebäude liegt. Ich vermeide es nach Möglichkeit, den jeweiligen Platz dafür auf dem Plan anzudeuten, um die Kinder nicht zu verwirren oder den Gedanken zu erwecken, sie hätten etwas »falsch« gemacht. Jedes Kind zeichnet so, wie es ihm seine Vorstellung vorgibt, und es geht überhaupt nicht darum, einen wirklichkeitsgetreuen Stadtplan zu erstellen.

Interessant ist zu beobachten, wie zielsicher z. B. Kaugummiautomaten miteingetragen werden. Überraschend ist auch, wie genau zwei Buben, beide 6½ Jahre, ihren ziemlich weiten Weg zum Kindergarten zeichnen. Auf den ersten Blick wirkt es für mich etwas verwirrend, als ich mir aber den Weg beschreiben lasse, stelle ich fest, wie ungemein genau jeder seinen Weg kennt, und zwar mit allen Einzelheiten: Blumenrabatten, Radweg, Verkehrsinsel usw.

Vollständig ist übrigens kein Plan, d. h. keiner hat alles gezeichnet, was wir vorher besprochen hatten. Die einen haben mehr Wert auf den Weg zum Kindergarten gelegt, die anderen deutlich auf das Einkaufszentrum und die öffentlichen Gebäude. Die kleineren Kinder beschränken sich auf weniges, das sie aber großflächig und weitläufig zeichnen. Die Größeren führen mehr markante Punkte an und sind auch schon etwas genauer bei der Anordnung.

Eigene Stellungnahme: Spaß gemacht hat es allen, und erstaunlicherweise haben sie sich untereinander nie kritisiert, sondern immer gefragt, wenn etwas nicht so deutlich ersichtlich war. Ich hatte den Eindruck, daß sie sich untereinander in ihrer »Logik« näher waren, als ich ihnen mit der meinigen. Was die Raumvorstellung betraf, konnten sie sich gegenseitig besser in ihre Pläne eindenken, als es mir Erwachsenem gelungen ist.

Bau eines Stadtviertels

Teilnehmer: 9 Kinder
Tatsächlicher Verlauf:

Die Stadtplanidee hat noch ihren Reiz. Die Kinder bauen in letzter Zeit viel mit Bauklötzen Straßen und Häuser, holen die Verkehrsdecke und dazu Autos. Ich schlage vor, in einer Gemeinschaftsarbeit nochmals unser Wohnviertel zu bauen.

Motivation: Diesmal wollen wir nicht nur zeichnen, sondern die Wohnhäuser der Kinder, die Gebäude, Geschäfte und den Kindergarten aus Schachteln bauen. Ein »plastischer« Stadtplan soll also gemeinsam entstehen.

Organisation: Jetzt wird sich zeigen, wie sich die Vorstellungen der einzelnen Kinder miteinander koordinieren lassen. Kommen die Jüngeren auch noch zu Wort oder führen die Älteren Regie!?

Realisationsmedien: Es klappt besser, als ich gedacht habe. Wir holen die große Packpapierrolle und kleben zwei breite Bahnen so aneinander, daß sie das halbe Zimmer ausfüllen. Platz ist also genug. Alle Kinder drängen sich auf eine Ecke und wollen da beginnen. Diesmal läßt sich nicht einfach ein weiterer Bogen Papier ankleben, da müßten wir schon zuvor den Kindergarten erweitern – die Mauern lassen sich nicht verschieben. Ich äußere meine Bedenken und die Kinder lachen. Gemeinsam überlegen wir, womit wir am besten anfangen könnten. Wir einigen uns auf den Kindergarten und zeichnen das Grundstück dafür ein. Die große Straße rundherum wird auch gleich eingezeichnet. Welche Gebäude liegen nun in unmittelbarer Nachbarschaft? Es geht etwas durcheinander. Man ist sich nicht ganz schlüssig, und so beschrifte ich kleine Kärtchen mit den Namen der Geschäfte, um die Orientierung zu erleichtern. Damit ist die Möglichkeit des Verschiebens gegeben. Jeder kann seinen Vorschlag ausprobieren, korrigieren oder ergänzen. Es gibt Diskussionen, aber keinen Streit. Nachdem die Gebäude durch die Kärtchen markiert sind, werden fehlende Straßen dazugezeichnet. Der erste Teil ist geschafft, der grobe Umriß markiert, Häuser aus Kartons und die Wege zu den einzelnen Wohnungen sollen das nächste Mal gebaut werden.

Eigene Stellungnahme: Meine Hilfe war notwendig. Allein wären die Kinder sicher überfordert gewesen oder hätten die Lust verloren. So hat es Spaß gemacht und wir freuen uns schon auf die Fertigstellung.

Fertigstellung des plastischen Stadtplans

Teilnehmer: 10 Kinder

Motivation und tatsächlicher Verlauf:

Unser »Stadtviertel« hat im Nebenraum des Kindergartens gut überlebt, und heute wollen wir aus Schachteln die Gebäude bauen und überhaupt alles Fehlende ergänzen. Die beschrifteten Kärtchen liegen noch auf ihrem Platz. Ich muß den Kindern die Geschäftsnamen nochmals vorlesen.

Vielleicht hätten wir die Kärtchen besser mit gemalten Symbolen versehen sollen, dann könnten die Kinder sich jetzt leichter orientieren. Daran habe ich nicht gedacht. Ich lese ihnen vor, was jeweils darauf steht, und langsam denken wir uns wieder in unsere Aufgabe hinein.

Realisationsmedien: Die Schachteln für die Häuser liegen bereit. Wir haben sie am Tag vorher mit einfacher weißer Malerfarbe angestrichen, damit sie frei von Reklameschriften sind. Außerdem leuchten die Filzstifte auf dem weißen Untergrund besser als auf den braunen Kartons.

Jedes Kind will zunächst sein eigenes Haus bemalen. Als es fertig ist, wird es entsprechend seinem Platz im Wohnviertel aufgestellt und der Weg zum Kindergarten dazugezeichnet. Wieder ist der Platz zu klein. Vier Kinder müssen »anbauen«. Sie legen einfach Bauklötze, um den längeren Weg zu markieren. Stefan überlegt, daß er ja über eine Hochbrücke (Fußgängerbrücke über die Autobahn) gehen muß. Mit Hilfe eines Stuhls und der Werkbank läßt sich auch sein Weg zu Ende führen. Ulf hat einen noch weiteren Anmarsch, aber er »liegt« gün-

stiger und kann in den unbebauten Teil des Zimmers ausweichen. Wer mit Haus und Weg fertig ist, sucht sich aus, welches Geschäft er anmalen und aufstellen möchte. Allmählich entsteht ein recht plastischer und übersichtlicher Plan. Nicht alles ist genau lokalisiert, die verschiedenen Vorstellungen der Kinder mischen sich etwas.

Bei größeren Schwierigkeiten versuche ich, ein bißchen auszugleichen und mitzuhelfen. Um unseren fertigen »Plan« auszuprobieren, holen wir uns die kleinen Spielzeugautos. Wir stellen uns vor, daß wir alle bei Ulf (er wohnt am weitesten weg, ist aber von seinem Platz im Raum am günstigsten zu erreichen) zum Geburtstag eingeladen sind. Jeder fährt nun von seinem Haus aus per Auto zu Ulf. Das ist recht lustig, und das Spiel läßt sich beliebig ausweiten. Aber bald ist das disziplinierte Fahren vorbei. Bahn frei – und jeder rast über unseren Plan. Die Häuser stürzen um, alle lachen, chaotische Verkehrsverhältnisse, das Spiel wird turbulent. Ein paar Tage »hält« der Plan noch, dann ist er zerrissen. Die Kinder haben ihn ausgespielt und so war es ja auch gedacht.

Buchbetrachtung zum Thema »Stadt-Land-Architektur« und Gespräch

Teilnehmer: 7 Schulanfänger
Tatsächlicher Verlauf:
Heute soll unser Thema vom eigenen Haus und Wohnviertel in die etwas weitere Umgebung führen. Wir haben uns um einen Tisch versammelt.
Motivation: Grundlage für ein längeres Gespräch ist das Buch: »Ohne Vergangenheit keine Zukunft«, W. Widemann, Donauwörth 1975.
Der Fotoband zeigt alte und neue Häuser in oft fast grotesker Gegenüberstellung. Schöne alte Bauten und Fachwerkhäuser einerseits, kahle und phantasielos wirkende Neubauten andererseits. Aber auch schöne und brauchbare Lösungen für moderne Bauten sind dargestellt. Man kann durchaus ersehen, daß moderne Bauweise nicht unbedingt häßlich sein muß. Fassaden und Häuserfronten, damals und heute, wechseln untereinander in sehr eindrucksvoller Weise ab. Aufnahmen aus dem Flugzeug zeigen Städtebilder von früher und heute.
Den Kindern gefällt das Betrachten der Bilder. Sie zählen die Stockwerke der Hochhäuser, vergleichen mit ihren eigenen Häusern und bewundern all die Fenster und Türen an Bauernhäusern und Fachwerkbauten. Ich entdecke ein Foto aus meiner früheren Wohngegend in München und zeige ihnen, wo ich als Kind gespielt habe. Die Kinder bewundern nicht nur die alten Bauten, sie sind von den Betonriesen genauso beeindruckt. Einige Bauernhäuser sind bemalt. Wir erklären den Kindern, daß man das Lüftlmalerei nennt und woher der Name kommt. Das Buch wird hin- und hergeblättert, immer wieder entdecken die Kinder neue Details. Zum Abschluß dürfen sie den Bildband für die nächste Zeit in unser Bücherregal im Gruppenraum stellen.
Eigene Stellungnahme: Das Interesse der Kinder in den nächsten Tagen, das Buch nochmals allein zu betrachten, ist unterschiedlich. Ich glaube, es macht ihnen mehr Spaß, solche Bücher zusammen mit Erwachsenen anzuschauen. Im gemeinsamen Gespräch wird das Interesse für manche Details geweckt, die beim alleinigen Durchblättern übersehen würden.

Buchbetrachtung »Himmelszelt und Schneckenhaus«

Teilnehmer: 7 Kinder
Eigenmotivation: Vor kurzem ist ein neues »Bilderbuch« erschienen: »Himmelszelt und Schneckenhaus – ein Wohn-Poesie-Album« von Rita Mühlbauer und Hano Rink, Verlag Sauerländer 1979. Ich stelle mir vor, daß dieses Buch nicht nur Erwachsenen, sondern auch Kindern gut gefällt. Die zahlreichen Bilder sind klein gemalt – im Stil der Miniatur – und zeigen liebevoll detailliert dargestellte Wohnhäuser, Wohnwagen, Hütten, Zelte, Erdhäuser, Hausboote, Burgen, Baumhäuser, Schlösser, Höhlenwohnungen und Schutzdächer. Viele Möglichkeiten zu wohnen entdeckt der Beschauer, vieles mutet neu, ungewohnt oder fremd an. Teilweise sind es realistische Darstellungen, manchmal tauchen phantasievoll ausgestaltete »Traumhäuser« vor einem auf. Genau hinschauen muß man allerdings, um die vielen Feinheiten zu entdecken. Die Autoren des Buches schreiben in ihrem Vorwort: »Kinder sind Meister dieser Sehweise, während Erwachsene (Spezialisten des Blicks für das ‚Wesentliche‘) meist (wieder) der Übung bedürfen – am besten vielleicht unter Anleitung von Kindern.«
Ob es wohl stimmt? Wir wollen es mit unseren ausprobieren.
Motivation und tatsächlicher Verlauf:
Die Kinder sind um den Tisch versammelt. Voll Span-

nung betrachten sie den Umschlag des Buches und erraten sofort (Strohhütte auf dem Titelblatt), daß »da wohl Häuser drinnen sind«; langsam und ohne Eile betrachten wir mit den Kindern die zahlreichen Bilder. Sie entdecken natürlich eine Menge Details und wollen viele Dinge wissen. Ob es so eigenartige Schilfhütten »in echt« gibt, oder ob sich das nur jemand ausgedacht hat. Die Schilfhütten gibt es wirklich, das kann Yaowi bestätigen, er kommt nämlich aus Afrika. Die Irrgartenhecke, die zum Schlößchen in der Mitte führt, wird sogleich mit den Fingern nachverfolgt. Ein riesengroßes Schneckenhaus in einem Zimmer wird bestaunt.

Repräsentationsmedien: Das Haus auf den Wolken ist ein Traumhaus; das in der großen Puppenwiege dargestellte auch, das erkennen die Kinder sofort. Ganz besonders gefallen ihnen die Baumhäuser. Nachdem unsere großen Buben am liebsten auf Bäume klettern oder sich in den Büschen verstecken, wenn wir in den Garten gehen, ist es kein Wunder, daß sie sofort an ein Baumhaus denken, als wir sie fragen, ob sie nicht Lust hätten, selbst ein Traumhaus zu malen. Stefan ist der einzige, der ein großes Schiff mit einem prunkvollen Haus darauf zeichnet.

Realisationsmedien: Auf großen Bögen und auf dem Boden liegend malen die Kinder mit Filzstiften ihr »Traum-Baum-Haus«. Jeder erklärt anschließend genau die technisch raffinierten Einzelheiten und der Gedanke, so etwas zu bauen, reift schon heute.

Wir bauen unser Traumhaus

Motivation und tatsächlicher Verlauf:
Die Idee, ein Baumhaus zu bauen, hat sich bei allen Kindern festgesetzt. Meine Sorge, daß wir nun vor dem Problem stehen, ein »echtes« Baumhaus im Garten bauen zu müssen, erweist sich schnell als unnötig. Die Kinder haben schon feste Vorstellungen – jedes für sich.

Realisationsmedien: Wir überlegen gemeinsam, welches Material wir benötigen und tragen dann alles zusammen: Schachteln, Holzlatten, festen Karton, Stifte, Scheren, Klebstoff und die große Kiste mit den wertlosen Materialien. Wasserfarben, Pinsel und Wasserbehälter stehen ebenfalls bereit. Jedes Kind macht sich voll Eifer an die Arbeit. Sie helfen sich gegenseitig oder kommen zu uns, wenn Schwierigkeiten bei der Konstruktion entstehen. Ab und zu muß einmal ein »Hochsitz« verstärkt werden, weil der Pappkarton zu schwach ist, oder zusätzliche Verstrebungen sind erforderlich, damit das Haus auch fest steht. Erstaunlich, wie die Kinder technische Lösungen finden und wie geschickt sie werken.

Zum Schluß setzt sich die Idee durch, die fertigen Häuser in den »echten« Baum im Garten zu stellen. So ist ihr Kletterbaum heute geschmückt mit sehr gelungenen Traum-Baum-Häusern.

Wir malen unser Kinderzimmer

Teilnehmer: 8 Kinder
Motivation und tatsächlicher Verlauf:
Die Pfingstferien haben wieder eine kleine Unterbrechung in unser Thema gebracht. Nach unserem »Ausflug« in das phantasievolle Bauen, wollen wir nun wieder in die reale und nähere Umgebung zurückkehren. Ein kleines Gespräch mit unseren acht Kindern ergibt, daß viele ein eigenes oder mit Geschwistern geteiltes Kinderzimmer haben. Wir plaudern ein bißchen, welche Dinge jeder in seinem Zimmer gern hat, wer bestimmt, wie es dort aussehen darf und wer aufräumt. Die Erzählungen der Kinder sind sehr unterschiedlich. Die einen dürfen vieles aufheben und sammeln,

bei anderen hält die Mutter gelegentlich große »Razzia«. Nicht immer mit dem Einverständnis der Besitzer! Das Aufräumen ist ein heißes Thema, und die Vorstellungen über Ordnung sind verschieden. Aber jetzt interessiert uns natürlich, wie jedes Zimmer ganz genau aussieht, deshalb versucht jedes Kind, seinen Raum zu malen.

Realisationsmedien: Alle holen sich Papier und Filzstifte und machen sich ans Werk. Es ist interessant, was es da alles gibt, und die fertigen Zeichnungen zeigen recht deutlich, wie unterschiedlich wichtig den einzelnen Kindern verschiedene Dinge sind. Forrit malt ihre hübsch verzierte Lampe groß in die Mitte, für Ulrich ist die Katze am wichtigsten. Andere malen, was sie gerade zu Hause aus Lego oder Bauklötzen errichten. Manche geben wie Innenarchitekten die Einrichtung wieder. Die Kinder schenken uns ihre Zeichnungen. Damit die Einzelheiten uns besser im Gedächtnis bleiben, machen wir kleine Notizen dazu, selbstverständlich auf die Rückseite der Blätter. Das geht einfacher, wenn man die Zeichnung gegen eine Fensterscheibe hält.

Wir bauen ein Hochhaus mit besonderen Wohnungen

Motivation und tatsächlicher Verlauf:

Repräsentationsmedien: Ein Bilderbuch, das ich von einer Fortbildung mitgebracht hatte, hat uns auf eine neue Idee zu unserem Thema gebracht. »Das kleine Ich bin ich« heißt das Bilderbuch von Mira Lobe, Verlag Jungbrunnen, Wien/München 1978. Sehr lebendig wird die Geschichte eines kleinen namenlosen bunten Tieres erzählt. Am Anfang ist es vergnügt und freut sich an der Welt ... »aber dann stört ein Laubfrosch seine Ruh« und fragt das Tier: »Wer bist denn Du?« Da steht es und stutzt und guckt ganz verdutzt dem Frosch ins Gesicht: »Das weiß ich nicht.« Der Laubfrosch quakt und fragt: »Nanu? Ein namenloses Tier bist Du? Wer nicht weiß, wie er heißt, wer vergißt, wer er ist, der ist dumm!« »Dumm« ...

Von nun an ist die Lebensfreude des bunten Tieres dahin, es ist traurig und unentwegt auf der Suche nach einem anderen Tier, das ihm gleicht. Die Suche ist vergebens, aber nach langer Wanderschaft gelingt ihm die Erkenntnis: »Sicherlich gibt es mich: Ich bin ich!« Von nun an ist es wieder glücklich und selbstsicher und findet bei allen Tierkameraden die Bestätigung: »Du bist Du!«

Organisation: Diese Geschichte gefällt den Kindern so gut, daß ich sie immer wieder vorlesen muß. Ein Gespräch führt weiter zu unserem eigenen Ich. Woran kann man jeden von uns erkennen? Wir zählen auf: verschiedene Kleidung, andere Haarfarbe, Größe, Aussehen usw. Vielleicht gibt es auch Dinge oder Gegenstände, die man besonders gern mag oder die gut zu einem passen. Ob man auch daran von anderen erkannt werden kann? Wir überlegen uns, daß jeder einen Karton bekommen soll, in dem er entweder etwas malen, basteln oder einfach sammeln kann. Ob sich später daraus schließen läßt, wem der Karton gehört? Damit das Rätsel notfalls aufzulösen ist, machen wir mit der Polaroid-Kamera von jedem Kind ein Foto, das versteckt an jedem Kasten angebracht wird.

Realisationsmedien: Die Kinder holen sich, was sie brauchen: Woll- und Stoffreste, die Kiste mit dem wertlosen Material, Scheren, Malstifte, Papier, Uhu und Pappe. Ulrich hat seine Katze gemalt und an die Rückwand des Kartons geklebt, davor liegt ein Wollknäuel. Silvia und Sandra, die so gerne Seil hüpfen, haben in ihrem Karton Springseile angebracht. Pierre ist ständig müde – er hat ein Bett aus Eierkarton gebaut und mit Stoff bezogen. Dorrit hat einen Hamster gemalt und Spielsachen dazugelegt, Stefan seinen Schäferhund gezeichnet und eine Leine beigegeben. Der Wellensittich, der gehört zu Christian und das Schiff ist unverkennbar von Andreas.

Als alle Kartons fertig sind, überlegen wir, wie und wo wir sie nun aufstellen können. Da hat Ulf die Idee! »Wir bauen ein Hochhaus, und das sind alles Wohnungen. Dann müssen die Leute raten, wer von uns dort wohnt!« Die Idee zündet bei allen. Wir holen Buntpapierstreifen, um die Stockwerke zu unterscheiden. In der Bauecke an der Wand beginnen wir, die Wohnungen mit Tesakreppband zu befestigen. Außerdem wird Buntpapier geklebt – als Fassade. Die Kartons sind nach vorne offen und geben den Blick in die »Wohnung« frei. Die Buntpapierfassade wird noch mit herrlichen Mustern verziert.

Es schaut recht lustig aus, unser Hochhaus. Nachmittags müssen die Eltern und jeder, der uns besuchen kommt, raten, wer dort wohnt. Wer falsch rät, bekommt lachend das Foto des Besitzers gezeigt!

Eigene Stellungnahme: Mit diesem Projekt scheint es uns gelungen zu sein, den Kindern ihre Wohnvorstellungen im Sinne von Wohlbefinden, aber auch im Sinne von Notwendigem zum Wohnen deutlich gemacht zu haben. Nicht ganz sicher bin ich mir, ob daheim, wenn Fragen der Kinder zum Problem Wohnen kamen, diese entsprechend aufgearbeitet wurden.

Das Überraschungsbuch 1

Teilnehmer: 10 Kinder
Motivation und tatsächlicher Verlauf:
Heute weichen wir von unserer Thematik »Bauen und Wohnen« ein wenig ab.
Repräsentationsmedien: Wir bekommen einen Fotoband mitgebracht, in den ein Künstler etliche »Überraschungen« eingebaut hat. So entdeckt man beim Umblättern plötzlich einen Kreisel, der sich bewegt, eine Ziehharmonika quietscht oder eine ganze Ritterburg erhebt sich. Die Kinder verfolgen gespannt, was sich da von Seite zu Seite vor ihnen auftut. Das »Überraschungsbuch« muß gleich mehrmals hintereinander angeschaut werden.
Der Vorschlag, selbst ein Zauberbuch herzustellen, wird sofort begeistert aufgenommen. Das Material liegt bereit: festes, weißes Zeichenpapier, Scheren, Klebstoff, Filzstifte.

Organisation und Realisationsmedien: Jedes Kind faltet sich ein Zeichenblatt in der Mitte zu einem »Buch«. Wir beraten, welche Überraschung eingebaut werden soll und wie das technisch zu lösen ist. Alexander malt ein Fahrrad, schneidet es aus und möchte nun, daß es »aufsteht«, wenn er das Buch (Zeichenblatt) aufklappt. Wir überlegen mit ihm zusammen, daß er das Fahrrad ebenfalls in der Mitte falten muß. Dann legt er es so auf das Zeichenblatt, daß sich beide Faltlinien decken. Ein schmaler Papierstreifen wird in der Mitte gefaltet und mit der einen Hälfte am Fahrrad, mit der anderen auf dem Zeichenblatt festgeklebt. Durch einen kleinen Einschnitt in der Mitte des Streifens kann sich das Fahrrad nach vorne umlegen. Wenn das »Buch« (Zeichenblatt) aufgeklappt wird, steht es wieder auf.

Ulf hat sich etwas anderes ausgedacht: Auf die eine Seite des gefalteten Zeichenblattes malt er eine Feder in einem Stück Papier wie eine kleine Tasche an und steckt eine ausgeschnittene Feder hinein. Beim Aufklappen demonstriert Ulf, wie man die eine Feder herausnehmen und sich ins Haar stecken kann.

Karin hat einen Stern ausgeschnitten und an einem langen Faden aufgehängt. Klappt sie ihr Buch auf, so fällt der Stern heraus und baumelt herunter. Auch die anderen Kinder haben Ähnliches erfunden; wir beschließen, daß wir alles zu einem dicken Buch zusammenbinden wollen. Unser eigenes Zauberbuch ist fertig und auf seine Art ebenso originell wie das Vorbild.

Das Überraschungsbuch 2

Teilnehmer: 12 Kinder
Motivation und tatsächlicher Verlauf:
Die Zauberbuchidee lebt weiter in unserer Kindergruppe und die Freude ist groß, als wir noch einmal ein anderes, ähnliches Buch bekommen.

Die Kinder sind um uns versammelt und amüsieren sich über die originellen »Einlagen« des Bildbandes.

Organisation: Heute haben wir einen anderen Vorschlag: Wie wäre es, wenn jeder sein Haus und seine Familie malt, ausschneidet und sie dann auf ein gefaltetes Zeichenpapier aufklebt? Die Technik ist die gleiche wie bei Alexanders Fahrrad. Wir schauen es uns gemeinsam noch einmal an. Es ist gar nicht schwierig. Wir überlegen, daß erst das Haus und davor die Familie stehen soll. Wichtig ist zu beachten, daß das Haus auf dem Zeichenblatt so zurückgesetzt wird, daß die Familie Platz hat.

Realisationsmedien: Die Kinder machen sich ans Werk. Erst das Haus, dann die Familie, als Gruppe oder einzeln, wird gemalt, ausgeschnitten und auf einem Papierstreifen festgeklebt. Beim Anordnen und Festkleben auf dem Zeichenblatt beraten wir die Kinder und helfen ihnen. Vor Dorrits Familie steht noch ein Meerschweinchen auf und Ulrichs Angehörige verschwinden fast hinter einer riesengroßen Katze.

Das Aufklappen und Verschwindenlassen macht den Kindern viel Spaß, und beim Abholen werden die Eltern damit überrascht.

Eigene Stellungnahme: Für uns war interessant festzustellen, daß das Thema »Haus und Familie« durch diese Technik tatsächlich noch einmal Anklang bei den Kindern gefunden hat.

Das Gespensterhaus

Motivation und tatsächlicher Verlauf:
Die Aktion mit den Klappbüchern hat den Kindern viel Spaß gemacht, und wir erzählen und zeigen die Ergebnisse im Mitarbeiterkreis. Dabei machen wir noch einmal eine große Entdeckung!

Repräsentationsmedien: Einer aus unserem Team besitzt ein herrliches englisches Bilderbuch »Haunted House« (Geisterhaus), von Jan Pienkowski. Viele witzige Ideen auf jeder Seite, unglaublich geschickt zusammengestellt, bringen große und kleine Leute zum Lachen. Gleich auf der ersten Seite klappt sich eine Treppe auf, eine Eule baumelt vom Geländer herab, die Augen einer Frau lassen sich durch einen Papierzug am Rand bewegen und unter der Treppe lugt ein Gespenst hervor. Und so geht es weiter: ein Drache reißt sein Maul auf, ein Skelett schwingt das Bein elegant aus einem Schrank, ein Vogelschwarm kann die Flügel bewegen und ein Krake schwingt seine Beine. Aus einer Badewanne taucht ein Krokodil auf, eine Kühlschranktür öffnet sich und gibt den Blick auf durcheinandergeratene Speisen frei, eine Fledermaus spannt ihre Schwingen aus und eine Säge macht »echtes« Geräusch. Man fühlt sich ein bißchen an eine Geisterbahn auf dem Volksfest erinnert.

Organisation: An dieses Erlebnis und an die Geschichte vom kleinen Gespenst knüpfen wir auch an, als wir den Kindern das Buch zeigen. Alle Gespenster und Geister sind aus Pappe, das ist allen Kindern klar und läßt Ängste gar nicht erst aufkommen. Um so größer ist der Spaß bei großen und kleinen Kindern, denn dieses

Buch zeigen wir der ganzen Gruppe. Immer wieder wollen sie es sehen, und sehr schnell haben sie sich gemerkt, was sich auf jeder Seite alles bewegen läßt. So viele neue Anregungen sind enthalten, daß es keiner besonderen Motivation bedarf, das Thema »Klapphäuser« noch ein drittes Mal aufzugreifen.

Realisationsmedien: Während die Kleineren das Buch in Beschlag genommen haben, suchen wir uns mit den zehn größeren Kindern das nötige Material: Scheren, Papier, Klebstoff, Stoffreste, Filzstifte, Faden, um ein großes Gespensterhaus zu bauen. Das Krokodil in der Badewanne hat Stefan besonders beeindruckt. Er konstruiert eine Badewanne und klebt sie auf ein gefaltetes Zeichenpapier. Das gemalte und ausgeschnittene Krokodil hat gerade darin Platz und kann durch einen Schlitz auf dem Boden der Wanne mit Hilfe eines Papierstreifens auftauchen. Dahinter steht das Gespensterhaus auf.

Dorrits Vogelschwarm bewegt mit Hilfe verkreuzt angebrachter Papierstreifen die Flügel; sie ist ganz stolz darauf.

Alexanders Gorilla schwingt seine riesigen Arme beim Auseinanderklappen, und Andreas baut ein raffiniertes Geisterhaus mit Türen, Vorhängen und vielen Fenstern, die den Blick auf gruselige Gestalten freigeben. Yaowi und Ulrich konstruieren große, unheimliche Fledermäuse, und Ulf schneidet ein großes Loch in sein Papier. Dahinter kann ein Ungeheuer auftauchen und wieder verschwinden.

Als wir am darauffolgenden Elternabend den Erwachsenen das Buch zeigen, ist die Begeisterung ebensogroß wie bei den Kindern. Viele möchten das Buch kaufen.

Eigene Stellungnahme: Die Sommerferien unterbrechen unsere Arbeit für eine Weile, aber es hat sich gezeigt, daß unser Thema noch viele Möglichkeiten bietet, und so werden wir es im Herbst nochmals aufgreifen.

Betrachtung eines »ungewöhnlichen Buches«

Teilnehmer: 15 Kinder
Dauer: ca. 45 Minuten
Ziel: Die Kinder sollen erfahren, daß es Bücher gibt, die eine andere Betrachtungsweise erfordern als die üblichen.
Repräsentationsmedien und tatsächlicher Verlauf: Wir erhalten ein ungewöhnliches Buch mit dem Titel »Graham Oakley's Magical Changers«. Das Besondere an diesem Buch entdeckt man gleich auf der ersten Seite: sie ist in der Mitte geteilt. Alle Seiten des Buches sind in der Mitte halbiert, so daß man entweder beide Hälften einer Seite umblättern kann, um zur nächsten Darstellung zu gelangen, oder aber nur eine Hälfte und ... siehe da, es entsteht ein neues Bild.

Gerade hatten die fünf Männer auf dem schwarzen Zylinder noch Regenschirme in der Hand, jetzt sind die Schirmdächer verschwunden und bunte Lutscher an ihre Stelle gerückt. Eben standen noch Blumen in hübschen Vasen, jetzt scheinen sie aus Füßen herauszuwachsen – und dann gar aus Schwanenhälsen. Alles läßt sich beliebig vertauschen, und manchmal müssen wir direkt suchen: Was gehört eigentlich wirklich zusammen?

Organisation: Die Kinder sitzen um uns herum und schauen gebannt auf das Buch. Der spannendste Moment ist das Verwandeln durch Umblättern. Einmal die obere Hälfte, dann die ganze Seite oder nur der untere Teil wandert weiter. Immer neue Bilder entstehen, komische, lustige und groteske. Später dürfen die Kinder selbst wählen – vorsichtig und der Reihe nach! Sie haben schnell begriffen, daß sie mit dem Buch sorgsam umgehen müssen, damit nichts einreißt. Der Spaß, selbst blättern zu dürfen, gehört dazu. Die geraden Fahnenstangen auf der unteren Bildhälfte verwandeln sich oben plötzlich in Spaghettis, die um eine Gabel gedreht werden, und die Lampenständer schmücken auf einmal Baumkronen.

Nach einer längeren und intensiven Erprobungsphase regen wir die Kinder durch Fragen zum Nachdenken an. Warum passen oberer und unterer Teil eines Bildes – so grotesk auch die neu entstandene Darstellung sein mag – immer genau aufeinander? Welchen Trick hat der Maler angewandt, damit die Regenschirmstange unmittelbar in den Lutscherstiel übergeht? Einige Kinder finden es selbst heraus: Schirmstange und Lutscherstiel sind genau gleich breit an der Berührungsstelle. Und bei allen anderen Bildern ist ebenso verfahren worden: die Spaghetti haben die gleiche Breite wie die Fahnenstämme. Wir veranschaulichen und überprüfen des Rätsels Lösung noch an einigen Beispielen, bis es alle Kinder erkannt haben. Nun überlegen wir, wie wir gemeinsam ein ähnliches Buch herstellen können.

Ein Stapel Zeichenpapier wird an der Kante mit zwei Strichen markiert – somit sind auf jedem einzelnen Blatt zwei kleine Punkte zu erkennen. Beziehe ich diese beiden Punkte nun in meine Zeichnung ein, so läßt sich jedes andere Bild ansetzen und ergibt eine neue Darstellung. Nach dieser Feststellung nehmen sich die Kinder markierte Papiere und Filzstifte und lassen der eigenen Phantasie freien Lauf. Ulkige Zusammenstellungen – Tiere, Pflanzen, Menschen und Gegenstände werden halbiert und verfremdet. Fertige Bilder einzelner Kinder sammeln wir und breiten zum Schluß alles auf dem Boden aus. Jetzt beginnt ein lustiges Austauschen und Zuordnen. Immer neue Variationen ergeben sich und vieles ist genauso grotesk und komisch wie in den »Magical Changers«. Das neue Werk ist vollendet und muß nur noch gebunden werden. Jedes Kind hat in Kürze nun sein Wunderbuch.

Eigene Stellungnahme: Zunächst war ich ein bißchen skeptisch, ob die Kinder derartige Bücher selbst herstellen können. Die Erfahrung hat mich eines besseren belehrt. Man muß, meine ich, innerhalb der Ästhetischen Erziehung noch mehr Mut haben.

Buch mit Bildern von Hundertwasser

Teilnehmer: 14 Kinder
Dauer: ca. 30 Minuten
Motivation und tatsächlicher Verlauf:

Wir erhalten ein Buch mit dem Titel: »Regentag« von Friedensreich Hundertwasser. Der Umschlag zeigt ein großes Schiff. Auf dem Bug steht in deutlichen Buchstaben der Name »Regentag«. Das Buch stellt auf vielen Abbildungen den Maler in seiner Umgebung bei seiner Arbeit dar. Im Fotodruck sind zu sehen: Häuser, Schiffe, Gesichter, Irrgärten und andere Darstellungen.

Repräsentationsmedien und Organisation: Wir blättern mit den Kindern in dem Buch und unterhalten uns über die Bilder. Besonders ansprechend sind die zahlreichen Irrgärten – »Labyrinthe« –, das Wort ist gar nicht so leicht zu merken. Dafür prägt sich der Name des Künstlers – Hundertwasser – um so leichter ein. Auch Vielfalt und Farbigkeit der einzelnen Zeichnungen haben ihre Faszination. Mit dem Finger kann man durch einen Irrgarten wandern – wo ist der Ausgang? Wo haben wir schon einmal Irrgärten gesehen? Heckenanlagen in Parks fallen den Kindern ein und das gläserne Labyrinth auf dem Oktoberfest. Wie stark motivierend die Darstellungen auf die Kinder wirken, zeigt sich darin, daß sie völlig unaufgefordert farbige Filzstifte und Papier holen und eigene Irrgärten zu malen beginnen. Unser Ziel war zunächst einmal, mit dem Buch von Hundertwasser nur einen Anreiz zu geben, um zu sehen, ob und wieweit die Kinder überhaupt von den Bildern dieses Künstlers angesprochen sind. Das Experiment scheint sich zu lohnen. Die Eltern sprechen mich am nächsten Tag an, daß die Kinder zu Hause über dieses Buch sehr intensiv berichtet haben. Der Name Hundertwasser hatte sich eingeprägt. Ein Gespräch zwischen Eltern und Kindern hat sich in einigen Familien daran angeknüpft. Ein Bub, der besonders fasziniert ist und lebhaft zuhause erzählt hat, entdeckt, daß sein Vater eine besondere Vorliebe für diesen Maler hat. Ganz beglückt ist Tobias, als sein Vater weitere Bilder zeigt. Nach einigen Tagen greife ich den Gedanken wieder auf. Das Buch liegt noch im Kindergarten und mir kommt eine Idee.

Organisation: Seit einigen Jahren gibt es bei uns einen Weihnachtsbasar, für den die Kinder kleine Werkarbeiten herstellen. Ich habe Zeichenpapier im Briefkartenformat zurechtgeschnitten und frage die Kinder, ob sie Lust haben, das Hundertwasserbuch noch einmal anzuschauen. Die Bereitschaft ist groß und die dreizehn größeren Kinder versammeln sich um mich. Die Bilder sind nun schon etwas vertraut. Vieles wird wiedererkannt und Neues entdeckt.

Realisationsmedien: Diesmal habe ich wasserunlösliche Wachsmalkreiden bereitgestellt. Die Kinder greifen nach den farbigen Stiften und beginnen zu malen. Heute entstehen nicht nur Labyrinthe und Spiralen, sondern auch Gesichter, Häuser, Schiffe, Muster und Ornamente. Reste wasserlöslicher Holzbeize stehen noch von den Martinslaternen auf dem Werktisch. Ein Kind versucht, – ähnlich wie bei der Herstellung der Laternen – die mit Wachskreide bemalten Karten mit Holzbeize zu überpinseln. Das Ergebnis ist überraschend und erhöht die Farbigkeit der frei nach Hundertwasser hergestellten Karten. Das Beispiel macht Schule – eine Massenproduktion rollt an. Die kleineren Kinder, die neben unserem Maltisch im Raum spielen, werden aufmerksam. Jetzt wollen sie es auch probieren und schieben sich einfach mit einem Stuhl dazwischen. Es gibt nicht einmal Streit, weil alle viel zu beschäftigt sind. Ich schaffe Platz für alle, so gut ich kann. Papier muß nachgeschnitten werden, die Serie läuft. Die Ergebnisse sind erstaunlich – eine beachtliche Reihe »Kinderkunstpostkarten« ist entstanden. Die Kleinen sind nicht mehr abzudrängen. Sie schaffen ihre eigenen Werke, ohne das Hundertwasserbuch vorher gesehen zu haben. Ich hole dies aber später mit ihnen nach.

Mittags bügle ich die inzwischen getrockneten Papiere aus und klebe sie auf Briefkarten auf, einerseits zur Verstärkung der Zeichnung, andererseits, um eine saubere Rückseite zu haben. Wir wollen sie ja in unserem Basar verkaufen.
Rudolf Seitz
Elke Bolster

Wir lernen unseren Ort kennen

Teilnehmer: 20 Kinder
Dauer: Oktober–Juli (Das Motiv war im genannten Zeitraum ein Teil der pädagogischen Arbeit, wurde jedoch, um Mißverständnisse auszuräumen, nicht jeden Tag, sondern wenn es die Situation zuließ, behandelt.)

Eigenmotivation: Da mein Weg zur Arbeit ca. $\frac{1}{2}$ Stunde dauert, und ich immer wieder Veränderungen z.B. auf dem Weg zum Kindergarten in der Landschaft, an den Häusern, auf der Straße, feststelle, frage ich mich, ob und wie Kinder derartige Veränderungen aufnehmen bzw. ob sie den Ort, in dem sie leben, genau kennen.

Situation: Der Gemeindebereich Hattenhofen besteht aus zwei verschiedenen Ortsteilen, die ca. zwei Kilometer voneinander entfernt sind. Sie weisen sehr verschiedene Strukturen auf. Hattenhofen ist ein altes Bauerndorf. Die meisten Fami-

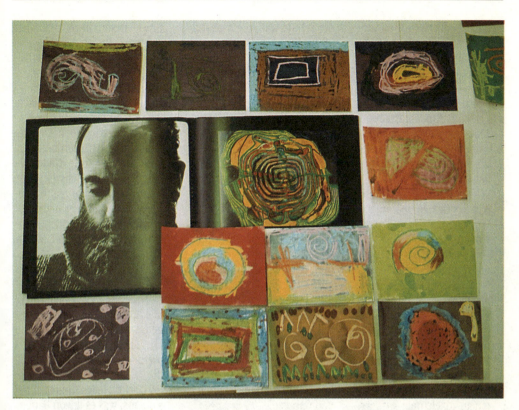

lien wohnen hier in eigenen Häusern. In diesem Ortsteil befinden sich: die Schule, der Kindergarten, das Bürgermeister- und Gemeindeamt, die Kirche, zwei Gasthäuser, der Wohnsitz des Pfarrers, eine Bäckerei, zwei Lebensmittelläden und die Poststelle.

Der Ortsteil Haspelmoor bestand ursprünglich aus nur zwei bis drei Bauernhäusern. Der Boden ist hier nicht sehr gut. Nach dem Krieg wurde daraus Bauland. Vorwiegend Flüchtlinge siedelten sich an. Hinzu kommen viele Bedienstete der Bundeswehr (Flugplatz Fürstenfeldbruck). Dieser Umstand bringt zum Teil eine starke Bevölkerungsfluktuation mit sich. Die Bindung an den Ort ist hier wesentlich geringer als im Ort Hattenhofen. Der größere Teil der Familien wohnt hier zur Miete. Der Ortsteil hat einen Bahnhof, zwei Gasthäuser, einen Lebensmittelladen und eine Poststelle.

Die unterschiedliche Entwicklung der beiden Ortsteile erklärt, weshalb die Bewohner kaum etwas miteinander zu tun haben.

Die Kindergartenkinder von Haspelmoor werden immer im Auto in den Kindergarten gebracht. Sie kennen Hattenhofen nur vom Auto aus. Die Hattenhofener Kinder kennen nur ihren Ortsteil, Haspelmoor liegt für sie viel zu weit weg.

Im Kindergarten geschlossene Freundschaften zwischen den Kindern aus beiden Ortsteilen können wegen der Entfernung nicht aufrechterhalten werden.

Ziel: Die Kinder sollen auf Grund dieser Situation mit ihrem Wohnort vertraut gemacht werden.

Verlaufsplanung: In verschiedenen Einheiten, die über das gesamte Kindergartenjahr verteilt sind, sollen folgende Schwerpunkte verfolgt werden:
1. Wir lernen unsere Straße besser kennen
2. Wir besuchen die Sparkasse und das Gemeindeamt
3. Wir zeichnen einen Plan von unserem Ort
   - Wie sieht ein Haus von unten aus?
   - Wie sieht ein Haus von oben aus?
   - Wir bauen unseren Ort und zeichnen danach unseren Plan
   - Die großen Kinder versuchen, aus dem Gedächtnis ihren Weg zum Kindergarten aufzuzeichnen
4. Besuch in der Dorfkirche
5. Wir schauen uns den Maibaum an

Wir lernen unsere Straße besser kennen

Dauer: November, ca. 2 Wochen

Tatsächlicher Verlauf: Unser Kindergarten liegt in der Valesistraße, die von Hattenhofen bis hinüber nach Haspelmoor führt. Ausgehend von der unmittelbaren Umgebung des Kindergartens und der Schule wollen wir unsere Straße besser kennenlernen.

Motivation: Wir teilen uns die Straße in kleine Abschnitte auf. Jeweils eine Gruppe von fünf bis sechs Kindern erforscht mit einem Erzieher einen bestimmten Straßenabschnitt. Was gibt es in der gewohnten Straße alles zu entdecken? Alltägliches wird neu gesehen, z. B. Häuser mit verschiedenen Farben und verschiedenem Fassadenputz, verschiedene Dachplatten, unterschiedliche Dachformen, Kamine und Regenrinnen, verschiedenartige Fenster und Fensterrahmen, Zäune, Blumen, Bäume, Gartentürchen mit Namensschildern, Briefkästen und Röhren für die Tageszeitungen, Strommasten und die Zuleitung zu jedem einzelnen Haus, Fernsehantennen und Garagen.

Organisation: Um viele Häuser kann man herumgehen, manche sind direkt ans nächste angebaut, man bezeichnet sie als Reihenhäuser. Die meisten Häuser haben nur zwei Stockwerke, es gibt aber einige, die höher sind.

Realisationsmedien: Seit Tagen sammeln wir wertloses Material: Pappe, Schachteln, Styroporstücke, Korken, Hölzer, Stroh, Buntpapier, Kleber. Nachdem wir in den Kindergarten zurückgekommen sind und die Materialien im Gruppenraum liegen, erzählen sich die Gruppen, was sie gesehen haben. Damit es nicht in Vergessenheit geraten kann, überlegen wir, wie wir es anstellen, das Erlebte festzuhalten. Am besten wird es wohl sein, wenn wir versuchen, das Erlebte mit dem wertlosen Material zu bauen. Die Kinder sehen darin keine Schwierigkeit, ihren Vorschlag zu realisieren. Es entstehen Häuser mit verschiedenen Dachformen, Gartentüren, Bäumen und Zäunen, Briefkästen und vor allen Dingen die Kaugummiautomaten werden nicht vergessen.

Nach mehreren Tagen sind alle Häuser fertig. Wir überlegen, was noch fehlt: die Kirche, die Sparkasse, das Gemeindeamt, der Friedhof und die Telefonzelle, die die einzige im Dorf ist. Jedes Kind sucht sich aus, was es davon bauen möchte. Einige Kinder bauen zusammen den Friedhof.

Aus Packpapier entsteht die lange Straße. Rechts und links davon bauen wir nun »unsere Straße« auf. Beinahe gleichzeitig holen sich die Kinder kleine Spielzugaben, wie z. B. Personen und Autos. Im Spiel tauchen jetzt auch die Personen auf, die sie in unserer Straße kennen, bzw. durch unsere Spaziergänge kennengelernt haben. Im Spiel begegnen sich die »Leute« auf der Straße und reden miteinander.

Besuch in der Sparkasse und im Gemeindeamt

Dauer: ca. 3 Stunden

Motivation: Die Sparkasse ist für Hattenhofen eine wichtige Institution, weil dort für die Bevölkerung die einzige Möglichkeit ist, Geld einzuzahlen oder abzuheben. Alle Kinder waren schon hier und schätzen den Schaukasten, der für Kinder aufgebaut ist.

Aber der Tresen, an dem die Leute bedient werden, ist so hoch, daß die Kinder überhaupt nicht hinaufsehen können. Wir wollen versuchen, einen Blick hinter die »Kulissen« zu werfen. Ziel des heutigen Spaziergangs ist die Sparkasse.

Organisation: Durch die für gewöhnlich geschlossene Tür dürfen wir auf die andere Seite der Glaswand gehen und alles anschauen, was uns interessiert. Als erstes fallen den Kindern die Bildschirme auf, die dort stehen. Sie wollen wissen, was es mit diesen »Fernsehern« auf sich hat. Der Leiter der Sparkasse ist sehr freundlich und erklärt den Kindern die Funktion dieser Geräte. Er tippt von einem der Anwesenden die Kontonummer ein. Auf dem Bildschirm erscheinen nun die Personalien und der Kontostand. Die Kinder sind beeindruckt. Jedes möchte wissen, ob von ihm auch etwas im Computer steht.

Dann dürfen wir uns den Panzerschrank anschauen. Sobald die Tür offen ist, können wir sehen, wie dick die Wände sind und wie stark die verschiedenen Bolzen, die beim Verschließen ineinandergreifen. Ganz viel Geld ist dort aufbewahrt! Wir sehen die dicken Stapel von Papiergeld und Rollen von Kleingeld. Der Leiter zeigt uns einzelne Geldscheine und Münzen, unsere »Großen« kennen die meisten schon genau. Zum Schluß bekommen wir noch einige Goldmünzen für Sammler zu sehen. Bevor wir uns verabschieden, erhalten wir ein dickes schönes Sparschwein für den Kindergarten. Von der Sparkasse geht es nun zu dem nahegelegenen Gemeindeamt.

Zufällig treffen wir vor der Türe den Herrn Bürgermeister. Die Kinder erzählen ihm gleich begeistert, wo wir gerade gewesen sind. Er lädt uns ein, das Gemeindeamt anzuschauen. Auch hier dürfen wir in das sonst verschlossene Zimmer, den Sitzungssaal, hineingehen. Ein langer Tisch und dreizehn bequem gepolsterte Stühle werden von den Kindern sofort in Beschlag genommen. Der Bürgermeister erzählt uns, daß hier mit den Gemeinderäten beraten wird, z. B. über die Brücke und über die Kanalisation (Baustellen, die die Kinder sehr gut kennen), und ob der Kindergarten neue Spielsachen bekommt. Mehr als von dieser Erzählung sind die Kinder von der Sitzordnung und den Stühlen beeindruckt. Während sie sitzen, fühlen sie sich sehr wichtig, beinahe schon als Gemeinderäte.

Stellungnahme: Nachdem wir zwei wichtige Einrichtungen des Ortes kennengelernt haben, kommt der Wunsch auf, den gesamten Ort zu erkunden.

Wir zeichnen einen Plan von unserem Ort

Dauer: 45 Minuten

Motivation: Die Kinder können ihre verschiedenen Eindrücke, die sie in beiden Ortsteilen gesammelt haben, vielleicht räumlich besser ordnen und zusammenfügen, wenn wir gemeinsam einen Plan herstellen. Beim Betrachten und Bau unserer Häuser haben wir vorwiegend die Seitenfronten betrachtet. Davon ausgehend möchte ich den Kindern klarmachen, daß wir nur einen Blickwinkel kennen. Die Häuser haben auch ein Unten und Oben. Wenn die Kinder z. B. die Vogelperspektive erfahren, können wir einen Plan von unserem Ort besser zeichnen.

Motiv: – Wie sehen Häuser von unten aus?

Bei einem Gespräch mit allen Kindern stelle ich die Frage, wie ein Haus wohl von unten aussieht und wer es von unten sehen kann. Die Kinder tragen viel dazu bei, weil jedes schon eine Baustelle gesehen hat: das Haus steht in der Erde, in einem großen Loch, das unter der Erde ist. Wenn das Haus fertiggebaut ist, geht die Erde wieder bis an die Mauer und man kann nicht mehr hintersehen. Ein Riese könnte ein Haus hochheben und von unten anschauen. Maulwurf, Regenwürmer, Mäuse und Ameisen können durch die Erde bis ans Gemäuer kriechen. Unter der Erde sind noch Wurzeln von Bäumen und Gräsern, die können ebenfalls bis ans Haus kommen.

Motivation: Ich erzähle, daß auch alle wichtigen Leitungen und Rohre unter der Erde eingegraben sind und durch die Mauer bis in den Keller reichen: Wasser- und Abwasserrohre, Öl- und elektrische Leitungen, Gas- und Telefonleitungen.

Organisation: Die Kinder finden das interessant, aber ich merke, daß es für sie nur schwer vorstellbar ist. Deshalb gehen wir gemeinsam in den Heizungskeller der Schule. Hier ist es fast dunkel, schummrig, nur hoch oben lassen kleine Fenster durch einen Lichtschacht etwas Licht herein. Wir sind also unter der Erde! Und nun verfolgen wir die verschiedenen Rohre und Leitungen bis zu der Stelle, wo sie durch die Mauer hindurch hinaus in den Erdboden führen. Wir versuchen uns vorzustellen, wem die Rohre da draußen begegnen mögen. Wir entdecken Wasseruhren und große Handräder zum auf- und zudrehen. In den Röhren hören wir es gluckern und rieseln, der Thermostat schaltet die Heizung an – es brummt laut.

Dieser Besuch unter der Erde hat die Kinder sehr beeindruckt und sicher dazu beigetragen, ihre Vorstellungen zu klären.

Repräsentationsmedien: Auf grauem Papier zeichnen nun die Kinder mit Wachsmalstiften ihre Eindrücke, wie es innen und außen unter der Erde aussieht. Es entstehen bisweilen recht skurrile Blätter, die an Labyrinthe erinnern.

Die Gespräche der Kinder über ihre Blätter bestätigen das Dargestellte. Manche können z. B. ziemlich detailliert über die Rohrleitungen berichten.

Die Zeichnungen sind mit Sicherheit ein guter Beitrag und eine große Hilfe für die Kinder gewesen, diesen Bereich von Umwelt ihrer Vorstellung näherzubringen.

Motiv: – Wie sieht ein Haus von oben aus?
Dauer: ca. 2 Wochen

Beim Gespräch mit den Kindern, wie ein Haus wohl von oben aussieht, wissen die Kinder schon sehr viel: jedes Haus hat oben ein Dach, die Dachplatten können verschiedene Farben haben von Rot über Braun bis dunkles Schwarz, auf das Dach gehören ein Kamin und eine Dachrinne, eine Fernsehantenne...

Motivation und Organisation: Als wir weiterüberlegen, wer wohl alles ein Haus von oben sehen kann, geraten die Kinder in wahre Begeisterung: Kaminkehrer, Dachdecker, Vögel, der liebe Gott, vom Flugzeug aus sieht man auf die Dächer, ebenso vom Ballon oder Hubschrauber aus, Störche, Katzen, Marder, Bienen, Fliegen, Schnee, Regen, Wind, Blitz, Sonne, Mond und Sterne, Schmetterlinge, auch Giraffen, wenn es sie bei uns gäbe, große Bäume können aufs Dach sehen, man kann mit der Leiter hoch hinaufsteigen, Seifenblasen können über das Dach fliegen, der große Kirchturm kann über die kleinen Häuser schauen, Wolkenkratzer und Drachen, auch ein Riese könnte leicht von oben das Dach betrachten.

Auf diese Weise eingestimmt, schauen wir uns auch Luftaufnahmen von Städten und Dörfern an. Die Kinder finden es spannend, alle bekannten Dinge aus der Vogelperspektive zu sehen.

Am folgenden Tag steigen wir zusammen auf den Schlittenberg unseres Spielplatzes. Von hier aus hat man einen weiten Blick, wir befinden uns in gleicher Höhe mit den Hausdächern, auf einige kleine Dächer sehen wir fast von oben drauf. Wir wünschen uns jetzt noch viel weiter hinauf. Vielleicht auf den Kirchturm oder in ein Flugzeug.

Realisationsmedien: Danach bieten wir den Kindern große Papiere an, um mit Wasserfarben ihren Eindruck »von oben« zu malen.

Die Kinder greifen bei ihrer Darstellung nicht auf die Möglichkeiten der Vogelperspektive zurück, die wir auf Luftaufnahmen gesehen haben. Sie bauen ihr Bild wie üblich auf: oben Himmel, unten die Erde. Die Häuser und die Leute sind auf diesen Bildern winzig klein, der Berg dafür aber sehr hoch.

Wir bauen unser Dorf und zeichnen danach einen Plan

Dauer: ca. 7 Tage

Motivation: Wir glauben, daß die Kinder nun genügend vorbereitet sind, um einen richtigen Plan zu verstehen.

Realisationsmedien: Wir kalkulieren heute besonders viel Zeit ein, schaffen im Gruppenraum einen großen freien Platz und stellen alle verfügbaren Bausteine und Materialien bereit.

Organisation: Wir teilen die Kinder in zwei Gruppen, je nach dem Ortsteil, in dem sie wohnen. Die andere Hälfte der Gruppe beschäftigt sich im anderen Raum.

In einem Gespräch kommen wir zu dem Schluß, die beiden wichtigsten Straßen des Ortes zu bauen. Dann versuchen wir, den Standpunkt des Kindergartens zu suchen und ihn als Orientierungshilfe auszugrenzen.

Nun wird es schwierig, denn jedes Kind soll versuchen, sein eigenes Haus am richtigen Platz zu errichten. Die Kinder brauchen einige Zeit, bis sie sich miteinander verständigen und über den Bauplatz »ihres« Hauses absprechen. Unsere Kleinen fangen unbeschwert an, irgendwo ihr Haus zu bauen. Die Großen stellen jedoch fest, daß so manches Haus am falschen Platz ist. Es entwickeln sich lebhafte Diskussionen unter den Kindern. Gemeinsam müssen in Nachbarschaftshilfe ganze Häuser an einen anderen Platz transportiert werden. Kinder, die in derselben Straße wohnen, bauen diese gemeinsam und helfen zusammen. Ca. 40 Minuten sind alle intensiv beschäftigt, dann betrachten wir das Ergebnis, inwiefern es der Wirklichkeit entspricht. Unsere Großen sind die Wortführer und haben noch manches zu verändern, bis sie zufrieden sind. Sie finden ihren Ort so schön und wollen ihn ruhig für lange Zeit stehen lassen.

Leider müssen wir die Bauelemente wieder wegräumen, auch besteht die Gefahr, daß beim Spiel die Häuser einstürzen. Daher sind alle einverstanden, daß wir von unserem Werk einen Plan anfertigen.

Realisationsmedien: Wir haben großes festes Papier. Mit Filzstiften wird nun nach dem gebauten Modell von der Erzieherin der Verlauf der Straßen und der Standpunkt der Häuser eingezeichnet, wobei die Kinder die entsprechenden Angaben machen (wegen der Übersichtlichkeit des Planes zeichnen die Erzieherinnen diesen Plan). Die Straßennamen werden eingetragen, Schule und Kindergarten, Kirche und Gemeindeamt markiert. Jedes Kind darf sein eigenes Haus selbst einzeichnen. Stolz zeigen unsere Kinder dem anderen Teil der Gruppe ihr Werk. Jedes Kind erzählt, wo sein Haus ist und zeigt es als Bauwerk auf der Skizze. Alle freuen sich auf den nächsten Tag, wenn der andere Ortsteil gebaut werden soll. In den folgenden Tagen gibt es für die

Kinder verschiedene Hausaufgaben: Sie sollen erzählen, wie viele Häuser noch in ihrer Straße stehen, sie sollen ihre eigene Hausnummer in Erfahrung bringen, sie sollen sich auf dem Weg zum Kindergarten alles einprägen, was wichtig für sie ist.

Jeden Tag wird unser Plan weiter vervollständigt. Jedes Kind, das sein eigenes Haus einzeichnen oder einkleben darf, nimmt diese Aufgabe sehr ernst: es zeichnet z. B. den Gartenzaun und die Familie, manches Kind hat auch im Garten die Bäume gezählt und zeichnet jeden einzelnen ein. Man merkt, daß viele unserer Großen jetzt die Vogelperspektive kennen, sie begnügen sich mit einem roten Viereck als Dach, das nur vom Kamin als solches gekennzeichnet ist. Unsere Kleinen aber »klappen« nach wie vor ihr Haus auf den Plan (Klappbild).

Nach mehreren Tagen sind die Pläne der Kinder fertig. Inzwischen sind auch die Geschäfte und der Spielplatz eingezeichnet. Jedes Kind hat den übrigen Kindern gezeigt und erzählt, welchen Weg es z. B. zum Einkaufen gehen muß, zu seinem Freund hat oder zum Kindergarten. Dabei wird nicht vergessen, darauf hinzuweisen, an welcher Stelle es am besten die Straße überquert (Fußwege gibt es hier kaum!).

Anschließend hängen wir unsere Pläne auf. Aus der Sicht des Erwachsenen haben wir sicher keine kompletten, vollständigen und exakten Pläne angefertigt. Das war auch nicht das Ziel. Dafür haben wir erreicht, daß die Kinder sich jetzt gut in ihrem Ort auskennen.

Bis jetzt konnten wir aus organisatorischen und witterungsbedingten Gründen noch keinen Spaziergang bis nach Haspelmoor machen. Trotzdem haben die Hattenhofener Kinder viel über den anderen Ortsteil erfahren, weil sie beim Erzählen und Entstehen des Planes fest mitgearbeitet haben. Auch uns Erziehern hat diese Arbeit viel Spaß gemacht, und wir haben viel über die beiden Ortsteile dazugelernt.

Wir zeichnen unseren Weg zum Kindergarten

Dauer: Ca. 25 Minuten

8 Wochen sind inzwischen vergangen, seitdem wir unsere Landkarten gezeichnet haben. Es interessiert mich, ob die Großen (zehn Kinder) sich an irgendwelche Einzelheiten auf dem Plan erinnern können.

Organisation: Die Großen sitzen im Nebenraum, in dem unsere Pläne nicht hängen. Wir sprechen auch nicht von den Plänen, sondern vom künftigen Schulweg. Jeder wird diesen Weg bald allein zurücklegen, alle kennen ihn schon genau (es ist nämlich derselbe Weg wie zum Kindergarten). Ich fordere die Kinder auf, sich diesen Weg von ihrer Haustüre an vorzustellen und, wenn möglich, aufzuzeichnen. Die Kinder finden das nicht schwer und machen sich mit Spaß an die Arbeit.

Realisationsmedien: Ich habe für diese Aktion einen großen Papierbogen (DIN A3) und Filzstifte für jedes Kind bereitgestellt. Jeder zeichnet auf sein Blatt alle Straßen und Straßenkreuzungen auf, mit Abbiegungen nach links und rechts. Nach kurzer Zeit sind sie fertig.

Für Außenstehende mögen die entstandenen Bilder seltsam wirken. Wenn man sie aber mit unseren Plänen vergleicht, sieht man, daß die Kinder ihren Weg sehr genau skizziert haben. Manche Blätter mußten wir anstückeln, damit der weite Weg darauf Platz hat.

Alle Kinder, außer einem, zeichnen ihren Weg aus der Vogelperspektive. Von den Eltern erfahren wir, daß die Kinder zuhause mit großem Eifer Landkarten »oben lesen«.

Besuch in der Kirche

Dauer: ca. 3 Stunden

Motivation und Organisation: Wir überlegen, ob wir schon alle wichtigen Gebäude von Hattenhofen besucht haben und stellen fest, daß wir noch nicht in der Kirche gewesen sind. Deshalb melden wir uns beim Mesner für einen Besuch an.

Wir gehen zur Kirche. Vor der Kirche bleiben wir stehen und stellen die Frage, woran wir von außen erkennen können, daß dies kein gewöhnliches Haus ist. Als Antworten kommen z. B.: am Dach, es ist so groß, es hat so besondere Fenster, auf dem Kirchturm ist ein Kreuz und ein Blitzableiter. Außen an der Kirchenwand sehen wir ein riesiges Kreuz. Durch den alten Friedhof kommt man zur Kirchenpforte, und wir treten ein. Ohne daß wir vorher darüber gesprochen haben, verhalten sich die Kinder ruhiger, als sie es anderswo getan hätten.

Vom Fest Fronleichnam ist die Kirche noch festlich geschmückt, mit Fahnen und frischen Birken. Wir treffen den Mesner beim Aufräumen. Er ist gern bereit, uns alles zu zeigen und unsere Fragen zu beantworten. Die Kinder befühlen die Holzbänke und setzen sich, ihre Blicke wandern an den Wänden hoch, sie entdecken Wand- und Deckengemälde, die Kerzenleuchter und die Nummern an der Wand (Anschlag für Gesangbuchverse). Wir dürfen mit in die Sakristei gehen und bekommen die verschiedenfarbigen Meßgewänder gezeigt, mit den schön geschmückten Überwürfen. Der Mesner zeigt uns mehrere Becher, Schälchen und Monstranzen. Sie sind alle aus Gold. Diese Sachen werden aufbewahrt im besonderen, samtgefütterten Kästchen. Die Kinder beobachten, mit welcher Sorgfalt und Ehrfurcht der Mesner diese Gegenstände nimmt und wieder wegschließt. Dann dürfen wir hinter den Altar gehen, wo noch eine besonders schöne goldene Monstranz mit großen, bunten, funkelnden Steinen aufbewahrt wird. Der Mesner hebt sie, gerade als die Sonne darauf scheint, hoch, und es fängt ringsumher zu glitzern an. Die Kinder kommen aus dem Staunen nicht heraus.

Dann fällt ihnen das große Kreuz an der Wand auf. Auch auf kleineren Bildern ist der Gekreuzigte zu sehen. Sie wollen wissen, warum er so schrecklich am Kreuz hängt und blutet, und warum er einen Dornenkranz auf dem Haupt hat.

Eine kurze Antwort genügt hier nicht. Ich verspreche, den Kindern diese Geschichte nachher zu erzählen. Wir sind nämlich schon fast eine Stunde in der Kirche.

Im Kindergarten erzähle ich in groben Zügen die Geschichte des gekreuzigten Jesus und wir unterhalten uns noch lange darüber. Ich schlage vor, daß sie auch ihre Eltern nach Jesus fragen sollen.

Realisationsmedien: Die Kinder sind noch stark beeindruckt von allem, was sie heute gesehen und gehört haben. Deshalb bieten wir Papier und Stifte an, um ihren Vorstellungen freien Lauf zu lassen.

Auf den Bildern sieht man viele Einzelheiten, die sich die Kinder eingeprägt haben. Manchen war es wichtig, wo außen die Stromleitung zur Kirche führt oder der Blitzableiter oder das Kreuz auf dem Turm. Viele Kinder haben die goldene Monstranz gezeichnet, das Kreuz und auch den Mesner.

Ich glaube, daß er sie mit seiner ehrfurchtsvollen Haltung sehr beeindruckt hat.

Eigene Stellungnahme: Ich war eigentlich erstaunt, wie wenig die Kinder über die Kirche wußten, und daß die meisten nie mit ihren Eltern hier gewesen sind. Deshalb stellten die Kinder vielleicht so viele Fragen und verfolgten alles mit soviel Interesse und Ausdauer, wie ich ihnen gar nicht zugetraut hätte.

Es berührte mich ganz persönlich, mit welch sicherem Gespür sie, trotz aller Bilder und allem Glanz, den Gekreuzigten als wesentliches Symbol für die Kirche erkannt hatten.

Gespräche über den gekreuzigten Jesus hatten wir noch mehrere Tage lang, und auch in den Zeichnungen der Kinder kam er noch länger vor.

Besichtigung des Maibaums

Motivation: Hattenhofen ist im Besitz eines schönes Maibaums, den wir uns anschauen wollen. Von fern schon sieht man seine Spitze über die Häuser hinausragen. Uns beschäftigt die Frage, ob der Maibaum höher ist, als der Kirchturm. Die Kinder meinen, der Maibaum sei höher. Er ist auch hoch und imposant, geschmückt mit zwei Tannenkränzen, mit Bändern und mit Holz ausgesägten Symbolen. Wir entdecken bei den Zeichen: Hammer und Pflug, Sonne und Sichel, Handwerksgerät der Maurer, der Schuster und der Metzger, von allen wichtigen Berufen, die noch bis vor einer Generation im Dorf ausgeübt wurden. Die bayerischen Löwen und einen Bierkrug können wir auch noch erkennen. Es sieht aus, als streife die Spitze des Maibaums die Wolken am Himmel. Wir meinen, daß wir sogar sehen können, wie der obere Teil des Maibaums durch den Wind hin und herschwankt. Als uns allen das Genick wehtut vom hinaufstarren, kehren wir in den Kindergarten zurück.

Realisationsmedien: Dort haben wir eine große Papierrolle und Farben mit breiten Pinseln bereitgestellt. Jedes Kind darf von der Rolle soviel Papier abrollen, wie es meint, daß sein Maibaum hoch sein soll. Mit viel Eifer malen die Kinder. Wir bekommen eine Reihe großer und interessanter Bilder von unserem Maibaum.

Eigene Stellungnahme: Insgesamt sind wir mit diesem Projekt zufrieden, weil wir der Meinung sind, den Kindern auf kindgemäße Weise ermöglicht zu haben, ihren Heimatort kennenzulernen. Vor allem glauben wir, daß das bildnerische Gestalten für diese sehr wichtig war. Es stellt eine Ruhepause für die Kinder dar, um zu sich selbst zu finden, die eigenen Vorstellungen zu klären und Entscheidungen zu fällen, wo z. B. welches Haus zu stehen hat. Andererseits, meinen wir, bestand die Gefahr, daß die bildnerischen Aufgaben zu stereotyp waren. Wir hätten mehr überlegen sollen, wie sich das bildnerische Tun mit noch mehr Motivation anreichern ließe.

Renate Bley

Kontaktaufnahme mit einem anderen Kindergarten

(Gemeindekindergarten Hattenhofen)

Dauer: März–April und Juli (Das Motiv wurde der jeweiligen Situation entsprechend behandelt.)

Ziel: Über das Briefeschreiben sollen die Kinder die Möglichkeit haben, einen persönlichen Kontakt mit anderen Kindergartenkindern zu entwickeln. Der ausgewählte Kindergarten liegt in einem kleinen Dorf: Landkinder – Stadtkinder. Auf diese Weise können unsere Kinder verschiedene Lebensräume kennenlernen.

Tatsächlicher Verlauf:

1. Überraschender Brief aus Hattenhofen

Heute haben wir mit der Post einen seltsamen Brief bekommen. Der Umschlag ist aus Tapetenpapier und hat DIN A4-Format.

Motivation: Nach dem Freispiel sitzen alle Kinder gespannt im Kreis und warten auf die angekündigte Überraschung. »Wir haben einen Brief von ...«; hier unterbrechen mich die Kinder: »Ja, wir wissen schon, von Frau Tinus!« (Wir hatten vor einigen Tagen an unsere jugoslawische Erzieherin einen Brief mit ein paar Zeichnungen geschickt, weil sie krank war.) »Nein«, sagte ich und warte. Claudia meint: »Das ist sicher ein Brief aus Jugoslawien von den Kindern, denen wir geschrieben haben und denen wir ein Geschenk geschickt haben.« Auch diese Erwartung war gerechtfertigt, denn wir standen im vorigen Jahr mit einem jugoslawischen Kindergarten in Briefkontakt.

Jetzt werden sie ungeduldig und fordern mich auf, den Absender vorzulesen und den Briefumschlag zu öffnen. Ich zeige den mehrfach gefalteten Brief vor und lese ihn:

»Liebe Kinder!
Wir wollen Euch diesen Brief schreiben. Wir wünschen uns, daß Ihr unsere Freunde werdet! Wir haben uns selber gemalt, damit Ihr uns kennenlernen könnt. Wir wünschen Euch, daß Ihr nicht sterbt, daß Ihr gesund bleibt! Und daß Euch kein Unfall passiert.

Wir möchten gern Eure Namen wissen. Wir wünschen uns, daß Ihr uns einmal besucht und mit uns im Garten spielt. Wir wünschen uns auch einen Brief von Euch, wo Ihr darauf zu sehen seid. Wir wollen wissen, wo Ihr wohnt und in welchem Haus. Und wir wollen Eure Telefonnummer wissen, damit wir Euch mal anrufen können und Eure Hausnummern.

Wir grüßen Euch Alle
die Kinder von Hattenhofen und Haspelmoor.«

Anschließend schauen wir den gezeichneten Brief an. Die Kinder staunen und sind begeistert, daß die Kinder in Hattenhofen auf die Idee gekommen sind, uns zu schreiben. Spontan stehen einige Kinder, die schon Briefkontakte erlebt haben, auf und suchen Papier und Stifte, um zu malen.

2. Antwortbrief (»Hausbrief«)

Realisationsmedien: Filzstifte, Wachsmalkreiden und Papier (40 × 15 cm, ein Restbestand) stehen bereit. Da die Kinder von dem Papierformat nicht sehr begeistert sind, mache ich ihnen den Vorschlag, es zu falten wie eine Türe oder ein Fenster, das man öffnen kann. Kein Kind will sein Papier ungefaltet bemalen. Sie sind sehr beschäftigt und aufgeregt, denn nicht alle wissen, wofür sie sich entscheiden sollen: Tür oder Fenster. Nachdem sie ihre Papiere gefaltet und bemalt haben, wollen wir sie gleich wegschicken, aber wir brauchen noch einen geschriebenen Brief. Dazu sind die Kinder zu müde, und wir verschieben es auf morgen.

Ich bereite am nächsten Tag große Tonpapiere vor und mache den Kindern den Vorschlag, ihre Zeichnungen daraufzukleben. Die Kinder kommen auf die Idee, aus dem Tonpapier ein Haus zu machen, denn die meisten Zeichnungen sehen aus wie ein Fenster. Zwei große Tonpapierstücke werden aneinandergefügt und ein Dach daraufgeklebt.

Jetzt wird es spannend, denn wir müssen alle Zeichnungen unterbringen. Manche wollen im 1. Stock wohnen, manche im Dachgeschoß, manche neben einem bestimmten Freund. Dies geschieht alles während des Freispiels; eine kleinere Gruppe (ca. 8 Kinder) fühlt sich besonders verantwortlich und organisiert nahezu selbständig das Aufkleben der Fenster nach den Wünschen der anderen Kinder; diese kommen, wenn sie gerufen werden, aus ihrer Spielecke, äußern ihre Wünsche und gehen dann zufrieden wieder zu ihrem Spiel zurück. Die Kinder sind Feuer und Flamme und ganz bei der Arbeit.

Sie diskutieren und es entstehen Konflikte, die wieder gelöst werden. Auch für die Zeichnungen der Kinder, die an diesem Tag nicht da waren, muß ein Platz gefunden werden. Nach etwa einer halben Stunde sind alle wieder entspannt und gelöst und betrachten zufrieden das fertige »Haus«.

Auch eine Eingangstüre haben wir angebracht, in die der geschriebene Brief geklebt wird, und eine zweite Türe, in die die Kinder die Erzieher malen. Dann haben sie Lust, das Haus zu verschönern, daher malen die meisten Kinder um ihr »Fenster« sehr schöne Verzierungen. Wenn zehn Kinder gleichzeitig an diesem Haus beschäftigt sind, entsteht die Schwierigkeit, daß einer den anderen behindert. Aber es funktioniert, nach einer Stunde stehen alle bewundernd vor ihrem »Hausbrief«.

Wie sollen wir nun dieses Riesenhaus verschicken? Mit der Post? Ja! Wir rollen den Hausbrief zusammen, aber es geht nicht. Dann versuchen wir es zu falten, und zwar sehr vorsichtig, damit keine Zeichnungen beschädigt werden; es entsteht ein großes Paket. Ich packe es ein und verspreche den Kindern, es abzuschicken.

3. Rückantwort aus Hattenhofen

Realisationsmedien: Wie erwartet, bekommen wir Antwort aus Hattenhofen. Obwohl einige Wochen vergangen sind, können sich die Kinder gut an ihren abgeschickten »Häuserbrief« erinnern. Der Umschlag des Briefes ist in Versform, und als ich das Band löse, kommt eine lange Kette aus vielen zusammengeklebten Herzen zum Vorschein. Die Kinder schreien durcheinander: »Was ist denn das? So ein komischer Brief!« »So viele Herzen!« »Das ist aber lustig!« »Der ist aber lang!« »Wo hängen wir die Herzen auf?« »Was haben die Kinder gezeichnet?« »Da stehen auch Namen!« Nachdem sie sich beruhigt haben, lese ich ihnen die Namen der Absender vor. Auf jedem Brief war eine Zeichnung für ein ganz bestimmtes Kind von uns.

Repräsentationsmedien: Mit großer Freude stellen sie fest, daß manche Kinder dieselben Namen haben wie wir. Auf jedem Bild steht neben dem Namen das Alter des Kindes. Die Kritzelzeichnungen der 3- bis 4jährigen werden wohlwollend mit »der ist ja noch so klein!« kommentiert. Manche Malereien der 5- bis 6jährigen werden besonders bewundert. Dann beratschlagen die Kinder, wo wir den langen Brief hinhängen können. Wir einigen uns auf die Wand über dem Regal.

Auf Wunsch der Kinder lese ich den geschriebenen Brief vor:

»Liebe Kinder!
Ihr habt uns einen so schönen Brief geschrieben, er hat uns gut gefallen. Wir waren sehr überrascht und glücklich darüber. Kommt doch bitte bald mal zu uns. Wir haben auf unserem Spielplatz einen schönen Berg, auf dem kann man im Sommer mit Wagerln runterfahren und im Winter mit dem Schlitten. Eine Höhle haben wir auch in dem Berg. Dort ist es dunkel.

Wir haben einen ganz langen Herzchenbrief für Euch gemalt und wünschen Euch viele liebe Grüße

Eure Freunde aus Hattenhofen und Haspelmoor.«

Besonders begeistert sind die Kinder von dem Berg und den Höhlen.

Ich schlage einen Antwortbrief vor, aber die Kinder wissen nicht so recht, was der Inhalt sein soll. Daher mache ich den Vorschlag, sich selbst zu zeichnen, damit die Kinder aus Hattenhofen sie wiedererkennen können, wenn wir dort ankommen.

Realisationsmedien: Sie sind damit einverstanden, setzen sich voll Eifer an die vorbereiteten Maltische. Beinahe alle verlangen einen Spiegel, um sich besser betrachten und abmalen zu können. Sie beobachten sich genau und nehmen ihre Arbeit sehr ernst.

4. Unser zweiter Brief nach Hattenhofen (»Burgbrief«)

Dazwischen lagen die Osterferien, und der Briefwechsel war den Kindern nicht mehr unmittelbar in Erinnerung. Ich wollte noch erreichen, daß sie ihre Selbstbildnisse zu einem »Bildbrief« zusammenfassen, dazu den Plan des Gruppenzimmers legen und einen Wortbrief diktieren.

Motivation: Daher breite ich die vor den Ferien angefertigten Selbstbildnisse aus. Unschlüssige, auch interessierte Kinder setzen sich dazu und fragen, was ich hier mache. Ich sage, daß wir den Kindern aus Hattenhofen noch einen Antwortbrief schuldig seien und weise auf den Brief an der Wand. Claudia ordnet die Selbstbildnisse anders an, als ich sie hingelegt habe. Sie ist jedoch unsicher und meint: »Der Brief mit dem Haus war aber viel schöner als der!« Ich bin erleichtert, daß sie das sagt, denn ich habe selbst noch keine genaue Vorstellung, wie der Brief aussehen könnte, aber ich weiß, daß jetzt Vorschläge kommen werden.

Organisation und Realisationsmedien: Nach einigen Vorschlägen der Kinder hole ich Papier und Stift, um sie aufzuschreiben. Die Vorschläge kommen aus den verschiedenen Ecken des Zimmers, wo Kinder kurz aufmerksam werden, um ihre Idee zu sagen und anschließend wieder weiterzuspielen. Vorgeschlagen wird:

– Burg – Schaukel – unser Zimmer – ein Tier – Spiegel – Klettergerüst – Bus oder Zug – Uhr – Sonne, die Kinder sitzen auf den Strahlen – Flasche, die Kinder verstecken sich drinnen – Baum, wo sich die Kinder verstecken – Gebüsch – Kaffeekanne, da sitzen alle Kinder drin – Ponypferde – Kasperltheater – Wohnwagen mit Auto – Lager – fliegender Teppich, da sitzen alle Kinder drauf – Kirche – großer Schuh oder Stiefel, in dem alle Kinder sitzen.

Letztlich besteht jedoch bei den Kindern für diesen Antwortbrief kein so starkes Interesse. Nur Emil, ein Kind mit Behauptungsproblemen, hat den starken Wunsch, seinen Vorschlag zu verwirklichen. Es erscheint mir sehr wichtig, daß er sein Vorhaben auch erfolgreich abschließen kann.

Organisation und Realisationsmedien: Emil will eine Burg malen und bestimmt die Größe des Papiers. Dann bekommt er Hemmungen und wird mit diesem Riesenpapier nicht fertig. Ich mache ihm den Vorschlag, die Burg erst klein aufzuzeichnen, was ihm sicher und routiniert gelingt. Mit meiner Hilfe kann er dann die Burg auf das große Papier übertragen. Claudia darf ihm helfen, Jürgen aber nicht. Begründung: »Der ist noch so klein, der malt immer in die Fenster rein, dann wird die Burg nicht schön.« Es war nichts zu machen, um sein eben gewonnenes Selbstbewußtsein nicht zu gefährden, lasse ich es dabei bewenden, vor allem, als ich sehe, daß Jürgen sich recht rasch einen Freund sucht und einen Teppich zu malen beginnt.

Lange und intensiv malen Emil und Claudia; sie lassen sich dabei selbst durch größere Unruhe im Raum nicht stören. Ab und zu haben sie Zuschauer, die kritisieren und begutachten. Schließlich stehen sie stolz und ziemlich erschöpft vor ihrer fertigen Burg.

Am nächsten Tag entsteht mit einer größeren Kindergruppe der Wortbrief, und dieser und die Selbstbildnisse müssen auf die Burg geklebt werden. Um den Wortbrief in die Tür zu kleben, schneidet Emil das Burgtor auseinander und stellt überrascht und zugleich enttäuscht fest, daß dahinter nur der blanke Fußboden auftaucht. Er ist erleichtert, als Monika Rat weiß und ein Stück Papier dahinterklebt.

Ein Problem ist noch, den Wortbrief und die »Fräuleins« unterzubringen, denn beide sollen in die Tür. Die Kinder behelfen sich, indem sie den Wortbrief wieder als Tür auseinanderschneiden und die Fräuleins auf ein neues Papier dahinterkleben.

Wegen der intensiven Arbeit mit der Burg fällt es Emil schwer, sich von ihr zu trennen, als ihm bewußt wird, daß sie nun abgeschickt werden soll.

Der Wortbrief zur Burg lautet:

»Liebe Kinder von Hattenhofen!

Der Herzchenbrief von Euch hat uns sehr gefallen. Er hängt an der Wand. Bei uns war der Osterhase da! Und bei Euch? Wir haben im Garten ein Klettergerüst, eine Turnstange, eine Schaukel und zwei Sandkästen.

Wir schicken Euch noch unser Zimmer, das wir für Euch gemalt haben und die Burg mit unseren Gesichtern.

Wann sollen wir Euch besuchen? Wir bringen Euch eine Überraschung mit, aber wir verraten sie noch nicht.

Ihr müßt uns besuchen, bevor wir in die Schule kommen.

Viele liebe Grüße von uns allen, die Kinder in der Alfonsstraße 8 in München.«

5. Persönlicher Kontakt durch Besuche

a) die Kinder aus Hattenhofen besuchen uns

Wir bekommen aus Hattenhofen eine Tonbandkassette geschickt. Um den Inhalt kennenzulernen, höre ich mir die Kassette erst allein an: Ein Gespräch von Frau Bley mit ihren Kindern, die sehr aufgeregt sind, weil sie laut durcheinandersprechen. Die Kinder singen ein Lied für uns, kündigen uns ihren Besuch für Mittwoch an und grüßen uns alle einzeln.

Motivation: Am nächsten Tag, nach einem langen, aufregenden, sehr erlebnisreichen Freispiel (Zelt bauen), gehe ich mit interessierten Kindern in den Hort. Angespannt und unruhig lauschen sie den ersten Worten der Kassette. Sie lachen und finden es lustig, aber sehr schnell werden sie uninteressiert an der Kassette, weil sie akustisch nicht alles verstehen können. Schließlich geben sie mir zu verstehen, daß sie lieber in den Hof gehen möchten; sie wollen aber wissen, ob und wann uns die Kinder besuchen. Ich erzähle ihnen mit wenigen Worten, was uns erwartet. »Morgen kommen die Kinder aus Hattenhofen. Sie kommen mit einem großen Bus aus einem kleinen Dorf, bleiben bis Mittag.« Es ergibt sich noch ein kurzes Gespräch, was wir dem Besuch anbieten könnten. Emil sagt: »Pommes frites, Würstchen, Kuchen, Gummibärle, Guttis, Pudding.« Der letzte Vorschlag wird angenommen, weil der Pudding leicht und schnell zubereitet ist. Die Kinder haben jetzt das Gefühl, daß alles abgeschlossen ist und stürzen erleichtert in den Hof.

Für den nächsten Tag um 9 Uhr hat sich der Besuch aus Hattenhofen angemeldet. Vorher müssen jedoch der Pudding und eine Quarkspeise fertig sein. Mit einer kleinen, sehr interessierten Kindergruppe gehe ich in die Küche. Aufgeregt wird hier gelöffelt, gerührt, geschleckt, Milch verschüttet und gelacht. Dann stehen viele kleine Schälchen mit köstlicher Süßspeise bereit. Es ist 9 Uhr, im Zimmer sind inzwischen die Tische an die Seite gerückt worden, damit für alle genügend Platz ist. Die meisten Kinder sind jetzt sehr aufgeregt und sitzen im Flur auf dem Fensterbrett, um nach den Gästen zu schauen. Eigentlich ist es verboten, aber heute mache ich eine Ausnahme, denn ich bin ja dabei. Einen Augenblick werde ich am Telefon verlangt, schon ist es passiert. Eine Fensterscheibe ist durch das Drängen der Kinder eingedrückt und hat viele Sprünge. Ich fühle mich dafür verantwortlich, weil ich dies hätte voraussehen müssen. Damit die Scheibe nicht ganz zerbricht, werden Tesakreppstreifen auf die zerbrochene Scheibe geklebt. Es ist 9.10 Uhr und die Gäste sind noch nicht da. Alle sind so aufgeregt, daß es im Haus kaum auszuhalten ist. Deshalb ziehen wir uns an und gehen vor das Schulhaus, obwohl es regnet. »Jetzt platze ich bald, wenn sie nicht kommen«, sagt Markus. Ein anderer meint: »Hoffentlich haben sie keinen Unfall oder keinen Stau mit dem großen Omnibus.« Um die Zeit zu vertreiben, raten wir, welche Farbe der Omnibus hat und was die Kinder aus

93

Hattenhofen uns vielleicht mitbringen.

Endlich, ein großer weißer Omnibus mit blauen Streifen hält vor unserer Schule. Thomas umklammert meine Hand und läßt sie nicht mehr los. Die Erwachsenen kennen und begrüßen sich, die Kinder sind sich trotz des Briefwechsels fremd und schauen sich mit verstohlenen Blicken an. Wir gehen ins Haus, legen die Mäntel ab und betreten schüchtern den Gruppenraum. Alles schaut und staunt, es entstehen keine Kontakte zwischen den Kindern. Da wir nicht genügend Stühle haben, verteile ich 40 kleine Teppichfliesen, die in der Form eines Kreises angeordnet werden. Sobald alle Kinder sitzen, enthüllt Frau Bley nach der Begrüßung ein Riesengeschenk: einen wunderschönen, von den Kindern hergestellten Maibaum. Er wird auf den Tisch gestellt und die Hattenhofer Kinder erklären stolz die einzelnen Teile, die am Maibaum befestigt sind. Unsere Kinder sind sehr aufmerksam und interessiert, doch liegt noch Befangenheit in der Luft. Vermutlich haben sie Fragen, aber keines traut sich, sie auszusprechen.

Zwei Kinder von uns verstecken sich im Zelt und drei andere haben sich unter dem Tisch verkrochen. Ob sie Angst haben oder Theater spielen? Nachdem ich sie zu uns in den Kreis gebeten habe, lächeln sie verlegen, und ich lasse sie aus ihrem Versteck das Geschehen in Ruhe beobachten. Ich hole eine Kinderliege und stelle sie in die Mitte des Kreises.

Es entstehen mit meiner Hilfe Fragen und Antworten. Warum habt ihr ein Bett? (Die Kinder aus Hattenhofen sind nur vormittags im Kindergarten). Zum Schlafen, wir bleiben den ganzen Tag im Kindergarten, aber nicht alle. Wer ist ein Mittagskind? Gibt es etwas zu essen bei euch? Wir haben Teller und ein richtiges Essen, Suppe und Nudeln usw. Die Kinder aus Hattenhofen sind sichtlich erstaunt.

Inzwischen ist es 10 Uhr geworden und alle wollen Pause machen. Jeder holt seine Brotzeit und es werden die Süßspeisen angeboten. Die Augen der »Kochkünstler« strahlen.

Während des Essens wird die Atmosphäre lockerer und gelöst. Ein paar meiner Kinder fragen mich nach Musik, sie möchten tanzen; gern gehe ich auf ihren Wunsch ein. Mexikanertanz, den können alle unsere Kinder. Freiwillige Vortänzer setzen sich in die Mitte und beginnen. Alle sind begeistert und wir tanzen noch einmal. Einige Besucher trennen sich von ihrer Brotzeit und machen mit. Beim nächsten Musikstück tanzen alle mit. Es ist wunderschön, das Tanzen hat uns verbunden. Spontan wollen uns die Hattenhofener Kinder auch einen Tanz vorführen: den Rüppeltanz. Er ist lustig, unsere Kinder nehmen daran teil und alle kommen sich näher. Schließlich setzen wir uns erschöpft hin und es wartet auf alle eine Überraschung:

Peterle kommt, eine Handpuppe, die unsere Kinder kennen und lieben. Er unterhält sich mit den Kindern, eine gewisse Beruhigung tritt ein und schließlich verteilt Peterle an alle Kinder Gummibärle. Jetzt wollen die Kinder durch das Schulhaus gehen und ein echtes Klassenzimmer anschauen. Wir haben Glück, eine Lehrerin unterbricht für unsere »Landkinder« den Unterricht. Leider ist die Zeit inzwischen knapp, wir müssen zum Bus.

b) Wir besuchen die Kinder in Hattenhofen

Nach dem Besuch erkrankten viele Kinder an Windpokken. Nur noch 12 Kinder sind anwesend. Sie fragen fast täglich, wann sie nach Hattenhofen fahren dürfen. Ich erkläre, daß die kranken Kinder sehr traurig wären, wenn wir ohne sie fahren würden. Die Hattenhofener Kinder würden zwar auf uns warten, aber ich werde ihnen einfach schreiben, daß wir später kommen.

Motivation und Organisa-

tion: Ohne Aufforderung zeichnen die Kinder viele kleine Bilder, die ich auf den von den Kindern diktierten Brief klebe. Es entsteht ein kleines Bilderbuch, das wir am nächsten Tag verschicken.

Nach der Mitteilung der Eltern, daß die Fahrt verschoben werden muß, verfertigen die Kinder spontan und mit großem Einsatz Geschenke für die Hattenhofener Kinder: Geldbeutel – Überraschungspäckchen, mit Glückspfennig als Inhalt, gefaltete und gemalte Flieger und ein Indianerzelt (ca. 1,80 m hoch) aus Bambusstangen und Stoffen.

Einen Tag vor unserem Besuch bekommen wir einen riesengroßen »Rundbrief«. Unsere Kinder sind aber schon so aufgeregt, daß sie nicht mehr aufnahmefähig sind. Dieser große runde Brief (Durchmesser 1,70 m) hat im Mittelpunkt einen Wortbrief. Außen herum haben die Hattenhofener Kinder alles für sie Wichtige aus und um ihren Kindergarten aufgezeichnet.

Der Brief hat folgenden Text:

»Liebe Kinder, es wäre schade, wenn Ihr uns vor den Ferien nicht mehr besuchen kommt, weil viele von uns in die Schule kommen. Wir haben gemalt, wie es bei uns aussieht, auf dem Spielplatz, im Kindergarten und im Dorf. Aber Ihr müßt selbst kommen und schauen. Wir überlegen schon, was wir Euch für eine Überraschung zum Essen machen. Ein Kind von uns hat auch die Windpocken, der Michael. Es hat uns ganz gut bei Euch gefallen. Wenn Ihr zu uns kommt, möchten wir gern, daß die Kinder aus Jugoslawien und Spanien ganz viel mit uns sprechen. Viele liebe Grüße von uns allen. Kommt bald!

Eure Hattenhofener Kinder.«

Der langersehnte Tag ist gekommen! Um 8 Uhr sind alle 22 Kinder da, sogar unsere »Langschläfer«. Als ich den Gruppenraum betrete, laufen die Kinder schon aufgeregt hin und her. Markus (3 Jahre) hat einen selbstgebastelten Flieger in der Hand, holt tief Luft und schreit: »Der ist für Hattenhofen! Meine Schuhe habe ich auch schon an!«

Andere zeigen stolz ihren Rucksack oder ihre neue Kleidung. Das Einsteigen in den Bus ist spannend, wer sitzt neben wem, vorne oder hinten, am Fenster oder in der Mitte. Wir fahren los und die Kinder unterhalten sich schreiend. Dazwischen singen sie rhythmisch und jedesmal, wenn sie einen kleineren Bus als unsere sehen, schreiben sie »Babyautobus, Babyautobus«. Nach einer halben Stunde fragen die ersten Kinder, wann wir ankommen, und es beruhigt sie, als ich sage, daß wir schon bald den Kirchturm von Hattenhofen sehen werden. Um 9 Uhr kommen wir dort am Kirchplatz an, unsere Gastgeber steigen zu, und wir fahren ein paar Kilometer weiter, um einen Kuhstall zu besichtigen. Viele Kinder haben noch nie Kühe gesehen und sind um so erstaunter, aber auch ängstlich, als sie durch den Stall gehen. Der Geruch ist ihnen neu, und so rümpfen sie die Nase und meinen, »hier stinkt's«. Die Stiere brüllen fürchterlich und machen uns Angst. Die Kinder sind sehr interessiert und staunen über alles, was sie sehen. Wir bedanken uns bei der Bäuerin und dem Bauern und verabschieden uns mit Winken.

Als wir den Kindergarten der Hattenhofener betreten, sind wir sehr erstaunt. Es ist ganz anders als bei uns. Bilder hängen von der Decke, die viel niedriger ist als bei uns. Wir entdecken unseren Burgbrief an der Wand. Emil steht fast fassungslos davor und sagt: »Das ist ja meine Burg.« Die Hattenhofener Kinder zeigen uns ihre wichtigen und wertvollen Gegenstände: ein aus Schachteln gebasteltes Schiff, einen ebenfalls aus Schachteln hergestellten, bemalten Elefanten, einen wunderschönen großen Schmusebären und vieles mehr. Die Kinder sind

weder ängstlich noch schüchtern, sie strahlen und es herrscht etwas Spannung, denn die Hattenhofener haben uns noch eine Überraschung angekündigt. Wir setzen uns alle in einen großen Kreis auf den Boden, bekommen Servietten und Pappbecher und warten. Unsere Gastgeber verschwinden kurz und kommen freudestrahlend und stolz zurück mit selbstgemachten Herzen, die sie am Tag vorher gebacken haben. Jeder bekommt eines, und manche Kinder beißen ehrfurchtsvoll in das Geschenk. Nachdem alle gegessen und getrunken haben, möchten unsere Kinder ihr mitgebrachtes Zelt und die Flieger verschenken. Das Zelt wird in der Mitte des Kreises aufgestellt und gleich ausprobiert. Anschließend verteilen unsere Kinder die Flieger.

Das Wetter ist wunderbar, und so können wir auf den Spielplatz vor dem Haus. Er ist paradiesisch schön; unsere Kinder genießen ihn mit vollen Zügen. Sie fragen nach der Höhle, und die Hattenhofener Kinder führen uns dorthin. Ein paar Kinder verzichten jedoch darauf, sie zu betreten. Die Kinder, die auf der anderen Seite der Höhle wieder herauskommen, sind jedoch sehr stolz, werden wie Sieger bestaunt. Mit kleinen Wagen fahren wir den Berg hinunter, steigen auf den Indianerpfahl, spielen mit Wippe, Tarzanschaukel, gewöhnlichen Schaukeln, im Sandkasten mit Bagger, Mörtelmaschine usw. Die Kindergruppen vermischen sich. Fasziniert werden ein paar mitgebrachte Katzen bestaunt. Schließlich versammeln wir uns auf dem Berg zu einem Abschiedsfoto und einem Pfeifkonzert mit Pfeiflutschern. Die Trennung fällt den Kindern schwer, es wird etwas hektisch. Die Hattenhofener Kinder wünschen sich zum Abschied noch ein jugoslawisches Lied. Winken am Autobus, sie versprechen ein baldiges Wiedersehen. Auf der Heimfahrt sind die Kinder ruhiger, erschöpft, aber entspannt.

Kritische Stellungnahme: Wenn ich mir verschiedene Situationen dieses Projekts nochmals durch den Kopf gehen lasse, dann meine ich, sind auf Grund der unterschiedlichen und verschiedenartigen Aktivitäten den Kindern viele Erfahrungen ermöglicht worden. Ein großer Teil dieses Projekts bezog sich auf Aktionen aus dem Bereich der Ästhetischen Erziehung. Sie haben den Kindern die Möglichkeit eingeräumt, den gewünschten Kontakt herzustellen, wie dies z. B. mit dem Rundbrief geschehen ist. Am Tag nach dem Besuch in Hattenhofen ist dieser Brief für unsere Kinder erst richtig interessant geworden, weil sie vergleichen und sich erinnern konnten. Er ist für sie der wichtigste und lebendigste gewesen, weil sie ihn mit ihrem eigenen Erleben in Verbindung bringen konnten. Es gäbe noch etliche andere Beispiele hier anzuführen. Der vorhergehende Bericht aber bestätigt einiges, was an diesem Beispiel »Rundbrief« hier kurz mit Nachdruck noch erwähnt worden ist.

Maria Caiati

Wir erfahren unseren Gruppenraum und die unmittelbare Umgebung des Kindergartens

Teilnehmer: 25 Kinder
Dauer: Wird in den einzelnen Abfolgen angegeben
Situation: Unsere Kinder kennen natürlich ihren Gruppenraum, den Kindergarten und das ihn umgebende Gelände. Trotzdem stelle ich hin und wieder fest, daß manches Kind doch nicht so genau Bescheid weiß.
Ziel: Die Kinder sollen eine intensivere Beziehung zu ihrem Gruppenraum bekommen, z. B. über dessen Größenverhältnisse. Sie sollen Maßeinheiten finden, anwenden lernen, und sie sollen anderen mitteilen können, wo sie sich während der Kindergartenzeit

aufhalten und wo sie z. B. spielen. Bewußtes Wahrnehmen – Erkennen – Orientieren, steht im Mittelpunkt.

Tatsächlicher Verlauf:
1. Ausmessen unseres Raumes
2. Nachmalen – nachzeichnen – nachbauen
3. Wiedererkennen der Umgebung auf Dias
4. Verändern des Raumes
Dauer: ca. 90 Minuten.

Ausmessen unseres Gruppenraumes

Motivation: Ein langer Streifen Papier wird an der Wand befestigt; ich frage die Kinder, wer sich messen lassen will. Sie stehen Schlange, weil fast alle wissen wollen, wie groß sie sind, ob sie z. B. größer sind als ein bestimmtes anderes Kind, wer der Größte und wer der Kleinste ist. Manche freuen sich, manche sind über ihr Ergebnis enttäuscht. Sie trösten sich gegenseitig und wollen dann, daß ich mich und meine Kollegin messe, was wir zum Gaudium der Kinder auch tun.

Organisation: Nachdem alle Kinder wissen, wie groß sie sind (nicht in Zentimetern, sondern ein Strich mit dem Namen zeigt es ihnen), haben sie Lust, selbst zu messen. Sie befestigen einen neuen Streifen Papier an der Wand und drängen sich um den Platz.

Realisationsmedien: Udo mißt die Puppe, Emil einen langen Baustein, Claudia einige Decksteine und Monika ihre Giraffe, die sie von zu Hause mitgebracht hat.

Nun meine ich, daß wir auch Tische und Möbelstücke messen könnten. Ich biete eine Rolle Klopapier an, die nur 8 cm breit ist, und die Kinder messen Kanten und Flächen. Es wird lebendig im Raum, manche brauchen meine Hilfe, rufen nach Scheren und Heftmaschine oder Tesafilm und Bleistift. Ich bin nicht darauf vorbereitet, daß alle Kinder sich mit dem Messen so intensiv befassen. Um zu meinem eigentlichen Ziel zu kommen, mache ich den Vorschlag, den ganzen Raum auszumessen. Markus versucht, die Breite des Raumes mit Schritten zu erfassen. Er kommt auf elf Schritte. Wir haben auch Pappstreifen als Maßeinheit zur Verfügung, aber die Kinder benützen sie nicht; auch nicht die schmale Rolle Papier. Wir verrücken ein Regal und eine Kommode, damit die Längsseite des Zimmers frei ist und besser gemessen werden kann. »Wenn ihr euch an der Seite des Zimmers auf den Boden legt, dann können wir erfahren, wie viele Kinder das Zimmer lang ist.« Mit Riesenspaß befolgen sie meinen Vorschlag. Manche wollen sich nicht auf den Boden legen, lieber zuschauen und mitzählen: es sind 11 Kinder.

Jetzt messen sie die Seite mit der Papierrolle, allein und selbständig. Markus hält das Ende der Rolle an der einen Ecke fest, Daniela rollt vorsichtig das Papier bis zum anderen Ende des Raumes aus und schneidet den Rest ab. Das Verrücken der Möbel hat die Kinder zum Höhlenbauen angeregt und sie holen sich spontan Decken und Tücher. Nur wenige Kinder messen gewissenhaft und ausdauernd, aber doch mit Begeisterung (Foto S. 90).

Als wir in den Garten gehen, legen wir unseren Gruppenraum auf dem Asphalt mit Hilfe der Papierstreifen aus. Die Kinder sammeln Steine und ordnen sie auf den Streifen an, damit sie nicht vom Wind weggeweht werden. Zu unserer Enttäuschung stellen wir fest, daß das Zimmer keinen Platz hat. Wir entschließen uns daraufhin, auf den Schulhof zu gehen. Steine und Papierstreifen werden auf den Schulhof geschleppt. Es ist schwierig, denn der Wind weht hier wesentlich stärker. Das Papier reißt leicht, und ich verliere schließlich auch noch die Orientierung. Nach längerem Probieren liegt dann das Zimmer in voller Größe vor uns auf dem Boden.

Ein paar Kinder laufen im

Hof herum und interessieren sich nicht mehr. Ca. 8 Kinder versuchen, sich auf der Fläche vorzustellen, wo z. B. die Puppenecke, die Bauecke und die Fenster unseres Gruppenraumes sind. Mit Tafelkreide zeichnen sie die Tische und unsere Möbelstücke ein. Jetzt kommen auch die anderen Kinder wieder, um mit Tafelkreide am Boden zu zeichnen. Die 3jährigen ziehen 10 Meter lange Striche, füllen kleine Flächen aus und sind so vertieft, daß sie unser Vorgehen nicht weiter beachten.

Schulkinder kommen über den Hof, und unsere Kindergartenkinder erzählen ihnen, was dies alles bedeuten soll. Sie lächeln und finden es toll, weil sie erkennen, mit welcher Begeisterung die Kindergartenkinder arbeiten (S. 96).

Da wir den Schulhof wieder räumen müssen, sammeln die Kinder die Steine und tragen sie in den Kindergarten zurück. Außerdem werden andere Papierstreifen zusammengelegt und aufgeräumt. Am nächsten Tag verlangen die Kinder wieder Tafelkreiden, denn sie möchten draußen Häuser und Höhlen auf den Boden malen. Zunächst werden Sand und kleine Steine mit Besen weggekehrt, dann wird mit Eifer gemalt. Die Kleinen ziehen wieder lange Striche und füllen Flächen aus. Andere machen sich Häuser, verbinden sie durch Wege mit dem Haus des Freundes, malen einen Garten dazu, ein Auto, in das sie sich setzen und »losfahren«.

Sogar Wolfgang, der fast nie malt, möchte eine Kreide und zeichnet ein großes Haus. Ich muß seinen Namen und den seines Freundes dazuschreiben.

Nachmalen – nachzeichnen – nachbauen

Dauer: ca. 75 Minuten
Tatsächlicher Verlauf:
Nach dem Freispiel: Wir setzen uns auf den Boden und schließen die Augen. Wer kann mir sagen, welche Farbe der Tisch in der Puppenecke hat? Alle Kinder rufen: Rot! Wie viele Stühle sind um den roten Teppich? Welche Farbe haben die Vorhänge, der Teppich, die Tafel, wie viele Fenster sind im Raum. Die Kinder antworten meist im Chor, manche haben die Augen offen und suchen nach den Gegenständen, nach denen ich frage. Weiter frage ich nach den verschiedenen Ecken, Schränken, Türen, Tischen, und die Kinder deuten meist mit geschlossenen Augen darauf. Es ist leicht für sie, und sie freuen sich über den jeweiligen Erfolg.

Realisationsmedien und Organisation: Zwei große Bögen Papier, die die Form des Gruppenraumes haben im Maßstab 1 : 10, 15 DIN A 4-Bögen, ebenfalls im Grundriß des Zimmers, Filzstifte. Jetzt hole ich das vorbereitete Papier, das die Form des Zimmers hat. Nachdem wir uns zwei Tage vorher im Hof damit befaßt haben, erkennen die Kinder sofort den Grundriß des Zimmers. Ich frage, ob sie wissen, auf welcher Seite die Fenster sind. Sie wissen es ohne zu zögern. Fast alle wollen nach Bausteinen suchen, um die Fenster darzustellen. Als Wolfgang drei Bausteine aufstellt, ist Markus nicht einverstanden. Er meint, die Fenster seien weiter auseinander. Andere erklären, daß dazwischen ein Regal steht und darunter die Heizkörper angebracht sind. Sie überlegen, stehen auf, prüfen nach, sprechen miteinander, suchen nach geeignetem Material und bauen das Zimmer fast selbständig nach. Wir geben nur kleine Hilfen, stellen Fragen und beruhigen allzu aufgeregte Kinder. Immer wieder versuchen die Kinder untereinander sich zu überzeugen: »Nein, das stimmt nicht, schau doch, da ist doch der Schrank dazwischen, und da sind lange Tische, das ist ein runder Tisch, bei der Türe ist noch ein Regal« usw. Die Kinder tauschen Bausteine aus, finden bessere, ähnlichere Möglichkeiten der Darstellung. Da sich bis auf die 3jährigen alle an der Aktion beteiligen, ist es laut und sehr bewegt im Zimmer. Nach ca. 30 Minuten wird nichts mehr verändert, jeder ist zufrieden und überzeugt, daß es jetzt stimmt. Einige Kinder haben die vorbereiteten Papiere entdeckt und wollen das Zimmer nachmalen. Eigentlich habe ich nicht mehr damit gerechnet, weil sie durch das Gespräch und durch das Bauen bereits ca. 40 Minuten konzentriert beschäftigt waren. Sie sind nicht abzuhalten und fangen an zu malen. Zwischendurch stehen einige Kinder auf, gehen zu unserem gebauten Modell und vergleichen. Markus vergleicht seine Zeichnung nicht mit dem Modell, sondern mit dem Original, d. h. er schaut genau im Raum herum und entdeckt, daß wir vergessen haben, den Täschchenständer nachzubauen. Er ist stolz, und wir anderen überrascht. Kleinere Kinder bauen in einer Ecke den Raum nach ihren Vorstellungen nach. Sie können sich vorher nicht durchsetzen und wollen jetzt auch nicht malen. Miteinander diskutierend und ohne Hektik genießen sie ihre wichtige Beschäftigung.

5 Kinder haben inzwischen ihre Zeichnung beendet (ca. 30 Minuten), vergleichen sie und sprechen miteinander darüber. Markus fertigt bereits eine zweite Zeichnung mit der Begründung, eine sei für die Kinder in Hattenhofen und eine für ihn persönlich. Nach ca. 40 Minuten sind die übrigen Kinder ebenfalls fertig mit ihren Gemälden. Ich kann es kaum fassen, daß die Kinder etwa 1 $^1/_2$ Stunden konzentriert und mit großer Lust diese Aktion durchgeführt haben.

Wiedererkennen der Umgebung auf Dias

Dauer: ca. 60 Minuten
Tatsächlicher Verlauf, Repräsentationsmedien und Organisation:

Wir haben Dias von unserem Gruppenraum und der unmittelbaren Umgebung des Kindergartens angefertigt und bauen mit den Kindern den Diaprojektor und die Leinwand auf. Neugierig fragen sie, welche Bilder wir uns anschauen. Wir verraten nichts.

Die Diaschau beginnt, und dies ist eine Auswahl der Kommentare zu den einzelnen Bildern:

– Das ist unsere Türe, die Eingangstüre, sie ist blau, aus Holz und hat einen weißen Rand und Schleifen dazwischen.

– Das ist unsere Bank vor dem Haus. Sie ist aus Stein und niedrig, man muß sich ganz klein machen, damit man sich verstecken kann.

– Das ist die Treppe im Haus, sie ist aus Stein. Wir haben eine Holztreppe zuhause, wir eine Plastiktreppe, wir eine aus Stein, wir haben keine, nur einen Aufzug. Ich muß erst schauen, aus was unsere Treppe ist.

– Das ist der Gully in unserem Schulhof. Das weiß ich genau, weil ich mit Kreide den Stern daneben gemalt habe.

– Das ist der Bäckerladen auf der anderen Seite von der Schule vom Kindergarten. Ich kaufe dort immer meine Brotzeit und ich ... (weitere Kinder berichten, was sie dort kaufen).

– Das ist ein Turm, er hat runde Fenster, das ist ja unsere Schule.

– Das ist unser Haus, unsere Schule von der anderen Seite. Wenn wir auf den Lazarettspielplatz gehen, sehen wir das Haus von dieser Seite.

– Unser Hof und die Halle, wo wir spielen, wenn es regnet.

– Das Haus kennen wir nicht. Nach längerem Warten: Das ist auch eine Schule, die ist neu angestrichen, sie hat immer ein Gerüst gehabt, jetzt nicht mehr. Ich gehe jeden Tag vorbei.

– Das ist ein kaputtes Haus, die Bomben haben es im Krieg kaputtgemacht, das ist alt, da ist ein Stacheldraht rundherum, damit man nicht reingeht, weil das gefährlich ist. Da sehe ich noch die Türen von den Wohnungen.

— Das ist das Haus mit dem Gerüst gleich bei unserem Kindergarten. Es ist ein Holzgerüst.

— Das Haus liegt gegenüber von unserem Kindergarten. Das ist schön. Es hat einen Turm, viele Balkone, viele Verzierungen und große Fenster und dünne Fenster.

— Ich wohne ganz nah an diesem Haus. Dort wohnen viele Ausländer, das ist kein schönes Haus, dort wächst ein Gebüsch am Haus und viele Tiere klettern hoch und in die Fenster rein.

— Ich: Mir gefällt das Haus gut. Es sieht aus wie das Dornröschenschloß mit der Rosenhecke. Die Kinder sind sehr einig: Uns gefällt es nicht. Ich: Wißt Ihr einen Namen für das Haus? »Gebüschhaus«, »Gestrüpphaus«, »Tierhaus«.

— In diesem Haus wohne ich und die Claudia und meine Freundin. An diesem Automat holt mein Papa immer die Zigaretten und manchmal auch ich.

— Ein Haus mit runden und eckigen Fenstern, vielen Verzierungen, zwei Löwenköpfen und einem Mann; der trägt eine Schüssel.

— Das ist dasselbe Haus, nur weiter oben fotografiert.

— Jetzt sieht man das ganze Haus. In dieser Straße wohne ich, wo das Haus steht. Im Dach sind auch noch zwei Fenster.

— Das ist ein glattes Haus, es hat keine Verzierungen und viele Fenster.

— Das ist sehr schön, es hat einen Adler und eine Zahl und viele Verzierungen.

— Das sind ein Kopf in einer Vase und Blumen. Jetzt sieht man wieder das ganze Haus. Ich sehe auch noch einen Engel und das Geschäft, wo es Spielsachen gibt. Da darf ich manchmal etwas kaufen.

Wir zeigen nochmals die Bilder und vereinbaren, für die einzelnen Häuser Namen zu nennen. Einige davon sind folgende: Kindergartenschulhaus, Schulhaus, Turnsaalhaus, Bombenhaus, Kriegshaus, Ruine, kaputtes Haus, Gerüsthaus, Turmhaus, Balkonhaus, Markushaus, Claudiahaus, Löwenhaus, Obsthaus, Fensterhaus.

Anschließend machen wir einen kleinen Spaziergang und suchen die Häuser, die wir eben gesehen haben. Es ist sehr leicht für die Kinder, weil es ihre nächste Umgebung ist. Nun schauen sie sich die Häuser etwas genauer an, um die verschiedenen Merkmale, die sie auf den Dias gesehen haben, wiederzuerkennen. Am nächsten Tag malen die Kinder auf großem Papier mit Plakafarben und dicken Pinseln ein Haus: manche irgendeines, manche ihr eigenes.

Verändern des Raumes

Dauer: ca. 120 Minuten
Motivation und tatsächlicher Verlauf:

Ein paar Tage vor dem Sommerfest müssen wir unseren Gruppenraum umstellen, um genügend Platz für die Eltern und die Kinder zu schaffen. Wir sind genötigt, die Möbel so zu verschieben, daß die Puppenecke und die Bauecke wegfallen. Mit Begeisterung packen die Mädchen die Puppenkleidung und das Puppengeschirr säuberlich in Kartons ein. Sie spielen »Umziehen«. Außerdem haben wir zu dieser Zeit ein großes Zelt gebaut, das bisher im Raum zu wenig Platz hatte. Nach dem Ausräumen kann es einen festen Platz im Gruppenraum bekommen.

Organisation: Das bevorstehende Sommerfest ist die Gelegenheit für eine Raumänderung, und ich will diese Veränderung eine Zeitlang lassen, um zu erfahren, was passiert. Die Kinder sind von dem Plan, den Raum zu verändern, begeistert, nur so kann ich den Versuch wagen. Der Raum ist offen, wir haben keine Spielecken, und auch die Tische werden von den Kindern nach Bedarf umgestellt. Ein Teil des Spielzeugs ist weggeräumt, z. B. Puppen oder Bauklötze, dafür haben die Kinder das Zelt und viele Decken.

Es entwickeln sich Spiele, die sich bisher nicht spielen ließen. Insgesamt kommt es jetzt häufiger als bisher zu Rollenspiel, Tanzen oder Höhlenbau; Tische, Decken und sonstiges Zubehör können in die Spiele miteinbezogen werden. Nach ca. 4 Wochen mache ich die Beobachtung, daß einige Kinder sich etwas verloren vorkommen. Ich versuche daher mit Gesprächen, den Grund hierfür zu finden: »Früher war unser Zimmer anders.« (Die Kinder erinnern sich spontan an die Puppen- und Bauecke). »Wie gefällt es euch besser, wie jetzt oder wie früher?« Die Reaktion ist verschieden. Einigen Kindern ist es egal, andere wünschen die Puppenecke oder die Bauecke wieder zurück. Vor die Wahl gestellt, auf das Zelt verzichten zu müssen, ist die Grundreaktion: »Dann lassen wir es lieber.« Auf das Zelt wollen die Kinder offenbar nicht verzichten.

Ich habe als Kompromiß die Baukästen wieder geholt, aber ohne die abgeteilte Ecke wird wenig gebaut. Als ich am vorletzten Tag vor den Ferien die Ecken wiederherstelle, sind viele Kinder begeistert.

Kritische Stellungnahme: Obwohl die Kinder das Messen und Zuordnen von Größen mit Spaß betrieben haben, bin ich nicht so sehr damit zufrieden. Vor allem war es für die Kinder schwierig, sich den auf dem Schulhof im Grundriß dargestellten Gruppenraum vorstellen zu können. Das »Nachmalen«, wobei nicht ein realistisches Malen gemeint ist, ist bei den Kindern gut angekommen. Die Gruppenraumumstellung muß ich näher erläutern. In den ersten Wochen nach dem Sommerfest fühlte ich mich in diesem neuen, ungewohnten, uneingeteilten Raum sehr unwohl. Ich hatte das Gefühl von Unordnung und Ungeborgenheit. Auch nach Wochen hatte ich noch das gleiche Gefühl, und ich ließ den Raum nur auf den Wunsch der Kinder und um der Erfahrung und Beobachtung willen.

Nach meinem Eindruck sind die abgeteilten Spielecken Bedürfnisse der Kinder. Vor allem solcher, die vorher oft darin gespielt haben. Besonders kreative Kinder und Kinder, die sich oft am Tisch beschäftigen, brauchen sie weniger. Die Kreativen schaffen sich ihre »Ecken« durch Höhlenbau, sie brauchen keine. Die Kinder, denen die Ecken fehlen, machen einen verlorenen Eindruck, können aber nicht benennen, was ihnen fehlt. Erst als ich sie darauf anspreche, kommt heraus, daß sie ohne ihre Spielecken nicht so recht spielen können.

Im Grunde waren die Kinder in einem Konflikt: Sie konnten nicht beides haben, ihre Spielecken und das ungeheuer attraktive Höhlenbauen, das Zelt und den vielen Platz zum Tanzen. Schade für die Kinder, schade um uns Erwachsene, die wir nicht erkennen, was Kinder eigentlich brauchen.

Maria Caiati

Wir besuchen einen Musikladen

Teilnehmer: 9 Kinder
Dauer: ca. 90 Minuten
Ziel: Die Kinder sollen wissen, daß es noch mehr und andere Musikinstrumente gibt, als wir im Kindergarten haben. Ebenso sollen sie dabei erfahren, wie Töne entstehen und warum diese verschieden klingen.

Verlaufsplanung: Wir verfügen im Kindergarten über eine Gitarre, ein Becken mit Schlagstab und eine C-Flöte. Ich will den Kindern darauf vorspielen, weil wir diese im Musikladen wiederfinden werden, und die Kinder dann schon eine Beziehung zu den Instrumenten aufgebaut haben.

Motivation und tatsächlicher Verlauf:

Ich bitte die Kinder, die Augen zu schließen, während ich die Flöte, die Gitarre und das Becken anspiele. Die Kinder sollen dabei raten, welches Instrument ich gespielt habe. Sie erkennen auf Anhieb die Flöte und die Gitarre, beim Becken müssen sie jedoch passen. Jedes Kind darf anschließend selbst die Instrumente ausprobieren. Anschließend spiele ich die drei Instrumente in unterschiedlicher Reihenfolge, d. h. die Kinder sollen erraten, in welcher Reihenfolge sie gespielt werden. Sie konzentrieren sich sehr und haben große Freude daran.

Die Kinder fühlen den Ton auf der Gitarre mit den Händen. Es fällt ihnen schwer, das Gefühlte sprachlich umzusetzen. Plötzlich fällt ihnen auf, daß der Ton (die Saite) zittert und kitzelt. Sie sind überrascht, und es beeindruckt sie, daß sie den Ton fühlen können. Die Kinder betrachten die Gitarre etwas genauer, zählen die Saiten, hören, daß es hohe und tiefe Saiten, d. h. Töne gibt.

Organisation: Der Weg zum Musikladen dauert ca. zehn Minuten und führt an einem Spielwarengeschäft vorbei. Ich sehe die Gefahr der Ablenkung durch den Spielzeugladen, aber die Kinder bleiben nur fünf Minuten an den Schaufenstern stehen und kaufen sich im »Geist« Waffen und Spielzeug; dann gehen sie gern weiter bis zu unserem vereinbarten Ziel, nämlich dem Musikladen.

Daß wir heute kommen werden, habe ich mit dem Geschäftsführer bereits vereinbart. Uns begrüßen zwei junge Verkäufer, wir legen unsere Mäntel und Mützen in eine Ecke, um freier und beweglicher zu sein.

Repräsentationsmedien: Als erstes vergleichen die Kinder die Gitarren mit der aus dem Kindergarten. Hier gibt es bunte, glänzende und dünnere Gitarren. Sie sehen anders aus und haben nicht so einen langen Hals, aber was die Kinder vor allem interessiert, sind die Verzierungen an den Instrumenten. Die Kinder zählen die Saiten und zupfen vorsichtig daran. Sie klingen auch anders wie unsere, denn es sind Stahlsaiten. Besonders eindrucksvoll sind die riesengroßen Becken, die Ständer der Becken und die Trommeln. Die Kinder dürfen mit einem Schlagstab die Becken ausprobieren und tun das begeistert. Thomas kann sich kaum beruhigen über die Größe der Becken. Er sagt, was er gerne spielen möchte: Gitarre und Schlagzeug. Die anderen Kinder stimmen ihm zu. Dann hören wir aus einer anderen Ecke des Ladens Musik. Die Kinder erkennen Gitarrenmusik und freuen sich darüber. Der Verkäufer spielt ein paar Akkorde vor. Dann schaltet er für uns die Hammond-Orgel ein, zu automatisch erklingenden Rhythmen können die Kinder darauf spielen. Es klingt perfekt, die Kinder sind wie verzaubert. Jetzt möchten sie auch dieses Instrument besitzen und spielen können. Nach der Orgel interessieren sie sich wieder für Gitarren und Schlagzeuge. Es fallen ihnen andere Instrumente ein, wie z. B. Flöte, Trompete, Ziehharmonika. Aber die gibt es hier nicht.

Realisationsmedien: Die Kinder sind angespannt und werden etwas unruhig. Ich habe Filzstifte und Papier dabei und schlage den Kindern vor, sich auf den Boden zu setzen und ein Instrument zu malen. Nur zwei Kinder zögern etwas, alle anderen sind mit Feuereifer dabei. Obwohl es eng ist zwischen den Apparaten, den Trommeln, den Schlagzeugen, den Beckenständern, sind sie konzentriert und freudig bei der Sache. Manche malen zwei Blätter, andere müssen sich an einem Punkt ihrer Arbeit plötzlich das Instrument schnell noch einmal anschauen. Ein Mädchen ist zeitweise unzufrieden mit ihrer Darstellung. Nach ca. 1/4 Stunde sind alle bis auf das Mädchen bereit, das Geschäft zu verlassen. Wir bedanken uns und stürmen ins Freie. Das Mädchen kommt mit einer Begleitperson später nach. Auf dem Rückweg wird der Spielzeugladen ganz übersehen. Wir ziehen vergnügt nach Hause und berichten den anderen Kindern.

Kritische Stellungnahme: Ich bin mit dem Besuch im Musikladen sehr zufrieden und glaube, daß die Kinder eine Menge gelernt haben. Einmal, wie viele Sorten es an Musikinstrumenten gibt, zum anderen konnten sie selbst an verschiedenen Instrumenten erfahren, welche unterschiedlichen Töne sie von sich geben. Demnächst möchte ich mit den Kindern aus Abfallmaterial Instrumente selbst bauen.

Maria Caiati

Wir besuchen die Klee-Ausstellung

Teilnehmer: 14 Kinder
Dauer: ca. 3 Stunden
Ziel: Hauptziel meines Projekts ist, daß bei den Kindern keine »Schwellenangst« vor dem Besuch einer Ausstellung entsteht, oder diese zumindest herabgesetzt wird. Ganz bewußt plane ich den Besuch dieser Ausstellung (und nicht nur z. B. das Betrachten von Bildern oder eines Kataloges), um ein positives Erlebnis zu schaffen. Zum einen wird damit die Erlebnisfähigkeit selbst gefördert, zum anderen wird durch den Genuß und die Freude die »Sinnlichkeit« angesprochen (als Verbindung zur Wahrnehmung und Emotionalität). Eine weitere Überlegung ist, daß es für die Kinder sicher leichter ist, die Beziehung zu einem bestimmten Maler (in unserem Fall: Paul Klee) herzustellen, als zu mehreren gleichzeitig oder gar zu einem abstrakten Begriff (z. B. »modern«, »Aquarelle«). Es kommt mir sehr gelegen, daß wir eine Ausstellung über Paul Klee besuchen können, weil dort auch nichtgegenständliche Bilder zu sehen sind. Es gibt nämlich Kinder, die durch die Kritik älterer Geschwister oder Erwachsener im Malen gehemmt sind, weil sie nicht gegenständlich genug malen (kritze, kratze). Wenn ein »echter« Maler das darf und seine Bilder ausgestellt werden, bekommt das Kind eventuell wieder Mut zum Malen.

Motivation und tatsächlicher Verlauf:

Um mich zu informieren, besuche ich zunächst die Ausstellung allein und kaufe für den Kindergarten den Katalog und ein paar Kunstpostkarten. Am nächsten Tag setze ich mich mit einer Gruppe von fünf Kindern zusammen und erzähle von einem Buben, der in der Schweiz geboren ist, der Paul Klee heißt, gerne zeichnete und malte, und das sogar in seine Schulhefte! Später wurde er Soldat, heiratete und bekam einen Sohn, der Felix heißt (wir haben auch ein Kind in der Gruppe, das Felix heißt). Als er erwachsen war, reiste er in fremde Länder, wo es ihm so gut gefiel, daß er immer mehr mit Farben malte.

Organisationsmedien: »Wie ihr eure Bilder in der Mappe sammelt, so haben die Eltern von Paul Klee dessen Bilder und Hefte aufgehoben. Als er erwachsen war, hat er seine Bilder ebenfalls gesammelt und manchmal verkauft. Von diesen gesammelten Bildern ist in München eine Ausstellung, die wir besuchen können.« Dann zeige ich den Kindern Fotos aus dem Katalog über Paul Klee, von seinem Zimmer und seiner Frau. Die Kinder sind sehr daran interessiert.

Repräsentationsmedien: Wir sehen uns die Kinderzeichnungen an, legen den Katalog beiseite und schauen uns dann die Kunstpostkarten an. »In dem Katalog sind viele Bilder, vielleicht findet ihr eins von diesen.« Die Kinder »stürzen« sich richtig auf den Katalog, blättern, suchen, diskutieren, vergleichen ca. 20 Minuten lang. Ich halte mich vollkommen im Hintergrund und beobachte sie. »Das ist eine Brücke, ein kaputtes Haus, ein Muster, ein Garten. Hier ist jemand gestorben, da ist ein Kreuz, ein Gespenst, eine Maske« usw. Am liebsten würden die Kinder noch heute in die Städtische Galerie im Lenbachhaus gehen.

Zwei Tage später bereitet meine Kollegin in ähnlicher Form die Kinder der anderen Gruppe auf den Galeriebesuch vor. Meine Kinder kommen hinzu und erzählen, was sie noch über Paul Klee wissen. Zwei Tage vor dem Ausstellungsbesuch hänge ich für die Kinder und die Eltern im Flur die Kunstpostkarten auf. Der Katalog steht den Kindern ebenfalls zur Verfügung und wird häufig angeschaut. Endlich ist es soweit. Wir fahren heute mit der Straßenbahn zur Lenbachgalerie. Um den Verlauf und einige Äußerungen der Kinder rekonstruieren zu können, nehme ich einen Kassettenrekorder mit. Äußerungen der Kinder beim Betreten des Gartens zur Lenbachgalerie: »Hat der Paul Klee da früher gewohnt?« Auf mein »Nein« antwortet ein Kind: »Hier werden nur seine Bilder ausgestellt.« Ein anderes Kind bemerkt die Messingtürklinke und sagt ehrfürchtig: »Echtes Gold«.

An der Garderobe: »Da gibt es auch Toiletten«, die Kinder entdecken den Ausstellungskatalog und blättern interessiert und erkennen viele Bilder, die sie ja bereits in unserem Ausstellungskatalog im Kindergarten bewundert haben. »Mir gefällt der Paul Klee« (zu den Fotos); ein Kind sagt: »Der Paul Klee ist schon tot, wir können die Bilder aber trotzdem anschauen«, »und sogar, wenn wir im Kindergarten sind, weil wir das Buch haben«, »hier sind die schönen Bilder« (Ehrfurcht und Bewunderung); »Schau mal, so ein komisches Tier habe ich noch nie gesehen«. Immer wieder wollen sie wissen, was unter den Bildern steht. Dann erkennen sie die Schulhefte, in die Paul Klee gezeichnet hat. Erkennen und vergleichen: »Das ist dasselbe wie vorne in groß«, »das ist das Zimmer vom Paul Klee«, »das ist es von oben«, »wie im Buch bei den Kinderbildern«, »wie alt war er?«

Bei den Bildern: »Das Bild gefällt mir, weil es so schön ist«, »der Rahmen ist so schön, aus Gold«, »das ist mit Wasserfarben gemalt«, »das ist ein komisches Kamel«, »die Bilder hat der Paul Klee gemalt, und wieso sind die Bilder denn im Katalog?« »Warum hat er soviel gemalt?« Antwort eines anderen Kindes: »Weil es ihm gefallen hat«, »komisch, ein ganz kleines Bild und so viel weiß und ein so großer Rahmen rundherum.«

Bei den Puppen: »Geister-Puppen aus einer Maschine«, »spitzige Nase«, »wilder Mann«, »das sieht aus wie ein Mensch«.

Ins Gästebuch schreiben wir hinein: »Es hat uns sehr gut gefallen, aber nicht alle Bilder.« Nach dem Ausstellungsrundgang frage ich die Kinder, auf was sie sich jetzt freuen; zuerst werden die Postkarten genannt, die sie sich aussuchen dürfen und mit nach Hause nehmen können, und dann die Limonade.

Die Kinder suchen sich Postkarten aus; einige zögern unentschlossen, andere wissen sofort, welche Karten sie wollen. »Die Bilder sind alle so schön, ich weiß nicht, welche ich nehmen soll.« Emil wählt den Tiger von Franz Marc. Ein »Pferdel« gibts auch noch, er stellt aber fest, daß diese Bilder nicht in der Ausstellung sind. Neben dem Kartenverkauf sind Tische und Stühle aufgestellt, wo wir unsere Limonade trinken und die mitgebrachten Süßigkeiten essen können. Die Kinder schauen immer wieder ihre Karten mit großem Interesse an. Insgesamt sind wir etwa eine Stunde in der Ausstellung gewesen. Der Bewegungsdrang beim Hinausgehen ist entsprechend! Nachdem wir wieder im Kindergarten angekommen sind, hängen wir die Karten auf. Eine Nacht müssen die Kinder es noch »aushalten«, damit die Eltern und die Kinder die Karten sehen können. Dann dürfen sie sie mit nach Hause nehmen. Sie sind sehr stolz auf ihre selbstausgesuchten Kunstpostkarten.

Am nächsten Tag führe ich

noch ein kurzes Gespräch mit den Kindern über unseren Ausstellungsbesuch. »Wo waren wir gestern?« Die Antworten der Kinder sind sehr verschieden: Beim Paul Klee, in einer Ausstellung, in einer Galerie, das Haus war gelb, orange, ein Kind meint grün, auch die weiße Treppe war noch in Erinnerung, man kann die Mäntel dort abgeben, wir haben die Fotos gesehen vom Paul Klee und seiner Frau Lilly. Ein Gespräch schließt sich an über die selbstausgesuchten Karten. Einige können sie gut beschreiben, anderen macht die Beschreibung sehr große Schwierigkeiten. Dann erinnern sie sich wieder an die Bilder in der Galerie, die Wasserfarbenbilder und Bleistiftbilder haben ihnen gleich gut gefallen. Sie erzählen voll Freude, daß ihre Eltern nicht gewußt haben, wer Paul Klee ist, und daß sie es ihnen dann erzählen konnten.

Realisationsmedien: Wir wollen selbst eine Ausstellung machen, beschließen die Kinder. Sie beginnen mit den bereitgestellten Materialien zu malen. Während des Malens (ca. 35–40 Minuten) erzählen sie immer wieder von der Ausstellung. Material: Wasserfarben, Filzstifte, Bleistifte, Wachsmalkreiden, verschiedene Papiersorten und Papiergrößen.

Kritische Stellungnahme: Mein Ziel war nicht so sehr, die Kinder zum Malen zu motivieren (das tun sie sowieso), oder sie zu bestimmten »Bildern« zu inspirieren. Wichtig war mir, den Kindern die Begegnung mit Bildern in einer Ausstellung zu ermöglichen. Sie äußerten dringend den Wunsch, wieder in eine Ausstellung gehen zu dürfen. Emil will vor allem das Pferd und den Tiger sehen. Vielleicht ist es auch möglich, über die Eltern die Kinder zum Besuch einer Ausstellung zu bewegen.

Maria Caiati

Farbflächen verändern den Raum

Teilnehmer: 15 Kinder
Dauer: ca. 60 Minuten
Geplanter Verlauf: In der Gruppe von 15 Kindern befinden sich nur zwei deutschsprachige. Die übrigen Kinder kommen aus Italien, Portugal und Jugoslawien. Diese Situation erschwert die Kommunikation der Kinder untereinander und mit der Erzieherin. Hinzu kommt, daß alle Kinder Ganztagskinder sind. Ebenso ist zu bedenken, daß, obwohl 65 Kinder im Kindergarten sind, das Raumangebot viel zu klein ist.

Situation: Die Kinder sind auf Grund dieser Bedingungen in einem hohen Maße einem sozialen Streß ausgeliefert. Dieser macht sich stark bemerkbar, wenn z. B. der Versuch gemacht wird, Aktionen durchzuführen, die der Gruppe oder dem einzelnen Kind Konzentration abverlangen. Als nächste Schwierigkeit ist zu nennen, daß ich mich als Fremder in die Gruppe integrieren muß, d. h. alle Kinder sollen an der Aktion teilnehmen. Wir kommen zu folgendem Plan:

Als geeignet erscheint es uns, eine Aktion durchzuführen, die den Kindern Spaß macht und ein geringes Maß an Konzentration fordert. Weiter soll diese Aktion Einzelarbeit, Partner- und/oder Gruppenarbeit zulassen und keine hohen Anforderungen an das einzelne Kind bezüglich der bildnerischen Fähigkeiten und Fertigkeiten stellen.

Die Herstellung von Kleisterpapier scheint uns die obengenannten Kriterien zu erfüllen. Wir benötigen Packpapier auf Rolle (hellbraun), Tapetenkleister, Schultempera (4 Grundfarben), Abdeckfolien, Schallplatten und große Pinsel. Einzel-, Partner- oder Gruppenarbeit ist möglich. Mit dem Abspielen von Schallplatten erhoffen wir, daß die Musik (die rhythmischen Melodien sollen so langsam sein, daß sie von den Kindern erlebbar sind) so beeinflußt, daß den Kindern Ruhe und Möglichkeit zur Konzentration eingeräumt ist.

Tatsächlicher Verlauf:
Gespannt waren alle auf mich, denn es ist im allgemeinen nicht üblich, daß ein Außenstehender in der Kindergartengruppe mitarbeitet. Die Erzieherin stellt mich den Kindern vor, indem sie ihnen erzählt, was ich arbeite, wo ich wohne, und schließlich wagen es die Kinder allmählich, mich danach zu fragen, was sie an meiner Person interessiert.

Motivation: Allmählich stelle ich ebenfalls Fragen an die Kinder, so daß sich ein Gespräch entwickelt. Besonders lustig finden sie es, daß ich mir nicht auf Anhieb ihre Namen merken, geschweige denn, diese aussprechen kann.

Nachdem wir uns auf diese Weise bekanntgemacht haben, kommen die ersten Fragen: Was sollen wir jetzt zusammen machen?

Wir holen mit den Kindern das vorgesehene Material aus dem Werkraum. Als erstes muß der Kleister angerührt werden. Izis kann sich erinnern, wie ihr Vater zum Tapezieren Kleister gemacht hat und erzählt, was sie davon noch weiß.

Wir teilen uns die Arbeit. Einige Kinder helfen beim Anmachen des Kleisters, andere legen die große Plastikfolie aus, um später Farbkleckse auf dem Boden zu vermeiden, einige schneiden das Packpapier auf die vereinbarte Größe.

Nach ca. 20 Minuten können wir anfangen. Wir sprechen über das vorhandene Material und über die Möglichkeiten, was alles damit angefangen werden könnte. Die verschiedensten Vorschläge werden gemacht, z. B. »wir müssen die Farben aus den Tuben anrühren«, »was sollen wir mit dem Kleister machen?«, »wir kleben das Papier einfach zusammen« usw.... Eine Möglichkeit davon ist, das Papier mit Kleister einzustreichen. Der Kleister soll schmierfähig sein,

also nicht zu dünn. Wir legen die zugeschnittenen Bogen auf der Folie aus und zwei bis vier Kinder kleistern je ein Blatt nach Wunsch ein. Interessant ist dabei, wie die Kinder mit den großen Pinseln umgehen und den Kleister aufstreichen. Sie genießen es auf bemerkenswerte Weise, über eine so große Zeichenoberfläche »dahingleiten« zu können. Mit der Farbe, vielleicht durch das große Format und die offenen Bewegungen ausgelöst, wird großzügig umgegangen – was nicht einer differenzierten Farbtonentstehung und -vermischung zuträglich ist. In kürzester Zeit ist nur noch eine dunkle breiige Farbmasse zu sehen. Wir versuchen es mit neuen Blättern, das Ergebnis bleibt dasselbe. Es folgen noch weitere Blätter, aber die Kinder produzieren mehr oder weniger mit demselben Farbtoneffekt.

Anschließend werden die »Bilder« aufgehängt. Stolz breitet sich aus, als die Kinder die Bilder jetzt an der Wand hängen sehen, denn so große Bilder haben sie noch nie angefertigt.

Kritische Stellungnahme: Vielleicht hängt dieses Ergebnis damit zusammen, daß wir den Kindern zu wenig inhaltliche Angaben gemacht haben, d. h. sie nur in ihrer Motorik forderten. Wir meinten, einen durch die im Hintergrund spielende Musik getragenen Malductus zu erreichen, was jedoch in keiner Weise zutrifft. Eines glauben wir jedoch anhand dieser Aktion und deren Ergebnis sagen zu können: daß die Kinder uns präzise zeigten, an welchem Punkt der Konzentrationsfähigkeit sie sind und von welchem sie abgeholt und gefördert werden können.

Horst Beisl
Brigitte Hofstetter

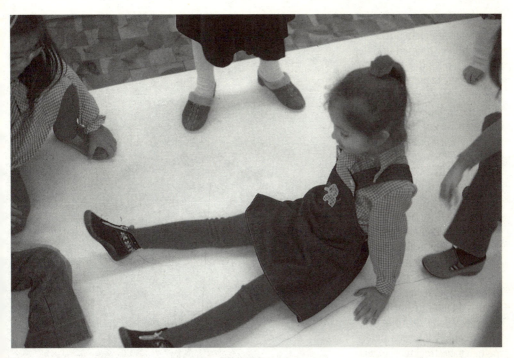

Hommage à Herbst

Teilnehmer: 8 Kinder
Dauer: ca. 60 Minuten
Situation: Die Kinder haben bereits Laub gesammelt.
Ziel: Die Kinder sollen Laub als Gestaltungsmittel kennenlernen und erfahren, warum z. B. zu dieser Jahreszeit die Blätter von den Bäumen fallen.
Verlaufsplanung: In einem ausführlichen Gespräch legen wir grob fest, was wir mit den Kindern zusammen im Kindergarten ansprechen wollen und welche Bereiche sich daraus als ästhetische Projekte ergeben könnten. Als erstes, glauben wir, sollte der Herbst thematisiert werden, als zweiten Schwerpunkt denken wir mehr an ein experimentelles Projekt zum Bereich Bauen.
Motivation und tatsächlicher Verlauf:
Das Kindergartenjahr hat begonnen und ich bin zum ersten Mal wieder in der Garatshauser Straße. Die Kinder freuen sich, mich wiederzusehen und erzählen mir über ihre Erlebnisse. Sie zeigen mir das Laub, sie werfen es um sich, kriechen in den Laubhaufen hinein, verstecken sich. Nachdem sie sich ausgetobt haben, sammeln wir das Laub wieder zusammen. Für mich deuten sich schon »Laubmenschen« an.
Im Werkraum liegt eine große Papierrolle. Wir sitzen im Kreis und überlegen, was wir damit anfangen. Einige Kinder schlagen vor zu malen, aber was? Wir können messen, aber wen?
Realisationsmedien: Ich lege mich auf die ausgelegte Papierrolle und schon sind die Kinder dabei, mich im Umriß durch Linien (Wachsmalstifte) festzuhalten. Schnell ist es geschehen, denn jedes Kind leistet seinen Beitrag. Nachdem der Umriß fertig ist, legen sich

die Kinder auf die Umrißzeichnung und vergleichen ihre Größe mit der meinen und der der anderen Kinder. Dabei wird genauestens vorgegangen und um jeden Zentimeter gefeilscht. Allmählich richtet sich das Interesse auf meine Person und den Umriß. Die Kinder einigen sich, meinen Umriß »auszugestalten«.

Sehr sorgfältig und differenziert gehen sie vor. Man stülpt mir z. B. die Hose hoch, ob auch an den Beinen wie an den Armen Haare sind. Die Uhr, die Ringe erscheinen, ja sogar die von Robert gezeichneten Kopfhaare verschwinden wieder, da ich nur noch wenige habe. Milena zeichnet die Schnürsenkel, Ramona fixiert meine ausgestreckten Finger äußerst genau.

Das Bild nimmt zunehmend Form und Farbe an. Beim Gespräch über das Bild stelle ich die Frage, ob wir nicht unser Bild vor den anderen Kindern der Gruppe, die im Gruppenraum sind, verstecken und raten lassen könnten, was dahintersteckt, bzw. wer dahintersteckt. Zunächst sind die Kinder »überfragt«, da sie nicht verstehen, was gemeint ist. Wir gehen den Vorschlag noch zwei-, dreimal an, denn als größte Schwierigkeit zeigt sich das »Wie«. Bis Begonia sagt, wir könnten das gesammelte Laub dazu benützen, um mich

zu verstecken. Der Vorschlag findet Zustimmung bei den Kindern.

Realisationsmedien: Wir holen uns Klebstoff und verteilen das Laub auf die Stellen, wo die einzelnen Kinder das Überkleben des Umrisses mit Laub vornehmen. Während dieser Beschäftigung werden Farbbestimmungen vorgenommen und genau darauf geachtet, daß die Blätter möglichst dicht beieinander sind, damit die übrigen Kinder auf keinen Fall erkennen können, wer dahintersteckt. Robert droht, den anderen Kindern unser Vorhaben zu verraten. Sobald er aber von uns das Angebot be-

kommt, den anderen Kindern beim Raten zu helfen, ist er zufrieden. Beim Kleben stellen die Kinder fest, daß nicht jeweils das ganze Blatt mit Klebstoff bestrichen werden muß, sondern ein paar Tupfer schon zur Befestigung der Blätter ausreichen.

Nach geraumer Zeit ist der Umriß mit Laub so dicht bedeckt, daß nichts mehr von ihm zu sehen ist. Es war allerhand Arbeit, jetzt ist sie fertig.

Anschließend werden die anderen Kinder der Gruppe in den Werkraum geholt und aufgefordert zu raten, wer dahinter sich versteckt. Auf Grund der Größe erraten es die Kinder schnell. Das »Bild« soll aufgehängt werden. Wir tragen es auf den Flur und nach kurzer Beratung einigen wir uns, wo wir es aufhängen werden.

Kritische Stellungnahme: Sicher bestand bisweilen die Gefahr, daß das einzelne Kind nicht allzusehr gefordert war, sich bildnerisch zu betätigen. Insgesamt darf abschließend hervorgehoben werden, daß es vielleicht auf Grund des »geringen Niveaus« jedem Kind möglich war, sich ganz und gar bei dieser Aktion aufgehoben zu fühlen. Als Gemeinschaftsarbeit wurde das Vorhaben mit einem großen Engagement seitens der Kinder durchgeführt. Es wäre jetzt zu überlegen, ob nicht ähnliche Vorhaben mit dem Motiv »Kinder aus der Gruppe« durchgeführt werden sollten. Eine andere Möglichkeit wäre, eine Laubstadt zu bauen. Aus Kartons werden Häuser, Kirchen, Straßenlampen, Wege und Straßen gebaut und diese anschließend mit Laub beklebt. Ein kunstgeschichtlicher Hinweis: Friedensreich Hundertwasser schlägt z. B. vor, Erdhäuser zu bauen. In der einschlägigen Literatur gibt es hierzu Bildmaterial.

Horst Beisl
Brigitte Hofstetter

Herbst

Teilnehmer 18 Kinder
Dauer: 4 Tage
Eigenmotivation und Ziel: Jedes Jahr werden im Kindergarten aus dem bunten Herbstlaub Klebebilder hergestellt. Diese Art, mit den Kindern Herbst und dessen Farbigkeit zu erleben, scheint mir etwas engherzig. Ich möchte durch eine größere Aktion über 4 Tage den Kindern die Möglichkeit geben, »Herbst« mit dem »ganzen Körper« gestalterisch zu erleben. Folgende Gesichtspunkte waren mir anfangs wichtig: die Beziehung zur Natur; die Freude am Verkleiden; das Tasterlebnis der welkenden, bröseligen, zerfallenden Herbstblätter als Motiv des Herbstes; die Möglichkeit, mit der Farbigkeit des Herbstes den Gruppenraum zu gestalten.

Tatsächlicher Verlauf:
Montag:
Ich fahre mit 18 Kindern mit der Straßenbahn nach Nymphenburg in den Nymphenburger Park. Durch meine Fragen mache ich die Kinder aufmerksam auf rote und gelbe Bäume, auf bunte, große und kleine Blätter. Jedes Kind hat eine Plastiktüte und kann, wenn es will, Blätter einsammeln. Wir gehen langsam. Ab und zu heben Kinder Blätter auf, zeigen sie mir begeistert und freuen sich besonders über die bunten Farben. Das Interesse dauert nicht lange an, die Kinder entdecken noch anderes: Käfer, Schnecken, Moos, Stecken aller Art, besondere Steine, vertrocknete Eicheln usw. Wir suchen uns einen Platz, wo wir Brotzeit machen und anschließend noch Zeit zum Spielen und Blättersammeln haben. Die Brotzeit ist kurz, das Spiel im Gebüsch reizt. Sie bauen sich ein Lager, versuchen dicke und dünne Bäume zu schütteln, beobachten, ob und wie die Blätter herunterfallen oder nicht. Sie sind ausgelassen, froh und aufgeregt über den erlebnisreichen Vormittag. Gesammelt wurden wesentlich mehr Stecken als Blätter.

Kritische Stellungnahme: Das Blättersammeln war nur

der Ausgangspunkt für viele andere, ebenso wichtige Erfahrungen und Entdeckungen, die an diesem Vormittag den Kindern näher waren, als nur das Herbstlaub zu sammeln, und so macht es nichts, wenn sie mehr Stecken statt Blätter mit nach Hause bringen. Die Kinder haben gezeigt, daß diese Dinge genauso zum Herbst gehören wie die bunten Blätter. Der Ausflug war als Ausflug in den »Herbst« ein wichtiges Erlebnis.

Dienstag:
Ich möchte mit den Kindern das Zimmer dekorieren. Es ist Föhn, die Kinder sind sehr unruhig, sie wollen hinausgehen. Im Hof und im Garten liegt viel Laub. Wer will, kann Laub in einen großen Karton sammeln. Die Kinder sind begeistert, spielen mit dem Laub und sammeln es. Nachdem wir uns ausgetobt haben, spielen sie im Raum, 6 Kinder beschäftigen sich mit dem Laub. Ich sage ihnen, daß sie damit unser Zimmer schmücken könnten. Sie greifen den Vorschlag sofort auf. Da sie früher Kastanien schon zu Ketten aufgefädelt haben, liegt der Gedanke nahe, mit den Blättern genauso zu verfahren. Sie fädeln und binden Blätter zu großen Büscheln zusammen, die wir an einem Reifen befestigen. Dazwischen hängen sie (vor ein paar Wochen gesammelte) getrocknete Beeren und Kastanien. Selbst die Stiele der Kastanienblätter werden zu schmuckähnlichen Gebilden gebunden und aufgehängt. Manche kleben noch lange Papierstreifen an die Stiele und schwingen damit durch die Luft. Entzückt stellt Jürgen fest: »Wie beim Bändertanz!«

Nach 40 Minuten intensiver Arbeit setzen wir uns alle unter den geschmückten Reifen. Besonders stolz sind die Kinder, die den Reifen behängt haben. Jürgen sagt: »Der Herbst ist jetzt im Zimmer, damit er nicht friert.«

Ich erzähle von einem Herbstkostüm, das wir uns selber machen und dann anziehen könnten. Die Kinder verstehen mich nicht ganz, möchten aber am liebsten gleich anfangen. Für heute aber ist es zu spät.

Mittwoch:
Es ist Föhn, Handwerker sind in unserem Zimmer und wir müssen bald rausgehen, so daß wir heute nicht an dem Herbstkostüm arbeiten können.

Donnerstag:
Anhaltender Föhn, und die Handwerker sind immer noch im Raum, sie verursachen viel Lärm und Staub. Ein paar Kinder spielen trotzdem. Wegen der Allerheiligen-Ferien sind nur 18 Kinder anwesend.

Mehrere Kinder erinnern sich an das versprochene Herbstkostüm. Wir gehen in den Hof, um erneut frisches Laub zu sammeln. Heute liegt besonders viel Laub auf dem Boden, und die Kinder wühlen darin, werfen es in die Luft, bewerfen sich gegenseitig. Sie toben und haben sehr viel Spaß dabei.

Realisationsmedien: Ich erinnere sie an die Herbstkostüme und das Laub, das wir dazu brauchen. Alle sind sofort bereit, die zwei Kartons mit Laub zu füllen. Sie sammeln wahllos Blätter ein. Ich habe Papiere, Pinsel, Kleister, Uhu, Unterlagen sowie Malerkittel vorbereitet.

Alle Kinder möchten ein Herbstkostüm anfertigen; da wir wegen der Handwerker in unserem Raum nicht arbeiten können, gehen wir in den Hort und schieben die Tische und Stühle zur Seite, um uns auf dem Boden ausbreiten zu können. Ich zeige den Kindern das zugeschnittene Papier und ziehe es einem Kind über den Kopf. Ich erkläre ihnen, daß ich nur 10 Papierbögen zugeschnitten habe und daß an manchen Papierbögen zwei Kinder zusammenarbeiten müssen. Daraufhin sucht sich jedes Kind einen Partner; mit Freude und Übermut wollen sie alle zur gleichen Zeit anfangen. Die großen Kinder verwenden Uhu, die kleineren kleistern das Laub auf das Papier. Es stellt sich heraus, daß das Arbeiten mit dem Kleister viel schöner und lustiger ist als mit Uhu. Manchen Kindern macht das Kleben besonders Spaß. Sie verwenden viel Kleister, kleben das Laub wahllos, ohne es anzuordnen, auf das Papier. Andere hingegen ordnen das Laub zu Mustern. Sie orientieren sich nach Form und Größe der Blätter. Alle arbeiten konzentriert. Inzwischen schneide ich die noch fehlenden Papierkostüme zu.

Es wird laut und unruhig. Im Raum ist viel Bewegung, und es wird für uns Erwachsene fast anstrengend. Aber die Kinder sind zufrieden und arbeiten begeistert an der Sache. Nach 20 Minuten sind die ersten Kostüme fertig, die Kinder erschöpft. Es ist gut, daß zwei Kinder an einem Kostüm arbeiten, sie müssen miteinander auskommen und sehen bald den Erfolg des fertigen Kostüms.

Die Größe des Kostüms ist für ein Kind mit wenig Ausdauer eine hohe Anforderung, es sieht kein Ende, bzw. keinen Erfolg, wird mutlos und enttäuscht, weil es nicht mehr daran glaubt, je sein Kostüm anziehen zu können. Zu zweit ist diese Aufgabe leichter zu bewältigen. Die unermüdlichen jedoch beginnen sofort ein zweites.

Jürgen und Annette haben den Kleistereimer entdeckt. Sie stecken ihre Hände hinein und lassen den Kleister von den Fingern tropfen. Mit großem Gelächter waschen sie sich die Hände im Kleister, sind dabei aber trotzdem umsichtig. Es kommen Kinder dazu und beobachten sie neugierig. Leider brauchen wir den Kleister aber auch zum Blätteraufkleben, und so hat das »Kleisterfühlspiel« bald ein Ende.

Als fast alle Kinder fertig sind und den Raum verlassen haben, spielt Benno, vielleicht durch die plötzliche Ruhe veranlaßt, ganz meditativ mit den Blättern. Er steigt auf den Stuhl, dann auf den Tisch und läßt einzelne Blätter fallen. Er schaut andächtig ihrem Fall zu. Benno: »Ich bin ein Baum.« Sonja stellt sich neben ihn auf den Tisch, 10 Minuten lassen beide Blatt um Blatt fallen und freuen sich an den Bewegungen der fallenden Blätter.

Eigene Stellungnahme:
Diese Aktion war nur den beiden möglich. Der Wunsch dazu wuchs aus ihnen, läßt sich kaum organisieren und braucht die zwanglose ruhige Atmosphäre, wie sie der Raum jetzt nach dem intensiven Spiel hat. Für uns Erzieher war es ein ästhetisches Erlebnis, die beiden, so ganz der Sache hingegeben, umgeben von Blättern, zu erleben. Es tut uns weh, sie zu unterbrechen; das Mittagessen steht schon bereit, und Benno wird abgeholt.

Freitag:
Ich frage die Kinder gleich um 8 Uhr, wer sein Herbstkostüm noch bemalen will. Wir hatten nur gelbe und braune Blätter zum Bekleben. Alle wollen ihr Kostüm sehen und es bemalen. Die Pinsel und Dispersionsfarben stehen bereit. Es werden sowohl die Zwischenräume zwischen den Blättern wie auch die Blätter selbst bemalt. Andere Kinder wollen noch einmal kleistern und beginnen ein neues Kostüm für ein anderes Kind.

Da die Farbe sehr dickflüssig ist, trocknen die Arbeiten langsam. Das Malen macht Spaß, bald sind die Kostüme fertig. Nach 1 bis 1 1/2 Stunden können die Kinder ihr Herbstkleid anziehen. Ein paar Kinder wollen zuschauen und sich nicht verkleiden.

Wir bilden einen großen Kreis, betrachten uns, drehen uns nach allen Seiten, versuchen uns niederzuknien und zu strecken, uns eng zusammenzustellen zu einem Laubhaufen. Wir fühlen uns wie Bäume, wie ein ganzer Wald. Ich spiele den Wind, der dann alle »Blätter« durcheinanderwirbelt.

Ich möchte gerne einen Herbsttanz mit den Kindern tanzen, aber sie sind zu unruhig und möchten ins Freie. Wir gehen in den Hof. Die Kinder tragen die Kostüme majestätisch, rennen wild umher, drehen sich und setzen sich in das Laub, bewerfen sich gegenseitig, sind aber trotzdem vorsichtig, damit ihr Kostüm nicht zerreißt. Manche fühlen sich durch das steife Papier an ihrem Körper in ihren Bewegungen gehemmt und ziehen ihr Kostüm bald wieder aus. Fast alle nehmen es am selben Tag mit nach Hause.

Maria Caiati

Spielplätze nach unseren Wünschen

Teilnehmer: 11 Kinder
Dauer: ca. 3 Wochen
Situation: Unser Kindergarten befindet sich im Norden Münchens, im Olympischen Dorf. Trotz günstiger Voraussetzungen (kein Straßenverkehr, genügend Grünfläche) wurde die Chance vertan, einen kindgemäßen, d. h. einen den Wünschen der Kinder entsprechenden Spielplatz zu bauen. Obwohl drei Spielplätze in unserer Umgebung vorhanden sind, stehen diese meist leer, und wenn sie benützt werden, dann hauptsächlich von größeren Kindern.

Ziel: Ausgehend von dieser Situation wollten wir herausfinden, welche Vorstellungen und Wünsche Kinder mit dem Begriff Spielplatz verbinden. Im nächsten Schritt sollten ihre konkreten Veränderungswünsche in einem Modell realisiert werden. D. h., die Kinder sollten befähigt werden, Veränderungswünsche in ihrer Umgebung umzusetzen. Darüber hinaus sollten sie lernen, bewußt ihre Umwelt wahrzunehmen und in ihr zu leben.

Verlaufsplanung: Um das Interesse der Kinder an der Thematik zu wecken, wollten wir zwei Spielplätze in der Nähe besuchen und außerdem einen Katalog mit Spielgeräten anschauen.

In einem anschließenden Gespräch sollten die Kinder wesentliche Eindrücke und konkrete Vorstellungen ihres Wunschspielplatzes äußern können. Anschließend sollte jedes Kind auf einem DIN A3-Blatt seinen eigenen Spielplatz malen. Plaka-Farben, Pinsel und Mischpaletten standen zur Verfügung. Um das Bewegungsbedürfnis der Kinder nicht einzuschränken, wollten wir auf dem Boden malen. Unser Ziel ist es, gemeinsam einen Spielplatz nach unseren Vorstellungen im Modell zu bauen. Darüber hinaus wollten wir Möglichkeiten finden, unseren eigenen Spielplatz im Kindergarten zu verändern, kindgerechter zu gestalten.

Motivation und tatsächlicher Verlauf:

An einem sonnigen Nachmittag entschließen wir uns, spontan einen Spielplatz in unserer Nähe zu besuchen. Wir packen unsere Brotzeit ein und marschieren los.

Dort angekommen, sind wir zunächst ziemlich enttäuscht, da schon ältere Kinder den Spielplatz für sich ganz in Anspruch genommen haben. Nach einem klärenden Gespräch, ob wir nicht auch den Platz benützen dürfen, können unsere Kinder mitspielen. Besonders begeistert sind die Kinder von den Röhren, durch die man kriechen kann, das Häuschen zum Verstecken, und die steile Rutschbahn. Der Nachmittag vergeht sehr schnell, und wir sind uns einig, sobald wie möglich wieder hierher zu kommen.

Organisation: Am nächsten Tag sprechen wir über unseren Spaziergang und erzählen, was uns gefallen hat und was nicht.

– Es hat uns gefallen: Geräte zum Verkriechen; eine steile und flache Rutschbahn.
– Nicht gefallen hat uns: Große Kinder, die uns bevormunden; daß es keine Abfallkörbe gab; herumliegendes Papier und Unrat; Hundedreck im Sand.
– Was wir uns wünschen: Karussell, Schaukel und Wippe, Zelte, See, Boot, Bäume, Kletterbäume, Streichelgehe-

ge mit kleinen Tieren, fertiges Haus für heiße Tage.

Mein Vorschlag, einen eigenen Spielplatz zu malen, wird gern angenommen. Die Kinder holen sich ihre Malerkittel, Wasserbecher, Pinsel und Farben und fangen an zu malen. Anschließend hängen wir die Ergebnisse an die Wand und jedes Kind bespricht dort sein Bild. Seit einiger Zeit sammeln wir schon kostenloses Material, wie z. B. Schachteln, Büchsen, Korken, Dosen, Nußschalen, Wollreste ...

Unser nächstes Vorhaben ist es, einen eigenen Spielplatz miteinander zu bauen. Wir finden einen großen stabilen Karton, den wir als Spielplatzfläche benützen wollen. Nachdem wir uns geeinigt haben, wer welche Geräte herstellt, kann es losgehen. Nicht ganz einfach ist die Materialauswahl, wir entschließen uns, zunächst mit dem Material zu experimentieren. Jörg baut vor sein Spielhaus eine Bank, auf der die Erwachsenen sitzen und zuschauen können. Daniela baut einen See aus Buntpapier, mit einem Boot aus Eierschachteln darauf. Ein Joghurtbecher wird in der Ecke als Abfalleimer aufgestellt.

Markus baut ein Klettergerüst aus kurzen, dicken Ästen, zwischen denen senkrecht und waagrecht Schnüre gespannt werden. Während der Arbeit kommen uns noch viele Einfälle. Die Kinder sind mit sehr viel Eifer bei der Arbeit, und wir merken, daß ihnen diese Aktion Spaß macht. Wir arbeiten fast eine ganze Woche an unserem Spielplatz. Nachdem die Spielgeräte fertig sind, befestigen wir sie auf dem Pappkarton und tragen ihn stolz in unseren Gruppenraum. Die Kinder spielen so lange mit dem Spielplatz, bis er schließlich zerspielt ist.

Unser nächstes Vorhaben ist es, eine konkrete Veränderung an unserem Kindergartenspielplatz vorzunehmen. In einem Gespräch stellt sich heraus, daß es der Wunsch der Kinder ist, sich ein Häuschen, in dem sie unter sich sein können, zu bauen. Wieder machen wir uns auf Materialsuche und tragen folgende Materialien zusammen:

Stabile Planen, Holzpfosten, große Kartons, Nägel, Schnüre, Klebeband und Farben.

Nachdem das Wetter uns oft einen Streich gespielt hat, ist endlich ein Tag, an dem wir unseren Plan verwirklichen können, gekommen. Im Garten suchen wir uns einen günstig gelegenen Platz für unser Haus. Am günstigsten erscheint es uns, das Haus hinter dem Berg zu bauen. Doch müssen wir leider feststellen, daß dort sehr viele Ameisen sind, die wir nicht vertreiben wollen. Und so müssen wir uns nach einem anderen Platz umsehen. Es kommen mehrere Vorschläge, und nach langem Hin und Her ist sich die Gruppe endlich einig.

Zwischen zwei Bäumen spannen wir eine dicke Schnur und rammen mit großer Mühe zwei Pfosten in den Boden. Darüber spannen wir eine Plastikfolie, die wir an dem Pfosten mit Nägeln und an der Schnur mit Klebeband befestigen. Lars fängt an, Kartons rings um das Haus als Mauer aufzubauen. Erst dadurch bekommt es den Charakter eines Lagerplatzes. Anschließend machen wir uns daran, die Wände und Dächer zu bemalen, ebenso werden Tische und Stühle aus Schachteln in unser neugebautes Haus gestellt.

Ein paar Wochen hält das Haus dem Ansturm der Kinder und des Wetters stand, dann löst es sich auf. Genauso wie der Spielplatz wurde auch dieses Haus zerspielt.

Hanna Wechselberger

Besuch einer ägyptischen Schülerin

Teilnehmer: ca. 18 Kinder aus 2 Kindergartengruppen (Ferienzeit!), 5 Hortkinder (6–12 Jahre)

Dauer: Besuch ca. 120 Minuten, Teppiche malen: ca. 60 Minuten

Eigenmotivation: Ich wollte ausnützen, daß meine Tochter eine Austauschschülerin aus einem uns so fremden Land wie Ägypten zu Besuch hatte.

Situation: Es ist Ferienzeit, und in ca. 6 Wochen kommen einige Kinder unserer Gruppe in die Schule. Schreiben ist ein beherrschendes Thema der Schule, wie reagieren Kinder auf eine völlig andere Schrift? Wir sind ein »Ausländermodell« (hauptsächlich Jugoslawen), d. h. Ausland, fremde Völker und deren Kultur ist bereits ein wichtiger Schwerpunkt unserer pädagogischen Arbeit.

Ziel: – Interesse für Schriftzeichen
– Kennenlernen fremder Rhythmen und Tänze
– Kennenlernen fremder Produkte, z. B. Teppiche
– Hören einer fremden Sprache (arabisch, z. T. englisch), (Funktion eines Dolmetschers: Ricarda übersetzt)

Motivation und tatsächlicher Verlauf:
Nihal, eine ägyptische Austauschschülerin, ist zur Zeit in München und besucht unseren Kindergarten. Zwei Tage vor ihrem Besuch erzähle ich den Kindern von ihr, wie sie aussieht, daß sie nicht Deutsch spricht, sondern Englisch und Arabisch.

Repräsentationsmedien: Ich zeige zwei kleine ägyptische handgearbeitete Wandteppiche, und wir sprechen über die Muster, Farben und Formen. Fast alle Kinder wollen einen Teppich malen.

Realisationsmedien: Sie malen auf buntem Tonpapier und sind dabei sehr ausdauernd und begeistert. Jürgen (4 Jahre) arbeitet sehr intensiv, sein Teppich gefällt allen und

ihm selbst am besten. Während der nächsten zwei Tage malt er sechs Teppiche, immer mit dem gleichen Muster, aber in verschiedenen Farben.

Dann kommt Nihal. Die Kinder sitzen da, sind gespannt und warten, was passiert. Nihal begrüßt uns alle mit »Hallo«, und wir zeigen ihr den Raum und die gemalten Teppiche.

Dann hören wir ägyptische Musik und Nihal schlägt dazu auf einem Bongo temperamentvoll den Takt.

Die Musik wirkt fremd, ist sehr rhythmisch und intensiv.

Organisation: Die Kinder klatschen mit und beobachten Nihal und ihre flinken Finger. Nachdem ich zum Mittanzen auffordere, stehen ein paar Kinder auf, versuchen, nach dem ungewohnten Rhythmus zu tanzen. Nihal zeigt uns, daß man die Hüfte bewegen muß; einige Kinder ziehen sich lange Röcke an und wollen Tücher um den Kopf und um die Hüften gebunden haben. Der »Tanzboden« füllt sich und die Zuschauer klatschen. Mit der Zeit wird es uns warm und erschöpft setzen wir uns wieder hin. Nihal spricht uns einen arabischen Abzählvers vor, und wir versuchen, ihn nachzusprechen. Es ist sehr schwierig! Jetzt schreibt Nihal auf ein großes Papier, das an der Wand angebracht ist, arabische Schriftzeichen und Worte, z. B.

»Guten Tag«. Sie schreibt mit einem dicken Filzstift und sehr groß. Die Kinder sind begeistert und versuchen, die Buchstaben abzumalen.

Realisationsmedien: Jedes Kind möchte seinen Namen auf sein Blatt haben, daher schreibe ich ihn in deutsch und Nihal in arabisch. Sebat schreibt besonders intensiv und begeistert sein ganzes Blatt voll.

Auch die großen Hortkinder (6–12 Jahre), die hinzugekommen sind, möchten wissen, wie ihr Name in arabisch geschrieben wird, und Nihal erfüllt ihnen gern den Wunsch. Die arabischen Zeichen machen auf alle Kinder einen sehr großen Eindruck. Sie versuchen, sie nachzumalen.

Kritische Stellungnahme: Im November, nach den Ferien, möchte ich gerne wissen, ob sich die Kinder noch an den Besuch aus Ägypten erinnern, vor allem aber, ob sie sich noch für die fremden Schriftzeichen interessieren und den Wunsch haben, diese (oder auch andere) nachzumalen.

Erinnerung an unseren ägyptischen Besuch

Tatsächlicher Verlauf: Es sind von den 22 3- bis 6jährigen Kindern nur 4 anwesend, die den Besuch damals miterlebt haben.

Motivation: Alle Kinder sitzen vor der Leinwand und warten auf das erste Diabild. Ich sage nichts und bereite sie nicht auf die Bilder vor. Das erste Bild zeigt, wie Nihal auf dem Bongo schlägt; die Kinder erkennen sie nicht mehr. Sie raten, schreien sich gegenseitig zu: »Das ist Frau Tinus«, »nein, das ist sie nicht«, »das ist Ricarda«, »nein, die sieht anders aus«, »ich weiß nicht, wer das ist«. Ich helfe ein wenig nach und sage: »Es ist Nihal aus Ägypten«. »Ach ja, die hat mit uns getanzt«, sagen die Kinder, als sie die nächsten Bilder sehen. Sie können sich kaum mehr erinnern und wollen noch weitere Bilder anschauen. Die Kinder erkennen sich selbst und freuen sich darüber. Jürgen sagt: »Annette hat den Stift im Mund, weil sie nachdenkt.« Ein anderes Kind: »Daniela schaut auf das Blatt von Jürgen, was er geschrieben hat.« Die Kinder kommentieren fast alle Bilder. Schließlich zeige ich den Kindern eine arabische Zeichnung und anschließend das große Blatt, auf dem damals Nihal geschrieben hat. Ich war sehr überrascht, denn die meisten hatten Nihal nicht miterlebt und deshalb wenig Beziehung zu dem damaligen Geschehen. Interessiert schauen sie auf die Zeitung und die arabischen Buchstaben. »Wer möchte so eine

Schrift nachmalen oder eine neue erfinden?« Alle schreien ganz laut: »Ich!«

Realisationsmedien: Sie stürzen sich förmlich auf das vorbereitete Papier und überlegen nicht lange, sondern beginnen sofort. Michael sagt: »Ich schreibe meinem Opa einen Brief mit arabischen Buchstaben.« Manche Kinder malen Buchstaben aus der arabischen Zeichnung ab, andere machen Schwungübungen. Nach 15 Minuten sind die ersten drei bis vier müde, und nach 20 Minuten haben fast alle Kinder ein zweites oder drittes Blatt »vollgeschrieben«.

Ich freue mich über dieses Ergebnis, und die Kinder sind stolz und wollen wissen, was ihre Schriftzeichen bedeuten. Gemeinsam deuten wir die Zeichen, so gut wir es können und solange es uns Spaß macht. *Maria Caiati*

Unser Schiff

Teilnehmer: 4 Kinder
Dauer: ca. 45 Minuten
Situation: Die Kinder kennen mich noch nicht allzugut, so daß ich versuche, aus der Situation etwas für sie zu machen, d. h. ihre Interessen einer Realisation zuzuführen.

Motivation und tatsächlicher Verlauf:

Ich habe Glück, Anne kommt spontan zu mir und drückt mir ein Bild in die Hand mit dem Kommentar: »Das schenke ich dir.« Abgebildet ist ein Schiff. Wir reden über das Bild. Ein paar Kinder drängen sich um mich, und ich frage Anne, ob sie nicht auch andere Kinder mit ins Schiff steigen läßt. Malte und Alexandra dürfen noch »zusteigen«. Da die Kinder sehr engagiert sind, frage ich, ob sie nicht Lust hätten, ein ganz großes Schiff, auf dem sie alle Platz haben, zu malen. Alexandra, Anne, Malte und Christian sind sofort dabei.

Realisationsmedien: Wir benötigen große Papierbögen, Wachsmalstifte und Klebstoff. Im Werkraum überlegen wir, wie wir das Schiff nun malen sollen. Christian macht den Vorschlag, das Papier zusammenzukleben. Dadurch erhalten wir eine große Papierfläche. Jedes Kind sucht sich nach der »Klebeaktion« nun seinen »Schiffsplatz«. Zuerst wird der Umriß gezeichnet, dann Fenster, Segel, Leitern usw. Das Interesse am gemeinsamen Schiff ist so groß, daß, was denkbar wäre, keinerlei Differenzen auftreten, wenn es darum geht, die einzelnen »Schiffsteile« miteinander zu verbinden. Schnell einigt man sich über das äußere Aussehen des Schiffes. Es wird immer mehr zum Familienwohnraum. Alles muß auf das Schiff, was den Kindern lieb ist, z. B. der Bär, die Katze, Papas Schwimmflossen, der Kleiderschrank, Blumentöpfe usw. Nachdem das Schiff fertig ist – die Kinder zeichnen so intensiv, daß sie gar nicht merken, was das Nachbarkind zeichnet – erzählen sie unaufgefordert das, was auf ihrem »Schiffsteil« zu sehen ist. Überrascht bin ich nicht nur über die unterschiedlichen Gegenstände und über deren Anzahl, sondern vor allem darüber, wieviele Dinge offenbar Kinder brauchen, um sich an einem anderen Ort wie z. B. dem Schiff, auf dem sie ja fahren sollen, wohlzufühlen.

Kritische Stellungnahme: Den Kindern hat es offenbar viel Spaß gemacht, und, was dazu kam, sie haben viel voneinander gelernt. Jedes Kind respektierte den Zeichenraum des anderen. Keines der Kinder hielt die Zeichnung des anderen für nicht gelungen. »Schönheit« spielt offenbar keine Rolle. Wichtig bei einer solchen Aktion ist, daß es nicht darum geht, die Kinder darauf hinzuweisen, was alles auf einem Schiff sein muß und was auf keinen Fall dorthin gehört. Ebenso darf die Zeit keine Rolle spielen, sowohl für die Zeichenaktion als auch für das nachfolgende Gespräch; hier wird die Bindung von Bild und Sprache besonders deutlich.

Maria Bartels
Horst Beisl

Wir beflaggen unser Schiff

Teilnehmer: 10 Kinder
Dauer: ca. 60 Minuten
Ziel: Die Kinder sollen erfahren, daß es möglich ist, zusammen an einem Bild weiterzuarbeiten.
Motivation und tatsächlicher Verlauf:
Während der Woche haben die Kinder ab und zu über Schiffe, Seeräuber usw. gesprochen. Auch ich war bisweilen das Gesprächsthema.

Unser Schiff hängt unübersehbar im Gruppenraum und hat eine Länge von ca. 5 Metern. Es war also naheliegend, über unser Schiff zu sprechen. Die Kinder erinnern sich genau, was sie letzte Woche mit auf das Schiff genommen haben. Einige neu Hinzugekommene stellen fest, daß am Schiff einige Dinge noch fehlen. Besonders fällt auf, daß es keine Fahnen bzw. Flaggen hat. Wir könnten doch eine oder mehrere machen und am Schiff anbringen. Wir einigen uns: wer mitmachen will, kann eine Flagge für das Schiff anfertigen.

Organisation: 10 Kinder gehen mit mir in den Werkraum. Was brauchen wir: Papier (DIN-A4-Blätter), Wachsmalstifte, Schnur.

Jedes Kind hat seinen Arbeitsplatz, die Stifte werden von den Kindern untereinander ausgeliehen, je nach Bedarf. Jedes Kind malt seine Flagge, keine gleicht der anderen. Es entstehen bisweilen äußerst differenziert ornamentierte Flaggen. Nachdem sie fertig sind, stellt sich die Frage, was wir damit nun anfangen sollen.

Flaggen müssen wehen, darüber sind wir uns alle klar. Wir reihen die Flaggen auf eine Schnur auf und befestigen sie mit Heftklammern. Ein Kind kommt auf die Idee, unsere Flaggen draußen im Garten zwischen zwei Bäumen zu befestigen, damit sie im Garten »schön« wehen können.

Die Kinder sind stolz auf ihr Werk, vor allem, weil die Flaggen draußen im Garten zu sehen sind und von den übrigen Kindern bewundert werden können.

Kritische Stellungnahme:
Insgesamt haben die Kinder bei dieser Aktion vieles erfahren und lernen können. Wir besprechen intensiv das Schiff und die darauf mitgenommenen Gegenstände sowie die Beflaggung.

Maria Bartels
Horst Beisl

Wohnen als experimentelles Spiel

Teilnehmer: 25 Kinder
Dauer: ca. 4 Wochen
Situation: Die Kinder hatten sich mit zeitlichen Unterbrechungen schon mehrere Wochen mit der baulichen Umgebung des Kindergartens beschäftigt. Bei einem Spaziergang durch die Straßen der Nachbarschaft schauten sie sich die Häuser an. Besonders auffallend waren Fassaden aus Gründerzeit und Jugendstil. Viele dieser Häuser hatten Namen bekommen wie: »Löwenhaus«, »Fensterhaus«... Geschichten wurden den Häusern zusammen mit der Namensgebung angedichtet. Damit stand »Wohnen« zu dieser Zeit als unausgesprochenes Thema im Mittelpunkt des Kindergartenalltags.

Eigenmotivation: Zur selben Zeit stieß ich bei Arbeiten im Völkerkundemuseum auf einen Bildband, der das amerikanische Indianerzelt, genannt Tipi, behandelt. An der Bemalung des Tipi wird die dazugehörige Fabel seiner Entstehung erzählt und damit die Zauberkraft, die auf die Bewohner übergeht, erklärt.

Verlaufsplanung: Ich hatte einige Zeit fotografiert und mir die dazugehörigen Geschichten abgeschrieben, um sie den Kindern anhand der Dias vorzulesen. So sollte deutlich werden, daß die Geschichte eines Zeltes verbunden ist mit seiner Bemalung, etwa so, wie die Kinder richtig gesehen hatten, daß eine Geschichte zu den Stukkaturen der Häuser gehört, die sie in ihrer Nachbarschaft angeschaut hatten.

Tatsächlicher Verlauf:
Über Dia-Projektion zeige ich den Kindern das Bild eines Indianerzeltes und erzähle ihnen die dazugehörige Geschichte: »Wie der erfolglose Indianer vom grain Tipi träumte.« So erfahren die Kinder, daß die Indianer in Zelten leben und nicht in Häusern wie wir und daß sie ihre Zelte Tipi nennen. Die Kinder folgen der Geschichte interessiert. Sie wundern sich über die eigenartigen Namen der Helden der Geschichte, wie »Wieselherz« oder »Großer Bogen«, und erfinden ebenfalls ähnliche Namen für sich. Der etwas vorlaute Jürgen bekommt von den anderen Kindern den Namen »Große Klappe«.

Soweit die Bemalung der Zelte nicht aus zu abstrakten Symbolen besteht, die ich den Kindern auf ihre Fragen hin deute, fällt es ihnen leicht, die Geschichte anhand der Symbole und Darstellungen auf dem Zelt immer und immer wieder in Variationen nachzuerzählen. Die Abbildungen übernehmen dabei die Funktion einer Schrift in Bildern. Diese birgt in sich die Möglichkeit, auf verschiedene Weise gelesen zu werden, so daß es zu mehreren Varianten ein und derselben Geschichte kommt, was bei den Kindern heftige Diskussionen darüber auslöst, wie die Geschichte denn nun wirklich gewesen ist.

Auf das Drängen der Kinder hin erzähle ich ihnen eine zweite Geschichte. Es entsteht eine ähnliche Situation wie beim ersten Mal. Die Kinder wollen jetzt wissen, wie es in einem Tipi aussieht, wie und wo die Indianer schlafen oder kochen. Damit habe ich gerechnet und zwei Bilder vom Zeltinneren mitgebracht. Am interessantesten ist für die Kinder, daß die Indianer nur auf Decken und Fellen rund um ein offenes Feuer schlafen. Stark beeindruckt sind sie von den Schildern, Köchern und Bogen, die an der Zeltwand aufgehängt sind.

Nach einer halben Stunde werden die Kinder unruhig. Das Anschauen der Dias hat sie erschöpft. Wir haben dicke Filzstifte und Blätter, nicht größer als DIN A3, bereitgestellt, da sich dieses Material am besten dazu eignet, schnell die eigenen Vorstellungen »niederzuschreiben«. Die Kinder sind noch so sehr mit dem Indianerzelt beschäftigt, daß sie sofort anfangen, ihr eigenes Zelt zu malen. Sie verteilen sich im Gruppenraum und arbeiten an den Tischen, in der Puppen- und Bauecke am Boden liegend. In ihren Zeichnungen greifen sie die Symbolik der gezeigten Indianerzelte auf, kombinieren sie mit schon bekannten Bildmustern. Aus ihrem Bedürfnis zu ornamentieren, zu »schmücken«, entstehen auch neue Ornamente. Obwohl wir Erzieher keinen Hinweis dazu gegeben haben, werden die Zelte zu einer Familie zusammengestellt. Die Kinder erzählen mir während des Zeichnens, wer in welchem Zelt wohnt und mit wem sie zusammenwohnen wollen. Auf der Zeichnung ist z. B. zu sehen, wen das Kind ganz gerne in seiner Nähe hat, wie nah und wieviel Platz (Bedeutung) es dem jeweiligen Mitbewohner einräumt. Nach ca. 45 Minuten sind die meisten Kinder fertig und wollen raus zum Ballspiel.

Emil, Claudia, Elena und die Zwillinge wollen an vier zusammengeschobenen Tischen noch weitermalen. Sie bleiben allein im Raum zurück. Für diese Fünfergruppe entsteht an dem großen Tisch, vielleicht durch die plötzliche Ruhe, eine ganz fruchtbare und heitere Atmosphäre. Wir Erzieher lassen die Kinder für sich malen und sind mit dem Aufräumen beschäftigt. Emil malt eine ganze Zeltstadt. Er muß sein Blatt durch Ankleben eines zweiten vergrößern. Seine Zelte sind sehr reich und vielfältig ornamentiert und nehmen sogar seinen eigenen Namenszug mit auf. Elena und ein Zwilling bemalen sich die Fingernägel mit Filzschreiber und amüsieren sich darüber.

Kritische Stellungnahme: Es herrscht zwischen den Kindern eine innige und intime Stimmung. Sie arbeiten bis zum Mittagessen konzentriert und ruhig. An Bildteilen der fünf, die immer wieder auftauchen, wird deutlich, wie sehr sie sich gegenseitig positiv beeinflußt haben. Ich glaube, diese 45 Minuten intensive Atmosphäre war für die fünf ein wichtiges und nachhaltiges Gruppenerlebnis.

Zielvorstellung für den weiteren Verlauf:

Es läßt sich im nachhinein kaum mehr rekonstruieren, wer den Gedanken zum ersten Mal hatte, aber ich glaube, es war Emil, der, während er an seiner Zeltstange malte, den Wunsch äußerte, im Kindergarten ein Indianerzelt zu haben. Beim Mittagessen sprechen wir mit den anderen Kindern darüber, die begeistert sind: »Wir bauen ein Tipi.« Wir Erzieher sehen darin eine gute Gelegenheit für eine große Gemeinschaftsarbeit, an der alle Kinder mitarbeiten können.

Wir sind gespannt darauf, was mit dem Gruppenraum passieren wird, wenn mitten im Raum ein großes Zelt steht, in dem viele Kinder Platz haben. Wie sich dadurch unser Raum verändern wird, was für Spiele um und mit dem Zelt stattfinden werden, welche Spiele sich während des Zeltbaues ergeben. So etwas Großes hatten wir bisher noch nicht gebaut. Das Zelt wird durch seine Größe schon rein optisch den Gruppenraum verändern. Wichtig wird dabei sein, welche Bedeutung es für das Spiel der Kinder haben wird. Welche Stellung wird es innerhalb des bestehenden Ordnungsgefüges von Bauecke, Puppenecke, Brotzeittisch, Arbeitstischen einnehmen?

Wir Erzieher waren darüber erfreut, wie sich durch den Wunsch der Kinder unser ursprüngliches Motiv »Wohnen« scheinbar wie von selbst weiter fortsetzte. Aus der Beschäftigung mit den Bildern von Hausfassaden, mit den Häusern, in denen die Kinder zu Hause waren, erwuchs über die Erzählung von Indianer-Tipis die Möglichkeit, daß sich die Kinder mit unserer Hilfe einen Raum schaffen können, in dem sie bauend »Wohnen« spielen. Die Puppenecke ist der Ort, an dem ein solches Spiel normalerweise stattfindet. Nun ist dieser Raum den Kindern in seiner Struktur vorgegeben und beinhaltet bestimmte Spielmöglichkeiten. Durch eine andere Form, wie der des Tipis, werden sich aber zu demselben Bereich andere Inhalte und Spielformen ergeben. Wie das aussehen wird, darauf sind wir gespannt.

Organisatorisch besteht das Problem, daß wir für 20 Kinder nur einen 50 qm großen Raum zur Verfügung haben, d. h. wir werden das Bauen des Zeltes so einrichten müssen, daß einerseits viele Kinder die Möglichkeit haben, sich an dem Bau zu beteiligen, andererseits aber noch genügend Raum bleibt für andere Aktivitäten, die momentan keinen Zugang zum zentralen Thema haben; d. h. die Organisationsform muß möglichst offen sein.

2. Tag: Für die geplante Aktion bringe ich am nächsten Tag 20 Bambusstangen à 1,80 m und eine sogenannten Malerrolle mit, die die Maler normalerweise zum Fußbodenabdecken verwenden.

Diese Malerrolle hat sich für großflächige Malarbeiten im Kindergarten bestens bewährt. Das Papier hat einen angenehm warmen, bräunlich-sandfarbenen Grundton, ist sehr fest, weicht kaum auf und reißt auch nach längeren heftigen Pinselattacken der Kleinen nicht ein. Der leichte Grundton des Papiers hält optisch die Farben zusammen. Einzelne Farbflecken stehen nicht wie verloren auf dem Papier, wie dies bei rein weißem oft der Fall ist, so daß für die Kinder nicht der Zwang des »Ausmalenmüssens« entsteht. Sie können sich dem Papier gegenüber freier verhalten. Die Rolle ist sehr preiswert (unsere Rolle, 20 kg schwer, kostete nur DM 25,–), und so kann man den Kindern große Formate zum Malen zur Verfügung stellen, ohne daß dabei zu hohe Kosten entstehen.

Organisation: Tische und Stühle sind im Gruppenraum zur Seite gerückt. Bis auf die Brotzeitecke und den Farbentisch steht uns der gesamte Boden des Gruppenraumes zur Verfügung. Leimfarben in Saftflaschen, Blumenuntersetzer als Malschälchen, Pinsel in verschiedenen Größen und Scheren liegen auf dem Maltisch bereit.

Tatsächlicher Verlauf:
Die große Papierrolle wird durch den Raum ausgerollt. Das ganze Zimmer verändert sich dadurch. Unaufgefordert setzen sich die Kinder wie auf Verabredung rund um das Papier und warten darauf, was jetzt kommt. Unter Mithilfe der Kinder zeichne ich acht große, gleichschenklige Dreiecke auf das Papier, für die Außenhaut unseres Tipis. Damit die Dreiecke alle die gleiche Form und Größe bekommen, spanne ich eine Schnur von Ecke zu Ecke, mache an jeder Ecke einen Knoten und knote die Schnur an der Ecke, an der ich angefangen habe, wieder zusammen. Wenn jetzt dieser Schnurring an den drei Knoten gespannt wird, ergibt sich genau die Form des ursprünglichen Dreiecks. Mit zwei größeren Kindern zeichne ich so ein Dreieck auf. Sie verstehen schnell, wie es geht, und übernehmen das Vorzeichnen. Die anderen Kinder bekommen Scheren, um die Formen auszuschneiden. Es ergibt sich zwar manchmal ein Gedränge und Meinungsverschiedenheiten, welcher Strich jetzt gilt, aber die Kinder einigen sich und arbeiten selbständig.

Genauso ist es auch beim Bemalen der Dreiecke. Hier malen zwei bis vier Kinder an einem Dreieck, unterhalten sich, und besonders die Kleineren sitzen neben dem Papier auf dem Boden, rühren mit dem Pinsel in der Farbe, auf dem Papier und ratschen. Es entstehen große Farbflecke. Ihre Art zu malen ähnelt sehr dem Kleistern. Die größeren Kinder wollen lieber allein oder nur mit ihrem Freund zusammenarbeiten. Sie erinnern sich zwar an die Geschichte von gestern, malen aber frei erfundene Ornamente, die keine Erzählung (Fabel) symbolisieren. Für die Kinder ist es jetzt, glaube ich, im Moment zwar schon von Bedeutung, daß sie die Haut für ihr späteres Tipi bemalen, aber trotzdem ist es auch nicht mehr als ein willkommener Anlaß für eines ihrer Lieblingsthemen, bei den Kleinen Farbrühren, Kleksen, Schmieren, bei Größeren erfinden von Formen, Ornamenten.

Wir geben den Kindern zwar öfters dazu Gelegenheit, außergewöhnlich ist heute nur das große Format, die Form des Papiers und die Tatsache, daß die Kinder kniend oder sitzend am Werk sind. Nicht alle Kinder malen. Jacky z. B. liegt am Boden und schaut den anderen zu.

Emil, der gestern noch eine ganze Zeltstadt gemalt hatte, ist heute so aufgeregt, da er keinen Einstieg in die Arbeit findet. Er trägt zwar seinen Malerkittel, steht aber ungeduldig außerhalb der malenden Kinder im Zimmer rum. »Wann bauen wir endlich das Zelt?« fragt er immer wieder. Von zu Hause hat er mir viele kleine, von ihm bemalte Zettel mitgebracht, mit zahllosen Zelten darauf.

Eddi, der heute auch keinen Zugang zum Malen findet, spielt zusammen mit Jürgen mit der Malerrolle; sie dient als Sprechröhre und Telefon, als

Reittier und als Fernrohr. In kurzen Zeitabständen fallen den beiden immer wieder neue Spielmöglichkeiten für die Rolle ein, die auch zugleich mit anderen Bedeutungen verknüpft sind.

Während die Kinder malen, stelle ich das Zargengerüst für das Zelt auf. Alle Stangen werden zuerst an einem Ende mit einer Schnur zusammengebunden, dann werden sie so aufgefächert, daß die anderen Stangenenden an den Eckpunkten eines großen, mit Kreide auf dem Boden aufgezeichneten Sechsecks stehen. Die Stangen werden untereinander mit Schnüren verbunden, damit sie sich nicht noch weiter aufspreizen.

Die Kinder und besonders Eddi warten so ungeduldig, daß wir die noch halb feuchten Papierdreiecke zusammenkleben und über das Stangengerüst stülpen. Die Maße sind aufeinander abgestimmt, das Papierzelt paßt genau auf das Gestänge. Als auf einmal das Zelt im Raum steht, sind die Kinder im ersten Moment alle ganz still und staunen, fast ehrfürchtig stehen sie vor ihrem Werk. Dann drängen alle in das Zelt. Sie sitzen dichtgedrängt beieinander, kichern, flüstern, vielleicht, weil es im Zeltinnern so dunkel ist, finden nur den neuen andersartigen Raum interessant und kosten das neue Raumerlebnis aus. Ich glaube nicht einmal, daß sie dabei irgendwie an die Indianer denken. Dieser Gedanke taucht erst nach und nach wieder auf. – Claudia meint, wir brauchen ein Lagerfeuer, kriecht aus dem Zelt und zerreißt mit Jürgen Papier, das sie vorher rot angemalt haben, in lauter kleine Schnipsel. Diese Schnipsel tragen sie in das Zelt und häufen es in der Mitte auf. Dieser Haufen ist jetzt ihr Feuer.

Emil, der bis jetzt vor Erwartung wie gelähmt nur zugeschaut hat, wird auf einmal aktiv. Er paßt eifersüchtig auf das Zelt auf, ermahnt die anderen zur Vorsicht, damit das Papier nicht zerreißt. Dann bemerkt er die Ritze zwischen Zelt und Boden, durch die es »zieht«. So baut er rund um das Zelt einen Wall mit Bauklötzen, die diese Ritze verdecken. Etwas später, aus welchem dunklen Grund auch immer, meint er, das Zelt müsse gegenüber dem anderen Raum als eigener Bereich stärker abgegrenzt werden, und stellt eine niedere Holzgitterstellwand als Trennwand neben dem Zelt auf. Jetzt steht das Zelt in einer eigenen Raumnische.

Als Eingang ins Zelt klappen die Kinder ein Papierdreieck an seiner Längsseite hoch. Eddi kommt die Idee, eine Schnur in halber Höhe zwischen den Eingangsstäben zu spannen, über die er bodenlange Papierstreifen hängen will. Sofort stellen einige Kinder mit ihm zusammen solche Streifen her und hängen sie stolz auf. Auch hier ist unklar, wie der Gedanke zu dieser Tür »entstand«.

Bis zum Mittagessen spielen die Kinder mit dem Zelt. Meistens heißt das Spiel »in einem dunklen Raum sitzen«. Sie flüstern miteinander, kichern und finden die Atmosphäre etwas unheimlich. Zum Mittagessen wird es schwierig, die Kinder aus dem Zelt zu locken. Eddi, der später als die anderen Halbtagskinder abgeholt wird und auch nicht mitißt, genießt es ganz allein, auf dem Bauch im Zelt zu liegen und uns beim Essen zuzuschauen. Einige Kinder beschweren sich während des Mittagessens, daß das Zelt zu klein sei (obwohl es 1,60 m hoch ist und am Boden einen Kreisdurchmesser von 1,50 m hat) und daß nicht alle Kinder darin Platz hätten. Weil das Zelt andauernd überfüllt gewesen sei, seien einige Kinder etwas zu kurz gekommen. So beschließen wir, am nächsten Tag ein zweites Zelt zu bauen.

Kritische Stellungnahme: Durch das große Format und seine ungewöhnliche dreieckige Form gewann das Ornamentieren der Kinder eine ganz neue Dimension. So entstand bei uns der Gedanke, doch in Zukunft die Kinder öfters großflächig malen zu lassen und auch Malpapiere anzubieten, die vom normalen Rechteck abweichen und unregelmäßig zugeschnitten sind. Ich glaube, daß dadurch das Gestalten der Kinder, abgesehen vom Thema, zusätzlich angeregt werden kann.

Beim Spiel der Kinder in und mit dem aufgestellten Indianerzelt wurde deutlich, daß für sie weniger die vermittelte Wohnform der Indianer wichtig war, sondern eine viel unmittelbarere Raumerfahrung von Zelt ganz allgemein: Das dichte Beieinandersitzen in einem kleinen, dunklen, niederen Raum, in dem die Luft sehr bald dumpf wird und anfängt zu riechen. Die Atmosphäre im Zelt war getragen von einem ganz besonderen Gefühl der Gemeinschaft und des Beisammenseins. Emil zeigte uns ganz deutlich, wie er den Raum architektonisch wahrnahm, durch das Aufstellen einer Trennwand, um dem Zelt einen eigenen Bereich zu schaffen.

3. Tag, Verlauf: Wir fangen gleich frühmorgens an. Die Papierrolle wird ausgerollt. Die Kinder wissen schon, wie sie mit der Schnurschablone umgehen müssen. Sie zeichnen selbständig vor, schneiden aus und fangen an, in großen Zeichen mit Farbe ihre Papierdreiecke zu bemustern. Wir versammeln die Kinder, die malen wollen, in einer Raumecke, damit sie ungestört Platz für sich haben.

Jürgen hängt sich an mich und fragt: »Darf ich die Stangen tragen, darf ich die Stangen tragen?« Er meint die Bambusstangen für das Gestell. Eigentlich wollte ich die Stangen erst holen, wenn die Papiere fertig bemalt sind, um dann gemeinsam mit den Malern das Zelt aufzubauen. Als mich aber auch noch andere Kinder bedrängen, holen wir die Stangen aus dem Büro und fangen an, sie aufzustellen. Ich zeige den Kindern, wie die Stangen verschnürt werden müssen, damit sie nicht auseinanderfallen. Ein Schuhkarton mit gesammelten Schnüren steht bereit. Viele Schnüre müssen erst entwirrt werden. Die Kinder haben erstaunlich viel und lange Geduld, bevor sie zur »erlösenden« Schere greifen. Anfangs ist es noch so, daß jedes Kind eine Stange hält und ich am oberen Ende alle Stangen zusammenbinde (dazu wäre ein Kind zu klein). Dann spannt jedes Kind im vorgegebenen Abstand eine Schnur von seiner Zeltstange zur nächsten.

Nachdem wir die Schnüre einmal rundherum befestigt haben, stehen die Stangen fest, und die Schnüre haben ihre statische Funktion erfüllt. Das Interesse der Kinder am Schnüren ist aber ungebrochen, so daß sie noch weiter zwischen den Stangen Schnüre spannen, die statisch gar nicht mehr nötig wären.

Der Zweck ist längst »vergessen«. Das Schnürespannen und Knotenmachen ist schön. Es ist zu einem Selbstzweck geworden. Erst als das Zelt einzustürzen droht, weil die Stangen immer enger und enger aneinandergebunden wurden, greift die Erzieherin ein. Die Kinder sehen ein, daß die zu engen Verstrickungen wieder gelöst werden müssen, damit überhaupt ein Zelt entstehen kann. Es ist bewundernswert, mit welcher Geduld und wie geschickt die Kinder die Verknotungen wieder lösen; sie zeigen uns, daß wir oft die Geschicklichkeit ihrer Finger unterschätzen (Feinmotorik).

Nach und nach passieren immer mehr Dinge gleichzeitig im Raum, die alle etwas mit dem Zeltbau zu tun haben oder daraus als Spielanlaß hervorgehen. Vier bis fünf Kinder malen. Benno ist krank, will aber auf gar keinen Fall heimgehen. Das Zelt ist viel zu aufregend. Er liegt zugedeckt mit einer Wolldecke auf einem der Mittagsschlafbettchen neben dem fertigen Zelt und schaut mit großen Augen den anderen

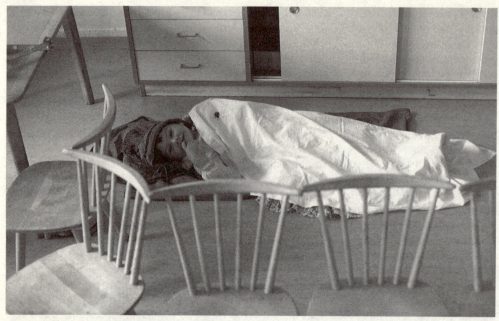

Kindern zu. Sofia nimmt das zum Spielanlaß. Sie grenzt sich mit ein paar zusammengeschobenen Stühlen ein Stück Raum aus, legt sich auf ein paar Decken, deckt sich zu und spielt mit dem Finger im Mund, breit grinsend, »Kranksein«.

Robert baut sich aus Turnmatratzen, Stühlen und Decken hinter der Bauecke eine Höhle. Thomas entwirrt mit großer Ausdauer Schnüre aus der Schnurkiste. Stefan und Markus haben von Thomas eine noch nicht ganz entwirrte, besonders dicke Schnur bekommen und führen damit eine Art Tanz auf. Jeder hat ein Schnurende in der Hand. Sie ziehen sich durch den Raum, zur Bauecke, wirbeln sich im Kreis, lachen, kreischen, schleudern, sich an der Schnur haltend, immer wieder in neuen Drehern und wirbeln im Kreis. Ab und zu fallen sie hin, stehen lachend wieder auf und toben weiter. Der ganze Tanz dauert, mit kleinen Pausen, ungefähr eine halbe Stunde.

Dann bleibt die Schnur liegen. Inzwischen haben die Kinder entdeckt, daß man Stoffstreifen zwischen die Bambusstangen des Zeltes flechten könnte, um so das Zelt abzudecken. Eine Erzieherin schneidet alte Tücher aus der Verkleidungskiste an der Seite ein, so daß die Kinder daraus Streifen reißen können. Damit beim Flechten die Bambusstangen nicht wieder zusammengezogen werden, schlage ich den Kindern vor, an der Spitze des Zeltes einen Stuhl aufzuhängen, der die Stangen durch sein Gewicht nicht auseinanderdrückt.

Während einige Kinder Stoffstreifen in das Zeltgestänge flechten, spannt Robert eine durchsichtige Schnur von einer großen Garnrolle quer durch den Raum. Er verknotet die Schnur an irgendeinem Kommodengriff und spannt sie von dort zum Fenstergriff und von dort wieder zu einem Bauklötzchen, das am Boden liegt, und von dort aus wieder weiter. Es entsteht ein Schnurnetz. Ich kann ihn davon überzeugen, daß er sich mit seinen Verspannungen auf eine Raumecke beschränkt, damit der Raum auch für die anderen Kinder benutzbar bleibt, denn sein Schnurgewirr ist nur schwer zu durchqueren.

Nachdem die Zeltstangen schon mit Stoff beflochten und bespannt sind, hängen die Kinder die großen Papierdreiecke, die anfangs als Zelthaut gedacht waren, als große Bilder an die Wand. Dazu müssen sie auf Stühle steigen, wir Erzieher helfen ihnen dabei.

Jetzt stehen in der Puppenecke zwei Zelte nebeneinander, und es wiederholt sich ein ähnliches Spiel wie am Tag zuvor. Es wird wegen des Essens zwar abgebrochen, aber nicht abgeschlossen.

Das Zelt bleibt noch bis zum Ende des Kindergartenjahres stehen (ca. 3 Wochen) und wird von den Kindern dauernd genutzt.

Kritische Stellungnahme:
Diese Einheit zeigte uns ganz deutlich, daß es durchaus möglich ist, »nur« mit einer Vorstellung, einem vielleicht momentanen Interesse, zu beginnen, ohne schon im vorhinein zu wissen oder festlegen zu wollen, wie sich das Thema entwickelt. Das anfängliche Interesse (oder besser ursprüngliche Interesse) birgt soviel innere Notwendigkeit in sich (Sachlogik), die das Thema dann konsequent weitertreibt. Ebenso wurde das Thema durch die Vorschläge der Kinder weiterentwickelt, so daß es über einen Monat den Kindergartenalltag bestimmte und auch über so lange Zeit für die Kinder interessant blieb. Wir Erzieher versuchten, wo es nur ging, auf die Spielansätze der Kinder einzugehen bzw. dort, wo sich Spielansätze zeigten (wie das Feuerherstellen von Claudia), ihnen einen Platz einzuräumen, sie zuzulassen.

Anfangs schienen uns die beengten räumlichen Verhältnisse ein Nachteil zu sein. Im nachhinein kann man aber sagen, daß sie uns auf einen wichtigen Sachverhalt hinwiesen. Da wir keinen zweiten Raum zur Verfügung hatten, in dem wir die Zeltaktion nur mit den Kindern hätten durchführen können, die sich dafür interessierten, waren wir gezwungen, das Geschehen sehr offen zu »organisieren«. So konnten sich an das Bauen des Zeltes viele Spielideen der Kinder anreihen, die sich entweder direkt daraus ergaben (Emils Zubauen der undichten Stellen am Zeltboden) oder sich daran quasi assoziativ angliederten (wie das Höhlenbauen, Schnürespannen). Das Hauptthema regte die Phantasie der Kinder zu eigenständigen schöpferischen Aktivitäten an, die Organisation ließ ihnen dazu genügend Raum. Das war zwar oft sehr anstrengend für die Erwachsenen, aber die Ideen wären unter anderen Umständen wohl nicht so vielfältig ausgefallen. Es wurde auch kein Kind gezwungen, sich an den Aktionen zu beteiligen. So hatte jedes Kind selber die Möglichkeit, darüber zu entscheiden, wann es an der Gemeinschaftsarbeit teilnehmen wollte und in welcher Form. Es stellte sich dann auch heraus, daß jedes Kind am Zeltbau und -spiel in den verschiedenen Entstehungsphasen beteiligt war und außerdem noch Gelegenheit hatte, spontan eigenen Ideen, die sich aus der allgemeinen Aktivität ergaben, nachzugehen. So wurde das Zelt nie zu einem Zwang, und die sich daran angliedernden Ideen der Kinder bereicherten das allgemeine Thema und trieben es inhaltlich weiter.

Wären nicht die Sommerferien dazwischengekommen, hätten sich aus dem Spiel in und mit dem Zelt wieder Anlässe zu einem neuen Thema ergeben, ähnlich wie wir von dem Betrachten der Jugendstilhausfassaden einen organischen Übergang zu unserem Thema »Tipi« fanden. Verzichtet man teilweise auf ein langfristiges Planen und vertraut mehr auf die kreativen Einfälle der Kinder, die sie zweifelsfrei in einem großen Maße haben, wird der Übergang von einem Thema zum anderen organisch dem Anwachsen der kindlichen Lebenserfahrung angepaßt. Der Kindergarten geht dann ein Stück mehr auf die Kinder zu und entfernt sich etwas von einem in der Schule leider notwendigen Übel, dem harten Schnitt von einem Unterrichtsgegenstand zum nächsten im 45-Minuten-Takt.

Um die Aktionen dem normalen Tagesrhythmus anzugleichen, wurden sie nicht zu einem vorher festgelegten Zeitpunkt begonnen, sondern ihr Beginn war fließend. Wir fingen dann an, wenn am Morgen genügend Kinder eingetroffen waren. Nachzügler konnten dazustoßen und sich in die schon laufende Arbeit eingliedern. Eine allgemeine Brotzeitpause gab es nicht. Jedes Kind machte dann Brotzeit, wenn es Hunger hatte. Manchmal mußten wir die Kinder darauf hinweisen, ihre Brotzeit nicht zu vergessen. Damit wollten wir erreichen, daß der Vormittag sich in seiner zeitlichen Struktur dem Erlebnisablauf der Kinder anpaßt. Wir wollten den Kindern soviel Freiheit wie möglich geben und nur vorstrukturieren, was nötig war, damit ein aggressionsfreies, angstfreies Erleben und Gestalten für die Kinder möglich wurde. Dieser Moment, glaube ich, bewirkte, daß jedes Kind zum Zug kam, seinen ganz individuellen Beitrag dort leisten konnte – zu einem Zeitpunkt, wo es die Möglichkeit dazu fand. Wir versuchten, vom Kind her zu denken, uns in seine »Welt« zu versetzen, wenn auch nur sehr unvollkommen, so doch tendenziell. Es galt, die Beiträge der Kinder, wenn sie auch noch so klein waren, zu respektieren.

Der so geschaffene Freiraum ließ es zu, daß die Kinder ihre vielfältigen Ideen verwirklichen konnten. Im nachhinein stellten wir fest, daß nicht das Zelt im Mittelpunkt unserer Arbeit stand, sondern nur Rahmen, Auslöser, Anlaß, Kristallisationspunkt war für die Ideen der Kinder. Sie traten nur in kleinen Aktionen zu Tage (siehe Höhlenbauen, Schnürespannen), waren leicht zu übersehen. Trotzdem sind sie das eigentliche Thema, wenn es um Kreativitätserziehung geht. Im Rückblick auf diese Aktion sehen wir uns Erzieher dazu aufgefordert, Organisationsformen zu entwickeln, ein Verständnis von Kindergartenarbeit im ästhetischen Bereich zu finden, das diesen so wertvollen zwar kleinen, aber um so bedeutungsvolleren Beiträgen der Kinder mehr entspricht. Sie sollen für das Erleben der Kinder im Kindergarten tragend sein.

Arno Schulz-Merkel

Materialexperimente

Farbe spritzen

Teilnehmer: 8 Kinder
Dauer: 70 Minuten
Situation und Ziel: Die letzte Aktion »Farbspuren« hatte gezeigt, welche elementaren Erfahrungen die Kinder im unmittelbaren Umgang mit Farbe machen können. Dies ist auch der Grund, warum wir uns entschlossen haben, weitere Farbexperimente durchzuführen. Bisher war den Kindern Farbe weitgehend nur im Zusammenhang mit Pinseln oder Stiften begegnet. Geräte also, mit denen Farbe auf einem Malgrund aufgetragen wird. Jedes Zeichengerät, z. B. Pinsel oder Bleistift, hat eine jeweils eigene Ausdrucksform. Das bedeutet, daß sich bestimmte Inhalte nur mit den ihnen gemäßen Mitteln darstellen lassen. So eröffnet Blau, mit dem Filzschreiber gemalt, eine ganz andere Welt als dasselbe Blau mit dem Pinsel aufgetragen. Dementsprechend fällt auch das Verhalten des Kindes jeweils anders aus. Unser Ziel ist es also, das Kind in einer Aktion einen solchen Zugang zur Farbe durchleben zu lassen.

Angeregt durch die Bilder von Jackson Pollock, der die Farbe auf seine Bilder aus durchlöcherten Blechdosen auftropft, wollen wir mit den Kindern eine solche Möglichkeit des Farbauftragens ausprobieren und dabei entdecken, welche Möglichkeiten von Bildgestaltungen sich daraus ergeben und welche Formen von Farben und Farbtönen es zu entdecken gibt.

Tatsächlicher Verlauf, Organisations- und Realisationsmedien:

Im Nebenraum sind alle Stühle und Tische zur Seite geräumt, auf dem Boden mitten im Raum liegt ein $2 \times 1{,}20$ m großes Stück graues, festes Packpapier, stark verdünnte wäßrige Leimfarbe in verschiedenen Tönen steht in Dosen bereit, ebenso mehrere Joghurtbecher, in die mit einem an einer Kerzenflamme erwärmten Nagel ein kleines Loch durchgestoßen wurde. Das Loch ist gerade so groß, daß die Farbe nur in schnell aufeinanderfolgenden Tropfen aus dem Becher kommt. Wir füllen die Farbe in die Becher, und sofort tropft sie heraus. Die Kinder finden das furchtbar komisch. Sie schauen zu, wie ein dicker Tropfen nach dem anderen aus ihrem Becher auf das graue Packpapier klatscht. Die Geräusche der tropfenden Farbe sind zu hören, Kleckse und Farbspritzer entstehen. Die Kinder wollen immer wieder das satte Klatschen hören und Farbe über das Papier spritzen sehen. Sie verteilen sich unaufgefordert um das Papier, und jedes ist mit seinem Klatschen und Farbklecksen beschäftigt. Langsam lassen sie die Becher in ihrem »Bereich« über das Papier wandern, Klecks patscht neben Klecks. Und so geraten sie ganz von selbst in das Gebiet des »Nachbarn« – die blauen Kleckse neben die braunen. So wie die beiden Farben, so nehmen auch die beiden Kinder miteinander Kontakt auf. Zuerst sucht jeder, wo er im »Gebiet« des anderen noch Platz für seine Kleckse findet. Dann fangen sie an, mit der Farbe weitere Gebiete abzustecken, bzw. wollen überall auf dem Blatt vertreten sein. Sie benutzen Farbe als Medium für soziales Handeln.

Nachdem sie das Blatt für sich erobert haben und das Problem der sozialen Kontaktaufnahme gelöst ist, beginnen sie, die Farbe gezielter in ihrer Farbwirkung zu setzen und in ihrem Eigenwert zu entdecken. Die Kinder füllen sich eine selbstgefertigte Farbmischung in ihre Becher, und aus dem vorherigen zufälligen Farbspiel wird jetzt ein Ordnen, das das anfänglich produzierte Chaos zunehmend gestaltet.

Die Farbkleckse werden also gezielter gesetzt, notfalls hilft man mit dem Finger nach. Die Kinder achten darauf, wie ihre Farbe neben den anderen Farbklecksen wirkt. Sie fangen an, die Farbwirkungen, Farbmischungen der ineinanderlaufenden Farbe genau zu beobachten. Sie entdecken einzelne Farbeffekte und machen Vergleiche: »Das sieht aus wie…«, »Das ist mein Fluß, der hat viele Arme.« »Der blaue Fluß…« Nach und nach schwimmt die Farbe immer mehr auf dem Papier, und wir stellen fest, wenn wir jetzt noch weiter Farbe auftropfen lassen, besteht die Gefahr, daß all die schönen Farbeffekte zu einer Brühe verschwimmen. So bestimmt diese Aktion ihr Ende selbst, und wir, vielmehr die Kinder, müssen sich damit abfinden, daß wir, wenn nicht alles wieder kaputtgehen soll, leider gezwungen sind aufzuhören. So schön es auch ist, Farbe zu tropfen und zu erleben, wie stark das Blau in dem Braun leuchtet und was passiert, wenn der grüne Fluß in den roten mündet. Die Kinder sind zwar etwas betrübt, den Sachzwang anzuerkennen, aber sie hören von selbst auf. Auch beim Aufräumen läßt das entstandene Bild den Kindern noch keine Ruhe, und sie bilden Assoziationen zu ihrem Bild wie: »Eine Landkarte, das braune Land, eine Wiese…«

Ein paar Tage später ist das Bild getrocknet, und wir sitzen im Kreis darum. Zuerst sind die Kinder etwas enttäuscht, daß die trockene Farbe nicht mehr so leuchtet wie die nasse. Ich versuche dies den Kindern zu erklären, was sie aber nicht so sehr interessiert. Für sie ist das Leuchten der Farben wichtig und nicht, warum sie nicht leuchten. (Ich werde mir überlegen müssen, wie man diese billigen Leimfarben durch Zusätze das nächste Mal besser zum Leuchten bringt.) Dann entdecken sie das Spiel von Farbe und Farbeffekten neu.

Das Bild ist zu groß, um es aufzuhängen. Deshalb entschließen wir uns, daß sich jedes Kind ein »Gebiet« (die Kinder haben in diesem Zusammenhang oft von dem Bild als Land gesprochen), das ihm am besten gefällt, heraussucht und es anschließend herausschneidet. Deshalb schauen sich die Kinder alles noch einmal ganz genau an, studieren die Farben, wägen ab, vergleichen, entschließen sich endlich. Streitigkeiten, die dadurch hätten entstehen können, daß zwei dasselbe Stück gewollt hätten, kommen nicht auf. Die »neuen« Bilder werden anschließend im Garderobenraum gemeinsam aufgehängt.

Kritische Stellungnahme:
Das »Farbtropfen« hat uns viele neue Aspekte gezeigt, mit

denen wir vorher nicht gerechnet hatten. So wurde das Aufklatschen der Farbtropfen von den Kindern als ein eigenständiges Klangereignis aufgenommen, und es ging beinahe mehr darum, daß ein Klatschen zu hören war, als daß es Farbe war, die das Geräusch verursachte. Eine weitere wichtige Entdeckung war, wie über die Farbtropfen, die in das Gebiet des Nachbarkindes fielen, sozialer Kontakt aufgenommen wurde und so über die Farbtropfen eine Fühlungnahme zum Nachbarn entstand. Im Spiel wurden wortlos »Absprachen« gemacht, wie weit und ob man in das Gebiet des Nachbarn eindringen konnte oder ob der Nachbar bei meinem Spiel mitmacht bzw. umgekehrt. Am interessantesten war aber das Feststellen von Farbmischungen, die sich aus dem Ineinanderfließen verschiedener Farben ergaben. Es entstanden Farbtöne, die die Kinder, wenn sie es gezielt ansteuern würden, nie zustande gebracht hätten. So hat sich in gewisser Weise dem Kind in dieser Aktion eine neue Farbwelt erschlossen, die es sich erspielen konnte. Außerdem hat es die Möglichkeit gehabt, in ein bestehendes Chaos seine eigenen Ordnungsvorstellungen zusammen mit anderen einzubringen. Dieser Vorgang hatte mit seinen neuen Farbeffekten immer wieder Staunenswertes hervorgebracht. Das verdankte diese Aktion vor allem der offenen Struktur, in die das Kind seine eigenen Möglichkeiten im Handeln und im Denken frei einbringen konnte. Auf diese Weise konnten von den Kindern Erfahrungen gemacht werden, die vom Erzieher nicht vorhersehbar und planbar waren und die er vielleicht auch gar nicht so in seiner Planung vorwegnehmen sollte. Damit würde er sich dem Risiko aussetzen, die unvorhersehbaren Situationen während der Aktion nicht zu bemerken und, gemessen am Resultat der Kinder, in dem, was sie wirklich tun, mißzuverstehen. Auch in dieser Hinsicht war diese Aktion ein ergebnisreiches und erfolgreiches Ereignis – ganz abgesehen von der Begeisterung der Kinder.

Renate Bley
Arno Schulz-Merkel

Elementare Farberfahrungen: Fußspuren

Teilnehmer: 8 Kinder
Dauer: ca. 90 Minuten
Geplanter Verlauf: Die Fußspuren im frischen Schnee auf dem Bürgersteig vor dem Kindergarten bringen uns auf die Idee, im Kindergarten mit Farbe Fußspuren herzustellen und zu beobachten.

Realisationsmedien und tatsächlicher Verlauf:
Wir gehen mit 8 Kindern in den Nebenraum, wo folgende Materialien bereitgestellt sind: Eine ca. 50 cm breite Rolle Makulaturpapier, mehrere DIN-A2-Bögen, 3 Plastikwannen mit ca. 2 cm hoher, verschiedenfarbiger Leimfarbe gefüllt, Putzeimer und mehrere Wischlappen. Die Tische und Stühle sind zur Seite geschoben und aufgestapelt, so daß eine möglichst große Fläche des Fußbodens frei ist.

Motivation: Wir gehen gemeinsam mit den Kindern in den vorbereiteten Nebenraum. Ich setze mich hin, ziehe mir Schuhe und Strümpfe aus, krempele mir die Hose hoch und fordere die Kinder auf, dasselbe zu tun, aber die Hose mitauszuziehen. »Heute malen wir in Malerkittel und Unterhose.« Ich tauche bis zum Ellenbogen meinen Arm in die Farbwanne und mache einen Abdruck auf einem Papierbogen. Mein Arm bleibt mit dem Ellenbogen auf dem Papier liegen, und ich drehe ihn wie den Zeiger einer Uhr eine Hand breit weiter und mache eine zweiten Abdruck usw., bis ich den Arm neu in die Farbe eintauchen muß. Es entsteht ein Rad. Die Kinder begreifen schnell, um was es geht, tauchen ihre Hände in die Farbe ein, holen sich einen Papierbogen und probieren, was man alles mit Hand oder Arm machen kann. Es entstehen Sonnen, Blumen, Bäume, oder zwei zufällig nebeneinander günstig geratene Handabdrücke werden als Schmetterlinge erkannt. Das Drucken und das Entdecken, was das Gedruckte sein könnte, gehen »Hand in Hand«.

Organisation: Die Hand kann gleichzeitig mit ihren fünf Fingern fünf Linien ziehen, das Kind kann in einem Zug eine große, breite und kräftige Bewegungsspur machen. Es dauert nicht lange, und schon sind, wie es auch beabsichtigt war, die Füße im Spiel. Eine Papierbahn wird als Gehweg ausgerollt. Es ist für die Kinder wie eine Landnahme, mit roten Farbfüßen über das noch unberührte Weiß zu gehen. Jedes Kind will so unberührtes Weiß mit seiner Spur erobern. Wer billiges Makulaturpapier verwendet, der kann sich diesen Wunsch auch verwirklichen. Die Kinder schauen intensiv auf ihre Füße, was die da unten machen, gehen immer wieder über das Papier mit verschiedenfarbigen Füßen, sie erfinden neue Gehweisen, um neue Spuren zu zeigen. Breitbeinig, eine Hand, ein Fuß, zwei Kinder zusammen mit zwei linken Füßen, humpelnd, rennen wie ein Hund, Vogel usw., laufend...

Es entsteht ein kleiner Wettbewerb. Sie stacheln sich gegenseitig an. Es wird laut und wild. Für uns Erwachsene beginnt es anstrengend zu werden. Trotz des Durcheinanders finden die Kinder immer wieder einen neuen Spiel- oder Gestaltungsansatz. Der Gehweg wird am Rand mit »Fingerblumen« garniert.

Das Spiel wird nach einiger Zeit wieder ruhiger. Zwei Kinder haben sich noch einmal einen großen Gehweg vorgenommen, weil sie noch viele Geh- und Laufvariationen erproben wollen. Die übrigen haben sich wieder ihren Papierbögen zugewandt und malen mit Händen und Füßen. Sie spüren nach ca. $1^{1}/_{2}$ Stunden, daß sie dieses Spiel allmählich erschöpft hat. Das Papier wird zum Trocknen in den Vorraum und in das Erzieherzimmer gelegt. Die Kinder waschen sich, und wir wischen gemeinsam mit Putzlumpen die Farbbrühe vom Boden auf.

Einige Tage nach der Aktion versammelt sich die Gruppe der beteiligten Kinder im Nebenraum, und wir schauen uns gemeinsam die getrockneten Bilder und die Gehwege an. Fast jedes Kind findet auf dem Gewirr von Fußspuren eine seiner Gehvariationen wieder, spielt sie noch einmal vor. Jetzt sehen wir, wie sich oft zufällig Abdrücke zu Bäumen, Gesichtern, Rädern angeordnet haben. Wir suchen aus dem riesigen Ergebnismaterial die Stücke heraus, die uns am besten gefallen, und hängen die Fuß- und Handabdrücke im Garderobenraum über den Schuhen und Mänteln auf. Jetzt sehen die Eltern, die die Kinder abholen, warum ihr Kind vergangenen Donnerstag mit so farbigen Füßen nach Hause kam.

Kritische Stellungnahme: Die Aktion war anstrengend und nur im Nebenraum mit wenigen Kindern durchführbar. So war es aber jedem Kind möglich, sich auszuspielen und die Möglichkeit der Aktion voll auszuschöpfen. Daß dies zutraf, zeigt die Vielfalt der Gestaltungsansätze der Kinder auf verschiedensten Ebenen: Bewegungsspur – Körperbewegung, Drucken – Abdrucken, Farberfahrung – Farbgebung. Der besondere Anreiz von Körperabdrücken, der vor allem auch darin besteht, daß man Pinsel und Farben auf der Haut spürt, zeigte sich beim Anschauen der Ergebnisse. Die Kinder entdeckten die Abdrücke ihrer eigenen Hand wieder und sahen zugleich die durch die Anordnung der Abdrücke entstandenen Gestalten wie Räder, Bäume, Zweige, Schmetterlinge usw.

Die Erzieherin und ich konnten feststellen, daß die Kinder keine Scheu vor Farbe haben, im Gegenteil, es macht ihnen nichts aus, sich zu bemalen. Ich glaube, sie würden am liebsten in ihrer Lieblingsfarbe baden. Das wäre etwas für eine Aktion im Sommer, im Freien, wo sich die Kinder hinterher mit dem Gartenschlauch wieder abspritzen können. Ich kann mir jetzt schon vorstellen, was für schöne Ganzkörperabdrücke auf großem Makulaturpapier möglich wären und was für soziale Kontakte und Körpererfahrungen die Kinder machen können, wenn sie sich gegenseitig den ganzen Körper mit Pinsel und Leimfarbe bemustern. Jetzt aber, während des Winters, läßt sich diese Intention nur in reduzierter Version durchspielen. Wir werden demnächst Puppen und Gesichter auf die Hand malen und damit Theater spielen: »Die bemalten Hände«.

Renate Bley
Arno Schulz-Merkel

Farbspiele im Wasserglas – Aquarell auf Japanpapier

Teilnehmer: 11 Kinder
Dauer: ca. 120 Minuten
Situation: Im Kindergarten sind viele Kinder an Windpokken erkrankt, so daß zur Zeit nur 11 Kinder anwesend sind. Die letzten Wochen waren sehr aufregend. Wir hatten zusammen zwei Indianerzelte gebaut, sie bemalt, Märchen über Indianer gehört und in der letzten Woche Besuch vom Kindergarten in Hattenhofen.

So soll jetzt, da wir so wenige sind, die Gelegenheit für meditative Farbbetrachtung und Malen genützt werden.

Ziel und Eigenmotivation:
In ein großes mit Wasser gefülltes Glas (c. 3 l) wird mit einer Pipette tropfenweise farbige Tusche getropft. In phantastischen Kaskaden breitet sich die farbige Tusche aus und sinkt langsam, sich immer weiter aufteilend, wie ein Wasserfall nach unten. Das Absinken kann durch etwas Essig oder Holzleim (er muß in das Wasser eingerührt werden; Methylankleister ist besonders gut geeignet) im Wasser noch verlangsamt werden, und die entstehenden Formen lassen sich noch länger und intensiver beobachten. Steigern kann man dieses Schauspiel noch durch eine seitliche Beleuchtung z. B. mit einem Diaprojektor, der neben dem Glas aufgestellt wird. Dadurch wirkt das Absinken der Farbe mit Wasser noch dramatischer und phantastischer. Außer farbigen Tuschen haben wir auch sehr stark verdünnte Pigmentfarben vorbereitet. Diese breiten sich als durchsichtige farbige Wolken im Wasser aus und sinken als glimmender Farbnebel langsam zum Boden des Glases ab. Wenn das Glas recht hoch ist, also ca. 5–10 l faßt, kann man sehr lange diesem Schauspiel der sich immer weiter aufteilenden, immer bizarrere und dramatischere Formen entwickelnden Farbwolken, die durch einen glitzernden Farbnebel der Farbpigmente fallen, zuschauen. Dieses intensive Farbenspiel wollten wir den Kindern zeigen.

Realisationsmedien und tatsächlicher Verlauf:
Es werden zwei Hocker auf Kindertische gestellt, auf denen der Projektor und das Wasserglas stehen, so können die Kinder von schräg unten alle gleichzeitig zum Glas hinaufschauen, und keines ist dem anderen im Weg. Die Tuschen und Farben stehen auf Tischen. Auf Vorschlag der Kinder tropfe ich eine Farbe nach der anderen mit einer Pipette in das große Wasserglas (jedes Tuschglas hat eine eigene Pipette, damit die Farben nicht verunreinigt werden, ihre Leuchtkraft nicht verlorengeht).

Motivation: Eine große Einführung braucht diese Aktion nicht: »Schaut mal her!« und schon sind wir mittendrin. Die Kinder sind sofort von den Farbwolken, ihren Formen und der Intensität der Farbe bei der dramatischen Beleuchtung begeistert. »Ui, das Blau ist schön, die will ich haben, die will ich haben!« Instinktiv greifen die Kinder nach den Tuschgläsern und halten sie ängstlich fest. Ich versuche den Kindern klarzumachen, daß alle Farben allen Kinder gehören und sich jedes die Farbe nehmen kann, solange es sie braucht, und sie dann zurückstellt. Mit dem Habenwollen sprechen die Kinder die Angst aus, zu kurz zu kommen, es ist gemeint: »Ich will es selber machen, ich will meine eigenen Farbwolken machen, ich will das machen, haben«.

Organisation: Je 3 Kinder bekommen 1 Ein-Liter-Glas voll Wasser auf einen Tisch gestellt, und auf einem zentralen Tisch stehen die Tuschen, in jedem Tuschglas steckt eine Pipette.

Ich zeige den Kindern noch einmal, daß ein einziger Tropfen, der ins Wasser fällt, genügt, um diese schönen Wolken zu erzeugen. Dieser Rat wird anfangs auch befolgt. Ganz verzaubert schauen sie dem Farbspiel aufmerksam zu. »Da schau!« Sie sind aufgeregt, wollen immer mehr Farbe, immer größere, dramatische Wolken sehen. Nach und nach bricht der Drang zum Experimentieren durch. Angeregt durch das Farbspiel werden immer mehr und verschiedene Farben in immer größeren Mengen mit der Pipette in das Glas zunächst getropft, dann gespritzt, zum Schluß noch ein großer Schwapp Goldplakatfarbe dazu. Leuchtende Farbwolken sind nun nicht mehr zu sehen, dafür ist aber eine dunkle Brühe im Glas, mit den unterschiedlichsten und interessantesten Farbschlieren. Diese werden jetzt lautstark beobachtet. Die Kinder entdecken das Mischen von Farben durch Zusammenschütten verschiedenster Farben.

Kritische Stellungnahme: Das fast meditative Schauen – wie anfangs beim gemeinsamen Betrachten – ist einem fest entschlossenen Forschen gewichen, das Ergebnisse bringt, die man wieder mit Ruhe und einer ähnlichen Haltung wie anfangs betrachtet. Das meditative Schauen am Anfang war durch den Erzieher inszeniert, durch seine Person, Gestik und Sprechweise.

Die Beobachtung, daß die Kinder nach den ersten Versuchen immer neue, größere Farbkaskaden sehen wollten, hat gezeigt, daß wir das nächste Mal größere Gläser nehmen müssen, so daß durch zuviel eingespritzte Tinte das Wasser nicht so schnell verunreinigt wird. Immer größere Mengen an Farben werden nur deswegen genommen, weil die Kinder immer größere Farbwolken sehen wollen. Dabei wird das Wasser zunehmend trüber, und sie versuchen, dies mit mehr Farbe zu kompensieren. Sie sind zu aufgeregt, um auf die Idee zu kommen, das Wasser zu erneuern, sondern gehen gleich zum Farbenmischen, Schütten, Panschen über, das wieder neue Möglichkeiten bietet.

Ob die Kinder bei dieser Aktion gelernt haben, daß sie die »Farbwolken«, die sie am Anfang so begeisterten, nur sehen, wenn sie sich selbst disziplinieren, läßt sich nicht feststellen. Daß nur durch Einträufeln von Farbe Wolken entstehen, das haben sie bestimmt gemerkt. Aber das ist nicht so wichtig wie die Tatsache, daß sie erst ein ganz intensives Erlebnis hatten, das sie packte, und zweitens, daß sie dann selber auf etwas ihnen Neues, uns Erwachsenen Banales und längst Vertrautes gestoßen sind, das sie für sich neu entdecken konnten: Farbschleier im Einmachglas bzw. Farbe mischen, Farbe zusammenschütten.

Aquarellieren auf Japanpapier, Realisationsmedien:
Dünnes Japanpapier in einer Größe von ca. DIN A3, die schon im Glas verdünnten und gelösten Malpigmente und Tinten stehen zum Malen bereit. Außerdem eine große Fotoschale aus Metall voll mit Wasser, um das Papier anzufeuchten, denn beim Aquarellieren soll ja naß gemalt wer-

den. Japanpapier ist etwa so dünn wie Seidenpapier, ebenfalls nicht verleimt und saugt das Wasser stark auf. Es ist sehr faserig, so daß die Farbe beim Malen stark verläuft und manchmal sogar fast förmlich in die Verästelungen der groben Papierfasern quer über das Blatt fließt und sich ausbreitet. Das Papier ist nicht sehr widerstandsfähig. Malt man zu lange an einer Stelle, wird es weich, die Papierfasern reißen, und es entsteht ein Loch. Das Papier wird nicht so stark beansprucht, wenn man zum Malen Haarpinsel statt Borstenpinsel verwendet. Sie haben außerdem den Vorteil, daß sie durch ihre feinen Haare viel Farbe aufnehmen können.

Ziel: Ich will durch diese Art des Malgeräts eine Situation schaffen, die ähnlich dem »Farbentropfen in ein Wasserglas« ist, nur daß sich jetzt alles auf dem Papier abspielt, auf dem sich die Farbe ähnlich ausbreitet wie im Wasser. Dadurch soll den Kindern eine weitere Möglichkeit angeboten werden, Farbwirkungen zu entdecken und zu malen.

Verlaufsplanung: Die Kinder bekommen keine inhaltlichen Hinweise zum Malen im Sinne eines Themas, um nicht das angestrebte Entdecken durch thematische Bindungen zu verdecken. Dieser zweite Teil unserer Aktion soll genauso wie der erste den Charakter eines Experiments haben.

Tatsächlicher Verlauf:
Am interessantesten finden die Kinder das Anfeuchten des Japanpapiers, das im nassen Zustand glasig-durchsichtig wird. Auf dem grünen Arbeitstisch ist es kaum noch wahrzunehmen, so daß wir ein helles Zeichenpapier als Malunterlage benützen, um die Farben zu sehen.

Robert: Für Robert ist das Spannendste, daß man das nasse Papier auf dem blauen Tisch kaum mehr sieht. Der Überraschungseffekt kommt dann, wenn er nach dem Malen die Farben auf dem Papier, die auf dem Tisch kaum wahrnehmbar waren, gegen das Licht hält und schaut. Jetzt sieht er die Farben leuchten.

Thomas: Das Blatt von Thomas hatte schnell ein Loch, das er absichtlich noch vergrößerte. Es entstehen Papierklümpchen, die er zwischen den Fingern sichtlich interessiert zerreibt, zu größeren Klümpchen zusammenknetet und mit diesen das Loch »garniert«. Aus dem Malen wurde ein Batzen, Modellieren (Befühlen, Bauen). Ein haptisches Interesse löste ein optisches ab. Er nimmt ein zweites Blatt, befeuchtet es nicht, holt sich die indigoblaue Tinte und macht in die Mitte einen großen dunklen Fleck, um den herum er viele kleine Flecken spritzt. Das, was er jetzt malt, hat immer noch etwas mit »Loch« zu tun, wenn auch in veränderter Form. Mit dieser Veränderung stellen sich gleichzeitig auch andere Möglichkeiten des Materials ein. Es gibt wieder etwas Neues zu sehen.

Jürgen feuchtet ein normales Zeichenpapier an und malt darauf. Dann nimmt er ein zweites Zeichenblatt, legt es auf das erste, streicht mit der Handfläche fest darüber und zieht es sorgfältig wieder ab. Die Zeichnung auf dem ersten Blatt ist verschwunden. Das aufgelegte zweite, trockene Zeichenblatt hat sie aufgesaugt. »Ich kann das Bild verschwinden lassen«, sagt er stolz und führt immer wieder seinen Zaubertrick vor. Weil der Tisch vom Malen naß und voll Farbe war, die durch das dünne Japanpapier durchschlägt, ergibt sich das »Abklatschen« fast wie von selbst, wenn man ein neues Blatt auf den noch nassen, farbigen Malplatz legt.

Sylvia schaut fasziniert ihrem Pinselstrich zu: wie sich die Farbe auf dem faserigen Papier verteilt und zerfließt. Sie staunt darüber, was sich da auf dem Blatt tut.

Norbert setzt einen großen blauen Fleck in die Mitte, ein paar schwungvolle Pinselstri-

che, legt das Blatt zur Seite; schaut eine Weile auf das Blatt, legt den Kopf schief, überlegt und holt die gelbe Tusche. Rechts oben einen Fleck, dann wird in die Mitte noch eine große Linie gesetzt; er schaut wieder eine Weile, holt grüne Tusche, macht einen zweiten Fleck und schaut. Fertig. Das hat kaum 10 Minuten gedauert. Er malt mehrere Blätter in schneller Folge.

Claudia will nur auf das trockene Papier malen, wo die Farbe weniger stark verläuft. Sie macht große rote Pinselstriche von der linken unteren Ecke nach rechts oben, bis sich ein Strichbündel wie die Eruption eines Vulkanausbruchs ergibt. Dann nimmt sie Grün und drückt den Pinsel auf und zwischen den roten Fahrern in großen Flecken aus, so als wolle sie damit die davonfliegenden Striche festhalten. Ähnlich sieht auch ihr zweites Blatt aus. Dann hat sie genug und ist fertig mit Malen.

Kritische Stellungnahme: Es entstehen sehr viele Blätter in kurzer Zeit. Dieses Material fordert ein spontanes und schnelles Arbeiten, man kann nicht korrigieren. Zwei, drei Farben, ein paar große Linien oder Kleckser mit dem Pinsel, und das Bild ist fertig. Dem entspricht auch die Farbwahl: reine unvermischte Farben, kaum mehr als drei verschiedene auf einem Blatt, meist nur zwei. Für den Erzieher heißt das, da die Farbe schon fertig im Glas gelöst bereitsteht, daß er eine stark differenzierte Palette anbieten muß. (Indigo, Ultramarin, Himmelblau, Kobalt, ein Lila, kalte und warme Rottöne, warme und kalte Gelbtöne). Spontane Äußerungen sollen nicht durch langwieriges Mischen zurückgehalten werden.

Beim Betrachten der Ergebnisse zusammen mit der Erzieherin finden wir heraus, daß jedes Bild eine eigene Stimmung hat (dunkel, heiter, bedrückt...). So wie etwa Indigo eine andere Stimmung ausstrahlt als Ultramarin. Die Kinder hatten auf ihren Blättern Farbstimmungen zu Klängen in Form von Bewegung (Pinselfahrern oder Klecksen) angeordnet. Die Stimmungen auf den Blättern sind die Stimmungen des jeweiligen Kindes. Da diese Technik ein gegenständliches Malen im Sinne des Abbildens nur schwer möglich macht – die Farben fließen zu stark auf dem Papier – malten die Kinder ganz von allein entweder Flecken und Striche, oder, was dem in Form und Farbe sehr ähnlich ist, Blumen oder Sonnen. Allgemein läßt sich vielleicht sagen, daß die Kinder so vorgingen, daß sie sich ein paar »Farbgläser« zu einem Farbklang zusammensammelten und dann damit malten; wenn sie damit fertig waren, probierten sie einen neuen Farbklang aus. Wir stellten fest, daß die Kinder ganz großen Wert darauf legten, daß Farben kräftig leuchten. Dasselbe stellten wir schon bei früheren Malaktionen fest.

Neu bei der heutigen Malaktion war für die Kinder das Japanpapier. Das Material stellt bestimmte Anforderungen, denen das Kind in irgendeiner Weise entsprechen muß, d. h., bestimmte Bedingungen sind vorgegeben, die eine Herausforderung darstellen. Das Kind greift diese Herausforderung in seiner ihm gemäßen Weise auf und formuliert im Bild malend, Farbe erlebend, die für ihn zutreffende Antwort auf diese Herausforderung. Die Formenvielfalt der Bilder aus der heutigen Aktion war überwältigend. Erstaunlich war für uns die Vielfalt der Ideen. Woran liegt das?

Ich meine: Was die Kinder finden, ist nicht immer vorhersehbar und auch nicht vorherbestimmbar, gar programmierbar. Man darf auch nicht enttäuscht sein, wenn sich anscheinend verhältnismäßig wenig ereignet, von den Kindern wenig erfunden wird. Das mag viele Gründe haben: der momentanen Stimmung in der Gruppe entsprach das Experiment, die jetzige Situation der Kinder dem Verhalten der Erzieherin, ihr Verhältnis zum Gegenstand. Häufig sieht man aber auch gar nicht, was so unauffällig nebenbei passiert, was aber oft das Wesentliche ist. Sei es, weil man zu beschäftigt ist oder an diesem Tage kein »Auge« dafür hat, nicht bereit ist. Man muß vielleicht auch erst einmal an sich selbst entdecken, daß das »Papierkrümeln« für Thomas eine wichtige Realität ist.

Einige Tage nach der Aktion, beim Betrachten der Kinderbilder, finden wir eine große Ähnlichkeit zu Bildern von E. Nay und Nolde. Ich entschließe mich, ein paar Dias von Noldeaquarellen herzustellen und sie mit den Kindern das nächste Mal zu betrachten. Vielleicht haben sie bei ihrem Malen ähnliches erlebt, was sich in Noldes Aquarellen zeigt. Ich würde gerne sehen, ob diese Aquarelle sie zu neuen Arbeiten anregen können und was für Bilder danach entstehen.

Arno Schulz-Merkel

Kartoffeldruck

Teilnehmer: 15 Kinder
Dauer: 60 Minuten
Situation: Die Kinder sitzen um einen großen Tisch. Kartoffeln, Messer, Wasserfarbe, Pinsel und Papier liegen bereit.
Motivation: Ich frage die Kinder, was ihnen zum Wort »Drucken« einfällt. Was kann alles gedruckt werden und wie wird das gemacht? Mit den Fingern oder mit Gegenständen kann ich auf der Fensterscheibe einen Abdruck machen; Zeitung und Bücher werden gedruckt; mit dem Stempel läßt sich die Adresse unseres Kindergartens abdrucken usw.

Einige Kinder erinnern sich noch an vergangenes Jahr, als

die damaligen Schulanfänger Stoffdruckdeckchen für den Weihnachtsbasar angefertigt hatten. Andreas hat damals genau zugeschaut und weiß zu berichten: »Die hatten Kartoffeln und haben mit dem Messer so Muster geschnitten. Mit Farbe haben sie die Muster dann angestrichen und auf das Deckerl gedruckt.« Das ist richtig. Mit dem Messer kann ich aus der Kartoffel einen Stempel schneiden, das geht sehr einfach.

Tatsächlicher Verlauf:
Ich schneide eine Kartoffel in der Mitte durch. Die Schnittfläche bestreiche ich mit Farbe und drücke die halbe Kartoffel fest aufs Papier. Ein eiförmiger Abdruck entsteht. Ich wiederhole den Vorgang mit anderen Farben, und bald reihen sich bunte »Ostereier« aneinander. Von den restlichen Kartoffeln schneide ich zwei schmale, verschieden breite Streifen ab. Damit lassen sich Körbchen drucken, in die ich ein Osterei drucke.

Die Kinder haben aufmerksam zugeschaut, aber jetzt drängen sie geradezu danach, die Dinge selbst in die Hand zu nehmen – im wahrsten Sinne des Wortes! Der Umgang mit den Messern muß noch besprochen werden, obwohl die Kinder darin nicht ungeübt sind. Wir haben im Herbst schon einen Obstsalat zubereitet und auch beim Backen bereits Messer benutzt. Sie stammen aus unserem Eßbesteck. Die Klingen sind nicht scharf geschliffen, sondern haben einen leicht gezackten Rand. Vorsichtig muß man trotzdem sein. Daran erinnern wir uns noch einmal.

Aber dann geht's los. Jedes Kind bekommt eine Kartoffel und ein Messer. Pinsel, Papier, Wasser und Farben holen sie sich selbst. Die Stempel schneidet nun jeder wie er mag. Ich lasse die Kinder selbständig experimentieren und gebe *keine* Anleitung mehr. Es ist erstaunlich, wie geschickt sie sich dabei zeigen. Katrin hat einen Ball so eingeschnitten, daß sie ihn vierfarbig drucken kann. Florian druckt ein blumenartiges Gewächs in gleichmäßigem Abstand nebeneinander. Es wirkt wie ein Tapetenmuster. Bei Silvia gibt es Schwierigkeiten. Sie malt mit dem Kartoffelstempel wie mit einem Pinsel. Dadurch verschmiert alles. Ich zeige ihr nochmals den Unterschied zwischen Malen und Drucken. Sandra versucht, ein Muster in Halbkreisen zu stempeln. Ulrich versucht ein Schiff. Dadurch, daß die Kinder denselben Stempel mit immer neuen Farben bepinseln, entstehen ganz neue und interessante Farbtöne. So ist jeder Abdruck anders, und das wirkt sehr lebendig. Inzwischen sind sie auf die Idee gekommen, ihre Stempel gegenseitig auszutauschen. Doris hat ihre Muster erst einmal ausprobiert, jetzt beginnt sie ein Bild: Sonne und Himmel sind schon sichtbar. Christian hat sich von Ulrich inspirieren lassen, bei ihm entsteht ein Piratenschiff. Dirk ist eben erst gekommen. Er war beim Schularzt. Jetzt sieht er, was wir machen, und möchte sich auch beteiligen. Eine Weile beobachtet er die anderen, dann greift er zu herumliegenden »Abfällen« und beginnt damit zu experimentieren. Es ist recht lustig, was da entsteht, und er ist so eifrig bei der Sache, daß er keine Hilfe mehr braucht. Die Kinder sind unterschiedlich in ihrer Ausdauer. Einige stempeln ganze Bilder, andere erproben nur verschiedene Muster.

In einer Ecke des Zimmers haben wir alle Blätter zum Trocknen auf den Boden gelegt. Wir waren recht produktiv heute. Das finden auch die Eltern, als wir die Werke der Kinder beim Abholen betrachten.

Rudolf Seitz
Elke Bolster

Wir drucken eine Sommerwiese in Gemeinschaftsarbeit: Materialdruck

Dauer: 90 Minuten
Situation: Nachdem die Kinder beim vorausgegangenen Kartoffeldruck erste Erfahrungen mit der Drucktechnik gesammelt haben, wollen wir heute das Thema vertiefen. Es soll anderes Material zum Drucken angeboten werden. Letztes Mal haben die Kinder einzeln Bilder bedruckt, heute soll in gemeinsamer Arbeit eine sommerliche Blumenwiese auf einem großen Packpapier entstehen (3 m × 1,20 m). Der »Wiesengrund« wurde schon am Tag vorher gemalt.

Tatsächlicher Verlauf:
Wir sitzen mit den Kindern um das auf dem Boden ausgebreitete Packpapier. Der Wiesengrund leuchtet uns in verschiedenen Grüntönen entgegen.

Motivation: »Wir haben gestern schon die Wiese gemalt und wollen heute viele bunte Sommerblumen darauf wachsen lassen. Wie könnten wir das machen?« frage ich die Kinder. »Einfach malen«, ist ein Vorschlag. Ich frage, ob es noch andere Möglichkeiten gibt, und zeige die Bilder, die mit Hilfe der Kartoffeln entstanden. Ja, drucken könnte man sie auch. Aber wie?

Realisationsmedien: Die Kinder entdecken die in einem Karton bereitgestellten Rollen, Büchsen, Deckel, Verschlüsse und greifen den Gedanken auf, daß sich damit auch drucken läßt. Bevor sie sich auf die Materialkiste stürzen, gebe ich zu bedenken, ob es nicht noch weitere Gegenstände gibt, die sich zum Drucken eignen würden, beispielsweise Spielzeug. »Bauklötze, Steckbausteine, Puppentassen...«.

Die Vorschläge der Kinder überstürzen sich. Ich schlage vor, daß wir uns einfach auf die Suche nach geeigneten Dingen begeben. Alle strömen auseinander, und Schubladen und Spielecken werden durchstöbert. Vieles wird angeschleppt: Kleiderbügel, Geschirr, Autos, Scheren usw. Nicht alles eignet sich gleichermaßen für unseren Zweck, aber das stellt sich erst später heraus.

Auf einigen Kunststoffplatten haben wir wasserlösliche Linoldruckfarbe mit der Walze so verteilt, daß die Kinder ihre Gegenstände darauf einfärben können. Die »Umgebung« wird noch mit Zeitungspapier abgedeckt, die Kinder in Malkittel geknöpft, und dann kann's losgehen. Jeder hat längst einen Gegenstand in der Hand. Wir erinnern uns nochmal daran, daß wir Blumen drucken wollen. Dann verteilen sich die Kinder über die großflächige Papierwiese. Bald sprießen die ersten Gegenstände hervor. Es stellt sich rasch heraus, daß manche eine sehr schmale, unebene und zum Drucken schlecht geeignete Oberfläche haben. Um die Verwendbarkeit erst einmal zu erproben, haben wir einen Streifen Computerpapier ausgebreitet. Das erweist sich als praktisch. Recht farbenfroh geht's zu auf der Wiese und manchmal auch daneben hinaus. Ein kleiner Hinweis für die Kinder ist hilfreich, ein bißchen aufzupassen, daß sie nicht auf »frische Blumen« treten und dann an anderer Stelle ganz ungewollt neue drucken. Aber eigentlich sind die Kinder sehr sorgfältig und bemühen sich ganz selbstverständlich darum, sich nicht gegenseitig zu behindern. Es ist nicht ihre erste Gemeinschaftsarbeit, vielleicht ist Übung darin für diese Technik sehr sinnvoll.

Die verschiedensten Blumen sprießen empor: hohe und niedrige, Riesenblüten auf zaghaften Stengeln und phantasievolle Arten. Spaß macht's allen, die Ausdauer ist aber unterschiedlich. Das haben wir schon beim Kartoffeldruck festgestellt. Daher haben wir heute, nach der gemeinsamen Besprechung, mit einer Hälfte der Gruppe begonnen. Die andere spielt im Nebenraum. Wer aufhören möchte, sagt drüben Bescheid und überläßt seinem Nachfolger den Malkittel. So zieht sich die Beschäftigung insgesamt über 1½ Stunden hin. Beim Aufräumen und Saubermachen müssen die Erzieher heute kräftig mithelfen, da wären die Kinder überfordert. Aber in diesem Umfange ist es ja nur selten der Fall. Zum Schluß, nachdem aufgeräumt ist, kommen wir alle noch einmal zusammen und betrachten die fertige, blumenübersäte Wiese. Sie wirkt ganz anders als eine gemalte, aber sie gefällt uns gut.

Rudolf Seitz
Elke Bolster

Schablonendruck

Dauer: 60 Minuten

Situation: Wir besprechen unsere vorausgegangene Druckerfahrung (Kartoffeldruck, Sommerwiese) noch einmal. Heute wollen wir eine weitere Drucktechnik ausprobieren. Die Kinder sitzen um einen großen Tisch versammelt.

Realisationsmedien: Aktendeckel und Malpapier in gleichem Format, Plakatkarton, Scheren, Uhu, Bleistifte, wasserlösliche Linoldruckfarbe, Walzen, Kunststoffplatten, alte Zeitungen als Material auf einem Tisch bereit.

Motivation, Einführung: Wir schneiden aus dem Plakatkarton ein Haus mit Türen, Fenstern, Kamin usw. aus. Die einzelnen Teile werden auf dem Aktendeckel zu einem Bild zusammengeklebt. Diese Darstellung soll gedruckt werden: Die Linoldruckfarbe wird auf die Kunststoff- oder Glasplatte gegeben und mit Hilfe der Walze gleichmäßig auf dem Bild verteilt. Das Bild wird sozusagen eingefärbt. Dann legen wir ein gleichgroßes weißes Zeichenpapier (möglichst saugfähig!) darauf. Mit einer zweiten, sauberen Walze wird nun so kräftig darübergerollt, daß sich der Untergrund auf das Malpapier abdrückt. Jetzt wird das Blatt wieder abgezogen, und unser Druck ist fertig. Das Haus mit Türen, Fenstern und Kamin hebt sich vom Hintergrund deutlich ab. Dasselbe Bild läßt sich beliebig oft abdrucken, ich muß mein ausgeschnittenes Motiv – den »Druckstock« – nur immer wieder neu einfärben. So kann ich das Bild vervielfältigen.

Tatsächlicher Verlauf:
Nach dieser Erklärung unterhalten wir uns über andere mögliche Motive, um nicht beim Thema »Haus« hängenzubleiben. Dann zeichnen die Kinder ihre Idee mit Bleistift auf Plakatkarton, schneiden die Bilder aus und kleben sie auf Aktendeckel. Dorit hat einen Fisch mit »Babyfischchen« gemacht und ist gerade dabei, die Schuppen aufzukleben. Häuser entstehen in verschiedenen Variationen, mit Himmel und Sonne. Je mehr aufgeklebt (wie z. B. die Schuppen auf den Fisch) oder herausgeschnitten wird (wie die Fenster aus dem Haus), um so lebendiger wird der Abdruck.

Als die ersten Bilder fertig sind, beginnen wir mit dem Druck. Ein Tisch ist zu diesem Zweck mit Zeitungspapier gut abgedeckt. Beim Einwalzen mit Farbe helfen wir den Kindern, das erspart unnötigen Verbrauch der Linoldruckfarbe.

Den Papierdruck walzen die Kinder mit aller Kraft selber auf und ziehen dann stolz das fertige Ergebnis ab. Die Überraschung, wie sich etwas abgedruckt hat, ist jedesmal neu und groß. Nicht an allen Stellen setzt sich die Farbe gleichmäßig stark ab, und dadurch wirken die Bilder immer wieder anders. Die Technik hat großen Erfolg bei den Kindern.

Eigene Stellungnahme:
Heute stand der Reiz des Abdruckens im Vordergrund. Manche Bilder sind etwas »mager« ausgefallen. Ich bin überzeugt, daß bei Fortführung dieses Druckverfahrens die Kinder ihre Bilder noch detaillierter gestalten lernen. Für diesen Versuch sind die Ergebnisse sehr zufriedenstellend.

Rudolf Seitz
Elke Bolster

Ton-Spiele

Teilnehmer: 12 Kinder
Dauer: 90 Minuten
Eigenmotivation: Wir hatten in der vergangenen Woche überlegt, was wir als langfristiges Projekt – der Muttertag kostete viel Zeit!? – zusammen mit den Kindern als Aufgabe angehen könnten. Eine Mutter hatte erst kürzlich aus einer Ziegelei drei Zentner Ton in Säcken verpackt in den Kindergarten mitgebracht. Hinzu kommt, daß im plastischen Bereich schon lange nichts mehr unternommen worden war. Wir waren daher der Ansicht, daß dies eine gute Gelegenheit sei, das Material Ton den Kindern nahezubringen, und zwar auf der Ebene experimenteller Erfahrungen.

Tatsächlicher Verlauf:
Gestern haben die Kinder mit der Erzieherin eine Kinderbadewanne mit Ton angefüllt und mit Wasser versetzt, damit das Material bearbeitet wird.

Motivation und Organisation: Es ist sonniges Wetter und deshalb naheliegend, mit dem Ton draußen zu arbeiten. Wir gehen zusammen in den Nebenraum des Gruppenraumes, um den Ton zu holen, und merken, da wir uns entschlossen haben, draußen im Garten zu arbeiten, daß der Ton in der Badewanne viel zu wenig ist. Wir müßten also die Badewanne und einen Sack Ton in den Garten transportieren. Wie bringen wir nun den Ton in den Garten? Tragen können wir ihn nicht; er ist viel zu schwer. Keines der Kinder kommt auf die Idee, einen Leiterwagen vom Hof zu holen, um den Ton damit zu transportieren. Bis ich den Kindern den Rat gebe, zwei Leiterwagen vom Hof zu holen. Das Aufladen allein macht großen Spaß. Dabei merken die Kinder, wie schwer Ton ist. Vor lauter Begeisterung fahren sie einen der Leiterwagen verkehrt. Es ist umständlich, aber es geht, und vor allem es macht Spaß.

Realisationsmedien: Im Garten stellen wir vier Tische auf, damit die Kinder viel Platz zum Arbeiten haben. Die Malerkittel werden geholt, es kann losgehen. Die Kinder verteilen sich in Kleingruppen um die Tische und warten, was geschehen soll. Zum Erstaunen der Kinder lege ich auf jeden Tisch einen ganz großen Klumpen Ton und gebe keinen weiteren Kommentar. Der Ton ist kühl, schmierig, klebrig, und was am meisten stört, ist, daß man schmutzig wird.

Die Kinder in diesem Kindergarten sind nämlich, aufgrund ihrer Eltern, sehr auf Sauberkeit bedacht. Natascha: »Das ist aber eklig«. Nach ca. 20 Minuten hat sie sich an das Material gewöhnt und fühlt sich sehr wohl. Sie greift unablässig in den weichen Ton und läßt ihn zwischen den Fingern herausquellen. Philipp sagt spontan: »Das da ist ein schönes Gefühl«.

Organisation: Doch schon nach kurzer Zeit zeigt sich die bisherige Erziehung. Stimmen werden laut, was sollen wir denn jetzt machen. Die Kinder sind gewöhnt, möglichst schnell etwas zu formen, um ein fertiges Produkt zu haben.

Dieser Haltung versuche ich zu begegnen. Ich gehe von Tisch zu Tisch, frage jeweils, ob ich mitarbeiten darf und greife nach einem Stück Ton. Aus welchem Grund auch immer, werde ich auf Anhieb zum Mittelpunkt. Die Kinder schauen auf mich, was und wie schnell ich forme. Ich forme, indem ich mit den zwei Händen fest in den Ton greife und der Ton durch meine Hände hindurchgequetscht zwischen den Fingern langsam herausquillt. Während er herausquillt, sage ich z. B. »jetzt kommt der Kopf«, »jetzt das Bein« usw. Immer wird es eine »Figur«, so grotesk das Gebilde auch ausschauen mag. Die Kinder ahmen diese Art und Weise des Gestaltens nach. Skandierend sagen wir bei jedem Druck auf den Ton – wir wechseln dabei die Hände –, beinahe im Chor: »so – so, so – so«; es kommt der ganze

Körper in Bewegung, die Kinder fangen an zu lachen. Sie haben Spaß an diesem Vorgang gefunden, sie spüren sich im Material. Es verformt sich beim geringsten Druck, es leistet Gegendruck, Widerstand. Es macht Geräusche, es kitzelt, es verbiegt, verdünnt und verdickt sich. Es ist feucht und kühl. Der Ton färbt die Hände, er trocknet ein, und ein schuppiger Hautüberzug entsteht. Zwischendurch wird der Ton fest auf den Tisch geschlagen. Die auf diese Weise entstandenen Gebilde werden auf den Tisch gelegt und als Figuren identifiziert, die ein »Stück der Kinder sind«. Auf diese Weise ist Ton zum plastischen Material geworden.

Tobias entdeckt in seiner Figur plötzlich einen Drachen und teilt dies ganz aufgeregt den anderen Kindern mit. Für ihn und die übrigen hat er urweltliches Aussehen. Die Kinder reden wild durcheinander, wie der Drache ausschaut. Hinzukommenden, die nicht sofort den Drachen erkennen, wird eindringlich erklärt – es ist wie ein Vexierbild –, wie das Gebilde anzuschauen ist, um den Drachen zu erkennen. Die Gespräche sind mit Lauten durchsetzt, die anzeigen sollen, mit welchen Tönen sich dieses Drachentier bemerkbar macht. Irgendwann hat sich bei Tobias die Idee eingeschlichen, immer kleinere Drachen herzustellen. Philipp greift diese Idee auf, und es entstehen bei beiden Kindern immer kleinere Drachen wie bei einem Wettstreit, bis hin zu der Größe eines Stecknadelkopfes. Den beiden macht dieser Wettbewerb einen Riesenspaß. Beide haben sich zusammengetan und bauen nun eine Drachenhöhle, in die die Drachen schließlich hineinlaufen können. Robert ist ein zurückgezogenes Kind, aufmerksam und sympathisch. Er arbeitet sichtlich mit Genuß. Viele Tiere bringt er zur Geburt. Karoline baut einen Affen. An einem anderen Tisch entsteht eine Riesengeburtstagstorte mit vielen Kerzen drauf.

Inzwischen hängen die Kinder nicht mehr an dem Fertigen, sie kneten wieder einen großen Klumpen, und neue Tiere entstehen. Sonja baut einen Kaufladen. Lisa läßt einen Vogel fliegen, der ein Baby auf dem Rücken hat. Bei Malte steigt ein Schmetterling in die Luft. Mark baut an einem Ungeheuer, das viele Warzen hat. Christian sieht in seinem Gebilde eine Schildkröte.

Offenbar ist den Kindern diese Arbeitsform inzwischen so angenehm geworden, daß sie gar nicht mehr aufhören wollen. Wir müssen aber leider abbrechen, denn die Kinder werden um 12 Uhr abgeholt.

Kritische Stellungnahme: Je offener das Material in den Gestaltungsmöglichkeiten ist, um so offener muß der Zugang zum Material sein. Äußerste Zurückhaltung seitens der Erzieher ist dabei geboten, wie der Bericht zeigt. Überraschend war für mich, daß Kinder schon in diesem Alter so verfestigt sein können. Andererseits gelingt es bei entsprechend eigener Einstellung, den Kindern neue bzw. andere Möglichkeiten im Umgang mit Material zu eröffnen. Wie diese Verfestigung und zugleich Verengung vor sich geht, mit welcher Intensivität sie vorhanden ist, zeigt eine Bemerkung der Leiterin des Kindergartens: »Ich bin neugierig, was ihr alles fertiggebracht habt.« Eine berechtigte Anmerkung, wenn sie darauf abzielt, in Erfahrung zu bringen, welche Erlebnisse diese Art des Töpferns den Kindern ermöglicht, um auf diese Weise dem Material Ton habhaft zu werden.

Gefäße und Fliesen aus Ton

Teilnehmer: 12 Kinder
Dauer: jeweils 90 Minuten
Eigenmotivation: Um dem experimentellen Charakter der Aktion und vor allem dem Material gegenüber gerecht zu werden, haben wir uns entschlossen, die Aktion zeitlich

möglichst in einem Block durchzuführen.

Situation: Daß wir mit dieser Annahme das Interessenbedürfnis der Kinder abdecken, zeigt folgende Situation: Kaum waren die Kinder heute im Kindergarten, fingen schon einige an, aus Kaugummi Figuren zu formen.

Motivation und tatsächlicher Verlauf: Selbstverständlich bedurfte das Arbeiten mit Ton keiner besonderen Motivation.

Organisation: Obwohl das Wetter nicht besonders warm ist, hält es uns nicht ab, draußen im Garten mit Ton weiterzuarbeiten. Wir ziehen uns an, nehmen die Malerkittel, holen die Tische aus der Remise hervor, und schon geht's los.

Die Remise im Garten erweist sich als sehr praktisch. Es ist alles offen, und man hat doch genügend Schutz vor Regen und zu starkem Sonnenschein. Letzteres ist bei Ton wichtig, da er sonst während der Bearbeitung bisweilen zu schnell trocknet.

Die Tische sind voneinander so weit entfernt, daß die Kinder genügend Umfeld haben, um sich bewegen zu können.

Wir beginnen ähnlich wie gestern. Jede Tischgruppe besorgt sich einen großen Klumpen Ton. Wir Erzieher leisten momentan lediglich Hilfestellung, wenn es z. B. darum geht, einen Malerkittel zuzuknöpfen, Ton entsprechend nachzufeuchten usw. Weiter achten wir darauf, daß jedes Kind so viel Ton zur Verfügung hat, wie es meint zu benötigen. Diese Dienste sind wichtig, und wir müssen ihnen aufmerksam nachgehen, um möglichst wenig die Gruppe insgesamt und vor allem die einzelnen Kinder bei ihrer Arbeit zu stören.

Das Arbeiten im Freien ist besonders angenehm, und es entstehen viele und große Behälter. Einige davon werden schnell wieder zu einem Klumpen zusammengequetscht, wenn sie nicht der Vorstellung entsprechen. Andere sind fertige Produkte. Daß sich hierbei Gespräche ergeben, ist selbstverständlich. Denn je höher Gefäße werden, um so dringlicher ist guter Rat notwendig. Das Aufbauen gelingt meistens, nur das Einhalten der Senkrechten macht häufig Schwierigkeiten, so daß nicht selten die entstehenden Gefäße in sich zusammensacken. Bei einigen Kindern ist das Erreichen eines möglichst hohen Gefäßes oberstes Ziel, denn nur dann meinen sie, mit Ton alles erreicht zu haben, was möglich ist. Sicher ein vertretbares Ziel, vor allem wenn man bedenkt, wie oft Eltern daheim fragen: »Was hast du heute denn im Kindergarten gemacht?« Die Kinder erfahren bei dieser Vorgehensweise den Widerstand, die Eigenschaften des Materials Ton, der nur bis zu einem bestimmten Grad der Verformbarkeit zugänglich ist. Wichtig bei derartigen »Gratwanderungen« der Materialerfahrung ist, daß das jeweilige Kind nicht alleingelassen wird, wenn z. B. das Material überstrapaziert ist. In solchen Fällen gilt als zweckmäßig, nahendes oder eingetretenes Unglück an Modellen, die zusammen mit dem Kind angefertigt werden, zu erproben. Dabei lassen sich Erfahrungen machen, z. B. beim Schlickern, ob der Ton zu mager oder zu fett ist, ob zuviel oder zuwenig Wasser zugesetzt ist, wie dünnwandig gearbeitet werden kann. Diese speziellen Erfahrungen sind von Fall zu Fall auch den Kindern möglich, deren Arbeit sich auf kleinere Gefäße beschränkt hat. Bei ihnen kommt hinzu, daß sie sich mehr auf die ornamentale Bearbeitung ihrer Gefäße, z. B. Aschenbecher, eingelassen haben. Vor allem in dieser Phase der Bearbeitung gelangen die Kinder zu außerordentlich kreativ-ästhetischen Vorgehensweisen.

Realisationsmedien: Beinahe jeder Gegenstand, der greifbar ist, z. B. Äste, Zweige, Blätter, Steine, Holzstücke, Schrauben, Nägel, Drahtreste usw., wird zur Ornamentik benutzt.

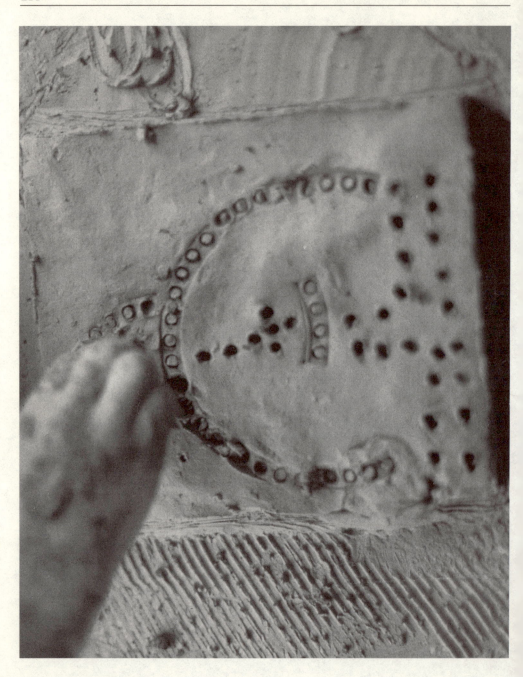

Das ornamentale Vorgehen macht deshalb so großen Spaß, weil nichts schiefgehen kann. Der Vorgang ist einfach: Der jeweilige »Stempel« wird nach Belieben in den Ton eingedrückt. Sollte der Abdruck nicht der Vorstellung entsprechen, was nicht selten geschieht, dann wird der Vorgang wiederholt, indem das vorher eingedrückte Muster plattgestrichen oder mit feuchtem Ton verschmiert wird.

Die Kinder an den zwei anderen Tischen haben sich – ähnlich wie gestern – dem experimentellen Umgang verschrieben.

Warum sich zwei Gruppen mit unterschiedlichen Arbeitsfeldern konstituiert haben, läßt sich nicht mit Bestimmtheit sagen. Obwohl die Arbeitsform recht offengehalten wird, scheinen unterschwellig doch soziale Mechanismen in Gang zu sein, die so stark sind, daß sie auch den Umgang mit dem Material in einer gewissen Randbreite bestimmen.

An diesen zwei Tischen entstehen skurrile Figuren. Die Kinder quetschen den Ton durch die Finger, bauen das entstandene Gebilde auf dem Tisch auf und fügen neue hinzu. Auf diese Weise – soweit es die Statik zuläßt – entstehen filigrane Gebilde, die von den Kindern mit den komischsten Namensbezeichnungen belegt werden. Ansatzweise werden auch »Stempel« eingedrückt, um das Aussehen noch bizarrer werden zu lassen. Das experimentelle Element ist so bestimmend geworden, daß die Enttäuschung der Kinder nicht groß ist, wenn ihre Gebilde, ob allein, zu zweit oder gar von mehreren Kindern erstellt, zusammenfallen. Im Gegenteil, der Anreiz, neue Gebilde herzustellen, liegt teilweise in diesen zusammenbrechenden Figuren.

Beide Gruppen haben sich so intensiv in ihre selbstgestellten Aufgaben eingelassen, daß wir kaum noch benötigt werden, sondern uns ebenfalls experimentierend auf das Material einlassen können. Erst jetzt, meine ich, haben wir die ideale Arbeitsform erreicht.

Übermorgen werden wir weitermachen.

Das halbwegs schöne Wetter hat sich gehalten, so daß wir wieder im Freien arbeiten können. Die Erzieherin hat sich gestern mit den Kindern über ihre Arbeiten draußen in der Remise unterhalten und ihnen versprochen, daß wir weitermachen. Dabei haben sich die Kinder geeinigt, große Fliesen mit vielen »Stempeln« versehen herzustellen.

Wir tragen die Tische in die Wiese, verteilen sie, so daß genügend Platz zum Töpfern ist. Auf verschiedene Weise versuchen die Kinder, ihre Tonklumpen jeweils zu einer Platte zu formen. Von einigen wird mit der bloßen Faust fest auf den Klumpen gehauen, andere haben Bretter gefunden und schlagen den Ton breit. Die Kinder haben Spaß an dieser Arbeit. Es entstehen allmählich rechteckige, kreisrunde und quadratische Platten. Die endgültige Form wird mit Messer herausgeschnitten und die übrigen abgetrennten Tonteile mit Blumendraht von der Tischplatte abgehoben.

Realisationsmedien: Der Blumendraht fungiert als Schneidewerkzeug: Die Enden eines ca. 30 cm langen Blumendrahtes werden mit beiden Händen festgehalten und in Schneidebewegungen unmittelbar über die Tischplatte gezogen, so daß der Ton von der Tischplatte »weggeschnitten« wird.

Von unseren selbstgebauten Musikinstrumenten ist noch ein Eimer vorhanden, voll von verschiedensten Gegenständen, z. B. Kronenkorken, Nägel, Drahtstücken, Legosteinen, Gabeln, Löffeln usw. Mit diesen drücken die Kinder Ornamente und Figuren unterschiedlicher Art in den Ton. Zwischendurch müssen die benützten »Stempel« in Wasser getaucht werden, um ein Verkleben mit der Platte oder gar ein Auseinanderreißen zu verhindern.

Die Kinder kommen immer wieder auf neue Ideen der Figuration. Dem kommt das Material Ton optimal entgegen. Es gibt dem geringsten Druck nach und gibt diesen sichtbar unmittelbar an den Verursacher, das Kind, als Ergebnis zurück. Dichter kann die Realisierung des Vorgestellten nicht vollzogen werden. Dies ist auch der Punkt, an dem der außerordentliche Vorteil von Ton zum Tragen kommt. Er erlaubt, Vorgestelltes unmittelbar zu realisieren und nicht Zufriedenstellendes durch Plattdrücken des Tones unmittelbar ungeschehen zu machen. Insofern ist über weite Strecken des Arbeitsprozesses ein hohes Maß an positiver Motivation allein den Materialeigenschaften zuzuschreiben.

Malen mit Ton

Teilnehmer: 15 Kinder
Dauer: 90 Minuten
Motivation und tatsächlicher Verlauf:

Sobald ich in den Kindergarten komme, fragen die Kinder: »Was machen wir heute?« Diese Frage überrascht mich vor allem, weil sie Malte stellt, denn anfangs war er kaum für das Töpfern zu gewinnen, »weil man so schmutzig wird«. Er ist ein auf Sauberkeit erzogenes Kind. Auch dieses Mal haben wir Glück mit dem Wetter, wir können draußen arbeiten. Ich will die Kinder überraschen. Schon im Hinausgehen ist für sie klar, daß wir mit Ton arbeiten. Sie haben Lust darauf.

Realisationsmedien: Verwundert sind sie schon, denn ich habe eingesumpfte Farben, große Pinsel und eine Malerrolle mitgebracht (ca. 70 m lang, 1,50 m breit, Qualität: Packpapier, Kostenpunkt ca. DM 25 bis 30). Wie gewohnt holen wir die Tische aus der Remise und verteilen sie in der Wiese.

Organisation: Anschließend setzen wir uns zu einem Gespräch zusammen. Die Kinder spüren förmlich, daß wir heute mit Ton etwas anderes machen werden, vielleicht etwas Neues. Die Frage: »Was machen wir heute?« wird zum wiederholten Male gestellt, und ich antworte kurz und bündig: »Wir könnten heute versuchen, mit Ton zu malen.« »Wie soll denn das gehen?«, »Das geht gar nicht!«, »Ton ist keine Farbe«, solche und ähnliche Stellungnahmen kommen von den Kindern. Bevor wir lange hin und her reden, fordere ich die Kinder auf, die Probe auf's Exempel zu machen.

Inzwischen haben die Kinder gelernt und erfahren, daß Ton als Material mehr Möglichkeiten der Gestaltung zuläßt, als sie anfangs meinten. Daher sind sie jetzt eher bereit, sich auf diesen Versuch einzulassen.

Zu Beginn der Ton-Aktion wäre ein solches Ansinnen von mir bei den Kindern auf taube Ohren gestoßen und nicht durchführbar gewesen. Die größte Schwierigkeit, die sich stellt, ist: wie soll aus Ton Farbe werden? Unbestritten, daß Ton einen Farbton hat, das heißt z. B., daß man beim Arbeiten mit Ton farbige Hände bekommt. Ich stelle einen Eimer mit einem Klumpen Ton in die Mitte der Gesprächsrunde und bitte Christian, Wasser hinzuzugießen. Wie wird nun aus Ton Farbe, das ist die Frage. Wir bilden vier Gruppen. Jede hat einen Eimer mit einem Klumpen Ton darin. Es wird Wasser hinzugesetzt, ja und jetzt müssen wir den Ton im Eimer solange durch die Hände kneten, bis keine Klumpen mehr spürbar sind.

Malte macht zwischendurch einen Malversuch, und siehe da – zur Überraschung aller Kinder, man kann mit Ton malen. Für die Kinder ist es deswegen eine Überraschung, weil sie bisher gewohnt waren, Ton als plastisches Material zu verarbeiten, und jetzt plötzlich mit demselben Material gemalt werden kann. Malte ist so erregt, daß er im Kreis springt und laut ruft: »Ton ist Farbe,

Ton ist Farbe.« Für die übrigen Kinder ist diese Umwandlung von Ton in Farbe ebenfalls ein aufregender Vorgang.

Für das nachfolgende Malen bedarf es daher keiner spezifischen Motivation. Die einzelnen Gruppen schneiden sich von der Malerrolle 2 bis 4 Meter lange Stücke ab, und das Malen beginnt. Der Materialanreiz ist so groß, daß Fragen nach Themen oder Inhalten gar nicht gestellt werden. Eine Situation, wie sie sich äußerst selten ergibt.

Tobias und Michael haben sich an einen Tisch zurückgezogen und machen Kleisterpapier. Eine Erzieherin hat vorsorglich für diesen Zweck gestern Kleister angerührt. Der Papierverbrauch ist nicht gering, da am laufenden Band Papiere mit verschiedenen Mustern hergestellt werden. Als Variante bietet sich an, die mitgebrachte Farbe mit der Tonfarbe zu vermischen, um auf diese Weise andersfarbige Papiere zu erhalten. Die zwei Kinder sind fasziniert von den Ergebnissen ihrer Experimente. Sie spielen förmlich ihre Entdeckungen auf dem Papier durch und fühlen sich stark, weil nur sie dieses Geheimnis kennen, mit Ton derartige Zierpapiere herzustellen.

Sonja, Andrea, Alexandra und Karoline arbeiten an einem Riesenschmetterling, der in zwei Arbeitsschritten hergestellt wird. Den Schmetterling zu malen haben sich die Kinder als Thema nicht vorgenommen; er kam zufällig zustande, und zwar im Abklatschverfahren. Die Malfläche wird durch einen Knick halbiert; durch das Draufklappen der nichtbemalten Papierfläche auf die bemalte entsteht ein Abdruck, der in unserem Fall für die Kinder etwa das Aussehen eines Schmetterlings hat. Der zunächst nur annäherungsweise erkennbare

Schmetterling wird durch zusätzliches Malen zum Schmetterling.

Es ist erstaunlich, wie stark die Konzentration der Kinder ist und in welch unterschiedliche Prozesse sie sich einlassen, um zu ihrem Schmetterling zu kommen. Subjektiv kreativ-ästhetische Überlegungen werden geleistet, müssen – sozialer Aspekt – vorgetragen und mit den übrigen Kindern abgestimmt werden, erst dann können die Ergänzungen angebracht werden. Dies läuft neben dem Abklatschen als eigener Prozeß, da er unmittelbar Handlung ist. Beinahe unkorrigierbar werden Ergänzungen an dem schon mehr oder weniger erkennbaren Schmetterling angebracht. Der Schmetterling ist noch nicht bunt genug. Die Kinder holen sich bei Tobias und Michael blauviolette Tonfarbe, um einen gemustert bunten Schmetterling zu bekommen. Die Farbe ist schnell getrocknet, so daß die Musterung des Schmetterlings wieder im Abklatschverfahren vorgenommen wird. Die Mädchen sind erstaunt, wie groß und wie schön ihr Schmetterling geworden ist.

Malte, Mark, Philipp und Karoline machen eine große Entdeckung. Am Kleistereimer sind farbige »Häute« entstanden. Die Kinder lösen diese vorsichtig aus dem Eimer ab und gehen mit ihren leichtzerbrechlichen Gebilden zu den anderen Kindern, um sie auf diese dünnen bizarren Gebilde aufmerksam zu machen. Hält man diese gegen die Sonne, wird die Umgebung wie durch das Glas einer Sonnenbrille farblich verändert.

Malte und Mark malen auf einem ca. 6 Meter langen Papier ein großes Haus, das im Regen steht. Sabine ist von den beiden eine Malfläche für ihre Giraffe zugestanden worden. Robert und Mark haben ihre Ton-Farbe ebenfalls mit der Farbe Blau vermischt und zeichnen in Kratztechnik ein Wikingerschiff mit Besatzung in vielen Details auf eine große Malfläche. Die Schwerpunkte, auf die sich die Kinder einlassen, sind sehr verschieden. Nach einer gewissen Zeit fangen sie an, ihre inzwischen halbgetrockneten Gefäße und Fliesen mit Engobe zu bestreichen. Engobe dient dazu, halbgetrocknete Tongegenstände farblich zu gestalten. Dabei wird andersfarbiger Ton oder Tonpulver mit Wasser versetzt, bis Streichfähigkeit erreicht ist. Anschließend werden damit die entsprechenden Tongefäße angestrichen. Auf diese Weise erhalten die Gegenstände neben den angebrachten Ornamenten eine zusätzliche Verzierung. Der »Farbauftrag« darf nicht stärker als 2 mm sein, ist er stärker, besteht die Gefahr, daß er beim nachfolgenden Brennvorgang abgesprengt wird. Wie diese Farbe auf den Brennvorgang reagiert, was den Farbton betrifft, kann nicht hundertprozentig vorausgesagt werden.

Die Zeit ist inzwischen schon wieder so weit fortgeschritten, daß wir gerade noch Gelegenheit haben, unsere Werke anzuschauen und zu besprechen. Diese Phase bei der Aktion ist ebensowichtig wie die entstandenen Produkte.

Kritische Stellungnahme:
Das gesamte Vorhaben hat verschiedene Gesichtspunkte, die rückblickend erörtert werden müssen.

Vom Material Ton ausgehend läßt sich Verschiedenes hervorheben. Gemessen an der Situation in der Gruppe, die weitgehend vom Erziehungsstil bestimmt wird, und an der Situation des einzelnen Kindes, die durch das Elternhaus bestimmt wird (Sauberkeitssyndrom), konnte das Material Ton gut eingeführt werden. Das Material als solches hatte für die Kinder, trotz der Anfangsschwierigkeiten, vielfältige Auslöser, um die Kinder zu aktivieren. Die Feuchte, die Kühle, die unendliche Verformbarkeit, das Darauf-Reagieren durch Assoziationen brachte die Kinder und den Ton in einen engen Wechselbezug. Die-

ser eröffnete vielfältige Chancen, sich in Prozesse einzulassen, die allein vom Kind, seinen Vorstellungen, seinen manuell-kreativen Handlungen abhingen und nicht einer Außensteuerung ausgesetzt waren. Dieser Tatbestand verweist den Erzieher in eine Doppelrolle:
- Aufmerksam zu beobachten, ob Kinder irgendwelche Hilfen benötigen,
- sich selbst in bildnerische Prozesse sowohl in der Vorstellung als auch in der Realisierung einzulassen.

In beiden Rollen ist es notwendig, darauf zu achten, Bildnerisches nicht gänzlich auf die Ebene einer Zweck-Mittel-Relation absinken zu lassen. Daß dies verhindert werden kann, liegt zunächst am Material Ton selbst. Er ist nahezu grenzenlos verformbar, verzierbar und korrigierbar. Wobei die Korrektur soweit gehen kann, jedweden Fertigungsvorgang zu annullieren und aufs Neue zu beginnen, ohne einen Materialverlust zu haben. Es gibt keinen Ausschuß, Ton kann immer wieder verwendet werden.

Ebenso ist es möglich, in Kleingruppen an einem Gebilde zu bauen, andererseits können einzelne Arbeitsergebnisse zu einem Ensemble zusammengestellt werden.

Alle diese Aktivitäten beim Umgang mit Ton sind angereichert mit Gesprächen der Kinder untereinander und mit den Erziehern. Dabei geht es gleichermaßen um Sachinformation wie um inhaltliche Bereiche, die von der abbildhaften bis hin zur sehr individuell gehaltenen Wiedergabe von Vorstellungen reichen. Hinzu kommen die sozialen Kontakte, die sehr stark werkorientiert sind. Gerade deshalb, weil sich eine derartige Atmosphäre einstellt, spielen etwaige persönliche Gesichtspunkte eine geringe Rolle. Ein weiterer Schluß, der schon jetzt gezogen werden kann, ist der, daß das Selbstverständnis der Erzieher sich »anders« in die Gruppe einbringen muß. Mit »anders« ist gemeint, daß der Erzieher seine bisweilen doch bevormundende Rolle, ob sie das Thema oder den Inhalt oder die Sozialkontakte betrifft, einer Revision unterziehen muß. Dies fordert der Umgang mit Ton und die Gebilde, die Figuren, die daraus entstehen. Dies fordert aber auch bildnerisches Gestalten als solches, das sich nicht daran orientiert, Kinder etwas nachbilden zu lassen, sondern Kindern ermöglichen soll, Bilder in sich entstehen zu lassen und diese umzusetzen.

Ein weiterer Gesichtspunkt innerhalb der rückblickenden Betrachtung ist die Materialveränderung; plastisches Material wird Farbmaterial. Mit ein und demselben Material kann bei andersartigem Umgang sowohl gemalt als auch plastiziert werden. Ein Gesichtspunkt, der dem ursprünglichen Gedanken entspricht. Vor allem diese andersartige Verwendbarkeit des Materials eröffnete den Kindern insgesamt einen mutigeren Zugang zum Material. Für sie wurde der Ton zum adäquaten Material, ihre geplanten Aktivitäten in vielfältiger Art und Weise wiederzugeben. Manche Kinder machten während dieser Aktion eine positive Verhaltensänderung durch. Der »Schmutz« wurde in Kauf genommen, weil der Prozeß und das erreichte Produkt in jeder Hinsicht den Ausdruck der eigenen Person spiegelten. Auch bei den Eltern zeigte sich nach der Aktion aufgrund der Gespräche, die die Kinder daheim geführt hatten und die sie auch mit uns beim Abholen der Kinder führten, Verständnis, weil überzeugend dargelegt werden konnte – nicht nur im Gespräch, sondern auch durch die Arbeitsergebnisse –, wie wertvoll für die Entwicklung der Kinder derartige Aktionen sein können.

Maria Bartels
Horst Beisl

Meine Hand in Gips

Teilnehmer: 25 Kinder
Dauer: ca. 120 Minuten
Ziel: Die Kinder sollen das Material Gips als plastisches erfahren und erkennen, welche Formungsmöglichkeiten es zuläßt.

Motivation und tatsächlicher Verlauf:
Der Muttertag wirft bereits seine Schatten voraus. Mit dem Handabdruck wollen die Kinder ihren Eltern zeigen, wie »groß« ihre Hände schon sind. Die Erzieherin hatte mit den Kindern über die Bedeutung der Hand für den Menschen bereits ausführlich gesprochen.

Organisation und Realisationsmedien: Vielleicht interessiert die Kinder das »Geschenk« weniger als der Umgang mit Gips. Wir sind alle gespannt, wie das gehen soll, die eigene Hand einschließlich der Handrillen in Gips abzudrukken. Da wir immer nur für ca. 6 Kinder Gips anmachen können, müssen wir die Gruppe entsprechend teilen. Die »Gipser« erfahren, wie man Gips anmacht und wofür man ihn gebrauchen kann. Für den Abdruck benötigen wir gewöhnlichen Maurergips und Plastikuntersetzer, wie sie für Blumen verwendet werden.

Paketschnur wird als Aufhänger benützt.

Jedesmal, wenn der Gips dickflüssig ist, füllen wir die Blumenuntersetzer mit Gips, drücken die Schnur hinein, damit diese sich mit dem Gips fest verbinden kann. Dann warten wir den richtigen Zeitpunkt ab, um den Abdruck zu machen. Der Gips darf nicht zu hart werden, da sich sonst beim Abdruck Risse bilden, statt sich sämig um die Finger zu schließen. Empfehlenswert dabei ist, die Hand, die abgedruckt werden soll, mit Öl (Salatöl o. ä.) einzureiben, damit der Gips keine Verbindung mit der Hand eingeht.

Nach dem Abdruck wartet man, bis der Gips ganz fest ist. Anschließend drehen wir die Untersetzer um und klopfen damit vorsichtig auf den Tisch, bis der Gipsabdruck sich aus dem Untersetzer löst. Nicht jeder Abdruck ist etwas geworden. So manches Kind muß einen zweiten oder gar dritten Abdruck versuchen. Das ist nicht so schlimm, weil die Herstellung nicht allzuviel Zeit kostet.

Ein intensives Gespräch schließt sich an. Die Kinder sind über ihre eigenen Hände erstaunt, über deren Größe, über die Rillen, die im Gips zu sehen sind. Ein lebhaftes Ratespiel schließt sich an: Ist das jetzt die linke oder die rechte Hand? Wem gehört übrigens diese Hand? Einige merken, daß der Gips ganz warm wird, obwohl wir doch keinen Ofen eingeschaltet haben, um den Gips zu trocknen.

Am nächsten Tag können die Kinder mit Wasserfarben ihren Handabdruck anmalen, was sie mit Begeisterung auch tun.

Kritische Stellungnahme:
Man hätte die Geschenkabsicht nicht so stark in den Vordergrund stellen dürfen. Dadurch wäre mehr Zeit für die Kinder gewesen, mit dem Gips zu experimentieren. Wie wenig Eltern oder Großeltern für eine solche Aktion Verständnis haben können, zeigt z. B. eine Bemerkung einer Oma beim Abholen des Kindes: »Was habt ihr denn heute für eine Schweinerei gemacht?« Ein derartiges Unverständnis bzw. Mißverständnis könnte eventuell durch einen Elternabend ausgemerzt werden.

Diese oder eine ähnliche Aktion, Kinder mit dem Material Gips bekanntzumachen, eignet sich deshalb gut, weil ein Mißerfolgserlebnis weitgehend ausgeschlossen ist. Jedes Kind hat einen fertigen, selbsthergestellten Gipsabdruck.

Im übrigen glaube ich, daß dieser Handabdruck sich als Geschenk für die Eltern sehr gut eignet.

Maria Bartels
Horst Beisl

Wir spielen Tiere

Teilnehmer: 20 Kinder
Dauer: ca. 90 Minuten
Situation: Da die Kinder seit zwei Wochen sehr intensiv Zirkus spielen, will ich dieses Thema mit Spielen und gezielten Beschäftigungen, besonders aber durch pantomimische Spiele vertiefen.

Ein paar Tage vor der angekündigten Schminkaktion werden die Eltern durch einen Brief über unser Vorhaben informiert. Sie sollen wissen, daß sich ihre Kinder an diesem Tag schminken dürfen und daher dementsprechende Kleidung anhaben sollen. Die Kleidung muß, damit sie Bewegungsfreiheit zuläßt, bequem sein. Wer einen Spiegel übrig hat, darf ihn mitbringen.

Motivation und tatsächlicher Verlauf:

Tage vorher versuche ich, mit den Kindern pantomimische Spiele zu üben. Ich mache ihnen bestimmte Bewegungen vor, und die Kinder sollen erraten, was ich mache, z. B. eine Banane schälen und essen, etwas Heißes trinken, wie ich mich fühle: traurig, lustig, lachend, weinend. Die Kinder sind begeistert und sofort bereit, sich ebenfalls etwas auszudenken und es darzustellen. Gegen neun Uhr sind alle Kinder im Kindergarten. Wir räumen gemeinsam auf, verrücken die Tische so, daß wir eine Bühne, d. h. ein Podium haben.

Organisation: Auf die Tische hieven wir einen Teppich, damit sie sich nicht so leicht verschieben. Um den Teppich nicht mit Schminke zu beschmutzen, legen wir ein paar alte Tücher und Vorhänge darüber. Die Kinder ziehen ihre langen Hosen oder Röcke aus, damit sie in Strumpfhosen und leichten Pullis beweglicher sind, und setzen sich im Halbkreis vor die »Bühne«.

Natürlich habe ich ebenfalls bequeme und unempfindliche Kleidung an. Ich mache die Vorhänge zu, um eine neue Atmosphäre zu schaffen, schalte das Licht ein, setze mich mit den Schminkutensilien und einem Spiegel auf die »Bühne«.

Realisationsmedien: Ich stecke mir die Haare hoch, creme mich ein und mache mir ein paar Tupfer mit der weißen Schminke auf die Wangen, die Nase und das Kinn. Zunächst sind die Kinder mäuschenstill und sehr gespannt, aber als ich anfange, mich weiß zu schminken, lachen und schreien sie! Sie beobachten mich sehr genau und beginnen, mein Mienenspiel (Grimassen) nachzuahmen. Ich versuche, folgendes pantomimisch darzustellen: Ich ärgere mich über eine Fliege, versuche sie zu fangen und lasse sie wieder fliegen, schaue ihr nach. Ich spiele mit einem Ball, werfe ihn zu den Kindern, die ihn mir zurückwerfen.

Die Kinder können es kaum erwarten, sich auch schminken zu dürfen. Sie cremen sich ein, schminken sich selbst, gegenseitig oder lassen sich von mir oder einer Kollegin helfen: »Ich will ein Clown sein«, »ich ein Tiger«, »eine Wildkatze mit schwarzen Haaren an den Wangen«, »ich ein Affe«.

Eigentlich haben alle Kinder eine bestimmte Vorstellung, was sie sein wollen. Sie sind jetzt sehr aufgeregt, aber sie genießen es, sich verändern zu dürfen. Vier Kinder wollen sich nicht schminken, aber beobachten genau die anderen. Nachdem sich die meisten Kinder allmählich beruhigt haben, macht Arno einen Scheinwerfer an, um die »Bühne« etwas zu beleuchten. Wie von einem Blitz getroffen jauchzen und toben die Kinder. Das Scheinwerferlicht ist ein neuer Reiz für sie, und sie reagieren dementsprechend.

Wir setzen uns wieder im Kreis, und jeder will als erster auf die Bühne. Emil und Daniela sind Tiger und schleichen leise im Kreis herum, geben keinen Laut von sich, sondern tun so, als ob sie kämpfen würden. Sie suchen nach Futter und fressen es. Andere Kinder ahmen Emil und Daniela nach, deshalb versuche ich, sie

neu zu motivieren, ihnen neue Reize zu geben, indem ich z. B. sage: »Der Tiger ist sehr müde und streckt sich« oder »er ist wütend und rüttelt an den Stäben, weil er eingesperrt ist« oder »er sieht einen Vogel, den er fangen will.« Die Kinder greifen solche Hilfen gern auf und entwickeln sie weiter.

Oliviera spielt besonders intensiv, und ihre Geschichte nimmt kein Ende. Die Zuschauer verfolgen interessiert den Verlauf des Geschehens. Ein paar Kinder können es nicht abwarten, auf die Bühne zu kommen. Sie stehen von ihren Stühlen auf und gehen in die Mitte des Kreises oder unterbrechen das Spiel auf der Bühne. Es wird allmählich sehr schwierig »Disziplin und Ordnung« aufrechtzuerhalten, ohne die Kinder einzuschränken, denn immer intensiver wird das Bedürfnis jedes einzelnen Kindes, sich darstellen zu dürfen. Daher lege ich eine Schallplatte auf, die allen Kindern, also der gesamten Gruppe, die Gelegenheit gibt, Tiere nachahmen zu können.

Zu unserer Überraschung meldet sich plötzlich die andere Kindergartengruppe und lädt uns ein, ihren »Vorführungen« zuzuschauen. Sie bringen vollkommen neue Ideen in das Geschehen. Sie ahmen Clowns nach, fallen hin, rutschen aus, rauchen, spielen Besoffene und den Hans-guck-in-die-Luft. Unsere Kinder finden alles sehr lustig und greifen die neuen Ideen auf. Da der Raum nicht sehr groß ist, gehen die anderen Kinder bald in ihren Gruppenraum zurück. Wir tanzen noch ein wenig und gehen dann ins Freie. 1$^{1}/_{2}$ Stunden sind inzwischen vergangen, in denen sich die Kinder konzentriert beschäftigt haben.

Kritische Stellungnahme:
Mit diesem Spielvorschlag an die Kinder ist mir bewußt ge-

worden, daß man mit verhältnismäßig geringen Kosten und wenig aufwendigem Material den Kindern Bedeutendes vermitteln kann. Bedeutend waren sicher die verschiedenen Möglichkeiten, sich darstellend anderen zu präsentieren und während dieses Vorgangs sich sprachlich unterschiedlich äußern zu können.

Maria Caiati
Arno Schulz-Merkel

Sollen wir einen Drachen bauen?

Teilnehmer: 6 Kinder
Dauer: ca. 60 Minuten
Geplanter Verlauf: Die Kinder sind kaum gewöhnt, über längere Zeit an einer Aufgabe zu arbeiten. Wir gehen davon aus, daß wir mit den Kindern etwas machen sollten, was sie interessiert, was neu ist, was sie selbst herstellen können.

Situation: Wir wollen versuchen, den Kindern Gelegenheit zu geben, einzeln, in Partner- oder in Gruppenarbeit eine Aufgabe zu lösen. Die Kinder sollen anhand des Drachens erfahren, was »Fliegen« bedeutet. Ich hatte erst kürzlich ein Drachenbuch durchgeblättert, und wir waren der Meinung, es könnte den Ausgangspunkt für unser Vorhaben bilden.

Material: Papierumwickelter Blumendraht, Klebstoff, Pergamentpapier oder pergamentähnliches Papier, Wasserfarben, Scheren, Pinsel.

Motivation und tatsächlicher Verlauf:
Ein paar Kinder bemerken, daß ich ein Buch mitgebracht habe, und fragen: »Was ist das für ein Buch, was steht drin, können wir es uns anschauen?«

Präsentationsmedium: Pelham, D.: DuMonts Bastelbuch Drachen, Köln 1977.

Organisationsablauf: Wir setzen uns in die Bauecke, und allmählich wird die Gruppe immer größer, bis wir dicht gedrängt zusammensitzen, um das Buch anzuschauen. Wir blättern es langsam durch, dabei stellen sich die verschiedensten Fragen ein, z. B. »das sind keine Drachen, denn Drachen fressen alles auf und speien Feuer« oder »einen solchen Drachen habe ich schon gesehen«. So manches Bild löst tieferes Erstaunen aus, und ein reges Gespräch schließt sich an, was das Bild jeweils wohl bedeuten könnte. Zwischendurch verschwinden zwei Kinder, holen ein Bilderbuch aus ihrer »Gruppenbibliothek« und blättern aufmerksam darin. Plötzlich rufen sie ganz laut: »Hier sind dieselben Bilder«. Sie sind aber nur ähnlich. Eine intensive Such- und Vergleichsarbeit beginnt, und immer mehr stellt sich für die Gruppe die Frage, haben sich die beiden getäuscht, oder wird das entsprechende Bild doch noch gefunden, von dem sie glauben, daß es auch in diesem Buch ist, das sie aus ihrer Bibliothek geholt haben. Da sich das Buch als ziemlich umfangreich erweist, müssen wir viele Bilder dem Vergleich unterziehen, doch die Kinder geben nicht auf. Sie sind zunehmend überzeugt, daß das Bild in diesem Buch auch sein muß. Der Vergleich der Bilder intensiviert zusätzlich die aufmerksame Analyse der jeweiligen Bilder. Erstaunlich sind die Konzentration und die schnelle Auffassung sowie die daraus resultierenden Fragen, z. B. »was ist das? Wofür braucht man das? Wo werden solche Drachen gebaut? Warum sieht man bei uns keine solchen Drachen? Warum haben nur Kinder bei uns Drachen?« usw....

Plötzlich stoßen wir auf das Bild, das auch im Bilderbuch ist. Die Freude bei den Kindern ist groß, ein Aufatmen geht durch die Reihen, man spürt, wie die Spannung nachläßt und die Kinder eine große Genugtuung darüber empfinden, sich nicht getäuscht zu haben. Unsere Buchbetrachtung hat sich, vor allem durch die Vergleichsarbeit, die gar nicht vorgesehen war, über eine Zeit von $1^1/_2$ Stunden erstreckt.

Kritische Stellungnahme: Von den Kindern haben wir viel gelernt, vor allem das sorgfältige Betrachten von Bildern. Verstärkt wurde es durch die intensive Vergleichsarbeit. Sie hat viel dazu beigetragen, daß das Interesse für Drachen bei den Kindern sich sehr stark festgesetzt hat. Wir sind neugierig, wie wir diese positive Einstellung der Kinder weiterhin betreuen und fördern können.

Wir malen einen Drachen

Teilnehmer: 15 Kinder
Dauer: ca. 60 Minuten
Motivation und tatsächlicher Verlauf:
Die Bildbetrachtung im Drachenbuch hat die Kinder so nachhaltig beschäftigt, daß an diesem Tag ohne Aufforderung der Wunsch seitens der Kinder aufkam, Drachen zeichnen oder malen zu dürfen.
Realisationsmedien: DIN-A4-Blätter, Filzstifte und/oder Wasserfarben. Nicht nur die älteren Kinder sind von dem Vorhaben begeistert, sondern auch die jüngeren greifen zum Mal- oder Zeichengerät. Wie sehr die Kinder von der »Drachenvorstellung« geprägt sind, zeigt sich daran, daß keine Fragen gestellt werden wie z. B. »wie geht denn ein Drache?« oder »ich kann keinen Drachen malen«. Fragen stellen sich bisweilen nur ein, wenn es z. B. um die Ornamentik der Drachenflügel geht. Die Aktion setzt spontan ein und hat ihr Ende, wenn das jeweilige Kind mit seinem Werk zufrieden ist.

Der Dialog mit dem Bild wird von den Kindern bisweilen so intensiv geführt, daß sie sich laut mit ihm unterhalten. Die hergestellten Bilder üben auf die Kinder eine so große Aufforderung zum Gespräch aus, daß sie sich in Einzel- und in Kleingruppengesprächen über ihre Bilder intensivst unterhalten. Die Drachen gehören an diesem Tag zum festen »Spielmaterial« der Kinder. Sie spielen Drachen.

Kritische Stellungnahme: Vielleicht hätte man sich intensiver über die Funktion des Drachens unterhalten müssen, andererseits genügt es den Kindern, das Bild als solches lebendig werden zu lassen. Ein weiteres Indiz hierfür ist, daß jedes Bild eine eigene Bildvorstellung des jeweiligen Kindes repräsentiert.

Wir bauen einen Drachen

Teilnehmer: 6 Kinder
Dauer: ca. 90 Minuten
Tatsächlicher Verlauf:
Als ich an diesem Tag in den Kindergarten kam, waren alle Drachenbilder schon aufgehängt. Nach einem kurzen Gespräch über die Bilder sind wir schon wieder mitten in der Drachenwelt. Daß die Drachen den Kindern nicht nur als Bilder genügen, darüber sind wir uns von vornherein im klaren.

Realisationsmedien: Mit Papier umwickelter Blumendraht, Klebstoff, Pergamentpapier, Scheren, Wasserfarben und Pinsel. Da nur ein kleiner Raum als Werkraum zur Verfügung steht, müssen wir die Gruppe jeweils teilen. Maximal können 6 Kinder im Werkraum arbeiten. Wir nehmen das Drachenbuch mit und schauen uns nochmal die interessantesten Bilder an. Ob wir wohl auch so einen ähnlichen Drachen mit dem Blumendraht und den übrigen Materialien bauen können? Die Kinder sind überzeugt, daß es gehen müßte. Zunächst sehen sie nur die großen bunten Papierflächen, die über ein Gestänge gespannt sind. Um das Problem zu lösen, müssen wir etwas tun. Während wir ausprobieren, was sich mit den Materialien machen läßt, merken die Kinder allmählich, daß es gar nicht so einfach ist, einen Drachen zu bauen. Der Blumendraht, obwohl er leicht zu biegen ist, bereitet allerhand Schwierigkeiten bis er allmählich das Gestänge für die Drachenflächen ergibt. Ebenso ist es nicht einfach, die »Bespannung« zurechtzuschneiden und aufzukleben. Es muß viel hin und herprobiert werden, bis der Drachen die Form hat, wie diese sich die Kinder vorstellen.

Das Bemalen wird nach all den Anstrengungen als Belohnung empfunden.

Goran stellt an alle plötzlich die Frage: »Kann denn mein Drachen auch fliegen?« Das Problem Fliegen darf, darüber sind wir uns im klaren, nicht außer acht geraten. Wir sind aber überrascht, daß eines der Kinder diese Frage stellt. Christina meint, wenn wir Papier nehmen, muß er fliegen.

Izis ist der Ansicht, daß der Drachen nie fliegt, weil kein Wind geht. Das Gespräch wird zunehmend interessanter, und bald haben wir eine Einigung gefunden, daß unser Modelldrachen nicht fliegen kann, weil 1. ..., 2. ..., 3. ... usw. Wir nehmen uns aber vor, wenn wir unseren großen Drachen bauen, darauf zu achten, daß er auch fliegen kann. Die einzelnen Drachen nehmen Form und Farbe an; jedes Kind hat nach ca. 1 Stunde einen fertigen Drachen, den es stolz in den Gruppenraum trägt, um ihn dort an der Decke aufzuhängen. Die übrigen Kinder der Gruppe staunen über die eigenartigen Gebilde, die angefertigt worden sind.

Kritische Stellungnahme:
Die Materialien eignen sich gut, um einen »Modelldrachen« zu bauen, besonders der mit Papier umwickelte Blumendraht. Als die Frage nach der »Flugtüchtigkeit« gestellt wurde, zeigte sich, daß die Kinder nicht nur die Herstellung des Drachens sehen, sondern durchaus fähig sind, sich über den Zweck der Herstellung Gedanken zu machen.

Wir bauen einen großen Drachen

Teilnehmer: 6 Kinder
Dauer: ca. 75 Minuten
Motivation und tatsächlicher Verlauf:
Die Kinder wissen, daß wir zusammen einen großen Drachen bauen wollen, und sie sind schon neugierig, wie wir es wohl machen werden.
Realisationsmedien:
Schweißdraht, 1 mm und 2 mm Durchmesser, große Bögen Transparentpapier, Klebstoff, Scheren, Filzstifte, Wasserfarben, Pinsel.

Das gesamte Vorhaben erweist sich, wegen des Materialangebots, als nicht so glücklich. Der Schweißdraht kann von den Kindern kaum in der Weise gebogen werden, wie sie es wollen. Gerade dies ist jedoch die Voraussetzung für das Gerüst des Drachens. Insofern müssen wir weitgehend die Biegearbeiten nach Anweisungen der Kinder vornehmen. Die Zusammenarbeit ist zwar gut, aber der Arbeitsanteil der Kinder ist ziemlich minimal.

Wir sind von der Vorstellung ausgegangen, daß jedes Kind sozusagen einen Teil des großen Drachens biegt und anschließend die Teile miteinander verbunden werden, um daraus den »großen Drachen« herzustellen. Wir hängen das Gerüst an die Decke und verbinden mit ihm die hinzukommenden Teile. Nur Goran, ein körperlich ziemlich starker Bub, konnte mit dem Schweißdraht so umgehen, wie er wollte. Ihm machte diese Arbeit großen Spaß, und er war stolz, stärker als alle anderen zu sein. Für uns ein weiterer Hinweis, daß wir falsch geplant hatten.

Kritische Stellungnahme:
Die Materialien waren für die Kinder nicht besonders geeignet. Daher ließ ihre Mitarbeit ziemlich schnell nach, so daß bisweilen nur noch wir an dem Gesamtgerüst für den Drachen arbeiteten. Wir haben mit Sicherheit die Kinder überschätzt; weil dies der Fall war, sank ihre Mitarbeit bisweilen auf den Nullpunkt. Wir sind mit diesem Vorgehen nicht zufrieden.

Wir bauen am großen Drachen weiter – oder wir spielen Tarzan, Schlange, Briefträger...

Teilnehmer: 10 Kinder
Dauer: ca. 120 Minuten
Tatsächlicher Verlauf:
Eigentlich will ich mit den Kindern unseren großen Drachen weiterbauen. Da wir aber nur zu zweit in der Gruppe sind, haben wir Bedenken, sie zu trennen. Hinzu kommt noch, daß heute nur 10 Kinder anwesend sind.

Situation: Da wir das »Skelett« für unseren Drachen schon fertig haben, überlegen wir zusammen, wie wir nun endgültig den Drachen fertigstellen können. Nachdem die Kinder aus Einzeldrachen einen großen Drachen herstellen wollen, dürfte es nicht schwer sein, das Werk fortzusetzen.

Realisationsmedien: Klebstoff, Scheren, Pergamentpapier, Schnur, Wasserfarben, Pinsel, Filzstifte.

Motivation: Als ich ins Zimmer komme, laden mich Ines, Begonia und Milena zum Kaffeetrinken in die Puppenecke ein. Als Sinisa, ein sehr aufgeweckter und agiler Bub, hinzukommt, um auch Kaffee zu trinken, und die Mädchen nichts dagegen haben, entwickelt sich ein sehr intensives Gespräch, wer welche Rolle momentan hat. Begonia wird zum Kind. Sinisa wird Postbote, der einen Brief bringen will, diesen aber verloren hat und sich umgehend auf die Suche macht. Ich bin der Papa, die Ines die Mama und die Milena die Tante. Das Kaffeetrinken weitet sich zum ausgiebigen Essen aus. Es gibt Fleisch, Soße, Nudeln und vieles mehr.

Organisation: Dann kommt der Postbote mit dem Brief. Als »Trinkgeld« erhält er ein Glas Bier. Plötzlich kommt Siegfried hinzu, der sich als Tarzan vorstellt und ebenfalls Hunger hat. Er darf bei uns essen. Mit dem Namen Tarzan wird für die kommende dreiviertel Stunde ein in sich dauernd wechselndes Rollenspiel ausgelöst (am Sonntag lief im Fernsehen ein Film über Tarzan). Von den 10 Kindern machen ca. 8 mit. Die übrigen spielen »Mensch ärgere dich nicht«. Die Kinder identifizieren sich innerhalb dieser Zeit mit den verschiedensten Tier-, Jäger-, Banditenrollen, wobei sie spontan, je nach Situation, z. B. von der Löwen- in die Jägerrolle wechseln. Ohne Zutun von außen sind plötzlich Mirela und Ines der Vorhang für eine große Zirkusveranstaltung, Sinisa, Begonia und Milena die Zirkusdirektoren, die mit Hilfe eines Mikrofons (großer Legostein) das Programm ankündigen. Milena wechselt dabei dauernd von der Zirkusdirektorrolle in eine Prinzessinnenrolle. Sie kann sich offenbar nicht endgültig für eine Rolle entscheiden, denn von beiden ist sie fasziniert.

Am meisten überrascht Siegfried, der einen umgekippten Tisch als Polizei- und zugleich als Notarztwagen benützt, weil Robert als Schlange schwer verletzt ist. Christina hält einen gelben Lappen hoch, der das Rotlicht signalisiert. Die »freien Kinder« müssen alles wegräumen, um dem Polizeiauto Platz zu machen. Das Zirkusspiel geht nach 1 1/2 Stunden seinem Ende entgegen.

Kritische Stellungnahme: Es wäre unmöglich gewesen, die von den Kindern spontan inszenierte Essensszene mit dem Hinweis zu unterbrechen, daß der Drache weitergebaut werden soll. Weil die Kinder sich so stark mit den übernommenen Rollen identifizierten, mußten wir nur selten vor zu großen Kraftakten, z. B. bei Überfallszenen, die »Bedrängten« beschützen. Die starke Rollenidentität scheint offenbar auch Rücksichtnahme zu beinhalten, um auf diese Weise den Spielverlauf, der als angenehm empfunden wird, nicht zu gefährden. Eine Einsicht, die wir bis jetzt in dieser Form noch nicht bestätigt bekommen haben, aber künftig berücksichtigen müssen.

Der große Drachen wird fertig

Teilnehmer: 15 Kinder
Dauer: ca. 75 Minuten
Situation: Unser großes Drachengerüst haben wir zusammen mit den Kindern in die Abstellkammer befördert, damit es im Gruppenraum die anderen Gruppen, die ebenfalls diesen Raum benützen, nicht behindert. Heute ist ausnahmsweise schönes Wetter, wir können mit den Kindern hinaus.
Motivation und tatsächlicher Verlauf:
Die Erwartungshaltung bei den Kindern ist hoch, ähnlich einer Prozession gehen wir in die Abstellkammer und holen unseren halbfertigen Drachen. Die Kinder sprechen von dem Gerüst, als wäre es ein alter und guter Freund, dem man helfen will. Nach einem kurzen Gespräch, was wir nun alles brauchen, um weitermachen zu können, entschließen wir uns, das Gerüst draußen im Garten an einen Baum zu hängen. Dies ist deshalb von Vorteil, weil alle Kinder gleichzeitig mitarbeiten können. Das Gerüst wird aufgehängt.
Realisationsmedien: Wir haben einen großen Tisch in den Garten getragen, Wasserfarben, Papier, Scheren und Klebstoff stehen bereit. Nach kurzer Zeit ist es still, weil die Kinder einzeln, zu zweit oder zu dritt beschäftigt sind, den noch etwas monströsen und ungewöhnlichen Drachen fertigzustellen. Ein wichtiges Problem steht noch aus: Wird der Drachen fliegen können oder nicht? Wir werden den Versuch machen, wenn der Drachen fertig ist.

Nach $1^{1}/_{4}$ Stunden ist der farbenprächtige Drachen fertig, aber fliegen kann er nicht. Die Kinder sind enttäuscht. Wir müssen nun den Kindern verständlich machen, warum er nicht fliegen kann. In einem intensiven Gespräch kommen wir darauf, was alles notwendig ist, um fliegen zu können. Wir machen Versuche mit Federn und Papierblättern und kommen dabei auf Vögel zu sprechen. Flugzeuge und Raketen werden zum Gesprächsstoff. Nach ca. $^{1}/_{2}$ Stunde – Teile des Gesprächs wurden schon während der Arbeit geführt – haben die Kinder Verständnis dafür, warum unser Drachen nur zur Erde fliegen bzw. fallen kann.

Kritische Stellungnahme: Obwohl unser Drachen nicht fliegen kann, sind die Kinder auf ihn stolz. Er ist groß, bunt und bizarr in der Form. Vor allem gefällt den Kindern, daß er am Baum vom Wind leicht hin- und hergetrieben wird und die Sonne die Farben durch das Transparentpapier schillernd werden läßt. Die Arbeit, vor allem das Bekleben mit Papier und das Bemalen, hat den Kindern großen Spaß gemacht. Spaß deswegen, weil die einzelnen Arbeitsschritte individuell vollzogen werden konnten und trotzdem jeweils einen Teil des Ganzen bildeten. Die Kinder waren keinem Mißerfolg ausgesetzt. Jedes Stück Papier konnte angeklebt werden, jeder Farbton, jedes Ornament wurde ein gleichwertiger Teil neben den anderen. Offen bleibt noch das Problem Fliegen. Wir haben es diskutiert, wir wollen aber den Kindern das Phänomen Fliegen augenscheinlich machen.

»Unser Drachen« im Deutschen Museum

Teilnehmer: 8 Kinder
Dauer: ca. 150 Minuten
Ziel: Die Kinder erfahren, was und welche Materialien notwendig sind, um fliegen zu können.

Nachdem alle Kinder der Gruppe sich mit dem Drachen beschäftigt hatten, war es unsere Pflicht, dafür Sorge zu tragen, unser Vorhaben »Drachen« für alle einem sinnvollen Ende zuzuführen. Wir beschlossen, mit den Kindern in das Deutsche Museum zu fahren, um die Abteilung Luftfahrt mit ihnen zu besichtigen. Wir teilten die Gruppen und fuhren zum Museum.

Tatsächlicher Verlauf:
Die Kinder sind neugierig, was es in einem Museum wohl zu sehen gibt. Wir fahren schon sehr früh, damit sie möglichst viel aus der Nähe anschauen können. Darin unterscheiden sich die ausländischen Kinder nicht von den deutschen.

Motivation: Von großem Interesse sind für die Kinder der Brunnen und das große Flugzeug am Eingang des Museums. Allein dort verbringen wir $1/2$ Stunde. Im ersten Stock befindet sich die Abteilung Luftfahrt. Sie ist für Kinder sehr günstig angelegt, weil sie großräumig ist und die Flugobjekte teils von der Decke hängen, teils aber auch begehbar sind. Die Kinder haben nun Gelegenheit, sozusagen alles, was wir bis jetzt über das Fliegen im allgemeinen und am Drachen im besonderen gesagt hatten, an Ort und Stelle einer kritischen Prüfung zu unterziehen. Keines der ausgestellten Modelle entging den Kindern ohne Fragen. Warum ist das so gebaut? Wie viele Leute haben da Platz? Warum haben wir kein Flugzeug gebaut? Oben an der Decke hängt eines der ersten Flugzeuge, dessen Flügel mit Leinen bespannt sind und vorn an der Front mit einem Gesicht bemalt. Obwohl gerade dieses Flugzeug nicht besonders auffällt, erregt es große Aufmerksamkeit bei den Kindern. Eindrucksvoll sind dann vor allem die japanischen Drachen. Die Originalgröße mit den darauf abgebildeten Gesichtern von Kriegern erinnert die Kinder an unsere Drachen und an unser Drachenbuch, das wir vor ein paar Wochen angeschaut hatten. Im Vergleich dazu finden sie unsere Drachen mindestens genauso schön, obwohl sie das zähnefletschende und drohende Gesicht des Kriegers auch nicht uninteressant finden.

$1 1/4$ Stunden bleiben wir in der Abteilung, bis all das Betrachten und Fragen sich erschöpft hat, und anschließend gibt es für jedes Kind ein Eis.

Kritische Stellungnahme:
Was die Kinder besonders beeindruckt hat, ist, daß ihr Drachen sozusagen noch in der Erwachsenenwelt vorhanden ist. Diesen Gesichtspunkt, wie wichtig es offenbar für die Kinder ist, ihre Werke in der Erwachsenenwelt repräsentiert wiederzufinden, haben wir bis jetzt noch nicht bedacht. Wir meinen, mit dieser Aktion ist es uns gelungen, den Kindern den Bereich und die Bedeutung des Fliegens verständlich zu machen.

Horst Beisl
Brigitte Hofstetter

Musik und Materialspiele I

Teilnehmer: 22 Kinder, davon 6 Mädchen und 16 Jungen, 12 Kinder 6–7 Jahre, 9 Kinder 4–5 Jahre, 1 Kind 3 Jahre

Dauer: 27. Jan. – 13. Febr., 16. – 20. Febr., 11. – 13. März

Ziel: Die Kinder sollten den größtmöglichen Freiraum bekommen, um vielfältige Klangmöglichkeiten zu erproben.

Verlaufsplanung: Wir verfolgen bewußt keinen Plan, damit wir nicht in Versuchung kommen, die Kinder in unsere Richtung zu drängen.

Um die Kinder einzustimmen, war mir nur folgende Reihenfolge klar:

1. Wir erforschen Geräusche, die wir mit unserem eigenen Körper machen können.
2. Wir wollen Geräusche versuchen, die mit allen möglichen Gegenständen aus unserer Umwelt erzeugt werden.
3. Wir wollen Musikinstrumente ausprobieren, die dafür gemacht sind, schöne Töne zu erzeugen.

Ich nahm mir vor, meine Anregungen für die Kinder wirklich nur dann zu bringen, wenn die Kinder offen dafür sind und vorher ihre Ideen schon verwirklichen konnten.

Dann waren wir gespannt, was in den folgenden drei Wochen mit den Kindern und uns passieren würde.

Es war mir klar, daß der Zeitpunkt nicht ausblieb, an dem es bei uns im Gruppenraum unerträglich laut sein würde. An dem Punkt mußte ich mit den Kindern den Unterschied zwischen Musik und Krach herausfinden.

1. Tag, tatsächlicher Verlauf: Wir sitzen alle zusammen und machen Geräusche, zunächst mit unserem Mund:

Organisation, Motivation und Realisationsmedien:

Wir pfeifen, summen, schnalzen mit der Zunge, blasen mit gewölbten Lippen, ziehen die Luft ein, schlagen auf die aufgeblasenen Backen; manche möchten mit aufgerollter Zunge blasen, einer kann mit dem Finger im Mund wie ein Sektpfropfen knallen, einer kann jodeln, zähneknirschen, gurgeln; wir streichen mit den Händen über die Backen – Backen aufblasen und Luft ablassen...

Wir zupfen an der Nase, wir klopfen an verschiedenen Stellen an unseren Kopf, wir drücken die Ohren zu und merken, daß wir dann anders hören als mit offenen Ohren...

Eine Hand vorne an den Hals legen – wir spüren es, wenn unsere Stimme arbeitet...

Ergebnis: Die Kinder sind mit Begeisterung dabei – wir erforschen dadurch völlig neue Möglichkeiten unseres Körpers.

Die Kinder finden immer neue Möglichkeiten heraus, bis wir nach fast 40 Minuten Schluß machen.

2. Tag: Wieder sitzen wir beisammen, einige Kinder zeigen uns noch Möglichkeiten, ein Geräusch zu machen, das wir gestern noch nicht herausgefunden hatten.

Organisation, Motivation und Realisationsmedien:

Offenbar haben sie es zu Hause mit der Familie weiterversucht.

Nun probieren wir mit anderen Körperteilen weiter: Hände reiben, klatschen, patschen auf andere Körperteile, klatschen mit den Fingernägeln, klopfen, kratzen, Fingerschnackeln...

Füße: streichen über den Boden, reiben aneinander, stampfen, Füße zusammenklatschen, Knie zusammenschlagen...

Wir klatschen mit den Händen auf den Po – auf den Bauch – klingt sehr verschieden...

Wieder sind die Kinder ungeheuer erfinderisch. Es dauert mehr als 30 Minuten, dann mache ich sie auf unser Herzklopfen aufmerksam – wir versuchen es beim Nachbarn zu hören, ebenso Magen knurren oder – gurgeln, atmen...

3. Tag: Die beiden letzten Tage haben wir ja noch miteinander gespielt und ausprobiert, ich möchte jetzt gerne die Kinder auf ihren eigenen Weg schicken.

Motivation: Genauso, wie unser Körper spezifische Töne hervorbringen kann, hat jeder Gegenstand seinen eigenen Ton. Die Kinder möchten doch sicher wissen, wie diese Töne sich anhören.

Daraufhin schwärmen die Kinder aus und werden mit ihren Händen aktiv.

Realisationsmedien: Sie klopfen an die Schränke und Fußböden, gehen von Regal zu Regal. Noch ist es relativ ruhig, weil Hände allein ja nicht alle Dinge zum Klingen bringen.

Bis der erste die Entdeckung macht, daß er, wenn er mit einem langen Baustein klopft, wesentlich bessere Töne bekommt. Jetzt erst beginnt das eigentliche Experimentieren. Spielsachen werden aus den Kisten genommen und gegeneinandergeschlagen, die meisten haben sich mit einem Baustein als Schlegel bewaffnet, und jedes Kind klopft und schlägt sich einen Weg durch verschiedenste Materialien und Gegenstände. Es ist ein fürchterlicher Krach.

Im Moment war es den Kindern ziemlich egal, wo sie draufschlugen, es war nur wichtig, möglichst schnell und fest auf die verschiedenen Sachen draufzuhauen.

Ergebnis: Das, was sich an-

hörte wie ein schrecklicher Krach, war ein intensiver »Geräuscherausch«, der sich unserer Kinder bemächtigt hatte. Sie genossen es und waren so fest dabei, daß es sie ganz erschöpfte.

Nach ca. 20 Minuten waren sie bereit, aufzuhören.

Eigene Stellungnahme: Für mich war dies der schwierigste Moment. Üblicherweise hätte ich bei diesem Krach eingegriffen. Aber ich wußte, wenn ich nicht wieder bei von mir gesteuerten und abgegrenzten »Experimenten« bleiben wollte, dann mußte ich das jetzt beweisen.

Also setzte ich mich ruhig hin, ermunterte durch Blicke diejenigen Kinder, die noch unschlüssig waren, sich an dem Chaos zu beteiligen.

4. Tag: Motivation, Organisation und Realisationsmedien:

Heute habe ich eine Stimmgabel mitgebracht. Wir horchen uns den Ton an, den sie erzeugt. Er ist besonders schön und schwingt sehr lange. Für jedes Kind mache ich damit einen Ton, halte die Stimmgabel ans Ohr des Kindes, und es darf sagen, wie lange es diesen Ton hört.

Dann schlage ich die Stimmgabel an Holz und setze das Ende der Stimmgabel auf das Holz – wir merken, wie der Ton durch das Holz klingt. Nach Angabe der Kinder wandere ich durchs Zimmer und lasse den Ton der Stimmgabel auf verschiedenen Materialien klingen. Auf weichen Dingen wie Teppich, Wolldecke, Kissen, erstickt der Ton fast, auf harten Materialien wie Stein, Marmorfensterbank, Heizkörper und Resopaltischplatte klingt er sehr stark und lange, alles vibriert.

Durch dieses Spiel mit der Stimmgabel sind wir alle darauf eingestellt, viel intensiver

den verschiedenen Geräuschen nachzuhören, und wir haben auch gemerkt, daß ein Ton sehr lange klingen kann, wenn man ihn nicht »totschlägt«.

Wir wollen nun eine Sammlung von Dingen machen, die klingen. Weil wir nur eine Stimmgabel haben, nehmen die Kinder Kaffeelöffel als Hilfsmittel zum Anschlagen, das geht auch gut. Wieder schwärmen die Kinder aus, um eigene Entdeckungen zu machen. Natürlich ist es wieder laut, aber die Kinder sind nicht mehr so hektisch, sie nehmen sich wirklich Zeit, um hinzuhören.

Wer etwas gefunden hat, was besonders gut klingt, bringt es zu uns her.

Manche Kinder haben in einer Hand den Kaffeelöffel, in der anderen einen langen Baustein, um die Töne zu vergleichen. Einige schleppen eine Menge Sachen heran, legen sie in eine Reihe und spielen darauf wie auf einem Xylophon.

Beim Spiel treffen sich einige Kinder, sie finden einen gemeinsamen Rhythmus.

Längst haben sich die Kinder vom reinen Anschlagen entfernt. Sie haben herausgefunden, daß man manche Gegenstände schütteln kann,

wenn etwas drin ist. In die Glaskanne haben sie Legos gefüllt, in die Zuckerdose Kaffeelöffel gesteckt, unser feingemahlenes Kaffeepulver samt der Blechdose entführt – es erzeugt ein ganz feines, leises Geräusch. Ein Glas und ein Teller gehen kaputt – auch Geräusch. In Joghurtbecher und Kleenexrollen kann man hineinblasen und singen.

Während die Kinder weiter entdecken, befestigen wir an allen von den Kindern gefundenen »klingenden« Gegenständen ein Band zum Aufhängen.

In einen großen Ziegelstein

mit Loch haben wir einen dikken, trockenen Ast mit Verzweigungen gesteckt, das soll unser »Musik-Baum« werden. In den Löchern vom Ziegelstein finden einige Kaffeelöffel und Holzklöppel Platz, und wenn jetzt alles aufgehängt ist, kann von mehreren Kindern gleichzeitig gespielt werden.

Damit wird unser Baum behängt: 2 verschiedene Gläser, 1 Glaskanne, Blechtopf, Becher, Aschenbecher, 1 leere und 1 volle Blechdose verschiedener Größe, verschiedene Spielsachen, Waschmitteltonne, Joghurtbecher, Papprollen, Nägel, Flaschenöffner, Kamm.

In unserer leergeräumten Puppenecke steht er, das Musikstudio ist eröffnet!

5. Tag, Ziel: Die Kinder sollen spüren, was der Unterschied zwischen Krach und Musik ist. Ich möchte für die nächsten beiden Wochen vermeiden, daß wir die musikalischen Spiele einschränken müssen, weil wir es nicht mehr aushalten können vor Lärm.

Motivation und tatsächlicher Verlauf:

Jeder holt sich eines der Instrumente, und wir sitzen alle beieinander. Ich fordere die Kinder auf, mal ganz laut zu spielen, noch lauter, so laut wie sie nur können – nach einiger Zeit wird es wieder ruhiger.

Ich nenne den Kindern die drei Worte Ruhe – Lärm – Musik und frage, welches wir gerade gehört haben.

Alle sind sich einig, daß das Krach war. Dann versuchen wir, die Ruhe zu »machen« und schließlich die Musik.

Organisation: Nachdem wir ausprobiert haben, wie wir die drei Begriffe »machen« können, fordere ich die Kinder auf, nun einmal zu fühlen, wie ihnen dabei zumute ist.

Realisationsmedien: Mit dem Krach, Lärm, beginnen wir. Noch einmal versuchen wir, so laut zu sein, wie wir nur irgend können, und schreien dazu – halten Ruhe und versuchen Musik.

Jetzt fragen wir nach den Empfindungen!

Die Ruhe empfinden alle Kinder als angenehm, »die Ohren schlafen ein, das Herz auch«.

Bei Krach: »Das Herz wacht sofort auf«, »es ist gar nicht schön«, »man bekommt Ohrenweh und Kopfweh«, »Krach hält man nicht lange aus«, »Krach *machen* ist schön – Krach *hören* ist nicht schön«, »Krach macht wahnsinnig«.

Bei Musik: »Die Ohren und der Magen haben gleich mitgesungen«, »Musik hält man besser aus«, ist leiser als Krach, »aber unsere Musik ist nicht so schön wie auf der Schallplatte«.

Ergebnis: Beim Suchen nach Erklärungen präzisieren die Kinder ihre Empfindungen sehr exakt. Ich brauche nur hinzuzufügen, wie schön es ist, daß wir jetzt so viel Musik machen können. Ohne daß es direkt ausgesprochen wurde, haben die Kinder verstanden, daß wir uns alle nicht sehr wohl fühlen werden, wenn wir Krach produzieren.

Anschließend malen wir, von Musik und Krach. Bei manchen Kindern kann man es auf dem Bild sehen.

Verlauf der zweiten Woche, Motivation und Organisation:

Die Kinder beschäftigen sich jeden Tag einen großen Teil der Freispielzeit mit musikalischen Spielen. Ohne daß wir es anregen, spielen sie Orchester, Dirigent und Sänger. Manche spielen gleichzeitig mehrere Instrumente und wechseln während des Spiels.

Manchmal singen sie ein bekanntes Lied und suchen dazu eine rhythmische Begleitung, wie z. B. »Santa Maria« oder aus dem Dschungelbuch »Wir sind die Dubi – Dubi – Affenkönige«, während sie durchs Zimmer marschieren.

Im Schrank haben wir noch einen Korb mit gebastelten Musikinstrumenten gefunden, die natürlich in die Musikecke wandern: Rasseln, Klappern, Kokosnußschalen.

Damit es handlicher für die Kinder wird, haben wir drei verschieden große Waschmitteltonnen mit Tesakrepp zusammengeklebt, ebenso verschieden große Blechdosen zu einer Trommel.

Immer wieder werden noch neue Klänge gefunden, unser Musikbaum und die Musikecke sind gesteckt voll.

Nach zwei Tagen sind die Kinder nicht mehr zufrieden. Fast alles, was wir bis jetzt gesammelt haben, ist nur rhythmisch zu verwenden. Das genügt ihnen nicht mehr, die Kinder holen aus dem Musikschrank Klangstäbe und Xylophone. Die Musikgruppen setzen sich jetzt meist aus 2 bis 3 Melodiespielern und 3 bis 4 rhythmischen Begleitern zusammen.

Für uns ist es neu, wie gut die Kinder immer wieder einander zuhören. Ganz schnell finden sie zu einem gemeinsamen Rhythmus, der als Rahmen dient, von einzelnen Spielern aber auch variiert wird.

Die Kinder spielen so intensiv und sind so voll Ideen und Begeisterung, daß von uns aus kaum Anregungen nötig sind.

Realisationsmedien: Wir basteln in Kleingruppen einige kleine Instrumente, die sie später mit nach Hause nehmen dürfen:

– Handtrommeln aus dikken Papprollen, bespannt mit Architektenpapier und Weckgummis,

– Handtrommeln aus großen Käseschachteln, um die Hosengummis mit einer dicken Holzperle gespannt werden,

– Handkastagnetten aus Nußschalen.

Mit der ganzen Gruppe treffen wir uns gemeinsam nur kurz, um irgendein Spiel zu spielen:

raten, welcher Gegenstand, welches Material, auf den Boden gefallen ist, raten, wie ein Geräusch gemacht wurde, Tierstimmen raten, etwas in die Kiste hineintun und damit rasseln, erraten, was es ist, unsere verstellten Stimmen erraten.

Unsere Kinder sind sehr sensibilisiert auf Hören und deshalb beim Raten begeistert dabei, obwohl es ja oft lange dauert, bis alle dran waren, und diese Spiele ja nur bei ziemlicher Ruhe möglich sind.

3. Woche, Planung: Wir haben die Eltern gefragt, wer uns ein Musikinstrument leihen kann.

Tatsächlicher Verlauf, Motivation und Realisationsmedien

Einige Instrumente bekommen wir geliehen, die die Kinder selbst spielen dürfen und die Platz finden in der Musikecke:

verschiedene Glockenspiele, Xylophon, Okarina, Ziehharmonika, elektrische Orgel, Flöten aus Holz und Plastik, Trommel, Gitarre.

Einige Instrumente bekommen wir geliehen zum Herzeigen: Gitarre, Geige, Felltrommel aus Afrika.

Gemeinsame Aktivitäten sind diese Woche jeden Tag, um uns 1 bis 2 Instrumente genau anzusehen. Wir überlegen, wie der »Ton« gemacht wird, durch die Luft, die Schwingung der Saite oder des Fells, … welches Material … wie kunstvoll das gemacht ist …

Die Kinder behandeln die ausgeliehenen Instrumente, obwohl sie frei herumliegen, relativ sorgfältig. Sie werden voll ins Spiel einbezogen, vervielfältigen Klangfülle und -möglichkeiten und regen zu neuen Spielen an:

Oft sitzen die Kinder da und spielen »Band« oder Hitparade, Kokosnußschalen an den Ohren als Kopfhörer, Bausteine als Mikrofon, es wird gesungen, gespielt und getanzt.

Als Noten dienen manchmal Bilderbücher, jeder hat einen Stuhl vor sich hingestellt, auf dem die Noten liegen, fünf Kinder machen ein eigenes Lied:

Gesang mit Gitarre, Rasseln und Trommeln:

Zieht dem Cowboy die Unterhose aus, (mehrmals)

Zieht dem Tarzan die Unterhose aus, (mehrmals)

Zieht dem Markus (auch andere Namen)...

Zieht dem Pumuckl die Lederhose aus...

Drei Kinder sind besonders aktiv, sie beschäftigen sich fast ausschließlich mit den Instrumenten und zeigen großes Gespür dafür. Tristan gibt z. B. viele Beispiele für seine Musikalität.

Er findet auf der Trommel verschiedenste Rhythmen, spielt mit 2 Klöppeln, harte und aggressive und weiche und ruhige, die ich nicht spielen könnte, so schwierig sind sie. Er versucht, mit einer Hand die Okarina zu halten und zu blasen, die andere Hand hält zwei Klöppel und sucht passende Töne auf dem Glockenspiel.

Ein anderes Kind sucht stundenlang auf der Ziehharmonika verschiedene Töne zu kombinieren, bis sich ein harmonischer Klang ergibt.

Eigene Stellungnahme:
Musizieren ist noch immer in, die Kinder haben keinen Mangel an Ideen. Für uns ist erstaunlich, wie vielfältig die einzelnen Spiele und Spielabschnitte geworden sind. Die Kinder scheinen sensibel zu sein, sie suchen oft lange nach Klängen, die ihnen harmonisch erscheinen (und es auch sind!). Wildes herumhacken und benützen von Dissonanzen ist ganz selten. Die Kinder beschäftigen sich oft sehr lange mit ein und demselben Instrument. Mindestens 6 von unseren »Großen« können ihnen bekannte Melodien auf verschiedenen Instrumenten finden.

Das einzige Instrument, das wir nur stundenweise einschalteten, war die elektrische Orgel. Sie war natürlich besonders beliebt und brachte auch die meisten Erfolgserlebnisse, weil sie so leicht zu bedienen ist.

Fast alle Kinder spielten hier mit zwei Händen, einige sogar mit dem Freund vierhändig.

Die Kinder hören sich oft gegenseitig zu. Diejenigen, die mit Spielzeug spielen, hören während des Spiels zu und geben nachher Kommentare.

Renate Bley

Musik- und Materialspiele II

Dauer: 4 Tage

Teilnehmer: 12 Kinder, 5-7 Jahre

Ziel: Unsere »Großen« sollen ihre handwerklichen Fähigkeiten an einem Klangspiel üben, das sie dann mit nach Hause nehmen können. Die Arbeit dauert mehrere Tage.

Verlaufsplanung: Wir besitzen mehrere verschieden starke Bambusstäbe im Durchmesser von ca. 0,5-3 cm. Wir haben eine Werkbank mit Schraubstock und kleine Metallsägen.

Realisationsmedien und tatsächlicher Verlauf:
2 Kinder können gleichzeitig arbeiten. Nach ihrer Wahl suchen sie sich Bambusstäbe aus und versuchen sie einzuspannen. Wenn man ihnen eine Anfangsritze sägt, können sie gut allein weitersägen.

Es geht relativ schnell, für die Kinder ein großes Erfolgserlebnis, sie haben Spaß dabei. Jeder hat sich 5 Stäbe zurechtgesägt.

Bohren kann immer nur ein Kind. Wir müssen etwas helfen, damit der Bohrer senkrecht angesetzt wird, weil sonst der Bambus springt. Jeder Stab braucht ein Loch für den Faden, an dem er aufgehängt wird; der obere Querstab braucht 4 Löcher.

Dann helfen wir zusammen beim Durchziehen der Fäden. Die Kinder haben relativ viel selbst verrichten können. Mit einem dünnen Bambusstab angeschlagen klingt es wie »Regenmusik«, kann aber auch als Windspiel aufgehängt werden. Natürlich sind unsere »Großen« stolz auf ihre Arbeit.

Gemeinschaftsinstrument

Teilnehmer: 25 Kinder

Situation: Zum Abschluß unserer musikalischen Experimente wollen wir ein Instrument basteln, das mehrere Kinder zur gleichen Zeit benutzen können.

Vorbereitung, Verlaufsplanung: Eine dicke Papprolle, Durchmesser ca. 15 cm, 170 cm hoch, kann alleine stehen, 2 Stück Schlauch, einer fest und undurchsichtig; einer lang und dünn und durchsichtig, weich und biegsam – Aquariumschlauch.

Das Material liegt schon einige Tage vorher bereit, damit die Kinder es kennenlernen können. Das regt zu vielen Spielen an: in den Schlauch blasen und singen, Schlauch zusammenrollen wie ein Posthorn und hineintuten, an einem Ende hineinsingen und das andere Ende einem Kind ans Ohr halten, oder sich selbst ans Ohr halten, hineinblasen und sich das andere Ende überall hinhalten – den Wind spüren, in den Pullover stecken – Bauch kühlen, Feuerwehr spielen – löschen, als Springseil benutzen, wenn zwei Kinder gleichzeitig an den Enden hineinblasen, geht keine Luft mehr hinein, Schlauch als Lasso benützen; inzwischen haben sich im Schlauch Tröpfchen aus der Atemluft niedergeschlagen, wenn man hineinbläst, kann man sehen, wie die Tröpfchen wandern.

Wenn viel Spucke drin ist, kann man das Schlauchende durch die Luft schleudern – die Spucketröpfchen fliegen durch die Luft ...

Motivation und tatsächlicher Verlauf:

Das Hineinblasen und -singen ist den Kindern nicht mehr neu. Heute meinen wir, wenn nun viele Kinder gleichzeitig singen und summen könnten, das müßte doch toll sein; und vor allem ist es ein Musikinstrument, das andere Leute nicht haben.

Realisationsmedien: Die Kinder lassen sich leicht dafür begeistern. Wir überlegen zusammen, wie wir die Schlauchstücke nun in der Pappröhre befestigen können. Wir müssen große Löcher bohren, um die Schlauchenden hineinzustecken. Das erfordert jetzt viele Hilfskräfte. Die Pappröhre erweist sich als sehr widerstandsfähig, wir versuchen mit verschiedensten Werkzeugen durchzukommen. Als günstige Möglichkeit erweist sich, erst mit dem Handbohrer mehrere kleine Löcher durch die Pappe zu bohren und diese dann zu erweitern. Die Löcher dürfen nicht zu groß sein, der Schlauch muß hineingeklemmt sein, damit er hält.

Außer verschieden langen Schlauchstücken müssen auch noch Löcher für Kleenexrollen gebohrt werden. Die Arbeit ist recht lustig, wenn auch anstrengend. Viele helfen zusammen beim Festhalten, Bohren und Schneiden mit dem Messer. Wer von den Kindern nicht unmittelbar mitarbeitet, spielt solange und begutachtet die Arbeit von Zeit zu Zeit.

Nach der Fertigstellung unseres Blasinstruments ist die Arbeit daran wichtiger gewesen als das Ergebnis. Das Blasinstrument gefällt den Kindern; es folgt ein Blaskonzert.

In den nächsten Tagen zeigt es sich, daß das Blasinstrument leider bei zu heftigem Gebrauch immer umfällt. Die Kinder aber wissen sich zu helfen, es wird hingelegt. Daß die Schläuche nun fest damit verbunden sind, finden die Kinder nicht so gut, weil sie ja für vielfältige Spiele gebraucht werden.

Jeden Tag hat unser Blasinstrument ein anderes Gesicht, je nachdem, zu welchem Zweck es gerade Verwendung findet, als Kullerbahn für Perlen, als Hydrant für die Feuerwehr ...

Auch kann man gleichzeitig blasen und mit Hölzern auf die Pappröhre trommeln.

Kritische Stellungnahme zum Gesamtprojekt: Natürlich hatte ich schon früher musiziert, mit meinen Kindern

Klangmöglichkeiten ausprobiert und sie dazu angeregt, selbst zu probieren. Sehr oft war ich aber mit den Ergebnissen nicht zufrieden. Ich merkte schon, daß ich meist den Kindern zu wenig Zeit eingeräumt hatte für eine echte Auseinandersetzung mit den Musikinstrumenten. Natürlich wurden dann die Kinder mehr oder weniger zu Ausführenden meiner Ideen, bei ihnen selbst konnte in dieser Form eine eigene Auseinandersetzung nicht einsetzen. Dies habe ich meiner Meinung nach bei diesem Projekt erreicht.

Renate Bley

Musik und Materialspiele III

Teilnehmer: 12 Kinder
Dauer: ca. 60 Minuten
Ziel: Die Kinder sollen erfahren, daß nicht nur über Fernsehen, Radio und Musikinstrumente Töne oder Klänge hörbar sind.

Sie sollen Töne selbst erzeugen, unterscheiden lernen, sowie Materialien in ihrer Eigenschaft und neue Verwendungsmöglichkeiten kennenlernen.

Verlaufsplanung: Ausgangspunkt und zugleich Vorbereitung dieses Projekts sollte schon bei der Materialsammlung beginnen. Mit diesem indirekten Hinweis wird bei den Kindern Neugierde und Bereitschaft initiiert, wobei beides noch nicht zielgerichtet angegangen wurde. Daß der Bau von Musikinstrumenten im Mittelpunkt steht, davon sollte bei der Durchführung noch keine Rede sein.

Anschließend wollten wir mit den Kindern geräuscherzeugende Geräte herstellen.

Tatsächlicher Verlauf, Organisation und Motivation:

Die Kinder haben sich im Stuhlkreis gesetzt und werden aufgefordert, ganz still zu sein. Neugierde macht sich breit. Sobald es einigermaßen still ist, zerreiße ich hinter meinem Rücken ein Stück Pergamentpapier. »Was war das? Wer war das?« frage ich die Kinder. »Du warst es«, antworten die Kinder. Ich verneine, allmählich gebe ich es zu. Wie hat sich das angehört? Ein lebhaftes Gespräch entwickelt sich, denn obwohl alle dasselbe Geräusch gehört haben, kommen sehr verschiedene Antworten von den Kindern, wie z. B. »kurzer Ton, hoher Ton, tiefer Ton, rascheln, reißen, knistern« usw. Die Kinder sind selbst erstaunt über die unterschiedlichen Antworten, denn es war wirklich nur ein Geräusch zu hören. Ich führe ihnen das Zerreißen des Papiers noch einmal vor und frage, wie es dazu kommt, daß einige aufgrund ihrer Antworten ein anderes Geräusch gehört haben müssen. Bis Mark lapidar feststellt, daß von jedem Kind das Geräusch anders gehört wird. Dagegen kann nichts gesagt werden. Wir machen nochmals einen Versuch.

Realisationsmedien: Ich gehe von Kind zu Kind und zerknülle Papier. Die Kinder wissen nicht, daß es sich um Papier handelt. Vorher habe ich sie aufgefordert zu versuchen, ein Wort für das Geräusch zu finden, das sie jetzt hören werden. Anschließend erzählen sie über das Gehörte. Auch dieses Mal zeigt sich, daß wir dieselben Töne mit verschiedenen Wörtern belegen. Damit die Kinder nicht glauben, ich würde ihnen was vormachen, überprüfen einige das bisher Erlebte. Wir kommen zum selben Ergebnis.

Insgesamt erschüttert jedoch diese Feststellung die einzelnen Kinder nicht besonders; interessanter ist für sie die Frage, wie es eigentlich zu Geräuschen kommt und warum es verschiedene gibt.

Es zeigt sich besonders bei dieser Phase, daß Kinder stark am direkten sinnlichen Eindruck, an der Aktion als solcher interessiert sind, weniger an theoretischen, kognitiven Erarbeitungen. Diese Bereitschaft ist nur dann gegeben, wenn beide Bereiche, der kognitive und sinnliche, auf das Engste innerhalb einer Aktion verzahnt sind. Mark hat zufällig einen Kamm dabei, und ich erzähle den Kindern, daß er auch damit Töne hervorbringen kann, wenn er ein Stück Pergamentpapier dazu benützt. Von den Kindern wird probiert, wie dies wohl gehen kann. Wir helfen den Kindern herauszufinden, wie Papier und Kamm gehandhabt werden müssen, um daraus ein Musikinstrument zu fertigen. Bevor sich die Gruppe auflöst, besprechen wir mit den Kindern, ob es möglich wäre, von daheim Gegenstände und Materialien mitzubringen, die sich ihrer Meinung nach eignen würden, um mit ihnen Geräusche zu erzeugen. Wir bitten sie, dies auch den anderen Kindern zu sagen, die heute nicht dabei sein konnten.

Inzwischen ist ca. 1 Stunde vergangen, und die konzentrierte Aufmerksamkeit der Kinder bröckelt ab. Sie wollen sich nun wieder freier bewegen.

Kritische Stellungnahme: Wir sind mit dem ersten Tag zufrieden. Die Kinder haben lange Zeit aufmerksam und mit Spaß mitgemacht. Das Geheimnis der Geräuscherzeugung hat sie fasziniert. Wir haben den Eindruck, daß wir den Kindern längst vorhandene Erfahrungen als wirkliche Erfahrungen vermitteln konnten. Mit dem Arbeitsauftrag, Gegenstände und Materialien zu sammeln, versuchen wir bewußt, eine Dimension in das Projekt einzubringen, die sowohl in das Elternhaus hineinreicht als auch die Motivation der Kinder erhält und, wenn möglich, steigert.

Wir erzeugen Klänge

Teilnehmer: 12 Kinder
Dauer: ca. 60 Minuten
Ziel: Die Kinder sollen durch Experimentieren mit den Gegenständen und Materialien in Erfahrung bringen, welche Möglichkeiten es gibt, um unterschiedliche Geräusche zu produzieren und sie sprachlich umzusetzen.

Tatsächlicher Verlauf, Realisationsmedien, Organisation und Motivation:
Ich bin gespannt, ob die Kinder wie vereinbart Materialien gesammelt haben. Auch ich habe, um Eventualitäten zu begegnen, eine große Holzkiste mit Materialien mitgebracht, z. B. Nägel, alte Töpfe, Schrauben, Eisenstücke, Kronenkorken, Blechbüchsen, Draht, Schnur, Gummi, Waschmitteltrommeln und kleine Metallschachteln. Die Sammeltätigkeit der Kinder war nicht besonders ergiebig. Es liegt nicht an ihnen, sondern eher an den Haushalten, in denen altes Gerät keinen Platz mehr hat. Auch in den Holzschuppen findet sich kaum geeignetes Material.

In dieser oder ähnlicher Form berichten die Kinder ein wenig enttäuscht von ihrer Sammlertätigkeit. Einige haben etwas mitgebracht, jedoch die meisten mußten passen.

Ich bitte ein paar Kinder, mit mir die große Holzkiste im Flur zu holen, um auf diese Weise ihre Enttäuschung auszugleichen. Zunächst geht es ganz wild zu. Die Kinder stürzen sich auf die Kiste und holen alles raus, was sie nur erwischen können. Es ist unmöglich, diesem Vorgehen Einhalt zu gebieten. Allmählich wird es ruhiger, die Kinder haben sich im Raum verteilt und erkunden ihre »Instrumente«. Erste Kontakte werden aufgenommen, um Gegenstände zu tauschen. Ebenso werden Versuche unternommen, zu zweit oder zu dritt Geräusche mit Gegenständen zu erzeugen. Daß der Lärm, der dabei entsteht, sehr stark ist, muß nicht eigens erwähnt werden.
Die Lautstärke nimmt bisweilen dermaßen zu, daß es für so manches Kind zuviel ist. Um ein Auseinanderbrechen der Gruppenaktivität zu vermeiden, ist es notwendig, die größten »Lärmmacher« in ihrer Aktivität durch Hinweise auf die übrigen Kinder zu dämpfen. »Schau, der Simon weint,

wenn du so nah an seinem Ohr Krach machst.« Diese oder ähnliche Formen des Gesprächs sind angebracht, um den Lärm in erträglichen Grenzen zu halten. Insgesamt dauert diese »Instrumentbegegnung« ca. 15 Minuten. Dann flacht dieser erste Zugriff ab. Die Gegenstände sind ausgespielt, Gespräche werden unter den Kindern und mit ihnen möglich. Kurze Hinweise oder Gespräche mit den einzelnen Kindern erlauben es, dem Geräusch, das der jeweilige Gegenstand durch Klopfen, Reiben, Zupfen oder Schwingen abgibt, nachzugehen.

Alexandra hat zusammen mit Tobias herausgefunden, daß die Gegenstände, so wie sie sind, zwar Geräusche von sich geben, aber durch Verbindungen mit anderen zu Klangkörpern weiterentwickelt werden können. Diese Erkenntnis greift nicht allzusehr um sich, sondern die einzelnen Kinder bleiben vorher bei ihren »Instrumenten«. Sie haben sich, nachdem es jetzt ruhiger geworden ist, intensiv auf ihr »Instrument« eingelassen und stellen Versuche an, wie sie möglichst verschiedene Geräusche hervorbringen können. Das Experimentieren nimmt

die Kinder voll in Anspruch. Es werden Hörproben gemacht, man führt das eben erzielte Geräusch oder den eben erzielten Ton dem Nachbarn vor, ob er will oder nicht. Pfeifen, Rasseln, Trommeln, Klopfen und Kratzen ist zu hören. Die Kinder erleben sich im Material und den damit erzeugten Geräuschen. Sie lauschen konzentriert, vergleichen mit dem momentan Hörbaren oder mit dem unmittelbar vorher Erzeugten. An den Gesichtern läßt sich die Spannung ablesen, die das einzelne Kind bei der Findung neuer, noch nie gehörter Geräuschkombinationen beherrscht. Der Ausdruck des Gesichts ist »gleichgestaltet« mit den Bewegungen der Kinder. Das ganze Kind ist in diesem Moment Teil des Experimentierens, und es ist schwer festzustellen, was Subjekt und Objekt ist. Faßt man den Vorgang als Ganzen ins Auge, so gehen Ursache und Wirkung ein so enges Verhältnis ein, daß die Wirkung schon im nächsten Moment Ursache für den nächsten Versuch ist. Die Möglichkeiten weiten sich bei zunehmender Einlassung in das Spiel mit Geräuschen und Tönen aus.

Organisation: Nach geraumer Zeit macht sich bei den Kindern das Interesse für die »Instrumente« der anderen Kinder breit. Sie hören sich gegenseitig zu und sind bisweilen erstaunt, welche Geräusche das jeweilige »Instrument« hervorbringt. Aus dieser Situation heraus ergibt sich die Möglichkeit, die »Orchestermitglieder« allgemein aufzufordern, einzeln ihre »Instrumente« vorzustellen. Es macht den Kindern Spaß, ihr »Instrument« in seiner Geräuschbandbreite und der dazugehörigen Pose der Gruppe vorzustellen. Jedes Kind hat seinen Klangkörper. Obwohl diese sehr verschieden sind, zeichnen sich doch Ähnlichkeiten im Klangumfang ab. Es kristallisieren sich vier Gruppen heraus: Bläser, Trommler, Raßler und »Gummigeiger«.

Malte meint, daß wir bei so viel »Instrumenten« richtig Musik machen können. Eine Idee, die wir aufgreifen. Wir fragen die Kinder, ob sie wüßten, was ein Orchester ist. Yvonne weiß es und erklärt den übrigen, was darunter zu verstehen ist. Die wichtigste Figur ist offenbar der Dirigent. Wer will Dirigent sein? Keines der Kinder hat den Mut, vermutlich fehlt es am Verständnis dessen, was der Dirigent tun soll. Die Kinder lösen daher das Problem sehr leicht und schnell, indem sie mir diese Aufgabe zuschreiben. Ich finde mich mit der Rolle ab und versuche, mit dem »Orchester« zu arbeiten. Die einzelnen Gruppen formieren sich, spielen jeweils vor. Auch Einzeldarbietungen werden vorgetragen.

Auf diese Weise haben wir nochmals Gelegenheit, ein Gehör für die »Instrumente« zu bekommen. Nach dieser Probezeit vereinbaren wir, auf bestimmte Zeichen des Dirigenten zu spielen oder aufzuhören. Auch dies bedarf der Probe. Die Kinder haben großen Spaß bei dieser Aktion. Sie erleben durch ihre eigenen Beiträge die Wirkungen des Zusammenspiels, die Veränderung der Klangfolgen durch die Funktion des Dirigenten, den spezifischen Zusammenklang der jeweiligen Klanggruppe und das Auflösen und Abebben der Klänge und Geräusche. Anfangs vollzieht sich das Ganze mehr im Bereich des Lärms. Dann geht der Lärm allmählich in Klangfolgen und differenziertere Geräusche über. Dieses Erleben läßt sich am Verhalten der Kinder ablesen, wie sie merken – und zwar nicht nur durch die Aktivität des Dirigenten –, daß ihre »Instrumente«, wenn sie zum Klingen oder Tönen gebracht werden, nicht einzig und allein durch kraftvolles Handhaben des »Instruments« möglich ist. Im Gegenteil, einfühlsames und aufmerksames Empfinden für das »Instrument«, verbunden mit Beobachtung des Dirigenten, ist maßgebend.

Kritische Stellungnahme: Ein Musikpädagoge wird möglicherweise allerlei auszusetzen haben, aber unter dem Gesichtspunkt der Ästhetischen Erziehung sind wir mit dieser Entwicklung innerhalb unseres Projekts zufrieden. Die Kinder konnten in Kleingruppen und einzeln ihr gefertigtes »Instrument« spielen. Das Herstellen des »Instruments« versetzte die Kinder in die Situation, dem Material, dem Gegenstand, Klänge abzugewinnen. Von der Sache her war jedes Kind gezwungen, sich in seine Klangwelt einzuleben und dies, wenn nötig, auszuweiten. Feinmotorische Fertigkeiten wurden häufig abverlangt, ebenso mußte/konnte so manches Kind die Phase des Suchens, die innerhalb der Kreativitätstheorie sehr wichtig ist, lange ausnutzen, um zu einem befriedigenden Ergebnis zu kommen.

Wir hören und spielen »Weltraummusik«

Teilnehmer: 15 Kinder
Dauer: ca. 45 Minuten
Tatsächlicher Verlauf: Für die heutige Aktion habe ich eine Langspielplatte mitgebracht, die meines Erachtens sehr gut geeignet ist, Kinder mit einer Musik vertraut zu machen, die gewisse Ähnlichkeiten mit der von uns produzierten hat.
Realisationsmedien:
Schallplatte: Electronic 2000, Fa. Philips Stereo 658007.

Diese Musik ist das Ergebnis der Zusammenarbeit eines japanischen Musikers mit einem amerikanischen Astronauten. Zum Inhalt hat sie die Vertonung der Empfindungen, der Geräusche und Klänge, die der Astronaut während des Weltraumflugs hat.

Im allgemeinen kennen Kinder Schallplatten und all die Möglichkeiten der Tonwiedergabe mit Hilfe von elektrischen Geräten. Insofern richtet sich ihr Interesse völlig auf das zu Hörende. Ich bin gespannt, wie die Kinder reagieren, denn die Musik ist alles andere als mit der herkömmlichen vergleichbar.

Wir sitzen im Kreis, die Musik beginnt. Ich beobachte die Kinder, es ist sehr still im Zimmer, gespannt hören sie die verschiedensten Klänge, Töne, Zischlaute, Gurgel- und Pfeifgeräusche, jeweils anders und neu kombiniert. Die Musik ist ohne Textbegleitung und hat keine Melodie und keinen Rhythmus, und trotzdem bleiben die Kinder 17 Minuten lang sitzen. Sie sind fasziniert, auf einer Schallplatte ähnliche Ton-, Klang- und Geräuschfolgen zu hören, wie wir sie in ähnlicher Weise erzeugt haben.

Jetzt löst sich die Gruppe auf, die Kinder fangen spontan mit ihren Instrumenten zu spielen an. Allerdings – dies ist sicher auf die eben gehörte Musik zurückzuführen – wesentlich empfindsamer, als es bisher geschehen ist. Dem Lärm ist der sorgfältige experimentelle Umgang mit dem »Instrument« gewichen. Aus dem Hören ist ein Lauschen, ein Nachempfinden geworden. Die Instrumente werden einfühlsam betätigt, d. h. die jetzige Stimmung, in der sich die Kinder befinden, wird erzeugt und durch Laute hörbar gemacht. Worüber ich sehr überrascht bin, ist, daß die Kinder eigentlich gar nicht so interessiert sind, warum diese Schallplatte diese Musik aufweist. Nur ein paar wollen genau wissen, wie es dazu kam, daß diese Schallplatte diese Musik spielt. Und ich erzähle ihnen, daß es das Ergebnis aus der Zusammenarbeit zwischen einem Musiker und einem Astronauten ist.

Kritische Stellungnahme:
Wir sind von diesem Ergebnis überrascht und erstaunt zugleich. Wir haben die Kinder unterschätzt und ihre Reaktionen völlig falsch eingeschätzt. Anders formuliert, wir kennen die Kinder noch viel zu wenig. D. h. wir müssen verstärkt versuchen, die verborgenen Fähigkeiten der Kinder aktiv werden zu lassen.

Wir bauen große Klangkörper

Teilnehmer: 20 Kinder
Dauer: ca. 45 Minuten
Tatsächlicher Verlauf, Organisation und Realisationsmedien:

Um mehr Platz für unsere »Orchesterübungen« zu haben, gehen wir heute in den Pfarrsaal. Dieser Raum bietet einige Vorteile gegenüber dem Gruppenraum. Der Boden ist aus Holz, also nicht zu kalt, um sich hinzusetzen. Die Kinder können sich verteilen und auf diese Weise eigene Gruppen bilden, oder sich allein mit ihrem »Instrument« beschäftigen. Hinzu kommt, daß dieser Raum, da wenig Mobiliar vorhanden ist, akustisch anders wirkt als der Gruppenraum.

Wir haben unsere »Instrumente«, Klangmaterial, vier gehobelte Dachlatten und einen Knäuel Paketschnur mitgenommen, denn wir wollen Großinstrumente bauen. Darüber haben wir uns in einem kurzen Gespräch schon geeinigt. Die Idee hierfür lieferte Mark, dessen »Instrument« aus mehreren Klangkörpern besteht. Er hat nämlich an einer Kartonröhre mit Blumendraht zwei Kochtopfdeckel und mehrere große Nägel befestigt und schlägt diese in unterschiedlicher Reihenfolge mit einer großen Schraube an. Dadurch kommt er zu einer Klangfolge, die starkes Interesse bei einem Teil der übrigen Kinder auslöst und bereits in Ansätzen Nachahmung gefunden hat.

Im Pfarrsaal haben wir zum Bau von großen Klangkörpern ausreichend Platz; daß dieser notwendig ist, ist augenfällig. Aus allen Ecken kommen Klänge und Geräusche, und für die Kinder ist es eine neue Erfahrung, die sie mit ihren Instrumenten machen, denn die erzeugten Klänge und Geräusche haben hier eine andere Qualität. Die Phonzahl steigt bisweilen ins Unerträgliche, so daß vor allem die Kleineren Angst bekommen. Wir müssen die Krachmacher bitten, ihre Aktivitäten einzuschränken. Die Aufforderung stößt auf Verständnis, da es sich momentan nur noch um einen diffusen lauten Krach handelt.

Diese Form des Umgangs mit den »Instrumenten« hat ca. 10 Minuten gedauert. Allmählich finden wir uns in einem Sitzkreis ein und versuchen – ausgehend von Marks »Instrument« – Überlegungen anzustellen, wie wir Großinstrumente bauen könnten. Wir holen das mitgebrachte Material in die Mitte des Sitzkreises. Die Kinder merken, daß mit den Dachlatten irgend etwas angestellt werden soll. Vergleiche mit Marks Instrument helfen uns, Lösungen zu erörtern. Wir teilen uns in zwei Gruppen. Meine Gruppe will hoch hinaus und schiebt die zwei Latten in die Stühle, die an der Wand aufeinandergetürmt abgestellt worden sind. Die Kinder müssen sehr gut zusammenarbeiten, um das gesteckte Ziel zu realisieren. Sie benötigen Stühle, auf die sie sich stellen, und müssen zugleich einen neuen Stuhlturm bauen, um eine zweite Säule zu haben, damit die Latten möglichst hoch befestigt werden können. Allein dieser Bau macht schon großen Spaß. Endlich sind sie fertig. Jetzt kann der große Klangkörper in Angriff genommen werden. Es wird viel Schnur benötigt. Das Anbringen der einzelnen Gegenstände bereitet bisweilen große Schwierigkeiten. Die Kleineren müssen meistens die Gegenstände von unten halten, während die Großen versuchen, diese oben an den Latten festzubinden. Der Eifer und Einsatz ist groß. Bemerkenswert ist, daß die Kinder eine gezielte Auswahl treffen, indem sie einzelne Gegenstände auf ihr Klangvermögen hin überprüfen, dann beratschlagen, ob dieser oder jener besser geeignet sei. Nach welchen Gesichtspunkten die Wahl im einzelnen getroffen wird, läßt sich nicht sagen. Der Grund kann sein: der Klang, der Gegenstand in seiner Beschaffenheit, entweder vom Material oder vom Aussehen her, oder welches Kind den jeweiligen Gegenstand vorschlägt. Interessant ist, daß die Gegenstände so hoch gehängt werden, daß sie nur dann gut angeschlagen werden können, wenn sich die Kinder auf einen Stuhl stellen. Um das Instrument als Ganzes bespielen zu können, muß daher eigens eine Stuhlreihe aufgestellt werden. Nach dieser konzentrierten Bautätigkeit wird das »Instrument« bespielt. Die Kinder haben inzwischen gelernt, auf Klänge zu achten. Der wilden Aktion ist der sensible Umgang mit den »Instrumenten« gewichen.

Die zweite Gruppe ist anders vorgegangen, zumindest, was den Aufbau des Klangkörpers betrifft. Zwei Stühle in entsprechender Entfernung mit den Lehnen zueinander gestellt, tragen die zwei Latten. In ähnlicher Weise wie bei meiner Gruppe sind klingende Gegenstände mit der Schnur befestigt worden. Um das Instrument zu bespielen, sitzen die Kinder auf dem Boden vor dem jeweiligen Klangkörperelement; bei Einzelbespielung kriechen sie auf dem Fußboden entlang des Instruments und bringen das Instrument durch Anschlagen der Gegenstände zum Klingen. Mark – er ist ein aufgeweckter Bub – kommt auf eine neue Idee, wie das Instrument zu bespielen ist. Er stellt sich an ein Ende, nimmt beide Latten in jeweils eine Hand, schiebt die Latten nach Belieben schnell hin und her, so daß die einzelnen Klangkörper gegeneinander schlagen und das Ganze zu klingen beginnt. Dies findet Nachahmung, alle Kinder wollen das probieren und werden so zu richtig großen »Musikmachern«.

Nachdem die Gruppen ihr Instrument »beherrschen«, versuchen wir beide mit unterschiedlicher Besetzung zu bespielen. Dabei wechseln die Spieler, die Anzahl der Spieler, es werden Einzelspieler mit ihren Instrumenten hinzugenommen, andere Kinder, die Lust haben, können versuchen, Tanzbewegungen zu den Klängen miteinzubringen. Die angegebenen Möglichkeiten wechseln bisweilen sehr schnell, insofern ist zu überlegen, ob innerhalb der Musikerziehung das hier Begonnene nicht einer weiteren Intensivierung unter Einbeziehung von Musikinstrumenten betrieben werden kann.

Kritische Stellungnahme: Wir sind über den Verlauf des heutigen Vormittags sehr zufrieden. Rückblickend meinen wir, die Kinder von einem Punkt abgeholt zu haben, von wo aus sie stark motivierbar sind. Die Aktion hatte Phasen der Ruhe, um zu hören, zu lauschen. Die Kinder mußten sich miteinander auseinandersetzen, um das von ihnen gesteckte Ziel zu erreichen. Wichtig war, daß sie ihre Vorstellung eines Klangkörpers realisieren konnten. Was vielleicht noch mehr berücksichtigt hätte werden müssen, ist, daß eine ähnliche Aktion mit vielfältigerem Klangmaterial ausgestattet werden muß. Dies hätte zur Folge, noch intensiver mit den Eltern über das geplante Vorhaben zu sprechen, um auf diese Weise mehr Resonanz zu bekommen. Wie schon angemerkt, muß ein derartiges Vorhaben für weitere pädagogische Aktionen Grundlage sein, z. B. in der Musikerziehung.
Maria Bartels
Horst Beisl

Galeriebesuch, Robert Rauschenberg »Materialcollage«

Teilnehmer: 25 Kinder
Dauer: 6 Wochen
Eigene Motivation: In der städtischen Galerie im Lenbachhaus sind z. Zt. Werke des amerikanischen Pop art Künstlers Robert Rauschenberg ausgestellt. Auf dem Plakat wird angekündigt, daß vor allem Collagen zu sehen sind. Das Wort Collage erinnert mich an Zeitungsausschnitte und Kleister. Die Ankündigung macht mich neugierig, ich gehe hin.

In der Ausstellung finde ich Bilder, beklebt mit Zeitungsausschnitten, bemalten Stoffresten, Garn, Fundstücken. Einmal ist auch ein altes Unterhemd in das Bild geklebt. Es entspricht meiner Vorstellung von Collage, ich bin beruhigt. Wie ich mich dann weiter umsehe, bin ich angesichts der großen Objekte aus Fundstücken, von denen die meisten von einer Müllkippe zu stammen scheinen, ratlos, verunsichert. Ich weiß nichts damit anzufangen. Ich finde keinen Zugang zu den Werken, ich bin enttäuscht. Ihnen haftet noch

der Charakter von Müll, Weggeworfenem, Dachbodengerümpel an, der mich teilweise abstößt. Ich frage mich: »Was werden die Kinder dazu sagen, wie werden sie sich in der Umgebung dieser Objekte fühlen, wie werden sie auf diese reagieren?« Ich gehe noch einmal durch die Ausstellung und versuche sie mit den Augen der Kinder zu sehen. Jetzt gefällt mir einiges besser, ich finde manches interessanter, zuweilen amüsiere ich mich sogar. Begeistern kann ich mich aber noch immer nicht für die Arbeiten. Die Frage: »Wie werden wohl die Kinder die Ausstellung sehen?« interessierte mich immer mehr.

Tatsächlicher Verlauf: Ein paar Tage später gehe ich mit 12 Kindern (3 bis 6 Jahre alt) in die Ausstellung. Ich habe die Kinder nicht vorbereitet, um ihre Reaktionen auf die Bilder nicht zu verfälschen. Mit Ehrfurcht betreten die Kinder die Räume. (Collagen aus Zeitungen und Stoffresten übermalt.) Oberflächlich betrachten die Kinder die Bilder an den Wänden. Ein Fenster, das mit einem weißen Rollo verdeckt ist, lenkt sie ab. »Es sieht aus wie ein Kino, vielleicht gibt es hier einen Film?«

Mein Wunsch ist es, die Kinder für die Bilder zu interessieren, und so frage ich sie: »Hier gibt es ein Bild mit einem Unterhemd. Wer weiß, wo es ist?« Durch diese Frage sind sie wieder bei den Bildern. Alle suchen es und finden es auch. Sie schauen es sich an. »Das hat der Rauschenberg nicht mehr gebraucht. Das ist ja zerrissen, da hat er es aufgeklebt«, rätseln sie, wie das Unterhemd in das Bild kommt.

Jetzt interessieren sie sich auch mehr für die anderen Bilder. Sie entdecken, daß Wolle, Stoffreste und Zeitungsbilder in manche Arbeit geklebt sind.

Sie sind beeindruckt von dieser Absonderheit und etwas verwundert.

In den nächsten Räumen stehen Objekte auf dem Boden. Zusammengebaut aus Abfallstücken, teilweise übermalt. Sie ziehen die Kinder magisch an. Sie sind rätselhaft. Die Kinder wollen sie betasten, befühlen, um sie zu erkunden, um sie zu enträtseln. Ich empfinde mit den Kindern. Leider ist auch hier, wie in jeder Ausstellung, jegliches Berühren der Gegenstände verboten. Deshalb weise ich die Kinder auf die weißen Linien am Boden hin, die als Grenze zu den Objekten nicht überschritten werden sollen. Der »Erfolg« ist überaschend, die Kinder sehen nur noch die weißen Striche um die Ausstellungsstücke. Sie balancieren auf ihnen, beobachten sich gegenseitig, wer gerade die Linie überschreitet. Eine Zeitlang dreht sich alles um die weißen Linien, bis sich die Kinder wie von selbst wieder den Kunstwerken zuwenden.

Die Kinder stehen, sitzen und knien davor und unterhalten sich: »Was soll das bedeuten, wo hat er das gefunden, das soll eine Kanone sein, nein das ist keine, da steht Cowboy droben, da ist ein Stern, das ist etwas vom Fernsehen.«

– eine Steinschleuder, ganz bestimmt;

– das ist die Grenze;

– ein altes Buch, sehr alt, ein Bild ist unter dem Buch versteckt;

– den alten Teppich kann man nicht mehr brauchen;

– hier sind viele Sachen alt, aber schön;

– das ist ein Adler, mit Farbe, der war mal echt, der kommt von der Schachtel 'raus, da ist Geld drin, das darf man nicht stehlen;

– ich mag mich draufsetzen, ich leg mich hin, aber in echt.

Benno läßt einen Schrei los: »Das soll Karussell heißen, für mich ist das eine Rakete, für mich ist das ein Boot, ein Auto, ein Flugzeug.«

– Da ist ein kaputter Schuh, oh meiner ist auch kaputt, echt es gibt ein Schuhgeschäft, da kann man die Schuhe richten;

– da ist eine Babyschaukel, da liegt ein Stein drin, ein Indianerzelt. So ein Zelt, gibt es gar nicht, in echt;

– eine Königstreppe, ein weißes Bild, vielleicht hat er vergessen was drauf zu malen.

Mit großer Ausdauer sehen sich die Kinder die ganze Ausstellung an und sind immer wieder überrascht und entzückt von den Exponaten. Manche Stücke sind so interessant, daß sich alle wie auf ein geheimes Zeichen, ohne vorherige Absprache, rund um ein Stück setzen, das am Boden liegt. Sie schauen es lange an, wollen es betasten, legen den Kopf drauf, wollen es mit der Wange fühlen, unterhalten sich. Immer wieder fragen die Kinder angesichts eines ausgefallenen Abfallstückes, das auf dem Objekt montiert ist: »Wo hat der Rauschenberg das bloß her?« »Wie heißt das.« Ein Aufseher: »Das heißt Fels!« Thomas ist entsetzt. »Wie kann das Fels heißen? Das ist ein Abschleppauto, da sind ein Seil und ein Haken dran!«. Der Aufseher: »Der Künstler hat das Fels genannt und dann heißt das Fels!« Basta! Aber das überzeugt die Kinder ganz und gar nicht, und sie lassen den Wärter stehen. Nach etwas mehr als einer Stunde werden die Kinder müde. Im Foyer darf sich jedes Kind eine Kunstpostkarte kaufen. Dann machen wir im Freien auf einer Wiese Brotzeit und fahren zum Mittagessen wieder in den Kindergarten.

Eigene Stellungnahme: Die Kinder hatte genau das am meisten fasziniert, was mich an den Bildern und Objekten abgestoßen hatte, der Dachboden-, der Müllcharakter der Bilder und Objekte. Es gab so viel interessante und rätselhafte Details zu entdecken.

Wir hatten die Kinder kaum auf die Ausstellung vorbereitet, um sie selber urteilen zu lassen. Auch während des Besuches selbst gaben wir uns Mühe, die Kinder in ihrer Bildwahrnehmung nicht zu beeinflussen. Wir beschränkten uns darauf, als Erzieher den Besuch erstens organisatorisch zu leiten und zweitens inhaltlich keine Aussagen über die Arbeit zu machen. Wir fragten die Kinder nur: »Was ist denn dies oder das?« oder »Was meinst du denn dazu?« »Was kann denn das bedeuten?« D. h. wir Erwachsene stellten die Fragen, die oft von den Kindern kommen, an sie selber und versuchten, daß sie sich eine eigene Meinung bildeten, die dann auch von uns akzeptiert wurde. Manchmal wollten wir die Kinder mit unserer Frage auch nur auf ein Ausstellungsstück hinweisen.

Daß sich die Kinder oft spontan um ein Werk versammelten, es befühlten, davor knieten, sich darüber unterhielten und am liebsten sofort damit gespielt hätten, zeigte, wie differenziert, originell und eigenständig sie sich mit den Arbeiten beschäftigten. Wir Erwachsenen staunten, wie selbstverständlich sie die Arbeiten sahen. So meinte Thomas auf meine Frage zu einer völlig weißen Leinwand: »Was ist jetzt das?« Thomas: »Da hat der Künstler vergessen, was draufzumalen.« Zu so viel Toleranz wäre wohl kein Erwachsener fähig angesichts einer quasi unbearbeiteten Leinwand in einer Kunstausstellung. Die Kinder werteten nicht. Wenn ihnen etwas zusagte, freuten sie sich, lebten ein Stück mit den Bildern mit, – so kann man ihr Spiel mit und ihre Unterhaltung über die Bilder sehen – und wenn es ihnen nichts sagte, machte es ihnen auch nichts aus. Außerdem ist es schön, einmal einen gemeinsamen Ausflug zu machen, und sei es auch nur ins Lenbachhaus.

Zwei Tage später: Zwei Tage nach dem Ausstellungsbesuch setzen wir uns im Kreis zusammen. Ich frage die Kinder: »Wir waren vor zwei Tagen in einer Ausstellung, wer kann sich noch daran erinnern?« Die Kinder schreien spontan durcheinander: »Ein Vogel, ein Schlepper, eine Rakete, ein Fahrrad und die Steine, die keine echten Steine sind, sondern nur so aussehen, Pappe mit Sand obendrauf, Bilder mit Ausziehsachen, ein Bett, das angemalt war, Rakete auf einer Zeitung, ein Bild mit einem Hut, mit einem echten Hut, aber der war alt und angemalt, und ein Schuh war aufgehängt, das war sehr lustig, ich weiß noch eine Decke und ein altes Kissen, das war angemalt und an der Wand.«

Realisationsmedien: Nach dieser kurzen Erinnerung biete ich einen großen Karton mit wertlosem Material an. Außerdem gibt es noch Uhu, Kleister, Scheren, großes Packpapier zum Bekleben. Die Kinder staunen über soviel Material, erst noch etwas zurückhaltend, dann aber mit großer Lust und Freude. Sie greifen nach den »wertlosen Dingen« und geraten dabei immer mehr in Verzückung. Manche wissen sofort, was sie brauchen können, wissen auch, was sie damit machen: »Das wird eine Puppe, eine Kasperlpuppe, ein Kasperltheater und eine Krone für die Prinzessin.«

Sie ereifern sich immer mehr, sammeln, organisieren, verteidigen ihre Kostbarkeiten, wollen anfangen zu arbeiten.

Jeder überlegt, sortiert die Dinge, betrachtet, tastet sie ab, entscheidet, wie und wo er es anbringen will. Sie probieren herum. Es herrscht plötzlich eine ungewöhnliche Ruhe und Konzentration. Einige sind stumm versunken in ihr Tun, andere reden vor sich hin, sprechen ihre Gedanken aus: »Das wird jetzt ein Kasperl, ich mache auch eine Figur, ich brauche jetzt das Tuch, ich nehme jetzt den Kleber, oh, ich glaube das geht nicht«, usw.

Die Kinder arbeiten zwischen 45 und 70 Minuten, sind konzentriert und verklärt. Ich wage es nicht, mich in irgendeiner Form einzumischen. Es ist auch nicht nötig, denn die Kinder arbeiten selbständig und brauchen keine Hilfe. Manche Kinder erklären ihr »Kunstwerk«: »Ich habe eine Puppe und eine Wohnung gemacht, einen Königstiger, ein Haus, einen Turm« usw. Am nächsten Tag bemalen die Kinder ihre Collagen.

Mit einer zweiten Kindergruppe verläuft die Arbeit ähnlich.

Einige Tage später, Motivation: Ich möchte, daß die Kinder sich ihr Material für ihre Collagen selbst sammeln. Für eine Gruppe von 12 Kindern habe ich für jedes Kind eine Plastiktüte mit seinem Namen versehen. Wir wollen einen Spaziergang zu einem 15 Minuten entfernten Spielplatz machen. Auf dem Weg dorthin und in der Umgebung des Spielplatzes kann alles in die Tüten gesammelt werden, was die Kinder interessiert. Morgen wollen wir dann daraus Collagebilder machen.

Tatsächlicher Verlauf: Wir gehen sehr langsam, damit die Kinder Gelegenheit zum Sammeln haben. Sie finden viel und sammeln mit Begeisterung. Sie kriechen unter die Büsche und fördern alles Mögliche und Unmögliche zu Tage. Thomas sammelt nur Gegenstände aus Metall, alte verrostete Schrauben, Schlüssel... Eine große verrostete Eisenstange können wir ihm Gott sei Dank ausreden. Monika und Sabine lieben bunte Steine und alles, was glitzert. Andere Kinder heben nur Glasflaschen oder Papiere, alte Mülltüten und Laub auf. Immer wieder versammeln sich ein paar Kinder, zeigen sich gegenseitig ihre Funde, prüfen sie aufs neue, tauschen, handeln und werfen auch wieder ein Stück weg, das dann ein anderes Kind begeistert aufhebt. So gibt es Dinge, die beinahe in jeder Tüte waren. Es sind Schätze, die sie finden und genießen, vergnügt, endlich sammeln zu dürfen. Immer wieder entdecken sie neue Kostbarkeiten, die sie mit Stolz und glänzenden Augen herzeigen. Wir brauchen für den kurzen Weg bis zum Spielplatz 40 spannende Minuten. Am Spielplatz selbst denkt zuerst keines der Kinder mehr an seine Plastiktüte. Alle spielen an den Geräten oder im Sand. Aber nach etwa 10 Minuten verschwindet eines nach dem anderen und sucht mit seiner Tüte die Umgebung ab.

Auf dem Heimweg wird nicht mehr so intensiv gesucht wie auf dem Hinweg. Zum einen hat sich das Sammeln etwas erschöpft, zum anderen sind die Kinder müde. Im Kindergarten bewahre ich die Tüten an einem sicheren Ort auf.

Kritische Stellungnahme: Ich habe heute gesehen, wie gerne die Kinder sammeln und wie wichtig dies für sie ist. Ich meine, daß es nicht unbedingt nur die Gegenstände sind, die sie finden, warum sie so gerne sammeln. Ich vermute, daß es das Sammeln selbst als Tätigkeit ist, das sie so begeistert. Unter Büschen rumkriechen, in der Erde »rumzupopeln«, unvermutet etwas entdecken, es schön finden, es gern haben; so »rumzustrolchen«, darin frei zu sein, wie und welchen Dingen ich mich zuwende. Es ist eine sehr freie Tätigkeit, die ihren Rhythmus selber findet. Es steht ihnen frei, sich einem Ding zuzuwenden oder nicht, ein Ding, das für das einzelne Kind immer eine ganz eigene Bedeutung hat. Das ist den Kindern nur möglich, wenn sie einen offenen Umgang zu den Erwachsenen haben, der von gegenseitigem Vertrauen und Wertschätzung getragen ist. Im Sammeln wird Freiheit wesentlich gegenwärtig. Die Kinder wissen, daß sie es selber sind, die hier etwas finden, daß sie angesprochen sind von den Dingen, für diese offen sind. Totes, Bengloses wird bedeutsam, lebendig. Die Dinge werden im Sammeln auf eine geistige Weise erschöpft, kreiert. Hier zeigt sich die Beziehung von Sammeln für die Kreativität.

So schaue ich mich in meinem Gruppenraum und auf dem Gang um, wo ich noch etwas Platz finde für ein Regal,

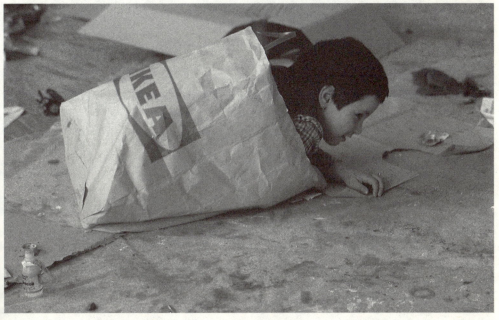

in das jedes Kind sich eine Sammelkiste stellen kann. Denn jetzt weiß ich, daß die einfachste Kleinigkeit zu einem Schatz werden kann.

Am nächsten Tag, tatsächlicher Verlauf:

Heute wollen wir aus den Fundstücken des gestrigen Spaziergangs Collage-Bilder machen. Wir gehen in den Hortraum, schieben alle Tische und Stühle zur Seite und legen den Boden mit einer Plastikfolie aus. Jedes Kind nimmt seine Tüte und sucht sich auf dem Boden einen Platz. Sie schütten voller Stolz ihre »Wundertüten« aus und bestaunen von neuem ihre Schätze. Behutsam drehen, wenden, betasten, befühlen sie ihre Sachen. Sie breiten Stück für Stück die Dinge um sich herum auf dem Boden aus und finden dabei intuitiv eine Anordnung, die man schon als eine Vorstufe zu einem Bild sehen kann. Dabei finden sich erste Zusammenhänge der bisher unverbundenen Dinge zueinander. So sieht Stephan, daß die Gummiverkleidung eines Autotürverschlusses auf eine kleine Schnapsflasche paßt. Er stellt beides auf ein Stück Weichfaserplatte, das ich ihm nach seinen Angaben von einer großen Platte heruntergebrochen habe. Neben dieses Gebilde stellt er senkrecht ein gewölbtes Stückchen Styropor. Mit Klebestreifen stützt er es ab, damit es nicht umfällt. Noch ist nicht zu erkennen, worauf das Ganze hinausgeht. Stephan arbeitet wie alle anderen Kinder ruhig, konzentriert, versonnen und überlegt ohne irgendeine Anleitung. Er klebt fast alle seine Fundstücke senkrecht auf die Platte. Auf einmal wird deutlich, und das hat sich ihm sicher auch erst im Verlauf der Arbeit gezeigt, daß er eine Stadt baut. Zwischen den Häusern sind Wege und Plätze zu erkennen. Eine große Fläche ist noch frei. Dort klebt er ein Stück aufgeschlagene Zeitung ein, das er nach längerem Anschauen aus der ganzen Zeitung ausgewählt hat. Dann ist er fertig und schaut sich seine Arbeit lange an.

– Benno lädt seine Fundstücke in eine Pappschachtel. Den Innenraum richtet er mit seinen Fundstücken wie ein Zimmer ein. Die Decke wird mit Bildern beklebt. Um das Foto von einem Sonnenuntergang aus einer Illustrierten klebt er eine Wollblume, eine alte Brille, Mülltüten und Spielkarten. Es entsteht ein Bild.

– Elena prüft lange ihr Gesammeltes. Dann verpackt sie alles in eine kleine Schachtel. Klebt sie zu und stellt darauf einen kleinen Bären aus Plastik, der einen Gummiring hält. Es wird deutlich, er bewacht diesen Schatz. Daneben stellt sie einen Pflasterstein, auf dem ein kleiner Plastikkorb steht. Darum herum legt sie eine Holzkette. In unmittelbarer Nähe zu dem Bären, der den Schatz bewacht, wird der Pflasterstein mit Korb zu einer Burg. Ihre Intention, die sich erst in der Arbeit herausbildet, wird für den Beschauer deutlich.

– Thomas hat sich ein langes Stück Preßpappe als Arbeitsplatte gesucht. Darauf klebt er seine Fundstücke. Anfangs meine ich, daß auch er eine Stadt baut. Dann nimmt er ein langes, gewölbtes Stück Styroporplatte, stellt sie erst senkrecht auf, probiert rum und legt sie zur Seite. Dann zeichnet er auf ein Stück Papier und überlegt. Er nimmt wieder das Styroporstück und klebt es längs über die schon stehenden Stücke auf. Die ganze Zeit sagt er nichts, aber jetzt kann man erkennen, daß er ein Schiff gebaut hat. Später frage ich ihn, und meine Vermutung wird bestätigt.

– Elinda ist sehr schnell mit ihrer Collage fertig und macht dann ein ganz bemerkenswertes Spiel. Sie sucht sich eine Schachtel, in die sie, am Boden sitzend, die Füße steckt. Unzufrieden steigt sie wieder aus der Schachtel raus und spielt mit einer Sonnenbrille, die nur noch ein Glas hat. Sie setzt sich diese auf und steigt in die Kiste. Man könnte meinen, sie spielt so etwas wie Autofahren. Währenddessen spielen zwei andere Kinder mit einer großen Papiereinkaufstüte Sackhüpfen. Sobald sie von der Tüte ablassen und mit Elindas Sonnenbrille spielen, holt sich diese die Tüte und versucht, in diese wieder mit den Beinen und dem Körper zu kriechen. Sie ist dort nicht ganz drin, da krabbelt sie wieder heraus und zeichnet etwas auf die Tüte. Dann krabbelt sie wieder bis auf den Kopf in die Tüte. Sie strahlt und ist überglücklich. Sie hat eine Spirale auf die Tüte gemalt. Jetzt weiß ich, sie spielt Schnecke. Diese Gestaltungsidee hat sie endlich über einige Umwege gefunden. Daß sie das gefunden hat, was sie unbestimmt schon die ganze Zeit bewegte (motivierte), macht sie so glücklich. Das Ganze spielte sich wortlos ab. Nach zwei Stunden Arbeit, die sehr ruhig und konzentriert verliefen, sind die Kinder fertig. Zusammen räumen wir auf und verstauen die Arbeiten auf den Schränken; dann ist Freispiel.

Am nächsten Tag: Wir versammeln uns wieder im Vorraum, um die Arbeiten vom Vortag zu bemalen. Auf einem zentralen Tisch stehen Leimfarben, Pinsel und Malschälchen bereit. Der Boden ist ebenso wie gestern mit Folie ausgelegt. Obwohl wir nicht mit den Kindern vorher darüber gesprochen haben, ist es für sie ganz selbstverständlich, daß ihre Collagen bemalt werden. Ähnlich wie z. B. Benno gestern seine Wollblumen und Steine um ein Landschaftsfoto klebte, bemustert er heute denselben Teil seiner Kiste mit Farbe. Jetzt hat er nicht nur Tupfer aus farbiger Wolle und Steine auf seinem Bild, sondern auch Tupfer aus Farbe. Das gefällt ihm so gut, daß er auch die anderen Teile seiner Collage mit Farbtupfern »überzieht«. Das geht natürlich am schnellsten durch Spritzen mit dem Pinsel. Benno sieht ein, daß wir dazu erst eine Abschirmung zum Schutz der Umgebung schaffen müssen. Mit dem restlichen Stück der Weichfaserplatte ist das kein Problem.

– Markus gibt sich die größte Mühe, eine kleine Röhre auch von innen rot anzumalen, dort wo man gar nicht hinschauen kann. Dann findet er eine große freie Fläche auf seiner Platte. Dort kleistert und verschmiert er Gold und Blau, macht ein Kleisterbild, was gar nichts mit seiner Collage zu tun hat. Er wühlt eben gern in Farben.

– Elena malt ihre Schatzkiste silbern an, mit roten und blauen Punkten. Genauso wie den Pflasterstein, der daneben als Burg steht. Durch diese Bemalung wird die Zusammengehörigkeit von Burg und Schatz noch deutlicher. Nach einer Stunde sind die Kinder mit dem Bemalen fertig. Am nächsten Tag zeigen sie ihre Arbeiten den anderen, die nicht mitgemalt haben. Stolz führen sie ihre Werke vor, erzählen, erfinden eine Geschichte. Elinda meint, sie hat den Kindergarten dargestellt, und jedes Ding auf ihrer Collage ist eine Person aus dem Kindergarten. Sie genießt es, in ihrer Phantasie schwelgen zu können. Das macht auf die anderen einen solchen Eindruck, daß auch sie ihr Werk als Bild vom Kindergarten deklarieren. Eine fixe Idee hat sich festgesetzt, und es gelingt uns durch Zwischenfragen nicht, die Kinder davon wieder abzubringen. Der Bericht der Kinder über ihre Werke scheint uns auch nicht so wichtig, denn im Werk ist ja schon alles »gesagt«. Wozu es also noch einmal sagen. Bild ist eben nicht Sprache. Wichtiger ist vielmehr, daß jedes Kind sein Werk den anderen Kindern zeigt, stolz darauf ist, anerkannt und bewundert wird.

Besonders Thomas, eher ein Einzelgänger, ist stolz auf sein Schiff, das er ganz verschämt herzeigt. Er wird besonders bewundert. Er genießt es, fühlt sich in der Bewunderung in der Kindergartengruppe aufgehoben und ist plötzlich gar nicht mehr so alleine.

So wie sich die Kinder gegenseitig bewundern und respektieren, merke ich, daß sie trotz immer wieder auftretender Streitereien und kleiner Prügeleien sich gegenseitig furchtbar lieb haben.

Stellungnahme:
Ich habe die Kinder bisher kaum so intensiv bei ihrer Sache gesehen, wie bei der Materialcollage. Über ihre Arbeit des Umgangs mit ihren Fundstücken, die sie fast liebevoll behandelten, sind mir die Collagen von Robert Rauschenberg verständlicher geworden. Durch unsere Ausstellungsbesuche im Lenbachhaus haben wir zufällig ein »Material« und eine Arbeitsweise gefunden, die den Kindern sehr nahe ist, ihrer Welt entspricht. Damit meine ich, daß das spontane Entdecken von Dingen, sie zu sammeln, als Schatz zu hüten, mit ihnen zu spielen, sie einander zuzuordnen, sie dadurch zum Leben zu erwecken, den Kindern eine Erlebnis- und Phantasiewelt eröffnet, die ihnen entspricht. Ein Stück Tuch klebt auf einer Schachtel und ist »die schöne Frau« oder die Prinzessin. Totes wird durch ungeteilte Zuwendung zum Leben erweckt. Das ist die Stärke des Kindes, und es wird um so stärker, je geringer das Ausgangsmaterial vorstrukturiert ist. Lego-Steine als Beispiel für Systemspielzeug sind schon vom Hersteller auf eine bestimmte und damit begrenzte Handhabung angelegt. Die Zusammensteckmöglichkeiten sind vorgegeben. Im Spiel läßt sich dann nur noch nachvollziehen. Dabei übt man den Umgang mit technischen und Funktionszusammenhängen, der zweifelsohne heute sehr wertvoll ist. Neue, eigene Möglichkeiten der Zuordnung sind nicht möglich, außer die Steine werden zweckentfremdet benützt. Die Kinder sehen ihre Fundstücke schon von Anfang an jenseits vom ursprünglichen Zusammenhang und haben daher eher die Möglichkeit, diese offen zu sehen und mit ihnen umzugehen. Sicher ist es genauso möglich, aus Legosteinen z. B. eine schöne Frau zu bauen. Nur ist das Bauen mit den Steinen in einem gewissen Umfang vorgegeben. Das einzelne Element ist als Teil eines Systems ohne individuelle Bedeutung, d. h. es ist gleich-gültig.

Anders bei einer gefundenen Schachtel, die ja nur aufgesammelt wird, weil sie, in welch spezifischer Bedeutung auch immer, das einzelne Kind ganz individuell anspricht. Denn warum hebt das Kind gerade diese Schachtel auf und läßt eine andere völlig außer acht.

Durch diese »Rauschenberg-Aktion« wurde mir nur dieser qualitative Unterschied deutlich. Ich sah, daß es notwendig ist, mit den Kindern in einer Atmosphäre der Offenheit zu leben, in der sie sich frei den Dingen zuwenden können und in der die Poesie der Dinge vernehmbar wird, der die Kinder in ihren Werken antworten.

In diesem Zusammenhang stieß ich auf folgendes Zitat von Pablo Picasso, das das zur Sprache bringt, was ich als pädagogische Leitlinie für mich in diesem Zusammenhang fand.

Ich suche nicht – ich finde

Suchen, das ist ein Ausgehen von alten Beständen
in ein Finden-Wollen von bereits Bekanntem im Neuen.
Finden, das ist das völlig Neue auch in der Bewegung.
Alle Wege sind offen, und was gefunden wird ist unbekannt.
Es ist ein Wagnis. Ein heiliges Abenteuer.
Die Ungewißheit solcher Wagnisse können eigentlich nur jene auf sich nehmen,
die im Ungeborgenen sich geborgen wissen, die in die Ungewißheit
in die Führerlosigkeit geführt werden,

die sich im Dunkeln einem
unsichtbaren Stern überlassen,
 die sich vom Ziele ziehen
lassen und nicht –
 menschlich beschränkt und
eingeengt das Ziel bestimmen.
Dieses Offensein für jede
neue Erkenntnis,
 für jedes neue Erlebnis im
Außen und Innen:
 Das ist das Wesenhafte des
modernen Menschen, der in
aller Angst
 des Loslassens,
doch die Gnade des Gehaltenseins im Offenwerden neuer
Möglichkeiten erfährt.

Pablo Picasso

PS:
Als Fortsetzung würde sich anbieten, dem Künstler Robert Rauschenberg mit den Kindern einen Brief mit ihrer Arbeit zu »schreiben«.

Arno Schulz-Merkel

Wir bauen ein Tier

Dauer: ca. 150 Minuten
Geplanter Verlauf: Wir haben schon bei unserer Besprechung zum Thema Herbst das Folgeprojekt angesprochen. Wir waren der Meinung, daß der experimentelle Umgang mit Material weiter der Schwerpunkt der Aktionen sein soll. Daß dies auch dem Interesse der Kinder entspricht, zeigte die Aktion: Laubmenschen. Sicher kann ein derartiges Projekt vor allem bei einer Gruppe, die unter schwierigen Bedingungen den Kindergartenalltag zu bewältigen hat, ein Risiko sein, so daß das gesamte Vorhaben für die Kinder, statt entlastende und zugleich fördernde Funktion zu haben, in das Gegenteil umschlägt. Die größte Sorge bereitete uns der für ein solches Vorhaben notwendige Raum. Der sogenannte Vorschulraum hat nur ca. 10 qm. Zusätzlich dient er noch als Garderobe für die Kindergartenbediensteten. Wir kamen bei unserem Planungsgespräch zu folgendem Ergebnis: für die nächste Aktion soll eine große Anzahl von Kartons verschiedener Größe gesammelt werden. Ebenso werden benötigt: breiter Tesakrepp, 1 Knäuel Paketschnur, eine große Anzahl von Tageszeitungen und Tapetenkleister.

Was aus diesem Material werden soll, im Sinne einer plastischen Arbeit, ließen wir offen. Wir waren nämlich der Ansicht, daß sich der inhaltliche Aspekt des Vorhabens erst im Gruppengespräch ergeben kann und darf.

Tatsächlicher Verlauf: Die Kinder und vor allem die Erzieherin haben inzwischen viele Kartons unterschiedlicher Größe gesammelt. Allein die Kinder entwickelten ohne Zutun von außen während der Sammelphase Ideen, was man mit den Kartons anfangen könnte.

Die Erzieherin fragt, wer mit uns in das Vorschulzimmer gehen möchte. Diese Vorgehensweise hat sich inzwischen als praktikabel erwiesen, denn die freie Entscheidung eines Kindes ist ein Teil positiver Motivation.

Im Vorschulzimmer türmen sich die Kartons. Was nicht anders zu erwarten ist, die Kinder funktionieren einige Kartons in Spielgegenstände um (Symbolspiel bei Piaget). Aus ihnen werden meist, was naheliegend ist: Autos. Ein Kind schiebt, während das andere lachend und stolz im »Auto« sitzt. Leider sind nur Kurzfahrten möglich.

Nachdem das Autofahren ausgespielt ist, entdeckt Milena, daß man sich in den Kartons auch verstecken kann. Bald hat sie Nachahmer gefunden und plötzlich ist es ruhig, weil alle Kinder, entweder allein, zu zweit oder gar zu dritt, sich in einen der Kartons versteckt haben. Aus dem Versteck werden zum Teil auch Wohnungen, Einzelzimmer, in denen man sich wohlfühlt. Dieses Sich-Wohlfühlen kommt durch lautes Lachen zum Ausdruck. Wieder wird es ruhiger im Raum und die Kinder nehmen uns wieder mehr in ihre Gespräche auf. Der Einstieg ist bis jetzt gut verlaufen, die Situation durch die Spielaktivitäten sehr offen. Die Kinder lassen sich allmählich in Planungsgespräche ein, z. B. könnte man Autos oder Häuser aus den Kartons bauen. Aber dies scheint noch nicht spannend genug zu sein, denn Alltägliches gibt es genügend. Siegfried nennt die Möglichkeit, mit den Kartons ein Tier zu bauen.

Da wir so viele Kartons haben, wäre es bestimmt einfach, viele kleinere Tiere zu bauen. Die Kinder überlegen, welche Tiere sie kennen, die sich besonders durch ihre Größe auszeichnen. Es dauert nicht lange, und ein Elefant wird vorgeschlagen; die meisten Kinder sind begeistert.

Organisation: Es bleibt nur noch offen, wie aus diesen Kartons ein Elefant werden soll. Es wird merklich ruhiger, denn für die Kinder ist es zunächst unmöglich, sich dies vorzustellen. Die Begeisterung für den Plan sinkt auf den Nullpunkt, denn Anspruch und Wirklichkeit stehen in einem krassen Mißverhältnis. Ein Zeichen dafür, wie offen die Situation war, ist, daß für die Erzieherin der Elefantenbauch z. B. aus einem einzigen großen Karton bestehen könnte. Aber sie ist damit ebensowenig wie die übrigen voll zufrieden.

Es stellt sich das Problem: wie machen wir etwas größer, und zwar so groß, wie es unserer Vorstellung entspricht. Daß ein Elefant groß ist und, wenn er gebaut werden soll, groß sein muß, darüber sind wir uns inzwischen einig geworden.

Realisationsmedien: Wir überlegen zusammen, bis wir die Idee haben: wenn wir einige Kartons aufeinander- und nebeneinanderfügen, dann könnte auch ein riesiger Elefant entstehen. Mit Begeisterung gehen wir mit den Kindern ans Werk. Ein riesiger Kartonberg entsteht. Der Nachteil ist nur, daß der Berg immer wieder zusammenfällt oder schief wird, weil von allen Seiten gebaut wird. Wir müssen also gegenseitig Rücksicht nehmen, d. h. unsere Arbeit zunehmend koordinieren. Diese Disziplinierung des Arbeitsstils steckt im Vorhaben und wird nicht von außen den Kindern übergestülpt. Allmählich erreicht der Bauch seine endgültige Größe. Problematisch ist jedoch, wie wir die Kartons zusammenhalten können.

Momentan ist nicht mehr der Bauch das Problem, das gelöst werden muß, sondern der Berg aus Kartons muß in eine kompakte Figur gebracht werden. Deshalb umwickeln wir mit Paketschnur die Kartons, und zwar so lange, bis sie einigermaßen fest miteinander verbunden sind. Zu diesem Zweck müssen wir Tische und Stühle an den Bauch heranrücken, um überhaupt alle Kartons umwickeln zu können.

Um das gesamte Gebilde noch mehr zu verfestigen, verbinden wir viele Kartons mit Tesakrepp. Einige Kinder lernen auf diese Weise zum ersten Mal, wie man zwei Teile verbindet. Dies zeigt sich daran, daß manche meinen, allein mit dem Aufkleben des Klebebandes seien schon zwei Teile miteinander zusammengeklebt. Wir müssen daher am Tisch den Kindern zeigen, daß das Klebeband erst dann seinen Zweck erfüllt, wenn zwei voneinander getrennte Teile mit dem Band verbunden werden. Ähnliche Lernerfahrungen, wie z. B. das Kleben, die nicht vorhersehbar sind, sind bedeutende Phasen der eigentlichen Arbeit. Begonia zieht plötzlich ihren Pullover hoch, dann ihr Unterhemd und betrachtet verwundert ihren Bauch. Anschließend schaut sie sich genau den Bauch des künftigen Elefanten an und stellt mit Verwunderung fest: »Der Bauch hat ja Löcher und meiner hat keine.« Die Kinder nehmen diesen Hinweis sehr ernst, und die meisten machen dieselbe Beobachtung und bestätigen die Feststellung von Begonia. Was ist zu tun? Wir haben noch ganz kleine Kartons (ca. 5 x 10 cm) zur Verfügung, die bisher keine Verwendung gefunden haben. Diese werden jetzt in die Lücken und Löcher gestopft, und zwar so lange, bis die größten beseitigt sind. Immer wieder wird seitlich, von vorn und von hinten, geprüft, ob es noch Stellen gibt, die es ermöglichen, daß man durch den Bauch schauen kann. Allmählich wird der »Bauch« zum Bauch.

Durch das Einschieben der kleineren Kartons wird erreicht, daß der Korpus sich verfestigt und somit ein ziemlich stabiles Gebilde entsteht.

Daß bei dieser so intensiv durchgeführten Aktion die Zeit wie im Fluge verstrichen ist, soll hier nur am Rande angemerkt werden. Inzwischen ist es Zeit zum Mittagessen. Der Vormittag war mit so vielen verschiedenen Aktivitäten angereichert, daß jedes Kind beim Bau des Elefanten mitmachen konnte. Insofern ist es nicht verwunderlich, daß die Kinder Hunger haben.

Kritische Stellungnahme: Wir sind mit dem Anfang dieses offenen Projekts zufrieden. Die Kinder konnten, wie der Verlauf zeigte, individuelle, sehr detaillierte Lernprozesse erleben und dieses praktische Wissen in Handlungen umsetzen. Eine gute Theorie ist eine gute Praxis!

Horst Beisl

Elefantenbau – Körperbau

Teilnehmer: 7 Kinder
Ziel: Die mit Hilfe verschieden großer Schachteln hergestellte Grundform unseres Elefanten soll nun mit Kleister und Zeitungspapier zunehmend stabilisiert und formschöner gestaltet werden. Wir wollen durch Ausfüllen und Überkleben noch vorhandener Löcher unserem Elefantenkörper eine rundlichere und damit natürlichere Form geben.

Tatsächlicher Verlauf: Wir wollen den Elefanten Dolores taufen. »Dolores?«, sagt Milena und rümpft die Nase; Kerstin will wissen, ob Dolores eine Frau oder ein Mann ist. Alle Kinder wiederholen immer wieder den Namen bzw. lassen ihn sich von mir vorsprechen, da er anfangs für die Kinder fast ein Zungenbrecher ist. Mit dem Namen verbinden die Kinder eine gewisse Vorstellung von Größe und Mächtigkeit, und daher bedarf es keiner besonderen Motivation, um an unserem Elefanten weiterzubauen.

Organisation und Realisationsmedien: In einem großen Eimer wird Kleister angerührt und mehrere Stapel Zeitungen sind bereitgelegt. Dann beginnen wir zu kleben. Bald merken die Kinder, daß sie es mit einfachen Zeitungsbögen nicht schaffen, sondern daß die Zeitungsbögen, zu größeren Bällen zerknüllt und mit Tesaband in den einzelnen Löchern verklebt, mehr Erfolg bringen. Mitten in der Arbeit fällt Kerstin auf, daß der immer rundlicher werdende Elefantenkörper eventuell nicht mehr durch die Tür passen wird. Mit gemischten Gefühlen versuchen wir den inzwischen zum Koloß angewachsenen Elefantenkörper durch die Tür zu schieben und stellen erleichtert fest: »Gott sei Dank, er geht gerade noch durch, aber breiter darf der Elefant nicht mehr werden.« Nun folgt ein Arbeitsgang, der den Kindern viel Spaß macht. Der ganze Elefant muß mit Kleister bestrichen werden – mit viel Kleister! Dadurch wird unser Gebilde stabiler. Als Haut werden schließlich Zeitungsbögen schichtweise glatt über den Bauch, d. h. über den ganzen Körper gezogen. Die Kinder tragen den Kleister mit beiden Händen auf und, während sie ihn verstreichen, sagen sie – beinahe wie im Chor –: »Oh, ist das schön glitschig!« Nachdem wir unsere Arbeit beendet haben, stellen wir fest, daß unser Elefantenbauch sich stark verändert hat. Ohne gezielt darauf hinzuarbeiten, können wir jetzt schon sagen, wo vorn und hinten ist. Vorn ist nämlich eine rundliche Erhöhung ent-

standen, die für uns alle der Kopf ist. Ein Elefant ist also schon erkennbar geworden.

Kritische Stellungnahme: Ich bin sehr überrascht, daß die Kinder den vorgeschlagenen Namen für unseren Elefanten akzeptiert haben. Sicher kommt es daher, daß die Kinder diesen Namen noch nie gehört hatten und jedes Kind mit dem Namen eine gewisse Vorstellung verbindet. Besonders auffallend war bei dieser Arbeit das sich entwickelnde Teamwork. Die Kinder fanden zu einer rationellen Arbeitsform, indem sie Arbeitstätigkeiten abwechselnd übernahmen. Da wurde Papier geknüllt, wurden Tesastreifen auf Maß geschnitten oder Papierbälle angeklebt usw.

Die Arbeit verlief harmonisch, und neue Erfahrungen im Umgang mit Materialien sowie mit der Formgebung konnten gemacht werden. Die Begeisterung der Kinder für dieses Vorhaben ließ sich auch an ihrer Ungeduld bezüglich des Weitermachens erkennen.

Brigitte Hofstetter

Bau der Elefantenbeine

Teilnehmer: 8 Kinder
Dauer: 90 Minuten
Tatsächlicher Verlauf: Unsere Dolores hat inzwischen Form und eine unübersehbare Größe erreicht. Nicht nur für die Kinder oder für uns, sondern auch für die übrigen Kinder der anderen Gruppen und deren Erzieherinnen. Die Dolores hat bereits ihren festen Platz im Kindergarten. Daß ihr noch einiges fehlt, wissen die Kinder, denn wir haben in der Gruppe ein Tierbuch, in dem auch Elefanten abgebildet sind. Aber nicht nur die Bilder im

Buch dienen zum Vergleich, sondern auch die Spielelefanten, die die Kinder daheim in ihrer Spielzeugkiste haben.

Motivation: Als nächstes Problem gilt es, die Beine herzustellen. Dies ist nicht einfach, wenn nur Kartons, Kleister und Papier zur Verfügung stehen. Wir probieren, ob Dolores auch auf Kartons stehen kann. Dieser Versuch mißglückt, weil der Elefant inzwischen zu schwer geworden ist.

Realisationsmedien: Da ich mit der Schwierigkeit gerechnet habe, ist es notwendig, stabileres Material für diesen Zweck zu verwenden. Ich habe hierzu vier sehr stabile Kartonröhren, die die Seele von großen Papierrollen sind, zurechtgeschnitten. Zwei lange (auf ca. 1 m) für die Vorderbeine, zwei kurze (ca. 0,8 m) für die Hinterbeine. Wir prüfen, ob diese das Gewicht von Dolores aushalten. Einstimmig sind wir der Meinung, daß dies wohl die beste Lösung sein wird, wenn wir diese Röhren als Beine benützen. Allerdings, so stellen die Kinder fest, passen diese von der Form her überhaupt nicht zu dem rundlichen Körper von Dolores.

Organisation: Wir überlegen, was wir tun könnten, um passende Beine für Dolores zu bekommen. Wie schon erwähnt, standen als Arbeitsmaterialien bisher hauptsächlich Kleister und Zeitungspapier zur Verfügung. Kerstin kommt während des Gesprächs, wie wir weitermachen sollen, auf die Idee, daß wir mit Zeitungspapier etwas anfangen müssen, und zwar sollen wir in derselben Weise vorgehen, wie wir dies beim Bau von Dolores auch gemacht haben.

Es entstehen zwei Arbeitsgruppen. Beide Gruppen entwickeln eine unterschiedliche Technik. Unsere Gruppe zerknüllt zunächst Zeitungspapier. Anschließend wird es mit in Streifen gerissenem Zeitungskleisterpapier umwickelt, nachdem die Kartonröhre mit Kleister eingestrichen und das zerknüllte Papier draufgeklebt wurde. Die andere Gruppe streicht ebenfalls die Kartonröhre mit Kleister ein und umwickelt diese mit aneinandergeklebten Zeitungsbogen, bis die Decke eines Elefantenbeines erreicht ist. Für die Kinder ist dies insgesamt eine sehr aufregende und interessante Arbeit. Für sie ist, man merkt es an der Atmosphäre, vor allem interessant herauszufinden, wie man aus den Röhren zu Beinen kommt.

Insgesamt ist diese Situation nicht negativ zu werten, denn während wir Erzieher an den Beinen arbeiten, wechseln sich die Kinder ab in ihrer Mitarbeit. Diese »Freizeit« führt zu erfreulichen Aktivitäten. Siegfried hat z. B. entdeckt, daß man sich mit Tesakrepp das Gesicht schmücken kann. Kleine Streifen um den Mund und auch auf den Backen zieren sein Gesicht. Er nützt seine Veränderung aus, um sich den Kindern zu zeigen, wie er momentan aussieht. Daß er sich dabei sehr wohlfühlt, zeigt sein Lachen. Milena, ein Mädchen, das sich gern ziert und schmückt, hat herausgefunden, daß die Schnur, die bei dieser Verpackungsarbeit mitverwendet wird, auch geeignet ist, um die Frisur, einen langen, schönen, schwarzen Pferdeschwanz, zusätzlich attraktiv zu machen. Haare und Schnüre ineinander verdreht, ergeben einen zusätzlichen Blickfang.

Ines hat während der Reißarbeit eine Anzeige der Firma Metzeler gefunden, die als Firmenzeichen einen Elefanten aufweist. Sie ist hocherfreut darüber und zeigt diesen den anderen Kindern. Ramona macht sich ebenfalls auf die Suche nach einem Elefantenbild, aber die Bemühung führt nicht zum Erfolg. Milena hat inzwischen ein neues Spiel entdeckt und kriecht, eine Kartonröhre zwischen den Beinen haltend, um Dolores herum, um Ramona, die dasselbe macht, zu fangen oder sich vor ihr zu verstecken.

Die übrigen Kinder haben in ähnlicher Weise ihre Zeit verbracht, teilweise durch sehr engagiertes Mitarbeiten, teilweise durch sehr intensives Spiel, allein, zu zweit oder mehreren.

Die Arbeit an den Beinen ist verhältnismäßig schwierig, da das Papier nicht, wie gewünscht, sofort anklebt. Aus diesem Grund haben wir heute nur zwei Beine, ein Vorder- und ein Hinterbein, fertiggestellt. Trotzdem sind wir mit dem bisher Erreichten zufrieden. Vor allem die Stimmung in der Gruppe bestätigt diese Zufriedenheit.

Kritische Stellungnahme: Wir Erwachsene haben bei dieser Arbeit, freilich unter Mitarbeit der Kinder, einiges selbst gemacht. Uns hat das nicht gestört, weil wir der Auffassung sind, die Kinder sollen spüren, daß wir eine Arbeitsgemeinschaft bilden, in der die Arbeit so geleistet wird, daß jedes Gruppenmitglied sich nach seinen Bedürfnissen und seinem Engagement einbringen kann.
Horst Beisl

Rüssel-Spieltag

Teilnehmer: 15 Kinder
Dauer: ca. 120 Minuten
Geplanter Verlauf: Inzwischen sind wir, gemessen an dem für uns alle beachtlichen Projekt Dolores, ziemlich weit gekommen. Der Rumpf und die Beine sind fertig und liegen als Teilstücke im Vorschulraum.

Ein großes Problem ist die Konstruktion des Rüssels. Wir machen uns zunehmend Gedanken, wie und aus welchem Material der Rüssel gefertigt werden soll. In einem ausführlichen Gespräch haben wir uns vor ein paar Tagen geeinigt, Abflußrohre verschiedener Ausführung zu besorgen, aus denen der Rüssel gebildet werden soll. Ich besorge diese in einem Großhandel für Sanitärwaren und bringe sie in den Kindergarten mit, um sie zunächst in einer Ecke abzulegen. Daß der Rüssel notwendig werden wird, ist mir klar.

Motivation und tatsächlicher Verlauf:
Eigentlich wollen wir heute die Einzelheiten zusammenfügen, aber wir haben sozusagen die Rechnung ohne die Kinder gemacht. Sobald die Kinder die Röhren, Winkelstücke und Dichtungsringe sehen, wird am heutigen Vormittag alles andere getan als an der Dolores weitergebaut.

Realisationsmedien: Die verschiedensten Sach- und Spielinteressen lösen die mitgebrachten Rohrteile aus. Das sich entwickelnde Interesse ist so stark, daß wir alle zusammen die Rohrteile in den Gruppenraum holen, um mit ihnen zu spielen. Es wechseln Regel- und Symbolspiele, die von einzelnen Kindern und/oder Kleingruppen gespielt werden.

Die Kinder fragen zunächst überhaupt nicht nach dem Sinn und Zweck dieser mitgebrachten Gegenstände. Für sie ist es zunächst in keiner Weise interessant, wofür wir die Rohre im Kindergarten oder gar wofür wir sie die Erwachsenen benötigen. Wichtig ist ausschließlich, daß sie vorhanden sind und gespielt werden kann.

Die Rohrteile haben dabei die unterschiedlichsten Funktionen: Trompete, Telefon, Lautmacher, Geräuscheverstärker, Telefon-mit-sich-Selbst, Armverlängerer, Fernrohr usw. Die genannten Funktionen werden von den Kindern erschöpfend ausgespielt. Dabei ist vor allem noch die Verwendung als Sprungplatte zu erwähnen. Es macht einen Riesenspaß, als Ines entdeckt, daß die Rohre auch Sprunglatten sein können. Alle Kinder machen davon Gebrauch. Nicht anders verhält es sich, als Begonia plötzlich durch eines der Rohre Holzkugeln durchrollen läßt. Diese Entdeckung löst großes Interesse bei den Kindern aus. Der bis oben hin gefüllte Korb mit Kugeln wird von den Kindern zum Spiel benötigt. Verschiedene Rohrteile, Krümmer, Abzweigungen und Verlängerungsstücke werden aneinandergefügt, ausgewechselt, neu zusammengestellt, die Schräge wird verändert; Anweisungen werden gegeben, Neuversuche zu starten. Insgesamt entwickelt sich ein äußerst konzentriertes Spiel mit erstaunlich vielen Variationen. Bald ist der gesamte Boden mit Kugeln übersät, und sie müssen wieder eingesammelt werden, um Nachschub zu haben. Dabei kommt es zu differenzierten Erfahrungen, z. B. welche Geräusche in unterschiedlichen Tonhöhen und -stärken entstehen, wenn z. B. Kugeln durch die Rohre rollen. Daß für manches Kind bisweilen der Lärm und das Gedränge zu groß ist, zeigt sich darin, daß es sich absetzt und mit Klötzen, Autos usw. in der Bauecke spielt, um irgendwann wieder am Spielgeschehen teilzunehmen. Zwischendurch tauchen Fragen auf, wofür man die Rohre gebrauchen kann. Auf diese Weise erfahren die Kinder – sozusagen nebenbei – den Zweck der Rohre in der Erwachsenenwelt. Um diese Erfahrungen nicht nur im Wortbereich zu belassen, gehen wir mit den Kindern in die Küche oder auf die Toilette und zeigen ihnen die Abflußrohre.

Auch eine Spanplatte mit den Maßen 180 × 90 cm habe ich als Bodenplatte für Dolores mitgebracht. Sie dient den Kindern bisweilen als Bett. Daß all die genannten Verwendungsmöglichkeiten, sollten sie genützt werden, Zeit beanspruchen, ist selbstverständlich. Daher ist die Zeit am Vormittag beinahe zu wenig, denn mittlerweile ist es schon kurz vor $1/2$ 12 Uhr, also Zeit zum Mittagessen. Wir müssen die Stühle und Tische zurechtrücken.

Kritische Stellungnahme: An alles habe ich gedacht, nur nicht daran, daß die Kinder einen ganzen Vormittag mit den Rohrteilen spielen würden, aber das Material ist leicht, bricht nicht, verträgt einiges, weil es stabil ist und vor allem, weil es kein Spielgerät im herkömmlichen Sinn ist und trotzdem, oder vielleicht gerade deswegen, so viele Möglichkeiten für Spiele beinhaltet. Aus den genannten Gründen sind wir der Ansicht, daß dieser Vormittag, obwohl der mit Dolores nichts zu tun hatte, für die Kinder eine Bereicherung war. Der freie Umgang im Sinne des Experimentierens, das ein Teil des Spielens ist, hat den Kindern ein hohes Maß an Motivation und Kreativität ermöglicht – ein erstrebenswertes Ziel innerhalb von optimalen Lernprozessen.

Horst Beisl

Befestigung der Beine an der Bodenplatte

Teilnehmer: 7 Kinder
Dauer: ca. 120 Minuten
Geplanter Verlauf: Inzwischen ist uns klar, daß Dolores nicht so schnell fertig wird, wie wir uns dies vorgestellt hatten. Dies macht uns jedoch weniger Kopfzerbrechen als das Problem, wie wir den inzwischen ca. 1 Zentner schweren Korpus auf die Beine stellen und die Einzelteile miteinander befestigen können. Die Spanplatten hatten wir hierzu angeschafft, aber es fehlt noch an zufriedenstellenden Lösungen; vor allem an solchen Lösungsmöglichkeiten, die auch von den Kindern als Lösungsmöglichkeiten vorgeschlagen werden könnten. Schließlich einigen wir uns, daß ich für den entsprechenden Tag eine Bohrmaschine und Bohrer mitbringen werde, Blumendraht besorge, um die Beine mit dem Draht, nachdem Löcher in die Spanplatte gebohrt worden sind, »anzunähen«.
Tatsächlicher Verlauf: Wir gehen mit 7 Kindern in den Vorschulraum. Ich hole aus der Tasche meine Bohrmaschine und sage zunächst nichts. Milena reagiert als erste darauf und sagte »Was machen wir mit der Bohrmaschine?« Ich antworte: »Wir wollen damit versuchen, der Dolores auf die

Beine zu helfen«, und zeige auf die zu Dolores gehörenden Einzelteile. Als ich die Bohrmaschine plötzlich einschalte, erschrecken einige Kinder ziemlich stark. Für mich ist dies ein deutlicher Hinweis darauf, daß es notwendig ist, die Kinder mit der Maschine in Berührung zu bringen. Solange das Gerät nicht in Betrieb ist, machen die Kinder den Eindruck, als würden sie jeden Tag mit Bohrmaschinen umgehen. Sie erzählen, daß sie daheim auch so eine Maschine haben und daß sie damit umgehen können, beinahe wie ihr Vater. Die Übertreibungen sind offenkundig. Daher lasse ich jedes Kind die Maschine in die Hand nehmen, wobei ich durch Abstützen das Gewicht mindere, und fordere jedes Kind einzeln auf, die Maschine einzuschalten. Manche Kinder kommen nur zögernd dieser Aufforderung nach. Besonders Marco, ein sonst recht aufgeweckter, mutiger Bub, hat beinahe Angst vor dem Lärm, den die Maschine macht. Wir unterhalten uns noch eingehend darüber, warum sich die Maschine überhaupt dreht und wofür man sie gebrauchen kann. Jetzt stellt sich für uns die Frage, wofür brauchen wir die Bohrmaschine.

Wir waren uns schon in der Vorbesprechung einig, daß die Kinder, trotz größter Bemühung, keine Lösung des Problems erzielen würden.

Es liegt jetzt an uns, den Kindern zu erklären, warum wir meinen, daß unser Vorschlag eine Lösung des Problems darstellt. Wir versuchen zwar, mit den Kindern das Problem herauszuarbeiten, aber sie finden keine Lösung.

Organisation: Als praktikable Lösung zeichnet sich folgende ab: wir müssen Löcher, im Kreis angeordnet, je nach Durchmesser der Kartonseele des jeweiligen Beines, in die Spanplatte bohren. Ebenso ist es notwendig, in diese Kartonseele Löcher zu bohren, um dann das Bein mit den Blumendraht »annähen« zu können.

Das folgende Gespräch ist nun stark von uns strukturiert. Daß der Bauch von Dolores schwer ist, wissen die Kinder, weil sie ihn schon öfter hin- und hergeschoben oder zu tragen versucht haben.
Daß die Beine fest mit dem Körper verbunden sein müssen, stellen wir zusammen an unserem eigenen Körper fest. Daraus resultiert, daß dies auch bei Dolores der Fall sein muß. Wir sind uns auf diese Weise unserer Aufgabe bewußt geworden, die gelöst werden muß.

Während des Gesprächs zeigt sich, daß für die Kinder unsere Dolores, trotz der vorhandenen Einzelteile, weitgehend nicht mehr aus Papier besteht, sondern sich als Elefant in ihrer Vorstellung festgesetzt hat. Es ist nicht einfach, einerseits ihnen die Vorstellung nicht gänzlich zu zerstören, andererseits die Materialien zu besprechen, aus denen Dolores besteht. Wir kommen trotz der Schwierigkeiten gut voran; es liegt daran, daß die Kinder an der Weiterarbeit sehr interessiert sind.

Ich erkläre ihnen, daß wir zwischen den Beinen und dem Bauch die Spanplatte einfügen müssen, weil sonst die Beine beim Aufsetzen, auf Grund des Gewichts des Bauches, in den Bauch gestoßen werden. Die Spanplatte verhindert dies. Jetzt sind wir allmählich beim Problem der Befestigung der Beine. Wir müssen eine Verbindung schaffen zwischen den Beinen und der Spanplatte. Ich schlage den Kindern vor, nachdem sie angeregt hatten, z. B. die Beine anzukleben, die Beine mit Draht mit der Platte zu verbinden, die jeweiligen Stellen an der Platte zu markieren, an denen die Beine befestigt werden sollen, und bohre dann anschließend im Kreis eine Anzahl von Löchern.

Es ist zu gefährlich, die Kinder bohren zu lassen, weil sich der Bohrer (19 mm Spanplatte) leicht frißt und daher die Gefahr eines Unfalls groß ist.

Nachdem die Bohrarbeiten vorbei sind, beginnt die »Näharbeit«. Kinder gruppieren sich, ohne unser Zutun, um uns, und es entstehen zwei »Nähgruppen«. Die Kinder können den Draht nicht straff ziehen und binden, weil ihnen die Kraft fehlt. Diese Arbeit bleibt uns überlassen. Aber der Umgang mit der Beißzange zum Zurechtschneiden der einzelnen Drahtstücke und das Einfädeln in die Löcher macht ihnen großen Spaß. Wir kommen gut vorwärts, so daß am Ende die vier Beine an der Spanplatte baumeln. Insgesamt sind wir mit diesem Teilstück der Gesamtarbeit zufrieden.

Kritische Stellungnahme: Sicher wird man einwenden können, daß bei dieser Aktion die Kinder wenig Arbeitsanteile hatten, sieht man von dem Gebrauch der Beißzange und dem Einfädeln des Drahtes einmal ab. Andererseits ist zu bedenken, daß bei dieser Arbeitsform es pädagogisch vertretbar sein muß, daß bestimmte Phasen des Arbeitsprozesses von den Erwachsenen durchgehalten werden. Der mögliche Einwand, daß sich hier die Erwachsenen in den Vordergrund stellen könnten, trifft m. E. nicht zu, weil die Kinder die Notwendigkeit dieser Arbeit eingesehen haben. Diese Phase wurde mit den Kindern eingehend erläutert und erörtert, warum und wieso in dieser Weise vorangegangen werden muß. Sie haben erfahren können, wie wichtig es ist, Arbeitsschritte eingehend zu planen und auf ihre Durchführbarkeit hin zu überprüfen. In diesem Teil der Aktion wurde den Kindern ein hohes Maß an kreativem Erleben bereitgestellt. Man muß auch bedenken, daß es sich bei dieser Aktion ausschließlich um ein Teilstück des gesamten Projektes handelt. Insofern ist es zu verantworten, wenn die Erwachsenenanteile so hoch sind. Zum anderen ist zu bedenken, daß sich hier die Gelegenheit bot, neue Gruppenerfahrungen zu erproben und diese um der Sache willen durchgehalten werden mußten.

Horst Beisl

Dolores kommt auf die Beine

Teilnehmer: 8 Kinder
Dauer: ca. 100 Minuten
Ziel: Die Kinder sollen erfahren, wie zwei voneinander getrennte große Teilarbeitsergebnisse mit den Materialien Zeitungspapier und Kleister stabil miteinander verbunden werden können. Sie sollen erkennen, welche notwendigen Bedingungen an Raum und Hilfsgeräten benötigt werden, um bestimmte Arbeitsvorgänge erledigen zu können.

Tatsächlicher Verlauf: Dolores besteht also aus zwei Teilen, einer Bodenplatte, an der die Beine festgemacht sind und auf die der Körper gelegt und befestigt werden soll. Damit sind wir mitten in der Problematik, mit der wir uns heute auseinanderzusetzen haben.

Als wir versuchen die zwei Teile zusammenzufügen, merken wir, daß der Vorschulraum zu niedrig ist. Die Kinder werten diesen Versuch als Bestätigung ihrer Vermutung, ein Elefant müsse groß sein, und daß es daher selbstverständlich sei, daß auch unser Elefant so groß ist und nicht in diesem Raum Platz hat. Wir müssen nach Lösungen suchen. Nach einem kurzen Hin und Her, wie wir es nun anstellen sollen, um Dolores weiterbauen zu können, kommen wir zu dem Schluß, daß beide Teile getrennt aus dem Zimmer in das Foyer transportiert werden müssen, um sie dort zusammenzusetzen. Wir müssen alle Hand anlegen, um die inzwischen schwer gewordenen Teile aus dem Zimmer hinauszutragen. Mit hauruck, »vorsichtig, sonst reißt die linke Seite des Bauches auf«, »so, jetzt nach vorn ziehen«, »langsam anheben«, ziehend und schiebend bewegen wir die Teile in das Foyer. Bevor wir sie aufeinandersetzen, müssen wir den Arbeitsplatz noch herrichten. Alte Zei-

tungen werden an dem Platz ausgelegt, an dem der Zusammenbau geschehen soll. Gespannt sind wir alle, welche endgültige Größe nun unsere Dolores hat.

Zunächst stellen wir den Unterbau gemeinsam auf, und dann kommt der große Augenblick. Jedes Kind sucht sich einen Platz, um den Rumpf auf das Unterteil heben zu können. Wieder setzt der Chor mit einem kräftigen »hauruck« ein. Nachdem wir gemeinsam diesen schwierigen Teil geschafft haben, gehen die Kinder voller Staunen um den Elefanten herum. Keiner – wir eingeschlossen – hat sich vorstellen können, daß Dolores eine solche Größe hat (ca. 2,00 m hoch, ca. 2,50 m lang und ca. 1,30 m breit). Schon beim Zusammenfügen der beiden Teile merken wir, daß das Ganze auf wackeligen Beinen steht. Es ist nun unsere Aufgabe, nach Möglichkeiten zu suchen, um den Elefanten zu stabilisieren. Die Kinder haben inzwischen gute Erfahrungen, was man mit Kleister und Zeitungspapier alles machen kann.

Realisationsmedien: Die Erzieherin hat tags zuvor schon Kleister vorbereitet; alte Zeitungen haben wir in Hülle und Fülle. Begonia meint, wir sollen wieder Kleister und Zeitungen verwenden, um auf diese Weise Dolores zu Hilfe zu kommen. Dolores ist mittlerweile für die Kinder ein Tier, das sie lieben, hegen und pflegen. Es gehört ihnen.

Dies ist eine Möglichkeit, die wir sofort aufgreifen, aber sie löst noch nicht insgesamt das Problem. Der Bauch muß fest mit den Beinen verbunden werden, und hierzu reichen Kleister und Zeitungen nicht aus. Wir haben noch festes Klebeband von damals, als wir den Rohbau des Elefantenkörpers anfertigten. Daher frage ich die Kinder, ob wir es nicht zunächst damit versuchen sollen. Sie stimmen dem Vorschlag zu. Aus Tischen und Stühlen wird ein Baugerüst gebaut, weil keiner von uns so groß ist, um das Klebeband um den Elefanten kleben zu können. Alle Kinder sind beschäftigt. Es macht Spaß, so hoch hinaufsteigen zu müssen, um mitzuarbeiten. Vor allem bei dieser Phase kann festgestellt werden, daß Kinder durchaus fähig und bereit sind, miteinander an einem Objekt, an einer Aufgabe gemeinsam intensiv zu arbeiten.

Nachdem wir diese sicher nicht leichte Arbeit hinter uns haben, betrachten wir unser Werk. Melina meint, daß der Elefant ein »bißchen eckig« ist und die anderen Kinder schließen sich ihrer Meinung an.

Realisationsmedien: Begonia macht nochmals ihren Vorschlag, mit Zeitungen doch die eckigen Stellen zu überkleben. Zeitungen werden zerknüllt oder als Flächen in den Kleister getaucht. Einige Kinder streichen den Kleister mit bloßen Händen auf den Elefanten. Es macht einen Riesenspaß, auf diese Weise Dolores zu verschönern und zugleich streicheln zu können. Guido ($3\frac{1}{2}$ Jahre) ist bis über die Ellenbogen im Kleister und versucht aus vollen Händen, diese glitschige Masse an den jeweiligen Stellen anzubringen. Daß dabei viel auf den Boden fällt, stört ihn und die übrigen nicht.

Nach ca. $1\frac{1}{2}$ Stunden bröckelt die Gruppe ab und spielt in der Bauecke. Nur noch Sinisa ($4\frac{1}{2}$ Jahre) und Guido arbeiten mit vollen Kräften. Wir Erwachsenen haben ebenfalls Spaß an dieser plastischen Arbeit und bemühen uns um die noch ausstehenden Stellen. Dolores tropft vor Kleister.

Kritische Stellungnahme: Die Aktion kann insgesamt als positiv bezeichnet werden. Verschiedene Aufgabenfelder stellten sich ein und wurden einer Lösung zugeführt. Soziale Kontaktaufnahmen, gemeinsames Handeln, um Lösungen zu finden, standen im Vordergrund. Der Begriff »groß« wurde verfügbar, da er von jedem Kind auf Grund der Aktion konkretisiert werden konnte. Die Bereitschaft mitzuarbeiten war in

einem hohen Maß gesichert, weil sich die Tätigkeiten weitgehend über den Tastsinn abspielten. Wir Erwachsenen waren innerhalb der Gruppe gleichberechtigte Partner. Die entstehenden Konflikte wurden von den Kindern selbst gelöst. Dies war deshalb leicht möglich, weil der Elefant auf Grund seiner Größe soviel Arbeitsfläche bot, daß ein Ausweichen jederzeit möglich war und dadurch Toleranz geübt werden konnte, wenn z. B. ein Kind sich an einer Stelle besonders betätigen wollte.

Horst Beisl

Dolores wird weiß

Teilnehmer: 10 Kinder
Dauer: 120 Minuten
Ziel: Unser Elefant – bisher nur mit Zeitungspapier beklebt – soll nun eine einheitliche »Haut« bekommen, die wir anschließend anmalen werden. Dazu soll auf den Elefanten Makulatur geklebt werden.

Tatsächlicher Verlauf: Damit wir ungestört arbeiten können – d. h. die Anzahl der Kinder muß auf den dazu zur Verfügung stehenden Raum abgestimmt werden – teilen wir die Gruppe in eine Vierer- und zwei Dreiergruppen. Außerdem wollen wir vier Kindern unserer Gruppe, die sich momentan in Kindererholung befinden, die Gelegenheit der Mitarbeit nicht versagen und beschließen, ein Stück von Dolores für diese Kinder freizulassen.

Realisationsmedien: Zum Schutz des Fußbodens breiten wir Zeitungspapier aus. Kleister wird angerührt, Makulaturpapier zurechtgelegt, Tische als Gerüst um den Elefanten gestellt und eine Leiter herbeigeschafft. Nach diesen Vorbereitungen können wir nun mit dem Kleben des Elefanten beginnen.

Motivation und Organisation: Die erste Gruppe geht die Arbeit äußerst rational an, indem sich die Kinder gegenseitig auf Arbeitsbereiche einigen. Da gibt es den »Papierreißer«, den »Einstreicher« und den »Draufkleber«. Entsprechend dieser Reihenfolge verlaufen die Arbeitsprozesse. Jedes Kind übernimmt abwechselnd eine andere Tätigkeit – ausgenommen die des Papierreißers. Diese Rolle haben die Kinder mir zugeschoben. Nach ungefähr einer halben Stunde eifrigen Arbeitens kommt die nächste Gruppe als Ablösung an die Reihe.

Hier konzentriert sich das Interesse der Kinder auf die an den Elefanten angelehnte Leiter. Da jedes Kind hinaufsteigen will, einigt man sich auf das Bekleben der Rücken- und Kopffläche. Jedes Kind reißt nun selbst Papier ab und kleistert ein. Nachdem Rücken- und Kopfteil fertig sind, kommt die dritte Gruppe.

In dieser Gruppe sind die jüngsten Kinder. Sie machen es sich unter dem Bauch des Elefanten gemütlich und genießen es nach Herzenslust mit dem Kleister »matschen« zu können. Da man sich schon unter dem Elefanten befindet, werden – was naheliegend ist – Bauch und Beine in Angriff genommen. Das begeisterte Arbeiten der Kinder hat ohne jegliches Eingreifen über eine Stunde gedauert.

Drei Tage später: Unsere vier Kinder sind inzwischen aus der Erholung zurückgekehrt und sollen nun die für sie reservierte restliche Elefantenfläche bekleben. Bei dieser Gruppe ist zu beobachten, daß sie sich nur ungern vom bisherigen »Zeitungselefanten« trennen wollen. Sie beginnen nicht mit dem Bekleben des Elefanten, sondern »lesen« sich gegenseitig von der Zeitungshaut des Tieres Geschichten vor. Irgendwie kommt es zum Ratespiel: »Ich sehe etwas, was du nicht siehst!« Um die Kinder wieder auf die eigentliche Arbeit aufmerksam zu machen, schlage ich vor, jedes erratene Bild mit Makulaturpapier zu bekleben. Auf diese Weise gelingt es, Spiel und Arbeit zu verbinden. Als unsere Klebeaktion beendet ist, setzt ein Kind dem Elefanten eine Käseschachtel auf den Kopf und erklärt: »Das ist jetzt seine Krone!« Nun ist er fertig, unser »weißer« Elefant. Groß und mächtig, fast ein bißchen unfreundlich und steril steht er vor uns. Wieviel gemütlicher, wärmer und interessanter war da unser Zeitungselefant. Die Kinder konnten sich mit ihm bzw. den Bildern und Zeichnungen auf den Zeitungen oft sehr lange im Freispiel beschäftigen. Doch wir sind nicht traurig, denn wir freuen uns schon auf das Anmalen und sind gespannt, welche Wirkung der Elefant dann auf uns hat.

Kritische Stellungnahme: Vor Beginn unserer Aktion hätte ich nicht geglaubt, daß diese so interessant sein würde!

Einen Elefanten mit weißem Papier überziehen – was ist das schon Interessantes; aber was sich da so nebenher abgespielt hat, ist bemerkenswert. Denn gerade was uns Erwachsenen so oft als Nebensächlichkeit erscheint, ist für Kinder oft von enormer Bedeutung. Was für ein Gefühl ist es z. B., wenn der Kleister durch die Finger rinnt, oder wenn sich zwei »Kleisterhände« berühren und streicheln, oder wenn gar der Kleister an der Haut antrocknet. Die fast unbegrenzte Arbeitszeit macht die Kinder sehr zufrieden. Je nach Lust des einzelnen Kindes durfte es seine Aufgabe »spielend« zu Ende bringen. Auffallend und interessant waren die verschiedenen Vorgehensweisen und Schwerpunktgestaltungen der vier Gruppen.

Brigitte Hofstetter

Rüsselbefestigung

Teilnehmer: 9 Kinder
Dauer: ca. 120 Minuten
Situation: Dolores nimmt inzwischen einen festen Platz im Foyer ein und ist für jeden, Eltern und Kinder, unübersehbar.
Ziel: Die Kinder sollen ihre bereits gemachten Materialerfahrungen vertiefen können. Materialien miteinander verbinden, verschiedene Materialien be- und verarbeiten, gemeinsam ein gestalterisches Problem lösen.
Tatsächlicher Verlauf: Inzwischen hat sich bei den Kindern als nächstes Arbeitsziel das Anbringen des Rüssels herauskristallisiert. Ein Problem, mit dem ich mich immer noch nicht anfreunden konnte, das sich aber jetzt als unumgängliches stellte. Mit den dafür vorgesehenen Materialien, Plastikrohre, haben die Kinder sich schon intensiv während eines Vormittags beschäftigt. Aus diesem Grund ist es verantwortbar, heute durch ein Gespräch eine direkte Zielansteuerung anzugehen. Wir fordern die Kinder auf, sich Dolores, nachdem sie jetzt ihre endgültige Größe erreicht hat, aus unterschiedlichen Perspektiven anzuschauen und sich, falls sich auf Grund der Sichtweise etwas anderes zeigt, diese den übrigen Kindern oder dem Nachbarn mitzuteilen. Vor allem soll darauf geachtet werden, zu überprüfen, ob Dolores schon vollständig ist.

Motivation: Zur Lösung dieser Aufgabe haben wir auf meinen Tisch Bücher gelegt, in denen Elefanten abgebildet sind. Es entwickeln sich sehr intensive Gespräche, weil die Kinder m. E. zum ersten Mal erfahren, wie verschieden Dolores aus den verschiedensten Perspektiven wirken kann. Verstärkt wird diese Wirkung dadurch, daß Dolores von links oben durch eine Lichtkuppel starkes helles Licht zugeführt bekommt. Auf diese Weise erhöht sich für die Betrachter die Plastizität eines Gegenstandes, was auch für Dolores zutrifft. Auch die unterschiedliche Entfernung zum Gegenstand wird von den Kindern bewußt ausprobiert. Sie kommen dabei zu sehr verschiedenen Feststellungen, wenn sie ihren Eindruck den anderen Kindern mitteilen. Beim Vergleich mit den Abbildungen in den ausgelegten Büchern stoßen die Kinder schnell auf die noch fehlenden Teile. Am häufigsten wird der Rüssel genannt. Die Ohren, auf die vor allem Siegfried verweist, werden nicht so sehr als Mangel empfunden, weil Sinisa mit einer ausladenden Handbewegung deutlich macht, daß Dolores ihre Ohren fest am Kopf angelegt hat und diese daher nicht eigens gebaut werden müssen.
Damit geben sich die übrigen Kinder auch zufrieden. Wegen der Stoßzähne sind sie sich nicht einig, ob Dolores welche bekommen soll, denn auf den Bildern in den Büchern sind Elefanten mit und ohne Stoßzähne zu sehen. Der Rüssel jedoch kristallisiert sich als Aufgabe für uns heraus.

Organisation: Wir holen die Rohre. Für die Kinder ergibt sich, nachdem sie einige Zeit damit gespielt haben, schon die Möglichkeit, daraus den Rüssel zu gestalten. Nur, wie soll er aussehen und wie sollen wir die Rohre, d. h. den Rüssel, befestigen? Wir holen Tische aus dem Nebenraum, um die Stelle an der Stirn von Dolores ausfindig zu machen, an der der Rüssel angesetzt werden soll. In kürzester Zeit haben wir uns geeinigt, daß der Rüssel an der Stelle angebracht werden muß, die wir als »vorne« festsetzen, also auch dort, wo die längeren Beine sind.

Für die Kinder besteht Dolores längst nicht mehr nur aus Karton und Zeitungspapier, sondern ist ein ihnen liebgewordener Elefant. Daher, was wir nicht voraussehen konnten, ist es nicht problemlos, den Rüssel anzubringen. In einem recht ausführlichen Gespräch muß ich den Kindern verdeutlichen, daß, nachdem wir mit Bleistift die Stelle markiert haben, an der der Rüssel angebracht werden soll, es der Dolores nichts ausmacht, wenn ich ihr mit dem Taschenmesser ein Loch in die »Stirn« einschneide. Voller Spannung schauen die Kinder auf mich, wie ich mit dem Messer ansetze und das Loch einschneide.

Beinahe meine ich, die Kinder würden glauben, daß Dolores auf irgendeine Weise reagieren würde. Obwohl keine Reaktion kommt, sind sich die Kinder noch nicht endgültig sicher in der Einschätzung, was alles passieren könnte. Diese Vermutung bestätigt sich: als ich nämlich Siegfried auffordere, mit seiner Hand in das Loch zu greifen, zögert er und ist unsicher, denn für ihn ist die Stirn von Dolores nicht nur aus Papier und Karton. Er wird sicherer, sobald ein Teil seiner Hand im Dunkel des Kopfes von Dolores verschwindet. Allmählich drängen die übrigen Kinder nach, um festzustellen, was nun wirklich zu ertasten ist, wenn man in den Kopf von Dolores hineingreift. Mut macht sich breit, und Siegfried verlangt nach einer Taschenlampe, um genau zu sehen, wie Dolores innen aussieht. Für die Kinder ist diese Phase äußerst interessant gewesen, denn jedes einzelne konnte seine Einstellung der Dolores gegenüber klären und in ein neues Verhältnis bringen.

Während die Kinder mit der Taschenlampe Dolores ausleuchten, hole ich mir ein paar Rohre und Krümmer und Dichtungsringe, um den Kin-

dern zu zeigen, wie der Rüssel ausschauen könnte. Mir schwebt ein verrückter Rüssel vor, der mit einem Elefantenrüssel nur äußerst wenig gemein haben sollte. Die Kinder waren mit meinen Rüsseldemonstrationen gar nicht einverstanden. Auch die Erzieherin konnte sich dafür nicht begeistern. Der Rüssel sollte, so zeigen es die Gespräche, möglichst naturalistisch sein.

Inzwischen kommen die Kinder aus den anderen Gruppen und fragen interessiert, was wir heute machen. »Wir machen Dolores einen Rüssel«, erklärt Ramona. Nachdem wir uns allmählich geeinigt hatten, wie lang und welche Form der Rüssel haben soll, befestigen wir die Rohrteile zunächst mit Plastikklebeband. Nur noch 4 Kinder machen mit, die übrigen spielen Flugzeug, indem sie immer wieder von einem der Tische springen. Daß der Rüssel, so wie er sich jetzt präsentiert, nicht bleiben kann, ist klar. Doch für heute müssen wir Schluß machen.

Kritische Stellungnahme: Für die Kinder hat dieser Vormittag ein Bündel von gezielten Erfahrungen beinhaltet:
– Plastische Figuren vermitteln bei geringer Standortveränderung des Betrachters neue Eindrücke
– Irritation im Bereich Vorstellung und Realität (Dolores als Elefant im Sinne eines lebendigen Wesens und einer Figur aus Karton und Zeitungspapier)
– Verwendbarkeit von Sanitärrohren und Verarbeitbarkeit für den Bau eines Körperteils von Dolores.

Wenn auch die Beteiligung der Kinder an der Arbeit schwankt, so halte ich dies bei bildnerischen Arbeiten für gerechtfertigt, da bildnerisches Arbeiten mehr verlangt als nur funktionsorientierte Lösungen. Dieses »Mehr« ist darin begründet, daß beim bildnerischen Arbeiten emotionale und kognitive Bereiche engstens verbunden sein müssen, um optimal arbeiten zu können.

Horst Beisl

Dolores bekommt einen Rüssel

Teilnehmer: 5 Kinder
Dauer: ca. 180 Minuten
Situation: Unser Elefant hat bei unserer letzten Bauaktion ein Abflußrohr als Rüssel bekommen und steht nun in gewaltiger Größe und in seiner Eigenschaft als Elefant auch gut erkennbar vor uns.

Motivation und tatsächlicher Verlauf:
Wir haben uns vor dem Elefanten im Halbkreis zusammengefunden und beratschlagen, ob überhaupt und wenn ja, inwieweit man an unserem Objekt »Rüssel« noch weiterbauen kann.

Begonia meint: »So sieht kein Elefantenrüssel aus, wir müssen ihn weiterbauen.« Auf diese Bemerkung hin sind sich alle Kinder einig, daß der Rüssel so nicht bleiben darf.

Ich erkläre den Kindern, daß der Rüssel im momentanen Zustand nicht stabil befestigt ist und deshalb wahrscheinlich auch sehr bald kaputtgehen kann, trotzdem will ich die Entscheidung über den Weiterbau des Rüssels den Kindern überlassen. Nach einigem Hin und Her sind sich die Kinder einig: »Wir bauen den Rüssel weiter!« Wir besprechen, was wir an Baumaterialien zur Befestigung bzw. Verschönerung benötigen.

Realisationsmedien: Viel zerknülltes Zeitungspapier, mit Kleister und Tesaband am Abflußrohr befestigt, soll als Unterbau dienen. Da man den Rüssel nach Meinung der Kinder auch richtig anfassen können soll, müssen wir ihn mit fünf hölzernen Rundstäbchen von jeweils ca. 2 m Länge und 15 mm Durchmesser abstützen. Sobald es an die praktische Durchführung des Vorhabens geht, gibt es bei den Kindern auf meine Frage nach Mitarbeit keine Resonanz. Wahrscheinlich haben die Kinder bei den letzten Arbeiten am Elefanten schon zuviel mit Kleister und Papier gearbeitet und sind nun dieser Arbeit überdrüssig.

Als mir dies bewußt wird, mache ich den Kindern folgenden Vorschlag: »Wir sollen alle den Rüssel von Dolores stabilisieren und verschönern! Da wir aber keinen rechten Arbeitsgeist mehr haben, holen wir uns noch ein paar Kinder aus einer anderen Gruppe, die unter unserer Anleitung den Rüssel anfertigen sollen. Damit wäre allen geholfen, die anderen Kinder hätten an der Arbeit Spaß, und wir hätten unser Ziel erreicht!«

Motivation: Ich habe aber kaum zu Ende gesprochen, als das Protestgeschrei der Kinder losgeht: »Das ist doch unser Elefant, da brauchen keine anderen Kinder helfen!« Obwohl ich die Kinder nochmals auf Kleister und Papier aufmerksam mache und darauf hinweise, daß es sich um keine »fünf Minuten Arbeit« handelt, sind sie fest entschlossen, am Elefanten weiterzuarbeiten.

Ein großes Problem stellt sich, als die Rollstäbe zur stabileren Befestigung des Rüssels in den Körper des Elefanten gepreßt werden sollen. Stimmen werden laut: »Das tut dem Elefanten doch weh!« »Dolores wird bestimmt krank!« Begonia, die den ersten Stab anbringen soll, verläßt der Mut. Marco faßt sich ein Herz und drückt den Holzstab in den Elefantenkörper. »Wenn er jetzt schreit, müssen wir ihn halt trösten und gesund pflegen«, meint er. Da der Elefant aber keinerlei Reaktion zeigt, wagen nun auch die anderen Kinder, die Holzstäbe anzubringen. Nachdem dies geschehen ist, werden die Zwischenräume zwischen den Holzstäben und dem Abflußrohr mit Zeitungspapier ausgefüllt und das ganze Gebilde mit Tesakrepp umwickelt. Die endgültige Form des Rüssels wird mit Knüllpapier und Kleister von den Kindern modelliert. Den Abschluß bildet die neue Haut aus Makulaturpapier.

Mächtig stolz sind die Kinder, als wir nach dreistündiger Arbeit unser Werk betrachten. »Ein weißer Elefant mit einem richtigen Rüssel zum Anfassen steht jetzt bei uns im Kindergarten, und wir haben alles selbstgemacht!« erzählt Melina ihrer Mutter am Abend.

Kritische Stellungnahme: Ich hatte mir vor unserer Aktion Gedanken gemacht, inwieweit ich die Phantasiewelt der Kinder beeinflusse, wenn ich ihnen eine Verschönerung und Stabilisierung des Elefantenrüssels vorschlage. Andererseits wäre es sicher auch nicht im Sinne der Kinder gewesen, wenn der mit viel Schweiß und Mühe gebaute Elefant mit dem nicht sonderlich stabilen Rüssel schnell wieder kaputt gegangen wäre. Also entschied ich mich für das Aufzeigen des Problems, überließ aber die Entscheidung letztlich den Kindern. Ebenso bin ich vorgegangen, als sich die plötzliche Arbeitsunlust der Kinder zeigte. Daß meine Vorgehensweise nicht verkehrt war, zeigt die Entscheidung und das Engagement der Kinder und die nach getaner Arbeit feststellbare Zufriedenheit.

Brigitte Hofstetter

Dolores wird angemalt

Teilnehmer: 15 Kinder
Dauer: ca. 150 Minuten
Situation: Nach sachlogischen Gesichtspunkten ergibt sich der nächste Arbeitsgang von selbst. Dolores steht, mit weißer Makulatur beklebt, in ihrer vollen Größe im Foyer.

Tatsächlicher Verlauf: Insgeheim schwebte mir vor, Dolores bunt zu bemalen, aber auch in diesem Fall muß ich mich eines anderen belehren lassen. Nach der Begrüßung im Gruppenraum frage ich erstaunt, ob es weiße Elefanten gibt. Die Antwort kommt prompt, daß es keine weißen Elefanten gibt. Den Kindern ist in den Bilderbüchern ein solcher noch nicht begegnet. Ich sage: »Doch, es gibt einen, nämlich die Dolores.« »Wir müssen ihn noch anmalen«, antworten die Kinder. »Wie und mit welcher Farbe?« frage ich zurück. Die Kinder sind sich plötzlich bewußt, daß dies offenbar gar nicht so einfach ist.

Verschiedene Probleme stellen sich, z. B. die Größe, der Farbton und die Farbe.

Realisationsmedien: Ich habe für den heutigen Tag ehemalige Ein-Liter-Trockenkaffeegläser mit eingesumpften Farbtönen mitgebracht. Einsumpfen bedeutet folgendes: trockenes, pulveriges Farbpigment wird mit Wasser durchtränkt und mit Bindemittel, z. B. Kleister oder Leim vermengt, verarbeitet. Es empfiehlt sich, Farben so herzustellen, weil sie wesentlich preiswerter sind, als die im Handel fertig gemengten. Farbpigmente erhält man in Farbgeschäften bzw. Künstlerbedarfsgeschäften.

Nach einem kurzen Gespräch zeigt sich, daß das schwierigste Problem der Farbton sein wird, den wir für Dolores verwenden wollen. Schnell stellen wir fest, daß dies allein mit Worten nicht geklärt werden kann. Daraufhin, weil die Kinder ratlos sind, schlage ich vor, in Kleingruppen auf Papier Farbtonproben zumachen. Wichtig dabei ist, daß die Pinsel sauber sind und man sich merkt, welche Töne jeweils benützt werden.

Robert, Marko und Kristina haben einen Farbton gefunden, der von den meisten Kindern als angenehm und für Dolores als passend eingestuft wird.

Nun heißt es, diesen Farbton in einer großen Menge zu mischen, damit es für die ganze Dolores reicht. Die Erzieherin hat gestern schon reichlich Kleister angerührt, um damit die Farbe zu binden. Nachdem wir alle zusammen den Arbeitsplatz mit Zeitungen abgedeckt haben, bilden wir Kleingruppen, denn es wäre aus vielen Gründen unmöglich, alle Kinder gleichzeitig malen zu lassen.

Organisation: Insgesamt sind es vier Gruppen. Bevor das Malen beginnt, wählen die Gruppen sich ihre Malfläche, damit jede Gruppe sich ausgiebig an der Malaktion beteiligen kann. Eine Gruppe malt, die übrigen Kindern spielen im Gruppenraum oder schauen den anderen zu. Im übrigen, wer sich nicht streng an diese Abmachung hält, kann trotzdem mitmalen. Gemalt wird mit den Händen.

Das Malen – dies kann schon vorab gesagt werden – macht uns allen einen Riesenspaß. Dies hat seinen Grund nicht nur darin, daß diese Art von Malerei die direkteste ist, sondern weil Dolores als ein ständig, vorhandenes Produkt den Kindergartenalltag schon über Monate nachhaltig mitbeeinflußt. Die Kinder identifizieren sich daher stark mit ihrem Werk und arbeiten sehr intensiv. Wenn von direkter Malerei die Rede ist, so heißt das, daß kein Pinsel als Werkzeug zwischen Maloberfläche und Hand ist. Damit gelingt es den Kindern, geringste Strukturveränderungen mit der Hand tastend zu erfahren. Sämtliche Möglichkeiten von Bewegungsabläufen, die die Kinder mit der Hand vollziehen können, sind dadurch gewährleistet. Hinzu kommt z. B. die Feststellung von Tanja und Renata, daß, nachdem die Farbe die Papieroberfläche bedeckt hat, diese durch feste Finger- oder Handaufdruck von Farbe freigelegt wird und auf diese Weise »Strichzeichnungen« angefertigt werden können. Andere Kinder übernehmen diese Entdeckung, und, was von besonderem Vorteil ist, daß diese Zeichnungen auf Anhieb wieder ausgewischt werden können.

Gewisse Bereiche sind besonders beliebt, z. B. das Ausmalen zwischen den Beinen, der Kopf und der Rücken. Sinisa, ein sonst äußerst mutiger Bub, nimmt sich den Kopf vor. Wegen der Höhe benötigen wir die Leiter. Für die übrigen Kinder ist der Kopf, trotz seiner Attraktivität, zu hoch oben. Sinisa ist bereits auf der Leiter, und je weiter er steigt, um so mehr verläßt ihn der Mut. Er kann aber nicht mehr zurück, dies ist er sich selbst wegen seiner führenden Rolle in der Gruppe, wenn es um Kraft- und Mutakte geht, schuldig, und auch den Zuschauern gegenüber. Die übrigen Kinder haben sich nämlich inzwischen um die Leiter gruppiert, auf der Sinisa steht. Es kommt schließlich so weit, daß er, um sich vom Druck zu befreien, nach mir ruft, ihn zu stützen und zu ermuntern, mit dem Malen anzufangen, was er auch dann nach einigen bestärkenden Blicken voller Stolz tut.

Die Kinder sind sehr aktiv, was auch dadurch zum Ausdruck kommt, daß nicht nur die Hände voll von Farbe sind; trotz Malerkittel sind Sinisa und Marko bis auf die Haut »farbig« und Mario tropft die Farbe aus dem Haar. Eine aufwendige Wasch- und Reinigungsaktion schließt sich an.

Kritische Stellungnahme: Diese Arbeitsphase enthielt viele positive Aspekte bildnerischen Gestaltens. Hinzu kam der große Anteil an Tasterfahrung. Insgesamt waren die Kinder mit ihrem Arbeitsergebnis (Größe der Malfläche) sehr zufrieden. Von Vorteil war insbesondere, daß alle Kinder Dolores anmalen konnten.

Horst Beisl

Dolores bekommt Augen

Teilnehmer: 6 Kinder
Dauer: ca. 60 Minuten
Situation: Nachdem die Kinder seit einigen Tagen immer wieder darauf hinweisen, daß unsere Dolores nun endlich Augen braucht, um sehen zu können, stehe ich vor dem Problem, welches Kind die Augen an unserem Elefanten malen soll. Gesetzt den Fall, ich stelle diese Frage an die Gruppe, wird vielleicht ein sehr naturalistisch malendes Kind vorgeschlagen, und ein anderes vielleicht, das sich mehr für phantastische Augen entscheidet, wäre nicht zum Zug gekommen; es könnte auch sein, daß jedes Kind seine eigenen Augen anbringen will. Bei der letzten Möglichkeit kommt

mir die Idee, die Elefantenaugen auswechselbar zu machen, um auf diese Weise jedem Kind eine Chance zu geben. Jedes Kind sollte also nach seiner eigenen Vorstellung für Dolores Augen anfertigen.

Tatsächlicher Verlauf und Realisationsmedien:

Anhand vieler Elefantenbilder in Büchern, Kalendern usw. haben wir uns zunächst gemeinsam die Augen von Elefanten betrachtet und dabei auch Vergleiche mit unseren eigenen Augen angestellt. Unter Zuhilfenahme eines Spiegels stellen wir fest, daß die Haut unserer Augen (Aderhaut) zum Teil auch rot oder rosa ist, aber noch lange nicht so kräftig rot wie die im Elefantenauge, zumindest auf einem der von uns betrachteten Bilder. Auch die übrigen Augenteile werden genau betrachtet und die jeweiligen Funktionen mitbesprochen. Melina fällt plötzlich auf, daß die Farben der Augen unterschiedlich sind. Alle schauen sich nun gegenseitig in die Augen und es beginnt ein lustiges Ratespiel nach dem Motto: »Welche Augenfarbe hat Marco?« Oder mit geschlossenen Lidern: »Welche Augenfarbe habe ich?« Durch dieses Spiel motiviert, setzen wir das Anfertigen der Augen von Dolores fort. Auf verschieden großem, festem Papier malen die Kinder mit Plakafarbe die Augen und schneiden sie anschließend aus. Die Kinder haben jeweils bestimmte Vorstellungen und wählen die unterschiedlichsten Formen und Farben. Es entstehen z. B. mandelförmige schwarzgraue Augen, quadratisch schwarz-rot-braune Augen, grüngelbe, rotlila gefärbte Augen, kreisförmige und in den Farben rot, lila, gelb gehalten. Viele Kinder malen sehr selbstsicher aus dem Gedächtnis. Einige benutzen hin und wieder unsere Bilderbücher als Vorlage; Ines stellt den Spiegel vor sich hin und meint, während sie in den Spiegel blickt: »Ich male für Dolores meine Augen!« Nachdem die Augen fertiggemalt und ausgeschnitten sind, werden sie mit doppelseitigem Tesastreifen versehen und an die Holzwand neben Dolores geklebt. Nun können sie je nach Lust und Laune an dem Elefanten angeklebt, bzw. ausgewechselt werden. Da bei den Augen vom pfiffigen, frechen Blick bis zum niedergeschlagenen traurigen Ausdruck alle Möglichkeiten vorhanden sind, erscheint uns unsere Dolores nach jedem Augenwechsel in einem anderen Lichtpunkt. Die Kinder merken das sofort und interpretieren dann ein eventuelles Warum.

Kritische Stellungnahme:
Das Malen der Augen machte den Kindern viel Spaß. Durch die Vorgespräche wurde das Thema »Augen« im Spiel mitbehandelt. Trotz detaillierter Vorinformation durch das »Augenspiel« kann nicht von einer stark strukturiert vorgegebenen Aufgabe die Rede sein, vielmehr entwickelte jedes Kind Kreativität, was in den unterschiedlichen Augenformen und Augenfarben zum Ausdruck kam.

Brigitte Hofstetter

Dolores als Zirkuselefant

Teilnehmer: 13 Kinder
Dauer: ca. 130 Minuten
Geplanter Verlauf: Es wäre schade gewesen, Dolores, nachdem sie mit viel Mühe aber auch mit viel Spaß gebaut worden war, in der Ecke stehen zu lassen. Ich mache daher den Vorschlag, für die Kinder daraus eine Malaktion zu entwickeln. Dolores soll als Zirkuselefant dargestellt werden. Am besten in einer Haltung, die sie zeigt, wenn sie ein Zirkusstück vorführt. Um dieses Vorhaben wenigstens teilweise zu motivieren, überlegen wir uns, Zirkusplakate zu besorgen. Als Motivation sollen in einem Gespräch Überlegungen angestellt werden, was Elefanten alles können.

Motivation und tatsächlicher Verlauf:
Ich hatte das Zirkusplakat besorgt und ohne Wissen der

Kinder aufgehängt. Nach der Begrüßung gehe ich mit den Kindern in das Foyer, um mit ihnen über Dolores zu sprechen, denn inzwischen hat sie Augen bekommen. Wir sitzen im Kreis und die Kinder erzählen mir, wie sie die Augen gemalt haben und zeigen mir, welche sie jeweils gemalt haben. Auch auf das Plakat werden sie aufmerksam und fragen uns, warum ich es mitgebracht habe. Ich frage, wer schon im Zirkus war. Alle Kinder natürlich, denn ein Zirkus wird eigentlich von allen Kindergartenkindern einmal besucht. Die Kinder erzählen, welche Tiere im Zirkus vorkommen.

Organisation: Plötzlich springt Sinisa auf und sagt, er sei ein Stier, und schon kommt es zum Stierkampf zwischen Sinisa und Siegfried. Die Sitzrunde löst sich allmählich auf und immer mehr Kinder werden Bären und Mäuse. Die Kinder fühlen sich wohl dabei, nur das Ziel dieses Vormittags rückt immer mehr in den Hintergrund. Andererseits wird es, was der Situation als solcher abträglich ist, zunehmend chaotischer. So, daß in diesem Zusammenhang weder von Regel- noch von Symbolspiel gesprochen werden kann.

Der chaotische Zustand, für niemanden erfreulich, weder für die Kinder noch für uns Erwachsene, hat seinen Höhepunkt erreicht. Mir fällt da plötzlich etwas ein. Ich mache mich lauthals bemerkbar: »Die Häschen und Mäuse, aber auch der Tiger, Löwen und Stiere sind müde geworden und legen sich schlafen.« Ein paar von den Kindern, denen es vielleicht schon zuviel war, oder die aus einem anderen Grund der Aufforderung nachkommen, legen sich auf den Boden und schlafen. Die übrigen Kinder schließen sich an und nach ca. 5 Minuten schlafen alle »Tiere«. Es ist ganz ruhig geworden und ich erzähle weiter, daß alle Tiere tief schlafen und zu träumen anfangen. Sie träumen von Dolores, wie sie im Zirkus ist und während der Vorstellung ihr Kunststück macht. Es ist ein schöner Traum, denn Dolores ist heute besonders gut gelaunt und macht ein sehr ausgefallenes Kunststück.

Motivation und Realisationsmedien: Ich bin froh auf diese Weise den Kindern diesen neuen Inhalt vermitteln zu können. Die Erzieherin hat inzwischen die Malutensilien und Blätter im Format cirka 80 × 100 cm bereitgestellt. Ich melde mich wieder zu Wort, daß jetzt die »Tiere« aufwachen und ihren Traum, wenn sie wollen, auch malen können. Als Malmaterialien stehen Filzstifte und eingesumpfte Farben mit Kleister zur Verfügung.

Begonias Bild zeigt Dolores, einen Balanceakt vorführend.

Ines' Bild zeigt, wie Dolores in das Zirkuszelt einzieht. Auf Dolores reitet eine Prinzessin, die einen Ball balanciert, und ein Artist jongliert mit zwei Bällen, während die Zuschauer Beifall klatschen.

Kerstins Bild zeigt Dolores mit einem schwarzen Rüssel, auf ihr sitzt ein Artist mit einem Ball auf dem Kopf. Links unten ist eine Zirkusartistin, die eben die Manege verläßt.

Das Bild von Christina, Renata und Tanja, eine Gemeinschaftsarbeit, zeigt zweimal die Dolores und rechts eine Zirkusprinzessin.

Marcos Bild zeigt Dolores nach der Zirkusvorstellung beim Heufressen.

Siegfrieds Bild geht völlig in einem Kunststück auf. Dolores fährt Auto, während ein kleiner Elefant dauernd auf- und abspringt. Die Zuschauer am Rand der Manege, die durch einen grünen Strich sichtbar gemacht wird, sind begeistert.

Nachdem die Kinder mit ihrem Bild fertig sind, macht sich eine allgemeine Neugierde breit, nämlich in Erfahrung zu bringen, was Dolores alles machen kann. Die Kinder hören gespannt zu, wenn über das auf den Bildern Dargestellte von den einzelnen berichtet

wird. Bei manchen schließt sich eine rege Unterhaltung an.

Kritische Stellungnahme: Für die Kinder war dieser Vormittag mit extremen Situationen angereichert. Von ausgelassenen Spielen bis hin zum Chaotischen, Einkehr von Ruhe mit der Möglichkeit, sich in eine Geschichte einzulassen, deren Inhalt äußerst individuell entwickelt wird und auf individueller Ebene ohne Rücksprache in sehr privatheitlicher Sprache, nämlich der Bildsprache, vorgestellt werden kann. Hinzu kam die Möglichkeit, anhand des gemalten Traumes den übrigen Kindern zu erzählen, was Dolores im Zirkus eben vorführt.

Wie tief die einzelnen Bilder und die damit verbundenen Geschichten sich bei den Kindern festsetzen, konnte ca. 14 Tage später eine angehende Schulpsychologin, die bei uns ihr Praktikum absolvierte, feststellen. Sie wollte herausfinden, ob die Kinder nach diesem Zeitraum noch weitgehend dieselbe Geschichte zu ihren Bildern erzählen oder nicht.

Zu ihrer Überraschung, entgegen ihrer Vermutung, haben die Kinder weitgehend dieselben Geschichten erzählt wie damals, unmittelbar nach der Fertigstellung des jeweiligen Bildes.

Horst Beisl

Eine Elefantengeschichte

Teilnehmer: 16 Kinder
Dauer: ca. 30 Minuten
Eigenmotivation: Die Kinder hatten Dolores im Zirkus gemalt und ich suche nach einem dem Thema entsprechenden Bilderbuch bzw. nach Elefantengeschichten. Mit einem Bilderbuch und/oder Geschichten über Elefanten will ich die Phantasie der Kinder neu aktivieren und gleichzeitig aufzeigen, daß wir Elefanten nicht nur in Verbindung mit dem Zirkus sehen müssen.
Tatsächlicher Verlauf und Präsentationsmedien:
Unter den gefundenen Büchern erscheint mir das Bilderbuch von David McKee »Elmer« (Parabel-Verlag) am bemerkenswertesten.

Es geht um den Elefanten Elmer, der sich von seinen Artgenossen dadurch unterscheidet, daß er statt der grauen Elefantenhaut eine buntkarierte hat. Natürlich wird er zum Gespött der anderen und bietet häufig Anlaß zur Belustigung. Elmer hat dies eines Tages satt und beschließt, sich auch grau zu färben. Er benützt dazu graue Beeren, in denen er sich wälzt. Wieder zur Herde zurückgekehrt, wird Elmer tatsächlich nicht mehr erkannt und hat dadurch seine Ruhe. Es fällt ihm allerdings mit der Zeit auf, daß in der ganzen Herde niemand mehr lacht und große Langeweile herrscht. Aus diesem Grund fällt dann sogar einem Elefanten der Rüssel in den Sand. Darüber muß Elmer fürchterlich lachen und wird dadurch von den anderen Elefanten wiedererkannt. Nun lachen sie alle laut und freuen sich, daß sie Elmer so an der Nase herumgeführt hat. Sie feiern dies Ereignis, indem sich nun alle Elefanten verkleiden und musizierend die tollsten Kunststücke aufführen. Und weil es gar so schön ist, beschließt man, diesen Tag nun jedes Jahr zu feiern. Elmer war von jetzt an bei der Herde anerkannt.

Zum Vorlesen des Buches setzen sich die Kinder im Halbkreis um mich. Die kleineren nach vorne, um die Bilder des Buches gut betrachten zu können. Als Einleitung zeige ich die Titelseite des Buches, auf der der bunte Elefant zu sehen ist und lasse die Kinder raten, was es damit wohl auf sich haben könnte. Den Kindern ist ziemlich schnell klar, warum Elmer ein komischer Elefant ist. Die Spannung auf die Geschichte ist groß, denn in dieser Form haben die Kinder noch nie von einem Elefanten gehört.

Kritische Stellungnahme:
Das Bilderbuch Elmer hat einen leichtverständlichen und kindgerecht geschriebenen Text. Die Illustrationen sind einfach gehalten. In diesem Buch wird ein Elefant nicht nur in seiner natürlichen Erscheinung vorgestellt, sondern auch als komisch gearteter abgebildet, was einen belebenden und lustigen Effekt zufolge hat. Der Inhalt kann den Kindern soziales Verhalten vermitteln. Der wegen seiner Andersartigkeit stets verhöhnte und ausgelachte Elefant Elmer kann sich erst Anerkennung in der Elefantenherde verschaffen, nachdem er seinen Artgenossen sein »Leiden« verständlich gemacht hat. Meiner Gruppe gefällt dieses Buch sehr. Etliche Male am Tag wird es hervorgeholt und wird vorgelesen.

Brigitte Hofstetter

Gründung des Dolores-Fanclub

Dauer: ca. 150 Minuten
Motivation und tatsächlicher Verlauf:
Zunächst erzählt die Erzieherin den Kindern, was eine Medaille ist, bzw. wann eine solche an wen verliehen werden kann. Wir waren uns alle einig, daß wir uns für unseren Einsatz zum Entstehen von Dolores alle eine Medaille verdient hatten. Wenn es auch keine aus Gold, Silber oder Bronze sein kann, so wären wir auf eine »Wachsmedaille« auch schon stolz.

Organisation und Realisationsmedien:

Wir beginnen, indem wir eine Menge gesammeltes Wachs in Dosen füllen und auf einem Kocher erhitzen. Flüssig geworden, wird das Wachs zum Formgebung in runde Käseschachteln gegossen.

Auch hatte ich aus einer Holzspielwarenfabrik einige kleine Holzelefanten besorgt und diese werden nun als besonderer Schmuck oben in das heiße Wachs eingelegt. Ebenso werden feste Wollfäden in das Wachs eingelassen, so daß man die Medaillen später um den Hals tragen kann. Die Zeit bis zum Erstarren des Wachses dauert den Kindern zu lange. Wir beschließen daher, die Zeit zu verkürzen, indem wir das flüssige Wachs mit der Form in das Gefrierfach des Kühlschrankes stellen. Diese Methode erweist sich jedoch als nicht günstig, da die Medaille auf Grund des hohen plötzlichen Temperaturgefälles zum Teil auseinanderbrechen. Wir müssen also Geduld üben.

Auch diese Zeit geht vorüber, und als die Medaillen für die Kinder und für uns Erwachsene fertig sind, kann unser Fest beginnen. Wir versammeln uns auf dem Flur um Dolores. Dann hängen wir uns gegenseitig die Medaillen um den Hals und gratulieren uns zu unserem Werk. Als die Ehrungen vorgenommen sind, erscheint Thomas, eines der jüngsten Kinder, und bringt einen Gugelhupf, der gestern extra für unser heutiges Fest, in Zusammenarbeit mit einigen Kindern, gebacken wurde. Eine in der Mitte angebrachte brennende Kerze symbolisiert den ersten Geburtstag von Dolores. Je näher Thomas Dolores kommt, um so zaghafter wird sein Gang. Fast in Zeitlupentempo hat er Dolores schließlich erreicht, stellt den Kuchen ab und sagt feierlich: »Das zu deinem Geburtstag.« Man glaubt beinahe für einen Augenblick, Dolores müsse reagieren. Die Kinder sind ganz still. Nun wird der Kuchen in kleine Stücke aufgeschnitten und verteilt. Ein Kind schiebt Dolores auch ein Stückchen Kuchen in den Rüssel. »Sie hat ja auch Hunger, und außerdem ist es ja eigentlich ihr Geburtstagskuchen«, meint es. Als der Kuchen vertilgt ist, nähern wir uns dem Höhepunkt der Feier. Die Kinder dürfen auf dem Elefanten reiten. Wir haben ab jetzt alle Hände voll zu tun, denn fast alle Kinder wollen auf Dolores reiten. Außerdem kommen nun auch die Kinder aus den anderen Gruppen zu uns, verfolgen interessiert unser Tun und wollen schließlich auf den Rücken der Dolores. Fünfzig Kinder werden hintereinander von uns auf Dolores gehoben. Nicht wenige haben dabei ein ungutes Gefühl, denn die Höhe, in der sie sich plötzlich befinden, ist von unten nicht abschätzbar. So manches Herz schlägt da sicherlich schneller, und das nicht nur aus Freude. Die neu hinzugekommenen Kinder interessieren sich nun für Sinn und Zweck der Elefantenmedaille. Nicht ganz ohne Stolz werden sie von den Kindern meiner Gruppe aufgeklärt. Als die Kinder mit ihrer Reitaktion zu Ende sind, will die Erzieherin es einmal probieren. Unter dem Gejohle und dem Anfeuerungsgeschrei der Kinder schwingt sie sich auf den Rücken von Dolores. Ihre Bedenken bezüglich der Stabilität des Elefanten, er könnte auf Grund ihres Gewichts »nachgeben«, werden sehr schnell zerstreut, und mit einem gewissen Triumphgefühl rutscht sie wieder vom Rücken des Elefanten.

Mit diesem Fest hatte der Elefantenbau einen gewissen Höhepunkt erreicht, und eine lange, oft auch mühevolle Arbeitszeit war abgeschlossen. Wir alle waren sowohl mit dem Fest, als auch mit unserem gesamten Werk vollauf zufrieden.

Kritische Stellungnahme:
Die Medaillenaktion hat uns gezeigt, daß es nicht angeht, Aktionen zwar bis ins Detail zu planen, aber die handwerkli-

che Seite nicht vorher auszuprobieren. Nur daraus läßt sich die mißglückte Aktion erklären. Daß insgesamt der Vormittag doch noch als Fest verlaufen ist, haben wir der Reaktion von einer Erzieherin und den Kindern zu verdanken, die inzwischen gelernt haben, flexibel auf Situationen zu reagieren. Mit diesem Fest erreichte der Elefantenbau einen gewissen Höhepunkt, der angebracht war; die lange Werkdauer verlangte förmlich nach einem Fest, mit dem wir schließlich zufrieden sein konnten.

Inwiefern Dolores künftig den Kindergartenalltag bestimmen wird, wird sich zeigen. Mit Sicherheit werden wir einen Elternabend gestalten, dessen Inhalt Dolores ist, um im Gespräch mit den Eltern zu verdeutlichen, in welcher Form und auf welche Weise wir glauben, in der Auseinandersetzung mit Materialien und der Findung der Aufgabe ein hohes Maß an Förderung für die Kinder zu geben.

Brigitte Hofstetter

Dolores bekommt viele Wärter

Teilnehmer: ca. 60 Kinder
Dauer: ca. 30 Minuten
Situation: Unsere Dolores steht jetzt schon über einen Monat bei uns im Kindergartenflur. Alle Kinder, auch aus den anderen Gruppen, haben inzwischen dicke Freundschaft mit dem Elefanten geschlossen. Immer wieder wird er von den Kindern gestreichelt, und auch die Brotzeit teilt man hin und wieder mit Dolores, daß sie, falls sie ebenfalls hungrig sein sollte, nicht zuschauen muß. Und wenn man müde oder gar ein bißchen traurig ist, findet man unter dem Bauch des Elefanten ein recht angenehmes, geschütztes Plätzchen. Da man sich aber auch unter bzw. hinter Dolores gut verstecken kann, ist sie oft Mittelpunkt bei Versteckspielen.

Eigenmotivation: Da der Elefant nun allen Kindern als Spielobjekt dient, versuche ich, eventuell aufkommende Privilegien der Kinder, die Dolores gebaut haben, von vornherein zu vermeiden. Jedes Kind soll die gleichen Rechte und auch Pflichten haben, um auf diese Weise Konkurrenzgedanken oder gar Neid auszuschalten.

Motivation und tatsächlicher Verlauf:
Um meine Kinder mit dieser Haltung vertraut zu machen, versuche ich zu erfahren, ob für einen so großen Elefanten eigentlich nicht zu wenig Elefantenwärter vorhanden seien. Nach dieser Besprechung kommen die Kinder auf den Gedanken, auch die Kinder der anderen Gruppen zu Elefantenwärtern zu benennen. Natürlich müßte man dann auch die Berechtigungsplaketten, die die Kinder meiner Gruppe seit dem Elefantenfest bereits haben, allen Kindern geben. Wir beschließen also, Plaketten anzufertigen und diese dann in einer Feier an die neuen Elefantenwärter auszuteilen.

Organisation: Während der nächsten Tage riecht es bei uns nur noch nach Wachs und es brodelt in den Töpfen wie in einer Hexenküche. Die Eltern der Kinder waren unserer Bitte nach alten Kerzen bzw. Wachsresten gefolgt, und nun sind wir dabei, diese einzuschmelzen und zur Formgebung das flüssige Wachs in vorbereitete Käseschachteln zu gießen. Bevor das Wachs hart wird, wird ein kleiner Holzelefant eingedrückt. Ebenso wird die Plakette mit einem Wollband versehen, um später das Umhängen dieser »Berechtigungsmarke« zu ermöglichen.

Zur Plakettenvergabe versammeln sich alle Kinder in einem großen Kreis. Zuerst informiert ein Kind aus meiner Gruppe die neuen »Würdenträger« über Rechte und Pflichten bezüglich der Pflege von Dolores, und daß der Elefant nun allen gehören soll. Um in die versammelte Runde nun noch mehr Schwung und Stimmung hineinzubringen und um das Thema nochmals zu vertiefen,

Gustav Schulten, Der große Kilometerstein. © Möseler Verlag, Wolfenbüttel und Zürich.

lernen wir gemeinsam das kleine Lied:

Nach dem Lied, das die Kinder mit heller Begeisterung lernen und singen, werden die selbstgefertigten Plaketten mit ein paar netten Worten von den Doloresbauern ausgeteilt.

Kritische Stellungnahme:

Daß die Integration der übrigen Kinder gelungen ist, ist sicher nicht allein von dieser Situation abhängig zu machen. Es ist zu bedenken, daß Dolores die gesamte Zeit über schon im Foyer stand und alle Kinder Gelegenheit hatten, mit ihr Bekanntschaft zu schließen. Trotzdem hat diese Aktion, die von allen Kindern durchgeführt wurde, sozusagen den letzten Rest an Differenz im Verhältnis zu Dolores aufgehoben. Daher, meine ich, war diese Aktion sinnvoll und notwendig.

Brigitte Hofstetter

Rückblick

Der Bau des Elefanten »Dolores« hat unterschiedliche Aktivitäten bei den Kindern ausgelöst, deren Grund sowohl
a) im verwendeten Material, Werkzeug,
b) in der jeweils erreichten Form und Gestalt von »Dolores« und
c) schließlich bei der jeweils beteiligten Gruppe von Kindern und den Erwachsenen zu suchen ist.

Hinzu kommt der Zeitraum, in dem das Projekt entstanden ist.

Diese drei Ebenen haben, wenn man vom Faktor Zeit, der ja weitgehend von der dritten Ebene abhängt, absieht, den Verlauf und das erreichte Ziel bestimmt. Daß diese drei Ebenen in einem engen Wechselbezug stehen und nur aus Gründen der Analyse des Werkprozesses getrennt werden, ist selbstverständlich.

Auf der Material- und Werkzeugebene wurde bewußt auf eine Ausweitung verzichtet, um auf diese Weise die zur Verfügung stehenden Mittel intensiv in den Erfahrungs-, Erlebnis- und Wissensbereich der Kinder zu bringen. Die Meinung trügt jedoch, zu glauben, daß dieser Bereich zu spartanisch repräsentiert war, denn folgende Materialien, Werkzeuge und Hilfsmittel wurden verwendet: Kartons unterschiedlicher Größe, Klebestreifen unterschiedlicher Stärke, Schnur, Zeitungspapier, Kleister, Pappröhren, Pinsel, Scheren, Plastikrohre verschiedenster Ausführungen, Gummiringe zur Verbindung der Rohre und die dazu notwendige Verbindungsflüssigkeit, Holzkugeln, Plastikschalen, ein Preßspanbrett, Blumendraht, Bohrmaschine, Bohrer, weißes Makulaturpapier, Tierbücher, Taschenlampe, Bleistift, Tische, Fußboden, Stühle, das Einsumpfen von Farbe, Eimer, Spachtel, Zeichenpapier, Taschenmesser, Leiter, Wasserfarben, Wachs und ein elektrischer Kocher. Schließlich doch eine ansehnliche Liste verschiedenster Materialien und Hilfsmittel, die zum Einsatz gekommen sind.

Mit dieser Ebene korrespondiert der jeweils erreichte Werkstand bzw. Werkprozeß. Beide waren außerordentlich bedeutsam bezüglich der Weiterführung bereits begonnener oder neuer Gestaltungsmaßnahmen. Von seiten der Kinder waren beide, Prozeß- und/oder Werkstand Impulsgeber, die ihrerseits ein hohes Maß an kreativem Potential bei den Kindern aktiviert haben und häufig gestalterische Lösungen konkret werden ließen.

Dieser offene und zugleich direkte Wechselbezug von Ebene a) und c) konnte selbstverständlich nur deswegen in dieser Art und Weise sich konstituieren, weil die Gruppe, einschließlich der Erwachsenen, sich auf ein offenes Projekt und damit auch eine offene Arbeitsform eingelassen hatten. Dies schloß nicht aus, daß viele Details innerhalb des Projekts gezieltes Lernen, z. B. welche möglichen Funktionen Zeitungspapier haben kann, für die Kinder bedeutete; vor allem dann, wenn es um die Handhabung der Materialien bzw. der Hilfsmittel ging. Dies war aber zeitlich gesehen jeweils das Resultat kreativer Prozesse, in die sich die Gruppe, Kleingruppen, Partner oder einzelnen Kinder, eingelassen haben.

Der Inhalt des Projekts, einen Elefanten zu bauen, hatte nicht nur materiale und kreative Aspekte, sondern auch emotionale. Emotional deswegen, weil es sich um ein Tier handelt, das aus vielen Gründen von den Kindern, aber auch von Erwachsenen häufig einer Physiognomisierung zugeführt wird. Die Größe des Objekts machte es bisweilen notwendig, eine enge soziale Binnenstruktur aufzubauen; andererseits blieb auch dem einzelnen Kind in seiner gestalterischen und bildnerischen Aktivität so viel Freiraum, um sich individuell einzubringen. Hinzu kommt, daß Sprach- und Sprechförderung nicht zu kurz gekommen sind, denn die Größe des Objekts machte viele Gespräche, ob im Plenum oder im Einzelgespräch, notwendig.

Mit Sicherheit, auch das muß rückblickend eingebracht werden, ermöglicht diese Arbeitsform, auf ein hohes positives Maß an Motivation bei den Kindern zu stoßen. Daß dies der Fall war, hat die Aktion insgseamt gezeigt.

Zusammenfassend läßt sich feststellen, daß die beteiligten Kinder auf sozialer, emotionaler, kognitiver und kreativer Ebene gefördert werden konnten. Bildnerisches Tun ermöglicht diese ganzheitliche Förderung der Person, wenn die pädagogischen Voraussetzungen im voraus geklärt worden sind.

Horst Beisl

Ausblick

Mit den vorgelegten Werkstattberichten verbinde ich die Hoffnung, die entwickelten Teilstücke einer Theorie zur Ästhetischen Erziehung in ästhetischen Handlungen sichtbar gemacht zu haben.

Unterschiedslos, also ohne Trennung von Subjekt und Objekt, sollten den Kindern Möglichkeiten der Aktivierung, Entwicklung und Entfaltung ihrer Einbildungskraft geboten werden. Gewährleistet wurde dies einzig und allein in/durch/bei ästhetischen Handlungen, deren Verläufe für sich Zeit und Raum beanspruchen und sich durch ihre Zwecklosigkeit auszeichnen. Ich bin mir bewußt, daß vieles von dem Gesagten vielen bekannt ist und trotzdem sich nicht beim Gestalten und im Gestalteten zeigt. Warum? Die Banalität der Antwort soll, wenn sie schon nicht überzeugt, dann wenigstens zum Nachdenken Anlaß geben: weil wir immer noch glauben, wenn wir etwas sagen, dann sei das Gesagte gleich der Handlung zu setzen. Der Kindergarten als pädagogischer Ort ist der Garant dafür, daß Kinder sich im Spiel erleben. Dieses Erleben im Spiel schafft den Menschen, der sich betroffen machen kann vom Leben, das ein sich ständig Veränderndes ist. Nur in dieser Verzahnung – Leben und Spiel – werden wir Kindern Wege zur Sensibilität für das Innen und Außen eröffnen; und wenn möglich, auf eine Weise, daß das Leben ein auf sich selbst zurückgebundenes ist. Meines Erachtens finden wir in der Sequenz von Friedensreich Hundertwasser (*Schurian* 1983, S. 82 f.), das alles wieder, was verschiedene Bezugswissenschaften bestätigend zur Ästhetischen Erziehung formulieren:

»Unser wahres Analphabetentum ist nicht das Unvermögen, lesen und schreiben zu können, sondern das Unvermögen, wahrhaft schöpferisch tätig zu sein.

Das Kind besitzt diese schöpferische Fähigkeit. Das scheinbar analphabetische, scheinbar unwissende Kind ist gar nicht unwissend und gar kein Analphabet, sondern ein schöpferisch Wissender, und wird erst durch unser Erziehungssystem zum wahren Analphabeten, zum schöpferisch Unwissenden degradiert.

Dem Erwachsenen, der unter der schöpferischen Impotenz leidet, die ihm anerzogen wurde, bleibt nur die Möglichkeit, sich an seine eigene Kindheit zurückzuerinnern und dort anzuknüpfen, dort fortzusetzen, wo man ihn aus seinen Träumen riß, die keine Träume waren, sondern seine reale Basis, die Wurzeln seiner Existenz, ohne die er nie und nimmer wahrhaftig Mensch sein kann.«

Horst Beisl

Weiterführende Literatur

Adorno, Theodor W.: Minima Moralia. Frankfurt 1969
Adorno, Theodor W. u. a.: Der Positivismusstreit in der deutschen Soziologie. Neuwied/Berlin 1972
Adriani, Götz/Konnertz, Winfried/Thomas, Karin: Joseph Beuys. Köln 1981
Arnheim, Rudolf: Anschauliches Denken. Köln 1972
Bader, Alfred u. a.: Geisterkrankheit, bildnerischer Ausdruck und Kunst. Bern/Stuttgart/Wien 1975
Bayerischer Rundfunk: Pädagogik in eigener Sache: Erzieherinnen. Sendung am 06. 05. 1981
Beaucamp, Eduard: Modus der Linien. In: Katalog: »Pablo Picasso«. München 1981
Beisl, Horst: Phantasie im Schnee. Welt des Kindes 1982, 1, S. 73–80
Beisl, Horst/Greifenstein, Wiltrud/Hofstetter, Brigitte: Kinder gestalten eine Großplastik – ein Projekt aus der Ästhetischen Erziehung. München 1982
Beisl, Horst/Winkelmann, Eberhard: Schubladen gefragt. Ein Versuch, an einem Materialobjekt Theorie und Praxis in ihrer Verknüpfung darzustellen. In: Welt des Kindes 1977, 6, S. 393–406
Benjamin, Walter: Das Kunstwerk im Zeitalter seiner technischen Reproduzierbarkeit. Frankfurt 1969
Bloch, Susanne: Kunsttherapie mit Kindern. Pädagogische Chancen, Didaktik, Realisationsbeispiele. München 1982
Bund-Länder-Kommission für Bildungsplanung und Forschungsförderung (Hrsg.): Erprobungsprogramm im Elementarbereich – Bericht über eine Auswertung von Modellversuchen von Lothar Krappmann, Johanna Wagner. Brühl/Baden 1982
Caesar, Silvia-Gioia: Über Kreativitätsforschung. In: Psychologische Rundschau, Band XXXII/2/11981, S. 83–101
Cherchi, Placido: Paul Klee – Probleme der Einordnung. In: Museen der Stadt Köln (Hrsg.): Paul Klee – Das Werk der Jahre 1919–1933 – Gemälde, Handzeichnungen, Druckgraphik – Ausstellungskatalog. Köln 1979
Daucher, Hans: Psychogenetische Erklärungsansätze zum Ästhetikbegriff. In: Hans Daucher/Karl-Peter Sprinkart (Hrsg.): Ästhetische Erziehung als Wissenschaft. Probleme – Positionen – Perspektiven. Köln 1979
Du-Monts Bild-Lexikon der Kunst. Köln 1976
Ebert, Wilhelm: Das Moment des Zufalls im kreativen Prozeß. In: Kunstpädagogik '74 – Konzepte – Aspekte – Marginalien. Festschrift für Bernhard Pfennig. Ratingen/Kastellaun/Düsseldorf 1974
Eichmeier, Josef/Höfer, Oskar: Endogene Bildmuster. München/Berlin/Wien 1974
Eid, Klaus/Ruprecht, Hakon: Collage und Collagieren. Anregungen für Schule und Freizeit. München 1981
Emmerich, Irma: Weltbild und ästhetische Struktur. Dresden 1982
Ernst, Max: Leserbrief im Bonner »Volksmund«, zitiert nach Werner Spies, Katalog Max Ernst Retrospektive 1979. München 1979
Fischer, Lothar: Max Ernst. Reinbek 1979
Focillon, Henri: Lob der Hand. Bern 1958
Gadamer, Hans-Georg: Die Aktualität des Schönen. Stuttgart 1977
Gadamer, Hans-Georg: Verlust der sinnlichen Bildung als Ursache des Verlustes von Wertmaßstäben. In: Der Mensch ohne Hand oder die Zerstörung der unmenschlichen Zeitgenossen – ein Symposion des Werkbundes Bayern. München 1979
Gorsen, Peter: Kunst und Krankheit: Metamorphosen der ästhetischen Einbildungskraft. Frankfurt 1980
Groothoff, Hans-Hermann: Ästhetische Erziehung. In: Thomas Ellwein/Hans-Hermann Groothoff/Hans Rauschenberger/Heinrich Roth (Hrsg.): Erziehungswissenschaftliches Handbuch. Bd. 1, Berlin 1969
Groothoff, Hans-Hermann: Ästhetische Erziehung und humane Schule. In: Karl Heinrich Ehrenforth (Hrsg.): Humanität – Musik – Erziehung. Mainz/London/New York/Tokyo 1981
Hentig, Hartmut von: Bedingungen und Funktionen Ästhetischer Erziehung – aus bildungstheoretischer Sicht. In: Kunstpädagogischer Kongreß, Köln 1980 – Funktionen Ästhetischer Erziehung – Berichtband. Düsseldorf-Gerresheim 1981
Kant, Immanuel: Beantwortung der Frage: Was ist Aufklärung? In: Ehrhardt Bahr (Hrsg.): Was ist Aufklärung? Thesen und Definitionen. Stuttgart 1975
Kerbs, Diethart: Zum Begriff der Ästhetischen Erziehung. In: Die Deutsche Schule 1970, S. 562–570
Kläger, Max: Jane C. Symbolisches Denken in Bildern und Sprache. Das Werk eines Mädchens mit Down-Syndrom in Le Fil d'Ariane. München/Basel 1978
Koppitz, Elisabeth M.: Die Menschendarstellung in Kinderzeichnungen und ihre psychologische Auswertung. Stuttgart 1972
Kraft, Hans: Die Kopffüßler. Stuttgart 1982
Landau, Erika: Psychologie der Kreativität. München/Basel 1969
Marcuse, Herbert: Die Permanenz der Kunst – Wider eine bestimmte marxistische Ästhetik. Ein Essay. München/Wien 1977
Metzger, Wolfgang: Der Beitrag der Gestalttheorie zur Kunstdidaktik. In: Handbuch der Kunst- und Werkerziehung. Bd. I, Berlin 1975
Metzger, Wolfgang: Gesetze des Sehens. Die Lehre vom Sehen und der Form, der Dinge, des Raumes und der Bewegung. Frankfurt 1975
Meyers, Hans: 150 bildnerische Techniken. Ravensburg 1976
Mühle, Günther: Entwicklungspsychologie des zeichnerischen Gestaltens. Grundlagen, Form und Wege. München 1975
Müller, Conrad G.: Licht und Sehen. New York 1969
Navratil, Leo: Schizophrenie und Kunst. München 1965
Nicolin, Milly: Wir spielen und wir basteln. Spatz-Buch 1. Düsseldorf 1972
Nietzsche, Friedrich: Unzeitgemäße Betrachtung – besonders über die Zukunft unserer Bildungsanstalten. München 1964
Oerter, Rolf: Psychologie des Denkens. Donauwörth 1971
Oerter, Rolf: Entwicklungspsychologie. München/Wien/Baltimore 1982
Otto, Guner/Wienecke, Günter: Prinzip Umgestaltung. In: Kunstpädagogik '74 – Konzepte – Aspekte – Marginalien. Festschrift für Reinhard Pfennig. Ratingen/Kastellaun/Düsseldorf 1974
Philipps, Knut: Klecksen erlaubt. In: Welt des Kindes 1977, 6, S. 407–416
Piaget, Jean: Nachahmung, Spiel und

Traum. Die Entwicklung der Symbolfunktion beim Kinde. Stuttgart 1969
Prinzhorn, Hans: Bildnerei der Geisteskranken. Berlin 1922
Rainer, Arnulf: Schön und Wahn. In: Protokolle 67, Wien 1967
Richter, Hans-Günther: Anfang und Entwicklung der zeichnerischen Symbolik. Kastellaun 1976
Richter, Hans-Günther und Kürner, Peter: Was will Ästhetische Erziehung? In: Welt des Kindes 1976, 3, S. 150–158
Richter, Hans-Günther: Therapeutischer Kunstunterricht. Düsseldorf 1984
Roosen, Hans: Die Rolle der Hand im Künstlerischen Schaffensprozeß. In: Kunstpädagogik '74 Konzepte – Aspekte – Marginalien. Festschrift für Reinhard Pfennig. Ratingen/Kastellaun/Düsseldorf 1974
Schelling, Friedrich Wilhelm Joseph von: Philosophische Untersuchungen über das Wesen der menschlichen Freiheit. 1809
Schiefele, Hans: Lernmotivation und Motivlernen – Grundzüge einer erziehungswissenschaftlichen Motivationslehre. Donauwörth 1974
Schottenloher, Gertraud: Kunst- und Gestaltungstherapie in pädagogischer Praxis. München 1983
Schuster, Martin/Beisl, Horst: Kunst-psychologie »Wodurch Kunstwerke wirken«. Köln 1978
Schurian, Walter (Hrsg.): Friedensreich Hundertwasser: Schöne Wege – Gedanken über Kunst und Leben. München 1983
Schwitters, Ernst: (zitiert nach Herta Wescher) In: Die Geschichte der Collage. Köln 1974
Seitz, Rudolf: Was will ästhetische Erziehung? In: Welt des Kindes 1977, 6, S. 383–392
Seitz, Rudolf: Ästhetische Elementarbildung – ein Beitrag zur Kreativitätserziehung. Donauwörth 1974
Seitz, Rudolf: Ästhetische Elementarerziehung. In: Bayerisches Staatsministerium für Unterricht und Kultus (Hrsg.): Der Übergang vom Kindergarten zur Grundschule – Frühpädagogische Förderung in altersgemischten Gruppen – Empfehlungen für den Elementarbereich. Donauwörth 1978[10]
Sozialpädagogisches Institut für Kleinkind- und außerschulische Erziehung des Landes Nordrhein-Westfalen (Hrsg.): Das Erprobungsprogramm im Elementarbereich – Ergebnisse und Erfahrungen aus Nordrhein-Westfalen. Köln – Kurzbericht. Köln 1979
Staudte, Adelheid: Ästhetisches Verhalten von Vorschulkindern. Eine empirische Untersuchung zur Ausgangslage für Ästhetische Erziehung. Weinheim/Basel 1977
Volkmann-Schluck, Karl-Heinz: Die Kunst und der Mensch – Schillers Briefe über die ästhetische Erziehung des Menschen. Frankfurt 1964
Wescher, Herta: Geschichte der Collage. Köln 1974
Widlöcher, Daniel: Was eine Kindererziehung verrät. Methoden und Beispiele psychoanalytischer Deutung. München 1974
Wilhelm, Gerda/Wloka, Joachim: Handbuch Kunstunterricht – Unterrichtsmodelle Primar-Stufe. Düsseldorf 1979
Witzig, Hans: Punkt, Komma, Strich ... Zeichenstunden für Kinder. München 1979[28]
Zweite, Armin: Notizen zu Arnulf Rainers frühen Arbeiten. In: Ausstellungskatalog der Kunsthalle Bern und Städtische Galerie im Lenbachhaus. München: Arnulf Rainers Retrosepktive. 1950–1976. München 1977

Mitarbeiter und Mitarbeiterinnen beim Projekt „Ästhetische Erziehung im Elementarbereich"

Projektleiter
Rudolf Seitz, Professor für Kunsterziehung an der Akademie der Bildenden Künste, München

Pädagogischer Leiter mit Schwerpunkt Kunst
Horst Beisl, Dr. phil., Referent für Ästhetische Erziehung im Elementarbereich am Staatsinstitut für Frühpädagogik und Familienforschung, München

Kunstpädagogen
Christiane Hoppe, Malerin
Arno Schulz-Merkel, Kunsterzieher

Fotografen
Bernd Duerr, Kunsterzieher
Wiltrud Greifenstein, Dipl.-Psych.

Team der Erzieherinnen
Maria Bartels, Erzieherin im Kindergarten Maria Immaculata
Elke Bolster, Erzieherin bei der Stadt München
Maria Caiati, Erzieherin bei der Stadt München
Renate Bley, Erzieherin beim Landkreis Fürstenfeldbruck
Annelies Feistl, Erzieherin im Kindergarten Frieden Christi
Brigitte Hofstetter, Erzieherin beim Paritätischen Wohlfahrtsverband
Burgi Schär, Erzieherin beim Josefsverein
Bernadette Tinus, Erzieherin bei der Stadt München
Hanna Wechselberger, Erzieherin im Kindergarten Frieden Christi

In der Reihe
KÖSEL FÜR ELTERN
erschien:

128 Seiten. 100 farbige Abbildungen. Kartoniert

»Anhand der in diesem Buch gezeigten Zeichnungen der Drei- bis Sechsjährigen, die sich mit dem Helfen befassen, lernt der Betrachter, Kinderzeichnungen zu lesen. Kindliche Bildsprache, die Dinge vom Wesen her beschreibt und bezeichnet, ist der von Erwachsenen überlegen. Ihre Fähigkeit, Dinge wie zum erstenmal zu erleben, macht diese zum Abenteuer. So aufregend könnte die Welt auch für uns sein. Und der Traum vom Helfen kann Wirklichkeit werden, wenn wir wollen. Die Fröhlichkeit und der Ernst der kindlichen Äußerungen – beides fest miteinander verbunden – überträgt sich auf den Betrachter.« *Christ in der Gegenwart*

». . . Ich meine, das ist eines der schönsten und wichtigsten sozialpädagogischen Bücher in diesem Jahr.« *Unsere Jugend*

KÖSEL-VERLAG · MÜNCHEN

Das umfassende Standardwerk für den Kindergarten

Vorschläge, Anregungen und Ideen für die praktische pädagogische Arbeit im Kindergarten. Über 700 Seiten, zahlreiche Abbildungen. Im handlichen Großformat. Erschienen im Kösel-Verlag 4 Bände kpl. DM 68,– Bildband einzeln DM 16,80 Band 1, 2, 3 einzeln je DM 19,80

KÖSEL-VERLAG